# 地理学　京都の百年

A Century of Geography in Kyoto

京都大学文学部地理学教室 編

ナカニシヤ出版

# まえがき

京都大学文学部地理学教室は、現在の制度上、京都大学大学院文学研究科行動文化学専攻地理学専修と、長い名称となる。一九〇七（明治四〇）年九月に発足した折には、京都帝国大学文科大学史学科史学地理学第二講座であった。以来、二〇〇七（平成一九）年で百年を経たことになる。本書はその創立百周年を契機として構想された。

第一章は、いわば通史であり、旧制の史学地理学第二講座と、それを継承した新制の地理学講座、その後の地域環境学講座を加えた二講座時代、そしてそれが統合され、地理学大講座へと転換されて現在に至る過程の概要である。

第二章には、旧制・新制を通じて一講座時代の主任教授の地理学観に関わる論文を一編ずつ転載させていただいた。これによって地理学教室の方向を窺うことができると考えたからである。

第三章では、教室の研究を特徴づけてきたと思われる歴史地理学、地図史、地理学思想史、村落地理学、都市地理学の概観を目した。ただし、実際には一九八〇年代までを主たる対象とした。したがって、本書では一世紀の歴史のうちの三四半世紀分が主としてたどられている。残りの過去四半世紀分は、評価がほぼ定まった後世にゆだねることになる。

また、以上の三章で教室出身者による研究のすべてが網羅されているわけではなく、個々の成果を一つの小分野の面からのみで理解できるわけでもない。相互に調整をしたものではないことも付言しておきたい。

第四章は、各地の大学で活躍された教室出身者のうち、新制大学の発足時までの方々をとりあげたものである。前三章と相俟って教室の状況を知っていただくことができるのではないかと思う。

書名を『地理学　京都の百年』としたのは、このような教室の歴史が日本における大学地理学教室として最も長いものであり、また最も特徴あるものと思われるからである。

戦後の教室再建に、文字通り尽力された織田武雄先生の突然の訃報が伝えられたのは、本書の企画がスタートしてからの二〇〇六年一〇月一八日のことであった。先生は一九〇七年の御生まれであり、まさしく教室の歴史と重なる。御冥福を御祈りするとともに、本書をお届けしたい。

二〇〇八年五月

金田章裕

地理学　京都の百年　＊　目　次

まえがき　i

# 地理学　京都の百年

# 第一章

# 京大地理学教室
# 百年の歩み

# 1　近代日本と地理学

日本における地理的知に対する要請あるいは需要は、はるか古代に遡る。律令体制の整備が完了した直後の八世紀に編纂された各国の『風土記』に初期の完成型が認められることも周知のところである。

この流れの下で、近世には多くの藩撰、幕府撰ないしこれに準じた形の地誌類が編纂された。一八一〇（文化七）年に昌平坂学問所において編纂が始まり、一八三〇（天保元）年に幕府に上呈された『新編武蔵国風土記稿』二六六巻、一八四一（天保一二）年に完成した『新編相模国風土記稿』一二六巻などの大編を想起するのみで十分であろう。

明治初期の政府による地誌編纂事業がこの系譜に属すると見られることも、すでにしばしば指摘されている。一八七二（明治五）年の太政官布告による皇国地誌編纂の開始は、まず翌年の『日本地誌略提要』とその補訂版たる『日本地誌提要』としてスタートし、一八七五（明治八）年の「皇国地誌編集例則」によってその事業は変転を経つつも本格的に開始され、一八七七年には内務省地理局の担当となったが、『大日本国誌　安房』（一八八六年刊）の成果を見たのみで、一八九三（明治二六）年には皇国地誌編纂事業は廃止された。これらの網羅主義的性格は、すでに同時代に指摘されているところである。

明治政府の学制においても地理学は重視され、用語に蘭学の影響を残しつつ展開したものとみられている。福井県の中学校教師であり、後に陸軍の教授となった矢津昌永の『日本地文学』（丸善商社、一八九〇年）は、明治中期の注目すべき地理書であり、出版物としても成功したとみられている。その指導をした小藤文資郎東京帝国大学教授は、矢津のこの著書について、網羅主義的性格の強い日本の地文学書の中では希有な書であると絶讃している。しかし、「総論・気界・陸界・水界・気候」の五編三五章四七五頁の大著は、自然地理学的で、体系化を目ざした成果ではあるが、網羅主義の傾向を十分に脱したものではなかった。

この一方で、幕末以来の世界事情、世界地誌への関心もまた一つの地理的知の流れを形成していた。福沢諭吉の『西洋事情』（一八六六年～一八七〇年）や内田正雄の『輿地誌略』（一八七〇年）などがその典型的な例としてあげられよう。

『日本地文学』以上の大著であったのが、九九五頁に及ぶ『人生地理学』（一九〇三年）であった。書名は人間生活の意を示したものであるといい、著者は北海道で苦学した牧口常三郎であった。自然、産業、交通、集落、国家など多方面からの記述であり、ほとんど独力でなされた著作としては敬服すべきであるが、やはり網羅主義的であった。

近代日本におけるこのような地理学の諸動向の中で注目すべきは、開拓使仮学校を基礎とし、一八七六（明治九）年に札幌農学校となったところの初期の出身者たちであった。

なかでも注目されているのが内村鑑三と志賀重昂であり、『日本地文学』に続く、明治二〇年代における影響力の大きな書物の著者であった。

札幌農学校の二期生であった内村鑑三『地理学考』（警醒社書店、一八九四年）は、改版して『地人論』（一八九七年）と改められ、アーノルド・ギョー（Arnold Guyot）の地人論（*The Earth and Man*）に倣ったことを自序に記している。近年の評価は、「翻訳を一段とぬけ出たところ」とか、「従来日本に現れた地理書の殻を破っている」といったところにある。当時内村自身は、いわゆる不敬事件によって教育を離れたが、彼の宗教的社会での活動、新聞の論説記者としての文名を通じて、当時も一定の影響を有した。

志賀重昂もまた札幌農学校の五期生で内村の後輩であったが、内村が宗教に至るまで西欧文化に拠ったのに対し、三宅雪嶺らと国粋主義を掲げた『日本人』に参加するなど思想的にも対極にあったことはよく知られている。志賀の著作としてはまず『南洋時事』(丸善商社、一八八七年)があり、刊行前年の海軍練習船への便乗体験をもとにして、日本人の南洋への関心を煽った。

これに次ぐ『日本風景論』(政教社、一八九四年)の刊行は内村の『地理学考』と同年であり、矢津『日本地文学』より遅れるが、牧口『人生地理学』には一〇年近く先行する著作であった。『日本風景論』は当時の社会の自然地理学的関心の中で版を重ね、日本の自然の多様性と火山岩の卓越、浸蝕作用の激しさ等、風景の成因を探った「みごとな風土論、日本論」として後に高く評価される一方、志賀自身がジョン・ラボックの『自然美とその驚異』(一八九二年刊)を使用していること、また、B・H・チェンバレン(Chamberlain)とW・B・メイソン(Mason)の『日本旅行ハンドブック』(一八九一年刊)を孫びいていることも知られているなど、当時のいわゆる王立地理学協会(Royal Geographical Society)を中心とした旅行ブームやジャポニズムの一端であったとの評価もある。

いずれにしろ、志賀は「地理」のタイトルを含む著作を多作し、「人文地理学」の語の最初の使用者とも日されている。

札幌農学校の出身者達とは別に、(東京)帝国大学に設置された理科大学地質学科(一八八六(明治一九)年設置)でも、小藤文治郎等によって地理学的な活動が行なわれていた。小藤は地理学と地学・地質学との相違について説明し、英語のみならずドイツ・フランスの地理学の紹介も行なった。小藤は「人事と地理ノ元素茲ニ至リ相ヒ密接シ活気運動アル地理学トナルニ及テ、歴史学ト姉妹の関係ヲ有スルニ至ル」とし、地理学の性格を地質学と歴史学の中間にあるものと考えるとともに、動態的な地理学の方向性を考定した。

小藤が拠った『地学雑誌』は、一八七九（明治一二）年設立の東京地学協会と、一八八三（明治一六）年発足の地学会が合流して刊行が開始されたものであった。地学会が主として大学関係者によって発足したのに対し、東京地学協会の方は、東京在住の有志とはいえ、社長の北白川能久親王、後の副社長の榎本武揚など高位高官や華族・軍人・著名人をはじめアーネスト・サトウなどの在住外国人も加わり、創立一年後の入会金を納人した社員数一四三名に及んだという。

東京地学協会は、イギリスの王立地理学協会（Royal Geographical Society）を範として設立されたものであり、設立後の『東京地学報告』（一八七五年より）や、地学会との合流後の『地学雑誌』の初期の掲載論文には、王立地理学協会の *Geographical Journal* と同様に、世界諸地域の情勢や探検に関するものが多かった。しかし中には、小藤の論文のように、初期の地理学の本質にかかわる論考も含まれていた。

相前後する時期には、一八八〇（明治一三）年から関東地方でフランス流図式による二万分の一迅速測図の作製が、一八八四（明治一七）年には近畿地方でドイツ流の図式による仮製二万分の一地形図の作製が開始されたことも想起される。後者が一八八五（明治一八）年から始まった正式地形図の作製の基礎となったことも周知のところである。

近代初期の地理学的知は、伝統的な需要を基礎としつつも西欧の動向を汲んだ形で展開し、その潮流は在野と札幌農学校にそれぞれ展開したことが知られる。これらはいずれも網羅的な傾向を濃厚にとどめていたが、東京で展開した新しい動向もまた、純粋アカデミズムの方向性を有しつつも、当時の欧米の動向を反映して未知の地域への関心を強く有した中間的なものであった。その一方で陸軍を中心とした近代的地形図作製が開始されたこともこの時期の特徴といえるであろう。

（金田章裕）

## 2

# 地理学教室の創設

一九〇六（明治三九）年六月、勅令第一三五号、文部省令第一〇号によって、同年九月一一日から京都帝国大学に文科大学が開設されることとなり、構成の講座とその内訳が確定された。まず開設されたのは哲学科であり、史学科の各講座が開講されたのは、翌一九〇七年九月であった。

史学科には史学地理学講座が開設され、第一・三講座が西洋史、第二講座が地理学とされた。文科大学が先行して存在した東京帝国大学には同名の講座があり、地理学の講義が行なわれていたものの、すべて西洋史学の講座であった。「地理学を独立講座として史学科においたのは、創設期の史学科に多大の功績を残した内田銀蔵教授の意見によるといわれているが、史学の研究に地理学が必要とせられ、地理学研究にも歴史の知識が必要であるとの見地から実施された」（『京都大学文学部五十年史』京都大学大学部、一九五六年、九頁）と考えられている。

初代の主任教授に予定されたのは小川琢治であった。小川は東京帝国大学理科大学地質学科の卒業であり、地質調査所に勤務し、実際の赴任は一九〇八（明治四一）年五月であった。前年の九月、講座開設時には、神戸高等商業学校教授であった石橋五郎が助教授を兼任し、開講した。石橋は、東京帝国大学文科大学の前述史学地理学講座の卒業であった。

石橋が卒業した講座と同名の講座に赴任するのは形式的にみて自然であったのに対し、小川が理科大学地質学科出身でありながら、文科大学史学科の初代教授に選任された背景についてふれておく必要があろう。

一つはよく知られているように、前述の『地学雑誌』が、国際学会との窓口的な役割を果していたことであろう。つまり、小藤文次郎はじめ地質学講座関係者に地理学が身近な存在であったことを想起しておくべきである。小川琢治は、史学地理学講座選任前に、いくつかの論述を、そこに発表していたのである。

まず注目すべきは、志賀重昂『日本風景論』の書評である（「日本風景論を評す」『地質学雑誌』二―（一七）、一八九五年）。志賀の政治的でジャーナリスティックな言動とともに、版を重ねた同書を「独り超然として出色の文字、出色の絵図、別天地の観を具へたるもの」と評価しつつ、小川は以下のような問題点を指摘している。つまり、志賀は火山を中心に風景を力説するが、外形と内部の構造及び変遷が明らかにされておらず、また一例以外に火山営力の余喘としての温泉が無視されていること、重要な要素である「水成岩」が全く無視されていること等である。さらに、「美」よりも「日本少年が異日地球上到る処に実業上学問上の遠征を試むるの第一歩として、先づ国内の山川、江海を跋渉して、事物を精細に観察するの良習慣を養成する」ことを目ざすべきこと、「地図の拠るべきもの少く」、「季候温度の記事の如きも摂氏と華氏を混同し、氷点零点などの語を濫用」するなど、小川の指摘はきびしい。

この書評自体が、まず「地質学上の価値を評論」するとしているものの、文中では、「科学的知識、地理学上の観測」の必要性を述べており、地理学の視点が濃厚にみられる。

この書評にみられる姿勢こそ、恐らくは内田銀蔵が求めたものであり、小川が教授就任とともに、研究と教育の基点としたものとみられる。未完の遺稿である小川の『一地理学者之生涯』（小川芳樹刊、一九四一年）にも卒業後の地質調査所勤務においても、またいくつかの論文においてもこの姿勢を窺うことができる。

小川の地理学への関心は、さらに明瞭な形で『地学雑誌』上に現れていた。ずばり「地理学とは何ぞや」と題する論文（零丁学人（小川琢治）著）である（『地学雑誌』一〇、一八九八年）。教授就任のちょうど一〇年前の同論文において、「地理学に於て地球の現象を研究する範囲は判然たるべく、」「地理学は現在の状態を主とし、其状態を乗せる順序を知らんとするに於て、及ち過去に遡るものなり」「地理学は主として空間的にして、地質学は主として時間的なりといふを得べし」としているのである。

小川は後年「科学としての地理学」[1]（『地球』五（一・二）、一九二六年。第二章に収録）題する論文を公にし、一九二八（昭和三）年に至って一書にまとめた『人文地理学研究』（古今書院、一九二八年）にも、その第一篇第一章として収載した。同論文の中では「フムボルト、リッテル、ラッツェル、ブリュヌ」等の地理学者名を引用しつつ、「ヴァロー」[2]の書を紹介し、その「力の及ぶ限り真の科学として取扱はん」とする姿勢を評価し、彼のラッツェル批判を受け入れている（『人文地理研究』一二～一三頁）。

同論文ではさらにヴァローの見解を受けて「全景直観法」を評価し、今日では景観の用語を使用することの多い paysage géographique に対し、「地理学的風景」の訳語を与えている。

小川は教授就任以前、前述の地理学に関わる諸論のほか、「日本群島地質構造論」を発表していた（『地学雑誌』一一・一四、一八九九年）。同論文に代表される、地質学的、自然地理学的論考は就任後も継続するが、就任後の早い時期で注目されるのは、「越中国西部の荘宅 Homestead に就いて」（『地学雑誌』二六、一九一四年）である。

この小川論文は、富山県西部砺波平野の仮製二万分の一地形図「金沢近傍」の一連の図幅を参照しつつ執筆されたものであり、砺波散村の「孤立荘宅」の分布状況を説明し、それが「単に孤立した農家」というだけでなく、「其周辺の土地は此の家で耕作することになって居る」こと、東大寺開田地図によって「略ぼ方一町の方形の條里制が此の近傍に行はれたことが知られ」、「若しも此の如き区画によって耕地が実際に区分されて、農民が其中央に住宅を構えたものとすれば、自から荘宅式居住が成立した訳で、現今見る所の孤立荘宅は班田当時の遺制が尚ほ残存することとなる」と想定した。さらに、その存続要因として、加賀藩の田地割制度下にあっても、「農家の各其周囲の田地を所有権如何に無関係に必ず耕作する」習慣が存在したこと、フェーンなる「乾燥な強風あることが農家をして、自衛上知ってか知らずにか、防風林を尊重し、又た成るべく互に隔離して居住する習慣を永続せしめたろう」ことを指摘している

この論文こそ、志賀『日本風景論』の書評で指摘した論点を具体的に展開したものと見ることが可能である。地形図の利用、現地の詳細な観察、構造の究明への視角、の重要性はこの書評に、現在の状態を主とし、その状態の由来を求めて過去に遡ること、主として空間的事象を扱うことなどは「科学としての地理学」に論述している点である。

小川は一九二一（大正一〇）年に文学部となっていた史学地理学第二講座の担任を免じられて分担となり、同年に理学部地質学第二講座の担任となり、一九三〇（昭和五）年停年退官し、名誉教授となった。

この間、一九二四（大正一三）年には地球学団を結成して『地球』を創刊し、自ら人文地理学、自然地理学の論文を寄稿した。前述の『人文地理学研究』に相次ぎ、『支那歴史地理研究』（弘文堂書房、一九二八年）『支那歴史地理研究　続集』（同、一九二九年）を刊行し、幼少の時代から親しんだ漢籍の豊かな知識を基に、中国歴史地理学の分野においても大きな影響を及ぼした。

一九二一年に理学部へ転出するまでの一四年間に地理学教室の基礎が築かれた。小川教授は古地図・地形図等の収集に意を注ぎ、またこの時期には、民族資料の収集も開始された。第一次世界大戦以後日本の統治下に組み込まれた南洋諸島へ、一九一五（大正四）年に当時の内田寛一助手が派遣されたのが、そのスタートであった。

小川教授在任中の卒業生は一三名であったが、教授の学風を受けて、中国や近畿諸地域について歴史性を重視しながらその特性を論じる形の卒業論文が多かった。教授の広範な活動を反映し、一九三〇（昭和五）年に刊行された『小川博士還暦祝賀記念論叢』には五六編もの論文が寄せられたが、理学部系の人々の論文が多いことはもとより、文学部系の中でも、地理に次いで東洋史の論文が多かった。

小川教授の着任に先行して開講していた石橋助教授は、前述のように東京帝国大学における史学地理学講座の出身であったが、一八九八〜一九〇一（明治三一〜四）年の在学中に、「自然地理はリース博士に、政治地理を坪井九馬三博士に聴講」したが、「その地理学たるや実に失礼ながら申訳的なものに過ぎなかった」と後に述懐している。(3) 石橋は当初ラッツェルに拠って講じていたが、やがて時代変遷史的に地理を見るという立場を鮮明にした。地人相関を基調とする人文地理学こそ地理学の本体であるとし、歴史的要因が重要な役割を占めること、時には歴史的説明が地人相関の解釈の大半を占めることを論じた。この歴史性を重視する考えは、小川の歴史地理学研究と相まって教室出身者の一つの伝統的な姿勢となった。

一九〇〇（明治四三）年に小川教授の発起で創設された地理学談話会は、次第に活発な活動をするようになっていたし、史学科卒業生などが中心となって一九一五（大正四）年に始められた史学地理学同攷会も、機関誌『歴史と地理』を刊行していた。さらに一九二四（大正一三）年には、前述の雑誌『地球』を刊行し始めた。また、小川・石橋両教授によって、地理学の普及をめざした多くの叢書が監修・編纂された。

この時期に注目されるのは、これらに加えて、教室独自の研究成果の発表のために、一九三二（昭和七）年に『地理論叢』第一輯が刊行されたことである。巻頭論文（「我が地理学観」、本書第二章2に収録）において、石橋教授が述べた地理学観は上述の歴史的要因重視の姿勢である。石橋は、地理学の自然と人文の「両分性」の問題、「地誌的叙述と法則樹立」の方向性の問題を論ずる中で、ラッツェルを含む学史を概観し、フェブル、ヘルデルの見解を受けている。「人文事象と地との関係を考ふるに当ってはこの人文事象を説明する歴史を閑却し能はざる所以である。時ありては歴史的説明が地人相関の解釈の大部分を占むるのである。」としたのである。石橋はまた、シュリューター、パッサルゲの見解を地誌学的潮流とみなし、「景観論、自然の景観、人文景観」の用語を用いていることも想起しておきたい。

石橋教授の時期には、旧制高校の増設もあって地理学の卒業生は著しく増加し、一九二二（大正一一）年から一九三六（昭和一一）年の停年退官に至る間に、計五七名に達した。そのほとんどが、国内の特定地域を対象として人口・歴史・集落・経済・交通等の現象を取りあげ、着実に資料を収集し、綿密に叙述する石橋の手法を継承していた。とりわけ昭和に入ってからは、毎年五〜一〇名が地理学を卒業し、その多くが教壇に立った。『地理論叢』第八輯は石橋教授の還暦記念論文集にあてられたが、同書に収められ、献呈された論文は三二編に及んだ。

（金田章裕）

注

（1）『人文地理研究』の序文によれば、教授就任以来の一種の講義録であり、この年に至り、『地球』の創刊に際して活字化したものと推定される。

（2）C. Vallau, *Les Seiences géographiques*, 1925.

（3）石橋五郎「我国地理学界の回顧」『地理論叢』八、一九三六年、六頁。

# 3

## 地政学への傾斜と教室再興

一九三一（昭和六）年から助教授であった小牧實繁は、一九三八（昭和一三）年教授に昇任し、講座を担任した。小牧教授の専門は先史地理学であり、主著『先史地理学研究』などにおいて、歴史地理学を過去の任意の「時の断面」における景観復原を目的とするものと論じた。また、多くの海外地理学者の論著をも紹介し、一九三七・三八（昭和一二・一三）年には、『地理論叢』のほかに『京都帝国大学文学部地理学研究報告』も出版した。しかし、『歴史と地理』は一九三四（昭和九）年、『地球』は一九三七（同一二）年に廃刊となり、『地理論叢』も一九四三（同一八）年に事実上廃刊となった。

小牧教授はやがて日本地政学の樹立を提唱し、第二次世界大戦下の時局が緊迫するとともに、この立場を強く推進した。そのきっかけは、一九四〇（昭和一五）年に公刊された『日本地政学宣言』（弘文堂書房）であり、それ以前の歴史地理学、人口・交通をテーマとした論考とは全く異質のものであった。その背景には、小牧の教授昇任前後から、具体的には石橋教授の停年退官（一九三六（昭和一一）年）以後、室賀信夫講師、野間三郎助手とともに開始した地政学研究があり、程なく「綜合地理研究会（通称吉田の会）」という小牧を中心とした研究グループの発足となった。『日本地政学宣言』後の数多くの著作は、この会の活動を基礎としたものと考えられる。

小牧助教授、同教授が教室を主宰した一九三六（昭和一一）年から一九四五（同二〇）年に至る間の卒業生は六一名に達したが、その前半には地理思想史や方法論、人口や経済地域の問題など、従来の傾向を引き継いだ卒業論文が多かった。しかし後半には、小牧教授の影響の下に地政学的研究が大半を占めるようになり、またアジア諸地域の民族問題や資源を論じたものも増加した。

このように、太平洋戦争下の政策と関連の強い形での日本地政学の推進は、終戦とともに大きな転換を要することとなった。学生は戦陣から相次いで復学したが、小牧教授は一九四五（昭和二〇）年一二月に職を辞し、翌年には室賀信夫助教授と野間三郎講師も同様に辞職した。教室には専任教官がいなくなり、講座は存亡の危機に瀕したが、東洋史講座の宮崎市定教授が地理学講座を兼担し、その見識に支えられて再建に向かった。しかしこの時期以来、講座が旧に復して陣容を回復するまでに、なお一〇余年を要した。

小牧教授の受講生等が中心となって、古稀を祝う論文集『人文地理学の諸問題』が刊行されたのは、ずっと後の昭和四三年のことであった。これには四〇編の論文が収載された。

一九四七年に京都帝国大学文学部史学地理学第二講座の助教授に就任したのは織田武雄であった。前述のように着任以前、同講座の専任教官はすべて辞任して空席であり、東洋史学の宮崎市定教授の兼担によって講座が維持されている状況であった。前任の小牧實繁教授以下の辞任は、いうまでもなく第二次世界大戦中を中心とする「日本地政学」の標榜・関与に由来するものであった。

着任以来、織田助教授は教室の再建に尽くした。一九五〇年には、教授に昇任し講座を担任したが、水津一朗助教授が着任した一九五九年まで、就任以来一〇余年にわたって文字通り唯一人の奮迅であった。織田教授の専門は地理学史・地図史であり、幅広く後進の教育を行なうために、学内の他部局、教養部、理学部、農学部、人文科学研究所などや広く他大学の専門家を非常勤講師として招いた。したがって、その下からは人文地理学の各分野の専門家はもとより、考古学、文化人類学の分野で活躍する人々も輩出した。

一九六二〜六五年と、一九六九〜七一年の間、織田教授は京都大学評議員としても大学行政に寄与し、大学紛争の収拾にあたったほか、附属図書館の館長事務取扱としても尽力した。一九七一年三月には京都大学文学部を停年退官となった。

織田の最初の論文は「亀岡盆地」(『地理論叢』一、一九三二年)であり、一〇年ほどの間は主として、環境、経済、人口など石橋教授風の分野の研究において、当時の先端的な業績を収めた。等時線図の概念や歴史、人口分布の空間的制約あるいは農業地帯論などへの沈潜から、次第に地理学史への関心へと移行し、ヘロドトスの地理や、バビロニアの地図、フェニキア人の航海等へと研究が及んだ。『古代地理学史の研究』(一九五九年、柳原書店)が学位論文であった。

同時に、あるいは相前後して、織田は地理学史以外の分野でも編纂や監修に関わるとともに、いくつかの共同地域調査を推進したことが特徴的である。前者は『歴史地理講座』(全三巻、朝倉書店、一九五七〜五九年)に代表され、後者は『大都市近郊の変貌』(柳原書店、一九七五年)と『西南アジアの農業と農村』(京都大学、一九六七年)にその流れが二分される。『大都市近郊の変貌』は大阪府門真市における京都大学文学部地理学教室による数年をかけての共同調査の成果であり、ほかにも教室による共同調査が行なわれた。また、滋賀県湖東平野、福井県若狭地方などにおいて、他分野との共同調査も実施され、共同調査における地理学の役割を明示するとともに、後進の指導に大きく与って力があった。『西南アジアの農業と農村』は、京都大学が一九五九年以来数次にわたって派遣した学術調査団の織田を含む地理学隊員三名の報告書である。学窓を巣立った人々による、海外を対象とする研究が数多く生まれる契機となった。

織田の地理学史研究の成果は、とりわけ地図史の分野における数多くの著作となった。退官後刊行の『地図の歴史』(講談社、一九七三年)は版を重ね、さらに分冊の新書版としても出版され、地図への一般的関心を大きく深めた。『古地図の世界』(講談社、一九八一年)、『古地図の博物誌』(古今書院、一九九八年)などの蘊蓄《うんちく》の深い著作が後に続くこととなったが、この分野でも画期的な編著・監修が多く、『日本古地図大成　日本図編』（講談社、一九七二年）、『日本古地図大成　世界図編』（講談社、一九七五年）、『元禄一二己巳歳堺大絵図』（前田書店、一九七七年）、『「宇宙誌」解説書』（岩波書店、一九八四年）、『プトレマイオス地理学』（東海大学出版会、一九八六年）などは特筆すべき刊行である。この分野における研究を大きく進めるとともに、時に古地図ブームとさえ称されることもあるほど読書家や好事家の関心を高める潮流となった。一連の研究により、門下に多くの地図史研究者が育つとともに、地理学において地図史が一つの明確な小分野として確立されたといっても良いであろう。欧米の地理学あるいは歴史地理学と地図史が距離をおいた存在であるのに対し、日本におけるこの状況を語るには織田を初めとする一連の業績を抜きにしては考えられない。

織田はまた、研究者集団としての学会にも大きな貢献をした。第二次世界大戦終了後間もない一九四七年、かろうじて戦災をまぬがれた京都における日本地理学会の開催に尽力したのをはじめ、日本地理学会における重要任務の経歴は長期に及ぶ。一九四七年四月から一九七四年に至るまで評議員であったほか、一九七四年四月から二年間会長に就任した。

さらに一九四六年一〇月に人文地理学会の前身である西日本地理学会が創設されたが、その主導者も織田であった。一九四八年三月には人文地理学会へと発展的に変遷したが、一九四九年四月〜一九五四年三月、一九五八年四月〜一九六二年一〇月、一九六八年一一月〜一九七〇年一〇月まで、断続的にその会長として地理学の発展に大きく寄与した。退官の折、記念論文集『人文地理学論叢』（柳原書店、一九七一年）が刊行され、計六二編の献呈論文が収載された。

ちなみに、人文地理学会は専門雑誌『人文地理』を刊行し、斯界における中心的な学会の一つとなっているが、詳細は『人文地理学会五〇年史』（人文地理学会、一九九八年）に譲る。

（金田章裕）

# 4 宮崎市定の兼担

一九四六（昭和二一）年一月二三日、史学科教授打合せ会の席上、東洋史講座教授の宮崎市定（一九〇一～九五）に地理学教室の主任を兼担し、教室を再建することが決められた。宮崎の「自訂年譜」によれば、史学科陳列館の各教室の中、地理学は戦時中に小牧実繁教授が地政学に心酔してより、教室の学風が一変し、すでに崩壊の兆しがあり、教室の図書は持ち出され、学生は目標を失って右往左往するのみであったらしい。なお教室主任とは俗称で、単なる教室の代弁者にすぎなかったので、発令はなかった。

宮崎は「もとより地理学には不案内なるも授業の一端を受持ち」と述べているが、もとより謙遜の辞である。一九二九年に岡山の六高教授から京都の三高教授に転任して以来、もっとも親交したのは地理学教授の藤田元春であり、一九三三年度から三年間、文学部の講師として地理学教室で「支那地理書講読」の授業を担当した。その受講生名簿の中に、後に著名な地理学者となる米倉二郎・織田武雄・日比野丈夫らの名前が見える。一九三四年には「水経注二題」を『史学雑誌』に寄稿し、史学研究会で「大明地理図に就て」と題する講演をするなど、地理や地図に造詣が深かった。また一九四三年出版の『日出づる国と日暮るる処』所収の「パリで刊行された北京版の日本小説その他」には、ヨーロッパ刊の日本古地図が活用されている。

敗戦直後の一九四五年一〇月、GHQから日本政府に対して「日本教育制度に対する管理運営に関する件」と「教員及教育関係官の調査、除外、認可に関する件」が発令され、京大では、まず瀧川事件の際に休職ないし辞職した元教官の処遇をめぐる問題が取り上げられた。しかし、勅令「教職員の除去、就職禁止及復職等の件」とその施行に関する文部省令などが一斉に発令されるのは、一九四六年五月であり、教職追放や公職追放についての審査委員会が設置されるのは六月のことである。したがって宮崎による教室主任の兼担は、小牧が辞表を提出して前年末の一二月二七日に自発的に退職したのに伴う善後策であり、この時点ではまだ公職追放はされていなかったのである。

どの教室も、応召されていた学生たちが戦陣からつぎつぎと復学し、繰上げ卒業予定生も加わって、教官は多忙となっていた。宮崎は立命館大学教授の織田武雄に白羽の矢を立て、二月二八日付けで非常勤講師とするとともに、吉田敬市を助手に任じて教室運営の中心としたのである。助教授の室賀信夫は三月三〇日付けで退職した。新年度の四月からは、宮崎が中国地誌を、国史学教授の西田直二郎が歴史地理学を、考古学教授の梅原末治が日本先史地理学を講じ、織田が人文地理学の特殊講義と演習を担当した。しかし、西田が教職追放者に指定されて七月末に退官したので、後期からは、織田が普通講義として人文地理学概説を講じ、翌四七年三月に助教授に就任した。宮崎は後見役に徹し、すべては織田による教室の再建が始まったのである。宮崎は引き続き中国地理関係の特殊講義と演習を一九五〇年度前期まで継続担当したが、九月に文学部長の任に就いたので辞退した。同年一一月に、織田が教授に昇任して、名実ともに織田教授時代が始まることになる。織田「宮崎市定先生と私」（『宮崎市定全集』第一三巻月報）によると、織田が地図学史研究に志向するようになったのも、宮崎所蔵のヨーロッパの古地図を拝見し、古地図に関心を抱くようになったからである。

この機会に、兼担以前の宮崎と京大地理学教室との関わりについて触れておきたい。一九八三年春に回顧した「来し方の記」（『宮崎市定全集』第二三巻）によると、飯山中学校から第一期生として新設の松本高校に進学し、当初は政治に関心をもった宮崎が、やがて大学では歴史を学ぼうと考え、志望校について意見を請うたのが、地理学教室を卒業した浅若晃教授であった。浅若は歴史をやるなら、京都へ行って東洋史をやりなさい、京大の東洋史には内藤虎次郎、桑原隲蔵という世界的な大先生がいて、それもう老齢だからそう長くは在職されない。今が絶好のチャンスだ、と断言されたそうだ。宮崎は東京に向かう多くの学友に背を向け、「西に走って京大の門をくぐったのだが、今でも私はあの時の浅若先生の助言に感謝している」と述べている。

京大に入学したのは一九二二（大正一一）年四月で、新入生は史学科全体で一〇人そこそこで、一回生の間に聴講できるのは史学科共通の普通講義であった。人文地理学の普通講義は、すでに理学部地質科の教授に移っていた小川琢治（一八七〇～一九四一）による自然地理学で、必須科目であった。宮崎はこの年の普通講義のうち、「地理学とは何ぞ」から始まる、小川の『地理通論』の受講ノートだけは、終生手放さなかったのである。一九三二（昭和七）年に上海事変が勃発し、予備役陸軍少尉であった宮崎が突然召集令状を受けたが、軍装が整わずに困惑した際、小川は秘蔵の宗正銘の名刀一口を貸し与えた上、「従軍行」と題し、「筆を投じて軍に従うには吾老いたり、羨む君が国に徇いて身を忘れんと欲するを」と詠ずる絶句を寄せた。

織田が地図学史研究に志向するきっかけとなったという、宮崎が一九三六年から二年間パリに滞在中に購入したヨーロッパ刊の古地図は、没後に京都大学附属図書館に寄贈され、〈宮崎文庫〉として別置されている。そのうちの優品二〇点が、京都大学総合博物館開館記念協賛企画として展観され、解説図録『近世の京都図と世界図』（二〇〇一年）が刊行された。その解説は名誉教授の應地利明が一八点を、礒波　護が二点を担当するとともに、織田『地図の歴史』（講談社、一九七三年）に冠した宮崎の序を再録している。

（礪波　護）

# 5 森鹿三と人文科学研究所

京都大学人文科学研究所の前身である東方文化学院京都研究所は、外務省の管轄下に一九二九年四月に創立された。最初は京都帝国大学文学部陳列館の一階東南隅の一室を無償で借用し、翌年一一月になって北白川に、西ヨーロッパの僧院をおもわせるスパニッシュ・ロマネスク様式の新所屋が完成した。発足当初の七研究部門の一つが支那人文地理学で、研究テーマは「水経注の研究」と「清代疆域図及び索引の編纂」であった。部屋の配分は、小川の意見で、西北隅の大部屋と東隣の小部屋とを合わせて地理研究室とすることになった。

研究所の開設と同時に、文学部の東洋史を卒業したばかりの森　鹿三（一九〇六～八〇）が助手ついで研究員となり、評議員の小川琢治が指導員となった。森は地理研究室の東側の個室に入って、『水経注』のテキストの研究に専念し、「水経注に引用せる法顕伝」「戴震の水経注校定について」「最近における水経注研究」を『東方学報―京都』誌に発表した。

本格的な中国地図の編纂を目標に、研究の基礎となるベース・マップを作成するため、一九三二年末に地理学出身の太田喜久雄が嘱託として、小川の監修のもとに「清代疆域図及び索引の編纂」に従事した。まず現勢地図を作成することになり、基礎資料を蒐集して比較吟味の上、銅版彫刻にするという手の込んだもので、満洲国の成立など予想もされなかったころに計画されたものだから、その後の情勢の変化に従って、大幅に修正を加えねばならなかったが、一九三六年の春に東洋史を卒業したばかりの日比野丈夫（一九一四〜）が嘱託員として入所し手伝ったので、編集作業が進捗し、翌年秋に東京の冨山房から『東亜大陸諸国疆域図』として刊行された。一ミリメートルほぼ一里にあたる四百万分の一の縮尺を採用したもので、同時に索引も出版されたのである。

森は一九三七（昭和一二）年度に東洋史学と共通の非常勤講師として、支那歴史地理研究法を講じたが、三八年度に外務省文化事業部の在華特別研究員として一年間中国に留学した森が帰国するや、日比野が同じく二年間留学し、資料蒐集と実地調査に努め、帰国後に副研究員に昇格したのである。なお、三七年から東洋史を卒業した佐伯富が地理研究室で宋代茶法資料の編纂に従事し、四〇年からは佐伯に代って荒木敏一が『資治通鑑』の地名索引の編纂に従事した。佐伯の研究報告は、四一年に『宋代茶法研究資料』として公刊されたが、森の報告書は公刊に至らず、日比野が蒐集した宋代物産資料は、戦争末期に大阪で印刷中に米軍の空襲に遭って焼失した。その間、三八年四月に東方文化学院は東京と京都が分離して独立し、京都研究所は東方文化研究所と名を改め、新しく出発することになり、支那人文地理学研究室は地理学研究室と称されることになったが、研究活動に何らの変更はなかった。

敗戦の前後、東方文化研究所は財政難に陥り、一九四九年になって、京都大学附置の人文科学研究所及び西洋文化研究所（敗戦前の独逸文化研究所）と合体し、新しく一一研究部門を擁する京都大学人文科学研究所として再発足することになった。東方文化研究所の研究体制は、人文研の東方部としてそのまま継続し、地理学研究室も何らの変更はなかった。研究所全体の教官の定員は、教授一一名・助教授一四名・講師四名・助手二九名であった。文系の附置研究所であるのに、助手の定員が理系なみであったのは、申請の際に大学事務局が化学研究所の定員表を参考にして作成したのがそのまま国会を通過したため、得をしたという。地理学研究部門の定員は、教授一名・助教授一名・講師一名・助手二名の計五名であったが、研究所内の運用上、地理研究室には教授一名・助教授か講師一名・助手一名の計三名が割り振られた。研究活動の重点は共同研究におかれることになった。合併後一〇年の一九五九年春の時点では、教授が森　鹿三、助教授が日比野丈夫、助手が米田賢次郎で、いずれも文学部東洋史の卒業生であった。米田が転出した六一年以降、地理学出身の船越昭生が一二年間、ひきつづき秋山元秀が五年間、助手として地理学研究室を母体とする共同研究班の世話をするとともに、個人研究に従事した。

森は一九五三年度以降、停年退官する七〇年春まで、文学部人文地理学の学内授業担当として、講義を続けた。学術論文集として、東洋史研究叢刊の『東洋学研究　歴史地理篇』『東洋学研究　居延漢簡篇』のほか、没後に『本草学研究』（杏雨書屋、一九九九年）が出版され、略年譜と日比野による「あとがき―森先生の学問と人がら―」が収録されている。日比野は五四年度以降、停年退官する七七年春まで、同じく人文地理学の学内授業担当として講義を続けた。学術論文集として、東洋史研究叢刊の『中国歴史地理研究』がある。

一九六八年に文部省が、同一大学においては複数の部局で同じ名称の講座あるいは研究部門は認められない旨の指導をした結果、人文科学研究所の地理学研究部門は歴史地理研究部門に改名された。また大学の附置研究所教官に大学院に対する協力を求め、文学研究科に人文研分として修士一二名・博士一二名の学生の増員がなされた。歴史地理部門は修士一名、博士一名である。その結果、文学研究科地理学専攻の定員は、修士三名・博士二名となった。

二〇〇〇（平成一二）年春に人文科学研究所は大幅な組織改革を行ない、それまでの一七研究部門・三客員部門と東洋学研究センターを、数名の教授を核とする五大研究部門制と漢字情報研究センターに改編した。歴史地理研究部門は制度史系に改めて「文化構成研究部門」に含まれ、地理研究室は制度史研究室に改名された。こうして、七〇年つづいた地理部門は姿を消したのである。

（礪波　護）

# 6 藤岡謙二郎と教養部

## （1）新制京都大学の発足と教養部（分校）

戦後改革の一環としての新制大学の設置は、一部の私学では一九四八（昭和二三）年度に行なわれたが、国立大学においては一年遅れの昭和二四年度に実施された。しかし国立学校設置法案の国会審議が遅れたことから、四月には間に合わず、正式の設置は五月三一日となった。入試は六月に一斉に行なわれ、京都大学においては七月七日に入学式、九月一二日にようやく授業開始という段取りであった（『京都大学百年史　総説編』京都大学、一九九八年）。三年間の専門教育のみであった旧制大学とは異なり、新制大学においては教養教育・専門教育あわせて四年間の教育が行なわれることとされた。京都大学では、教養教育の充実を目的として、隣接する旧制第三高等学校との合併が行なわれたが、三高からの移籍教官だけで新制京都大学の教養教育を担当するにはスタッフが不足していたため、学内諸学部からの移籍や学外からの招聘が、かなりの規模で行なわれた。

こうして昭和二四年八月三一日に発足した京都大学の教養教育担当組織の正式名称は、「分校」であった。昭和二九年に学内措置として「教養部」という名称が用いられるようになり、昭和三七年にはそれが正式名称となった。分校とは組織の名称であると同時に所在地の名称でもあった。京大の場合には、旧三高キャンパスを引き継ぐ吉田分校の他に、昭和二五年から三五年までの一〇年間、旧陸軍宇治火薬廠の跡地の一部が宇治分校となり、そこで一回生の教育が行なわれた。ただし、分校所属教官の研究室はすべて吉田分校内に置かれた。

## (2) 教養部(分校)での人文地理学と藤岡謙二郎

旧制第三高等学校においては、大正末年から約二〇年間にわたって藤田元春が教授(大阪高等学校を兼務)として地理の授業を担当していた。藤田が戦時中に勇退した後は地理の専任教官は置かれず、年度により嘱託講師の野間三郎・河野通博や西洋史の教授であった中山治一が地理の授業を担当した。

新制京都大学発足直前の三高に地理担当専任教官が不在であったことに加えて、当時の旧制京都大学においてもすでに記されているように、助教授以上の地理学担当教官は織田武雄一人であった。したがって、新たに発足する「分校」に地理学担当教官を配置するとすれば、それには学外からの招聘による以外に、ほぼ道はなかった。

ここで白羽の矢が立ったのが藤岡謙二郎であった。藤岡は昭和一三年に史学科考古学専攻を卒業した後、立命館大学(専門部・予科を含む)で教鞭をとり、考古学と地理学の境界領域を開拓していた。すでに昭和二一年に『地理と古代文化』の著書を公刊しており、昭和二四年時点では立命館大学文学部地理学科の教授であった。藤岡は昭和二四年八月三一日に京都大学助教授(分校)として発令され、翌年四月に教授に昇任した。この時点では分校での地理学関係教官は藤岡一人であったが、昭和二六年には西村睦男が助教授として、石川榮吉が助手として採用され、合計三人のメンバーを有する人文地理学教室が確立した。

藤岡の立命館大学から京大分校への転出のいきさつについて、藤岡自身が回想した文章がある。やや長くなるが、以下に引用しよう。

昭和二四年夏のこの旅行(引用者注…立命館大学生との鹿児島巡検)を最後として、私は[中略]原随園先生(同…当時京大文学部長)の推薦によって、一〇年間勤めた思い出の立命学園の専任教授の職を辞することになった。ただし二五年の三月までは非常勤講師の名目であっても、今まで担当の授業のほとんどの科目はそのまま受けもつという条件で、新設第一代目の京大分校主事の平沢興先生の了解のもとに新制京都大学へ転任することになった。

もともと私は野人であるから、私学の立命学園に一生を捧げるつもりであった。にもかかわらずこの第二の母校ともいうべき立命を去って、第一の母校たる京大に転じることになったのは、私が赴任しなければ、一般教養科目としての人文地理学の専任者が必ずしも当時の新設の京都大学に必要なわけではなかったこと、第二には立命の学部地理学科はすでに私が微力ながら、その再生新設に努力したし、しかも立派な後任教官もおられたからである。そこで私は新設されるはずのこの京大教養部地理学教室の教官としての赴任を決意したのである。ところがいざ赴任してみると、教養学部の大構想はなく、私はその名もえたいの知れない京都大学の分校に所属し、地理の専任教官も、もとより私一人であることに落胆した。（藤岡謙二郎『多兎を追う者』大明堂、一九七四年、三五頁）

この藤岡の回想からは、新制大学の教養教育における（人文）地理学の位置づけがうかがわれる。つまり、どの大学でも必ず専任教員が必要だというほど確立した地位にはなかったということである。事実、以前の帝国大学が転換した国立の総合大学でも、教養教育の（人文）地理学担当専任教官が新制大学発足当初から在職した大学は少なかった。

なお京都大学の教養教育における科目名として、「地理学」ではなく「人文地理学」という名称が用いられたのは、一九四七年七月に大学基準協会によって制定された「大学基準」（現在の大学設置基準の源流ともいうべきもの）の「一般教養科目」の人文科学関係の科目の一つとして「人文地理学」があげられていたことに基づくと考えられる。この大学基準はその後頻繁に改正されたが、一九五一年六月の新基準では「一般教育科目」の科目例示から「人文地理学」の名称が消え、代わりに社会科学関係の科目として「地理学」の名が記されている。しかし京都大学の教養教育では、その後も長く、「人文地理学」の名称が地誌学やある場合には自然地理学をも含む広い意味で用いられた。

### （3）文学部地理学教室における藤岡の活動

藤岡は、すでに一九四七年度から非常勤講師として文学部で講義を担当していた。京大着任後も一九七八年の定年退官までの間、藤岡は文学部（昭和二八年度以後は大学院文学研究科も）の（人文）地理学の講義・演習を担当し続けた。ただし一九五八年度のみは、文部省在外研究員として海外出張中であったため、藤岡の文学部への出講はなかった。

教養部（分校）の人文系の教官が文学部の専門科目を担当する例は、決して藤岡に限ったものではなかった。しかしほとんどの場合年一コマだけの担当であり、藤岡のように、ほぼ毎年二コマ以上を担当したケースは稀であったと思われる。この間の事情についても藤岡自身の回想から知ることができる。「文学部へは授業担当の形で、多い年には週に六時間、三コマの授業を行った。これは当時名目上の主任であった宮崎先生から、助教授が出来る迄は専任並みに援助してくれといわれたからである」（藤岡「陳列館時代の想い出」『以文』二一、一九七八年。藤岡『第四地理学の旅』大明堂、一九八二年、および京都大学文学部編『以文会友―京都大学文学部今昔―』京都大学学術出版会、二〇〇五年、に転載）。

この引用文で藤岡が記している点にもかかわらず、藤岡は水津一朗が助教授として着任した一九五九年以後も、引き続き二コマの文学部・文学研究科科目を担当した。藤岡が担当した科目の講義題目等は、残念ながらすべてを明らかにすることはできなかったが、判明したかぎりでは表1のようである。この表からは、藤岡の研究上の関心が先史・古代を中心とする歴史地理学と都市地理学の二分野にまたがっており、そのことは昭和二〇年代前半から昭和五〇年代まで大きくは変わらなかったことが知られる。言い換えれば、藤岡においてはこれら二分野の研究がほぼ同時並行的に進められていたのである。

藤岡は文学部・文学研究科において講義・演習を担当しただけでなく、卒業論文・修士論文の審査にも副査としてかかわることがあった。というのも、一九五三年度に発足した京都大学の新制大学院文学研究科において、文学

表１　藤岡謙二郎が文学部・文学研究科で担当した講義・演習

| 年度(昭和) | 担当科目（講義題目等） | 典拠 |
|---|---|---|
| 22 | (不明) | |
| 23 | (不明) | |
| 24 | 研究「景観の変遷」 | 『史林』33－１ |
| 25(1950年) | 研究「聚落の盛衰に関する諸問題」 | 『文学部講義題目』 |
| 26 | 研究「日本の先史地誌」，演習「都市地理学の諸問題」，同「地理学実習」(織田武雄と分担) | 『人文地理』３－３ |
| 27 | 研究「歴史地理学の諸問題」，演習「人文地理学の諸問題」 | 『文学部講義題目』 |
| 28 | 学部研究「都市の歴史地理学的研究に関する諸問題」，学部演習「人文地理学の諸問題」，院演習「大都市域の変貌に関する諸問題」 | 『文学部・文学研究科講義題目』 |
| 29 | 学部研究「都市地理学」，院演習「地域調査論」 | 『人文地理』６－２ |
| 30(1955年) | 学部演習「人文地理学の諸問題」，院演習「歴史地理学の諸問題」 | 『講義題目』 |
| 31 | 共通研究「遺跡の地理学」，学部演習「地理学演習」，同「英書講読」 | 『人文地理』８－３ |
| 32 | 共通研究「街道と集落の歴史地理」，学部演習「人文地理学の諸問題」 | 『講義題目』 |
| 33 | (在外研究のため担当なし) | |
| 34 | 共通研究「地域の歴史地理的研究法－古代の場合－」，学部演習「人文地理学の諸問題」(水津一朗と分担)，同「地誌学の諸問題」(織田武雄と分担) | 『人文地理』11－４ |
| 35(1960年) | (不明) | |
| 36 | (不明) | |
| 37 | (不明) | |
| 38 | (不明) | |
| 39 | 共通研究「大都市の urban fringe の研究」，共通演習「歴史地理学の諸問題」 | 『学生便覧』 |
| 40(1965年) | 共通研究「明治以後における日本の地方都市の変貌と現状」，学部演習「自然的環境に関する諸問題」 | 『学生便覧』 |
| 41 | 共通研究「近畿圏における過去の交通系とその現代的意義」，学部演習「地形的環境に関する諸問題」 | 『学生便覧』 |
| 42 | 共通研究「考古地理学の諸問題と研究法」，学部演習「微地形研究の諸問題」 | 『学生便覧』 |
| 43 | 共通研究「平野の発達と中心集落の発達－古代の場合－」，学部演習「現代都市と自然的環境の問題」 | 『学生便覧』 |
| 44 | 学部演習「歴史地理学理解の基礎としての地形図演習と微地形研究」，院演習「離島研究の人文地理学的諸問題」 | 『学生便覧』 |
| 45(1970年) | 学部演習「都市地理学と自然的環境の問題」，院演習「交通路と宿駅の歴史地理学的研究」 | 『学生便覧』 |
| 46 | 学部演習「地理学研究における基礎的作業と問題意識のとらえ方」，院演習「古代都市の歴史地理学的諸問題」 | 『学生便覧』 |
| 47 | 共通研究「古代の交通路と現代の交通路」，学部演習（題目不明） | 『以文』15 |
| 48 | 共通研究「世界及び日本の歴史的都市とその諸問題」，学部演習(題目不明) | 『以文』16 |
| 49 | 共通研究「日本の古代文化地域の歴史地理学的研究」，学部演習(題目不明) | 『以文』17 |
| 50(1975年) | 共通研究「新開地の歴史地理学－タスマニアと北海道の場合－」，学部演習「自然的環境と歴史地理学の諸問題」(足利健亮と分担) | 『学生便覧』 |
| 51 | 共通研究「大都市における urban fringe zone の景観変遷史的研究」，学部演習「歴史地理学の諸問題」(足利健亮と分担) | 『以文』19 |
| 52 | 共通研究「考古地理学に関する諸問題」，学部演習「地誌および地域計画の諸題」(足利健亮と分担) | 『以文』20 |

注）新制大学院が発足する昭和28年度以後については，学部科目・大学院科目の別も記した。「共通」は両方の共通科目である。また，出典中の『以文』は京大文学部の同窓会誌である。

部の地理学関係の講座（当時の正式名称は史学地理学第二講座）が一つ（当時の教官は織田一人）であったにもかかわらず地理学専攻として認可されたのは、織田に加えて藤岡と人文科学研究所の森 鹿三が本専攻を支えることが前提となっていたからである。藤岡は後々までこのことに自負をもっており、それについて門下生など周囲の人々にもしばしばもらすことがあった。それだけに、文学研究科で論文審査にかかわる範囲が修士論文までで、博士論文の審査は文学部教授だけが行うという文学部の制度に対して、藤岡はかなりの不満を抱いていたようで、筆者はそれを直接耳にした記憶がある。

藤岡の文学部・文学研究科学生への指導は、以上のような公式のものに限られなかった。藤岡が中心となって行なった共同調査に文学研究科の院生や文学部学生の参加を勧誘し、その場合も単なる調査補助にとどまらず、最終報告書（単行本として公刊されることが多かった）の一部を分担執筆させるということがしばしば行なわれた。また、昭和四四年以後教養部人文地理学教室に事務局が置かれていた日本都市学会・近畿都市学会や、藤岡が昭和四一年に創設した野外歴史地理学研究会（ＦＨＧ）の事務局員として、文学研究科・文学部の院生・学生が委嘱されることもあった。こうした、藤岡の主宰する教養部人文地理学教室に頻繁に出入りする院生・学生が多かった半面、意図して藤岡との距離を置いた（人文）地理学専攻の院生・学生が存在したことも事実である。

### (4) むすび

以上、第二次大戦後の京大文学部地理学教室の再建に大きな役割を演じた教養部教授藤岡謙二郎の活動を、教育面を中心に描いてきた。しかし、すでに記したように、一九五一年以降の教養部人文地理学教室には、藤岡以外の教官も在籍した。助教授以上の教官（後述の改組後の着任者を除く）としては、すでに名前をあげた西村睦男（昭和四三年転出）の他に、浮田典良（昭和四三年着任、同六三年転出）、足利健亮（昭和四九年着任）、青木伸好（昭和五三年着任）、山田 誠（昭和六三年着任）があり、いずれも文学部・文学研究科の授業を担当した。また助手としては既述の石川榮吉の他に、浮田典良、佐々木高明、足利健亮、小林健太郎、青木伸好、水田義一、金田章裕、南出眞助、林　和生、藤井　正、内田忠賢、小島泰雄、水野　勲が、それぞれ務めた。ここで名前のあがった人々は、水野を除きすべて京大文学部地理学教室の出身者である。こうした点を考えても、文学部地理学教室と教養部人文地理学教室とは深い関係を維持していたと言える。

平成に入って行われた教養部の改組（総合人間学部と大学院人間・環境学研究科の設置）は、ある意味では、藤岡らがかつて思い描いた「教養学部の大構想」を実現するものであった。その半面、総合人間学部／人間・環境学研究科の教官（二〇〇三年の再改組と二〇〇四年の法人化以後は「人間・環境学研究科の教員」というのが正確な表現である）が、文学部・文学研究科の学生・院生に対して、以前に藤岡が行っていたような濃密な指導をする機会がなくなっているのは、ある意味、必然的な流れとも言えよう。

（山田　誠）

# 7 地域環境学講座の増設とその前後

史学地理学第二講座として発足した地理学教室は、新制大学となった一九四九（昭和二四）年五月以降においても一講座の体制のままであった。織田武雄教授の尽力によりようやく再興となった地理学講座も、水津一朗助教授の就任によって本来の形となったものの、一講座であったことには変わるところがなかった。

織田教授が一九七一年三月末をもって停年で退官になった後、同年一一月からは水津助教授が教授として地理学講座を担任し、その翌年からは、愛知県立大学から應地利明助教授が就任した。

水津教授は、ドイツの歴史地理学・社会地理学に深い関心を寄せ、一九六四年に『社会地理学の基本問題――地域科学への試論』（大明堂）を最初の著書として刊行したのをはじめ、一九六九年にはヨーロッパ留学の記録ともいうべき『石の文化・木の文化――ヨーロッパ文化の地理学』（古今書院）、学位論文ともなった『社会集団の生活空間』（大明堂）と相次いで世に問うた。在職中さらに、『地域の論理――世界と国家と地方』（古今書院、一九七四年）、『近代地理学の開拓者たち――ドイツのばあい』（地人書房、一九七四年）『ヨーロッパ村落研究』（地人書房、一九七六年）『地域の構造――行動空間の表層と深層』（大明堂、一九八二年）を相次いで公刊し、停年退官の翌年には『景観の深層』（地人書房、一九八七年）を出版した。

この間、織田教授時代に始まった京都大学地理学研究報告の二として『中心集落とその背域——湖西地方における地域変化について』（地理学研究報告刊行会、一九七五年）、三として『地理の思想』（地人書房、一九八二年）、四として『空間・景観・イメージ』（地人書房、一九八三年）の刊行を主導した。

水津教授は、京都大学評議員（一九八〇年一月～八一年一月）、文学部長・大学院文学研究科長（一九八一年一月～八三年一月）の重責を務める一方で、人文地理学会会長（一九七六年一一月～八〇年一〇月、一九八三年一一月～八六年一〇月）、史学研究会理事長（一九八四年六月～八六年五月）として学会の運営に尽力した。加えて、一九八〇年における国際地理学会地理思想史部会の京都会催を主催し、その折の成果の一つが前掲の『地理の思想』の刊行であった。

水津教授の停年退官の折には、献呈論文集『人文地理学の視圏』（大明堂、一九八六年）が刊行され、七二人に及ぶ教室卒業者が寄稿した。水津教授の停年退官後は、一九八六年四月から應地助教授が教授に昇任し、地理学講座の担任となった。翌年八月からは、金田章裕が追手門学院大学から助教授として就任した。

應地教授は南アジアを中心に西アジア・中央アジアからアフリカに広がる農業・農村研究に加え、その地域の農具特に犂《すき》の研究や定期市の研究の第一人者であった。應地教授はすでに織田教授の時代に京都大学が派遣した学術調査団の一員として、織田教授・末尾至行奈良女子大学教授と共に『西南アジアの農業と農村』（京都大学、一九六七年）の共著者であった。

應地教授の着任以前、織田教授在職の末頃にあたる一九六五年度において、文学部東館が完成し、地理学教室はその二階東側へ移っていた。陳列館には実習室と民俗資料室が残されたままであったが、利用者がないままに建物は老朽化し、荒廃した状況となった。

陳列館は昭和三〇（一九五五）年以来博物館相当施設となっており、一九五九年からは博物館と呼称していたものの、老朽化による収蔵資料の損傷が危惧される状況であった。ついに一九八七年に至り、新しい文学部博物館の建物が完成した。ロの字型であった陳列館の西側と北側の部分を取り壊し、東大路に面した部分に玄関口を設けた四階建ての建物であった。

文学部博物館の新館完成後も教職員の純増はなく、考古学・日本史学（当時国史学）とともに、地理学では古地図・古地誌収蔵室、民俗資料収蔵展示室、地理作業室が設定された。

應地教授の時期に完成したこの文学部博物館では、一九八七年秋には第一回の公開展示「日本古代文化の展開と東アジア」が開催され、地理学教室もその一部に参画した。同時に刊行された図録『京都大学文学部博物館』には「地図・民族資料部門の概要」（六六 - 七九頁）を寄せた。應地教授を中心として、一九八八年度には、春季企画展「地図にみる東西交流」が開催された。このころには古地図を含む文化論ないし文明論が應地教授の専門領域に加わっていた。

さて、水津教授・應地助教授の時期に始まった新講座増設構想は、應地教授の時期に具体化した。それは哲学・史学・文学の三学科に加え、文化行動学科を新設し、哲学から社会学・心理学、文学科から言語学、史学科から地理学が参加すること、地理学、言語学が講座増設をはかることが骨子であった。この流れの中で地理学はようやく地域環境学講座を新設する運びとなった。

應地教授が文部省の在学研究での海外出張中であった一九八七年秋、当時の文部省への申請、説明を行い、一九八八年度からの設置が認められた。文化行動学科は、当時の新しい潮流であった行動論的アプローチとディシプリンの一部に採用していた四専攻を新たにグループ化したものであり、文学部としても創設以来の三学科体制の初めての改変であった。

新設の地域環境学は、長く地理学固有の概念であった「環境」がようやく他分野および社会的に広く認知された中における地理学的環境の再定義とも言える概念であり、これ以後いくつかの国立大学に同名の講座・コース等が設置されるに至った。

地域環境学講座教授には、選考の結果應地教授が地理学講座から転任する結果となった。空席となった地理学講座には一九九一年四月に、大阪市立大学から成田孝三教授が就任し、一九九九年に停年退官となった。

成田教授は、大都市圏の経済・社会地理学的な研究を中心とし、大都市のインナーシティ問題、マイノリティ問題、大都市圏の構造変化、世界都市化等々、東京・大阪・ニューヨーク・ロンドン等を事例とし、今日的な問題を真っ正面から捉えた数少ない地理学者であった。地理学講座教授着任以後には、大阪市立大学経済研究所教授であり、前同所長でもあった。主要著書には『大都市衰退地区の再生』（大明堂、一九八七年）、『転換期の都市と都市圏』（地人書房、一九九五年）があり、共著・共編著には『都市圏多様化の展開』（東京大学出版会、一九八六年）、『世界の大都市Ⅳ　ニューヨーク』（東京大学出版会、一九八七年）、『現代大都市のリストラクチャリング』（東京大学出版会、一九九二年）などがあり、いずれも上記のテーマを取り扱ったものである。成田教授は人文地理学会会長としても活動し、退官に際して刊行された論文集は、『大都市圏研究――多様なアプローチ（上・下）』（大明堂、一九九九年）であり、大都市圏にかかわる、まさしく多様なアプローチ三三編が寄せられた。

この間、應地教授が京都大学東南アジア研究センター教授としてご転出になり、一九九六年四月からは、名古屋大学から石原潤教授が就任した。石原教授の専門は村落社会地理学であり、国内外の農村地域や定期市研究のエキスパートであった。着任以前に『定期市の研究――機能と構造』（名古屋大学出版会、一九八七年）があり、京都大学文学部教授就任以後も、熱心に後進の指導と研究に従事することとなった。二〇〇三年三月に停年退官となるまでに、南インド、バングラデシュ、中国の現地調査報告書の編著の刊行が一一冊にも及んだ。石原教授は前任の名古屋大学ですでに教授として研究・教育にあたり、名古屋大学評議員も務めた。京都大学転任後も、一年間は名古屋大学文学部教授を併任した。二〇〇三年に停年となるまで、人文地理学会会長、史学研究会理事長として、学会の実績をも果たした。退官に際して刊行された論文集『農村空間の研究（上・下）』（大明堂、二〇〇三年）には、京都大学と名古屋大学の双方における卒業生・修了生・同僚が寄稿し、合計五三名もの研究者が寄稿した。

（金田章裕）

# 8

# 「大学院重点化」と地理学の大講座化

一九九二〈平成四〉年度から法学部が、次いで一九九三年度から医学部と工学部の一部がいわゆる大学院重点化を行ない、それまでの学部を部局とした構造から、大学院を部局とする構造改革を行なった。これには当時の文部省の方針もあったが、京都大学においても将来構想検討委員会が、この方針を支持した。

一九九三年六月の「二十一世紀における京都大学のあり方について〈将来構想試案その一〉」において、「近年の急速な学問の高度化や学際化、社会の高度複雑化に対応していくには、大学の教育研究体制を抜本的に見直すことが必要になってきている」という基本認識を示し、「学部では学科の統合などによってより幅広い共通の基礎教育を実施し、四年一貫の教育課程を整備するとともに、大学院では、学問の進化に伴った専攻の見直しを行い、先端的・学際的基礎研究の促進と若手研究者の育成を可能にする弾力的組織へと改変する必要がある。更に、社会人や外国人留学生などに対する高度教育を行うための制度の充実も必要とされている」とした。具体的には、「上記の趣旨に基づく各学部の大学院重点化に共通した基本方針は、大学院研究科を教官の所属組織とし、学部の現講座を基幹講座として、かつ大講座として運営しようというものであり、更には関連研究所・センターなどの部門で構成する協力講座を設け、或いは、大学院専任講座や共通大講座を設置するものである」と提言した。

この方向に添い、理学部においても、一九九四・一九九五年度に大学院重点化が行なわれた。文学部においては、一九九二年度には協議を開始し、最初の再編計画を一九九四年度概算要求として策定した。その折にはこれが採択されず、若干の修正を施した上で、一九九五年度から学部改組、一九九六年度から大学院改組が認められた。

一連の改組の結果、いわゆる大学院重点化が完了し、大学院文学研究科が教官の所属組織となり、予算申請・執行の責任部局ともなった。これと軌を一にして、従来の四四小講座の構成を再編し、一六の大講座とした。学部は哲・史・文・文化行動の四学科を人文学科に一本化し、大学院の専攻を文献文化学（旧文学化中心、必要な場合には東洋文献文化学、西洋文献文化学として運用）、思想文化学（旧哲学）、歴史文化学（旧史学）、行動文化学（旧文化行動学）、現代文化学の五専攻とした。これらは基幹講座とされ、従来から類似の研究分野を有し、また協力関係にあった人文科学研究所からも一五名の参加を得、協力講座を構成することとなった。

文献文化学は、人文学の最も基礎的な領域として、人類文化の表象でもある言語のうち、地域上の東西両地域の古典をはじめとする文字資料を精読し、その現代的理解をはかり、現代的意味を問うという形で文学を再定義しようとするもので、文献を精読注解することを基本的課題とした研究領域である。

思想文化学は、古典の精読による哲学的思考はもとより、人類の営みの文化的様態を思想的に考察する領域である。同一の対象を歴史的に分析するのが歴史文化学である。それぞれ哲学・史学の表現を改め、積極的に文化のありように軸を据えた形での表現である。

行動文化学の各専修にはこれらのいずれかに含まれるものもあるが、行動科学的分析を各領域に含むものからなり、前述の文化行動学の場合と同様である。

現代文化学もまた、これら四専攻と重複する部分もあるが、特にそれらの現代的状況を研究対象とするものである。

旧来の専攻は基本的に専修として位置づけられ、学生・院生の専門教育・選択の点からすれば、従来との類似の形である。従来の制度および世界の学問分野の動向との整合性に対する配慮が現われた結果でもある。いま一つの配慮は、すでに実験講座となっていた講座ないし旧専攻（専修）については、可能な限り名称の変更は行なわなかったことである。他大学の例では、名称変更と共に、実験講座が非実験講座となり、改称のゆえに教育・研究の遂行に困難をきたしている場合があったためである。当時の文部省の方針では、新しい名称が歓迎され、旧来の名称のままでは改組と認めない雰囲気が極めて強いなかでの対応であった。

学内での大学院重点化としては、法・医・工・理の四部局に次ぐものであったが、文学部・文学研究科としては東京大学に次いで二番目の改組であり、東京大学文学部にはもともと地理学専攻が存在しなかったため、文学部の地理学専攻としては最初のケースであった。

地理学では、地理学・地域環境学の二つの小講座が合体し、小規模ではあるが、教授三、助教授一の大講座を構成することとなった。この新しい地理学大講座は地理学・地域環境学、環境動態論の三分野からなり、新たに設置された環境動態論の分野は、環境史あるいは景観史とも通じるものであり、歴史系との区別を優先すべきとの意見に従って選択された名称であった。

地理学の専攻ないし専修を有する文学部の改組・重点化は、続いて他大学でも進行した。その際には京都大学文学部の文学研究科へのこのような改組の例が先例ないし参考とされた場合があった。地理学の発展のためには若干なりともプラスであったと考えたい。

このような大学院重点化は、実際上の大学院での教育の面でも影響を及ぼした。現実にはまず、大学院への入学者の増加であり、文部科学省からは、大学院入学試験が従来資格試験的運用、つまり大学院生としての十分な能力の有無が重要視されていた状況から、選抜試験としての運用、つまり成績上位から定員一杯になるまで合格とするような運用が求められることとなった。一方で、課程博士の学位授与数の増加も求められ、事実、重点化実施以後、文学研究科全体として毎年二〇数名の課程博士の学位授与が行なわれるようになった。地理学の専修もまた、この流れの中にある。

（金田章裕）

# 9 地図コレクションと大学博物館

初代の教授として本講座を担当した小川琢治は、一八九六（明治二九）年に東京帝大地質学科を卒業し、来任までの間は農商務省地質調査所技師を務め、その間に「日本群島地質構造論」を世に問うなど、まず地質学の分野で活躍した。地質調査所からパリ万博に派遣され、その後もヨーロッパに滞在して勉強を続ける一方、古地球儀・古地図等の収集にも努めた。これらの一部も後に地理学教室にもたらされ、ユニークなコレクションの基礎となった。

一九二一（大正一〇）年一二月、小川教授は地質学鉱物学教室を創設して理学部に転出したが、それまでの一四年間に、地理学教室の基礎が築かれた。小川教授は古地図・地形図等の収集に意を注ぎ、多くは古地図を購入する一方、陸軍陸地測量部および地質調査所から地形図・地質図の寄贈を受け、それらはいずれも今日のコレクションの重要な部分となっている。

これらの古地球儀・古地図・地形図・地質図類が、現在は京都大学総合博物館の古地図古地誌収蔵室および地理作業室に収蔵されている。この施設が京都大学文学部博物館を継承したものであること、ならびにそれ以前の経緯はすでに述べた。

古地図類についての最初の総合的な所蔵目録が作成・刊行されたのは、一九三四（昭和九）年以後のことであった。『地理論議』第三輯に、世界図・日本図等について（三五一-三五八頁。編輯者、地理学教室、代表石橋五郎、一九三四年四月）、同第五輯に京都図・江戸図等（二一九-二三三頁、編集者、地理学教室、代表石橋五郎、一九三四年一二月）、同第九輯に大阪図等についての目録が掲載された（二六三-二七六頁、編集者、地理学教室、代表小牧実繁、一九三七年一二月）。この目録と分類方式はその後永く使用された。

総合博物館完成以後の一九九八年、『京都大学大学院文学研究科地理学教室関係古地図目録　京都大学総合博物館古地図古地誌収蔵室収蔵分』（京都大学大学院文学研究科地理学教室編刊、一九九八年三月、四一頁）が刊行された。この目録には、教室出身者を含む新たな寄贈分を含めて、改めて収蔵品の通し番号が付され、その数七二三に及んでいる。

地理学教室には漸く新しい古地図目録が完成したが、京都大学の各部局に散在する古地図についての総合目録は存在しなかった。『京都大学収蔵古地図目録』（編集代表金田章裕、京都大学大学院文学研究科、二〇〇一年三月、二六〇頁）が刊行されるに及んでようやく、古地図主要所蔵目録が完成したことになる。

この目録が作成された直接の契機は京都大学附属図書館に大塚隆氏から京都図最大のコレクションである大塚京都図コレクションが寄贈されたことにある。これ以前にかつての地理学教室助教授であった室賀信夫氏収蔵品を附属図書館が購入して室賀コレクションとした古地図群があり、一時期地理学講座教授を兼担した宮崎市定氏旧蔵地図の寄贈を受けた古地図群もまた加わっていた。

総合博物館地理作業室には、数多くのアトラス（原本ならびにブラウ世界地図帳のようなレプリカ、いずれも図書館登録カードあり）および地形図類があり、現在も進行している国土地理院発行の地形図類については、教室で毎年新刊分を購入し、補充している。

地形図類については、図幅名が検索の基準であるが、戦前のいわゆる外邦図については、『京都大学総合博物館収蔵外邦図目録』（京都大学総合博物館・京都大学大学院文学研究科地理学教室編刊、二〇〇五年三月、一七〇＋vii頁）が作成されている。

前述の新しい文学部博物館の開館第一回公開展示に続く、一九八七年度春季企画展では古地図中心の展示を行なった。「地図に見る東西交流」をメインテーマとし、「日本図の源流、日本図の近世的展開、近世日本図の大成、境域の地図化、東アジア地図にあらわれた中世日本、坤輿万国全図の衝撃、仏教系世界図の変容、西洋地図帖にあらわれた日本、蘭学系世界図の登場、近代測量図の成立」をサブテーマとした（京都大学文学部博物館編刊『地図にみる東西交流」出品目録・解説』一九八八年）。

同年秋の秋季企画展には、「江戸から東京へ――地図展」のテーマで一部に参画した。

ついで一九九二年の春季企画展には、「近世の地図と測量術」を開催した。展示のサブテーマは「地方測量の図、幕府撰国絵図と日本絵図、近世の刊行国絵図、近世の刊行日本図、伊能忠敬の測量と地図作製、石黒信由の事蹟、測量と地図作製過程、測量と製図の用具、近世の和算と測量術、石黒信由の著作、石黒氏の三州郡分図と国絵図、近世測量図と明治の地図、運河図と運河計画、治岸図と航路図、近世における復原と考証、信濃国災害図、佐渡国と金山図　伊勢湾岸図」であった（京都大学文学部博物館編・刊『近世の地図と測量図――出品図録』一九九二年）。

一九九四年には、『三都の古地図――京・江戸・大阪」と題して春秋企画展を開催した。サブテーマは「初期の京図刊行、京大絵図の大成、公家町の形成と内裏図、京名所図絵の盛行、京都の復原図と考証図、明治初期の京都、初期の江戸図刊行、江戸大絵図の大成、江戸図掩乱、江戸切絵図の盛行、京都版大阪図の刊行、大阪版大阪図の展開、浪速の偽原図と考証図、明治初期の東京・大阪、三都の近世都市図と版元・作者」であった（京都大学文学部博物館編刊『三都の古地図――京・江戸・大阪――』一九八九年）。

小牧実繁教授の下で助教授であった室賀信夫氏は、前述のように戦後間もなく小牧教授と共に職を辞して地図史研究に専念していた。その室賀元教授の旧蔵資料が一九九六年に京都大学附属図書館に室賀コレクションとして収蔵されることになったことと、一九九八年度の人文地理学会大会が、発祥の地の京都大学文学部で開催されることを直接の契機として、附属図書館において「京都大学附属図書館所蔵室賀コレクション古地図展」が開催された。「日本の西方・日本の北方――古地図が示す世界認識――」と題された展示は、地理学教室が担当し（金田、米家）、「室賀信夫と古地図研究、蝦夷地の地理像と新訂万国全図、ヨーロッパ製アジア・日本図、マテオリッチ系・蘭学系世界図、仏教系世界図、中国系世界図」といった古地図展示および室賀コレクションそのものに関するサブテーマのほかに、右の契機にかかわって「京都大学大学院文学研究科地理学教室、地理学教室と古地図コレクション、古地図の流れ」というサブテーマも設定された（京都大学附属図書館編・刊『日本の西方・日本の北方――古地図が示す世界認識』一九九八年）。

二〇〇一年秋には、京都大学総合博物館開館記念協賛企画として同博物館において「近世の京都図と世界図」という附属図書館主催の展示が開催され、地理学教室（金田）、博物館助手（山村）のほか、東洋史学（杉山、井上）、日本史学（吉川）ならびに礪波　護・應地利明両名誉教授が企画立案・図録執筆等に従事した。この展示が可能であったのは、京都図のコレクター大塚隆氏の寄贈による「大塚京都図コレクション」と、一時期地理講座を兼担したことのある故宮崎市定名誉教授の寄贈による「宮崎市定氏旧蔵地図」が附属図書館に寄贈されたことによる。

大塚京都図コレクションについては、「黎明期の刊行京都図、京都図における洛外の出現、林吉永による京大絵図の大成、中小版元による小型・中型図の刊行、竹原好兵衛による多色刷りの時代、ガイドマップと内裏図、明治初期の京都図、幕末・明治期の小型銅版図、多様な携帯用観光図」といったサブテーマの他に計六七点の古地図が展示され、宮崎市定氏旧蔵地図については、プトレマイオス『地理学』の一版に加えられたインド図をはじめ計二〇点と故宮崎名誉教授の紹介が展示された。

以上のメインテーマあるいはサブテーマのように、古地図を中心とした博物館の展示は、単に社会的な公開・貢献にとどまらず、古地図を資料とした研究と密接にかかわるものでもあり、地図コレクションを有することの研究・教育上の意義の大きさをも示すものである。この意味でも、本来地理学講座の一部であった地図コレクションは、文学部博物館の一部、総合博物館の一部へと存在形態の変化はあるものの、一貫して地理学の基本的な重要な一部であることは疑いない。

地理学教室の百周年という時期は当然のことながら、百年前に創設されたという事実を反映していることになるが、さらに二百年前、三百年前、四百年前と思考をめぐらせる中で、まさしく四百年前の慶長一二（一六〇七）年に慶長期の『拾芥抄』が印刷（木版）され、刊行された事実に思い至った。その中には日本図が含まれており、恐らくこれが日本で刊行された最初の地図であったと考えられることとなった。その前後には地図刊行上の大きな転機があり、マテオリッチの坤與万国全図が出版されたのは少し前、ブラウの地図帳が出来上がったのは少し後であることも知られた。

このような事実を背景とし、古地図コレクションの観点から、教室創設百周年を記念して企画したのが総合博物館二〇〇七年春季企画展であり、「地図出版の四百年」をメインテーマとした。「京都図の出版、日本図の出版、世界図の出版、近代地図とアカデミズム」をサブテーマとした（担当：金田、上杉）。この展示図録は、『地図出版の四百年――京都・日本・世界』として市販した（京都大学大学院文学研究科地理学教室（金田）・京都大学総合博物館（上杉）編、ナカニシヤ出版、二〇〇七年）。

（金田章裕）

# 第二章

# 歴代教授の地理学観

京大文学部地理学教室では、初代小川琢治教授以来、二〇〇七年の教室百周年を迎えるまでに、一一名の教授が在籍している。そのうち第五代目となる水津一朗教授までの五人の教授は、すでに物故している。ちょうどこの五教授の時代は、講座が拡大する以前の時期に当たり、各時期の教授は基本的には一名のみであった。それぞれの教授の論考からは、教室運営の責を負いつつ、日本の地理学をリードしようとする強い自覚を、窺うことができる。本章ではこの最初の五代の教授を回顧すべく、各教授の地理学観を示す論考を採録した。

現代の若い読者にも読みやすいよう、漢字は現在通用のもので表し、適宜振り仮名を加えている。旧仮名遣いの時代に書かれたものは新仮名遣いに改め、漢字で記された代名詞（此、夫、斯など）や接続詞（又、亦など）、接尾辞（等）の一部を平仮名に置き換えた所がある。縦書きに組み替えたものは、数字を漢数字に置き換えた箇所がある。なお帝国主義時代の地名呼称が用いられている箇所があるが、歴史的資料として批判的に読まれる必要性を考慮して、そのままとしている。

# 1 小川琢治

解題　小川琢治（一八七〇〜一九四一年）は、地理学教室開設の翌年、一九〇八年に着任し、一九二一年に地質学鉱物学教室新設のため理学部に移籍するまで、一三年にわたり地理学教室の初代教授を務めた。理学部に移籍後も一九三〇年に退官するまで、文学部での授業を担当している。もともと小川は帝国大学理科大学地質科を卒業したが、日本領有直後の台湾地誌となる『台湾諸島誌』を卒業の年に刊行し（一八九六年）、また卒業後地質調査所の技師を務めるかたわら『地学雑誌』の編集に携わったことを契機として、地質学のみならず地理学に関心を広げた。

小川の地理学観は、自然地理学と人文地理学とを分離することなく、両者を併せる一分野として地理学を捉えるものであった（岡田俊裕『日本地理学史論』古今書院、二〇〇〇年）。早くは一八九八年に『地学雑誌』に「地理学とは何ぞや」とする一文を寄せ、「地球上の諸現象の系統的智識を得るを目的とする一科学」であり、「一科学として当然独立するものなり」と主張している（「地理学とは何ぞや」『地学雑誌』一一七、一八九八年）。当時日本の近代地理学が勃興するにあたり、自然地理ないし人文地理のいずれかを中心とする地理学観があり、また地理学が科学というよりは単なる知識の集積たる地誌に過ぎないという見方があり、それらに対する批判を、小川は念頭に置いていたとみられる。

小川は、このような立場を自身の活動によって示した。地質学において夥しい業績を生み出す一方、中国の歴史地理や居住地理学に足跡を残し、地理学の一分野として「戦争地理学」を提唱している。一個人として自然科学と人文科学を自在に往来し、自然地理学と人文地理学が融合した地理学を体現するあり方は、小川が移籍した後、必ずしも京大地理学教室の学風とはならなかった。むしろ、当教室が現在に至るまで、人文地理学に大きく傾斜してきたことは否めない。しかし多彩な研究者を生み出した教室の原点に、このような巨人がいたことは記憶されねばならない。

左に収録した「科学としての地理学」は、小川が中心になって発刊した『地球』の五巻一号（一〜一一頁）・同二号（九九〜一〇九頁）に上下に分けて掲載された。理科大学に移籍し、地質学鉱物学教室運営の責を担っていた時期の論考であるが、「地理学者」としての強い自負を変わらず持ち続けた姿を窺うことができる。

# 「科学としての地理学」

——一九二六年

## 上

木を視て森を眺めないという誚《そし》りは科学者が箇々の問題に没頭してその相互の関係及び全体に対する意義を閑却する傾向において免れない所である。他の自然科学に在ってはたとえかくの如き誚りがあってもその科学的研究の価値には増減ない場合が多く、雑多の樹木の陰に生えた一草のみが或は絶滅せんとする原生植物群の代表者で、是によって植物分布の変遷を追跡《ついそう》し得る如き例があり得られる。然れども自然科学大体系の箇々の方面を通覧綜合するを必要とする地理学に在ってはかくの如き見方から進んで、間断なく進歩する箇々の科学的智識を一つの枠の内に収めてその諧調《かいちょう》された結果を考えねばならぬ点が恐らくは他の自然科学に類比を見ぬものであろう。

地理学の自然科学的の一面たる地文学の他の箇々の分科的研究と趣を異にする所がここに在る如く人文科学的即ち歴史的研究においても同様である。ある植物の分布を地理的に考察する場合と同じく、ある民族の移動定住を考察するに当ってても種々の地文的及び歴史的要因を綜合的結果の一部分としてこれを取扱うのである。地文的でも人文的でも箇々の現象の発動出現する舞台たる土地を対象の主体として考察を起すことが地理学的方法の要諦であり眼目である。

科学としての地理学なるものは地文人文に論なく、土地に立脚して地球表面に起る現象を観察する点が他の科学と区別さるべき特長であって、またこの空間を基礎とする点が時間の継続を基礎とする歴史学と対立する立場である。

かくの如く観来れば地理学の科学としての立場は極めて簡截明快《かんせつめいかい》に了解される様であるが、その科学としての実質は果してかくの如く概括して提唱する如くに明確なる対象と範囲に限定されて整然たる体系を構成しているか、他の科学として承認さるる諸種の智識の体系と同じ程度の正確さに達しているかを反問されて我々地理学者が一斉に昂然《こうぜん》として肯定し得るやは或は疑われる。

ここに第一に問題となるのは地理学の対象と範囲である。

地理学研究の対象は地球、その表面に無機有機両界に亘る地文的及び人文的現象の発動出現する地球であること は明かである。然れどもその箇々の事物即ち現象及び物質が同時に研究の対象となるのであるから、箇々の自然及び人文科学で取扱うものが地理学にも対象となって来る。

自然科学に就いていえば測地学気象学海洋学地質学等として互に独立したものは、近世に至るまでは多くは地理学の範囲内に属していたもので、第一九世紀以後に各儼然互に異った一科を成したのである。故に一面から観れば これらの科学の成立は雛として共同生活した鳥が初巣立ちした如く、地理学そのものはその跡に残された空巣の如く寂寥《せきりよう》を来したといえる。

然れどもこれらの自然科学の独立は何れも独特の研究法が出来てこれに必要な機械もこれに伴い進歩した結果、特殊の事物を選んで研究する専門家が輩出し、古代の理学者 Philosophers から分化して近世の科学者 Scientists となったのである。かくの如くして箇々の事物の智識が彼らの手にて明確となったのであるから、地理学そのものの立場からいえば対象に関する智識が以前よりも厳密な科学的価値を加えたのであって、その独立の研究の行われることが決して地理学の範囲の狭隘《きようあい》を余儀なくする訳ではなく、またその科学としての価値が新しい分科の有するだけ減殺《げんさい》された訳でもない筈である。

かくいうのは地理学研究の協力者たる探検家 Explorers の成した事業を観れば明かである。彼らは先人の未到または稀到の地方に進入して未知の事物を観察し報告することによって、その時代々の科学的智識の範囲を拡大し、時として全く新らしい土地が発見され新らしい事物が知れたのである。探検の地理学的智識の増進に対して有する意義が他の科学におけるよりも特に重大なることは地理学に独特な面目である。

地理学的探検がまた科学全体の進歩に貢献した成績は喋々《ちようちよう》するまでもないが、その中でもフムボルトの新世界旅行が中南米洲の地勢地質住民に関する観察の外に植物分布の法則を確立した一例の如きは専門の植物学者が狭隘な欧洲において齷齪《あくせく》するのでは恐らくは獲られぬ成功であろう。

故に地理学から分化した自然科学の方が地理学よりも遙かに科学として価値ある外観はあっても、巣立した鳥と巣に残った雛との如く優劣がある様に見えても、必しも斯学の為めに憂うべき訳ではなく、自然界の秘密が次第に闡明《せんめい》されて行く当然の径路として怪むに足らぬ所で、地球表面の事物がかくの如くして明確に認知されて、然る後に斯学《しがく》の基礎の鞏固《きようこ》を加うるを慶するのが当然である。

是《ここ》において起る第二の疑問は箇々の事物を研究する特殊の科学が分化するに従って地理学において取扱う問題が種類において減少し性質において変化すべきか否かである。この疑問に対する答は然りと否と両様ある。然りと答え得る理由は明かで、測地学が進歩し文明国がこれを採用して大三角測量によって正確な地形図が作製せられる現状ではフムボルトが試みた如き水銀晴雨計を携帯して山岳の高度を測定する労力の大部分は無用となり、かくの如き方法は中亜の如き無地図の地域で働く探検家のみが必要とする状態となった一例で明かである。然れども地理学者は自から測量する労力が減少したと同時に局部の地形が正確に示された地図が出来たと同時に、地質の構造がまた問題となって来て、かくの如き地形図に表現された陸地の凹凸の成因を研究する地貌学 Geomorphology なる新らしい方面が開かれて、結局新らしい方面が加わり、問題の性質若くは内容が変っても種類は減少せずして寧ろ増加するから、否と答えられることにもなる。

かくの如き場合は大日本地誌提要[i]に示した山名列載の代りに地貌上の意義の明かな概括が可能となり、地理学が土地の純然たる記載から土地の出来方の説明に進歩したので明かで、科学としての地理学の成立に歩武《ほぶ》を進めることになる。

斯学の研究が希臘《ギリシア》文化全盛を極めた西暦紀元第一、二世紀以後今日まで千数百年間に科学として進歩し来った経路は悉く追踪せずとも以上述べた所からこれを察し得ると信ずるも、試にその趨向を一言せん。

アレキサンドリア派の巨擘《きょはく》たるエラトステネス、プトレメウスらの力を用いた方面は主として天文に関聯《かんれん》した数理地理学に在って、彼らの手によって地点の定位法と投射法による作図法とが明かとなったのである。プトレメウスが開巻の第一に地方誌 Chorographia と区別した Geographia は地球全体に渉る智識を忠実に描いて示すものに過ぎなんだ。その Geographia として集成したのは地方別の地図各幅に出る地名の経緯度を列載した外に、世界図の作製により世界即ち、オイクメネ Oikumene（Habitable World）の最も信憑すべき形状を描いた。

Chorographia 即ち地方誌の方は希臘及び羅馬《ローマ》の領土が広大なる地域を占め、その土地住民に関する実用上の必要が起ったので発達したもので、ポリビオス、ストラボーらがその代表で、特にストラボーの地理書一七篇は希臘人の手に成った斯学の紀年物としてプトレメウスの著書と共に双璧として今日に伝わっている。

しかしてまたこの両書は地理学の理論的実用的の両方面を代表する作品であって、今日の地理学の両方面の傾向を決定する出発点ともなった。科学本来の説明的 Explication の行き方はエラトステネスらの実測及び観察の方法に一致し、ストラボーやアグリッパの報告の集成と記載は実用的 Utilitaire の行き方としてこれに対峙して存立した。

この両方面に分岐して発達した其後の径路を観るに前者は近世に入ってワーレニウス B. Varenius カント E. Kant らが久しく頽廃した後に起って地文学 Physical Geography を希臘時代に発達した数理地理学に対立せしめた。我々の今掲げた「説明」なる語は実にアムステルダムで一六六五年に公になったワーレニウスの *Geographia generalis, in qua affectiones generales telluris explicantur* という最初の地理学通論の標題に唱導された所である。(ii)この方面即ち自然科学としての地理学は更にフムボルト以後に体系の面目を改め、箇々の自然現象の観察及び数量的測定が精緻になって内容が今日なお歩一歩に充実しつつある。

後者はストラボー以後アラビア旅行イブン・バツターらの如き中世の地誌家が出で、海上大発見以後プトレメウスの描示した世界図が東半球面に過ぎぬことが知れ、世界の異聞奇観が報導されると共に、世界誌 Cosmographia を題とする数多《あまた》の編纂物が出版された。然れどもその多くは探検家の航路を開き部分的に海岸線の形状を正確に描示する世界図の訂正に比して科学的には価値の少いものである。

地文学におけるフムボルトに対する人文地理学における代表者はリッテルであって、その努力によってこの方面もまた第一九世紀以後一生面《いちせいめん》を開いた。ことに同世紀末にラッツェルが出て人文現象の地理的考察を刷新するに及んで、地と人との相互関係を明確に認知せんとする学者が独逸《ドイツ》以外に輩出し、人文即ち歴史科学としての研究法が種々の問題に適用され、これまた地理学の現状に疎い門外漢の想像し得ない位に躍進しつつある。

かくの如く地文人文両方面ともに最近数十年間に進歩したのであるから地理学の科学としての資格に対してはこれを疑うものはこれを知らざるものに過ぎぬといってよいが、両方面に分岐した希臘学者以来の趨向は今もなお続いてデーヴィス一派の地文派 Physiographers と呼ぶべき、地質学に立脚して地文現象の地理的解釈に没頭するものと、ラッツェル一派の人文派 Anthropo geographers と呼ぶべき、脚下の土地を離れて人文現象を概観的に考察せんとするものとが対立している様である。この両者の間の溝渠はかなり深くかつ広く、最近一両年に我が「地球」が発刊された後に踵《きびす》を接して出た雑誌によって我が斯学界が俄《にわ》かに活気を呈し来ったと感ずるが、同時に今述べた傾向が矢張り十分には融和されていぬかの様に見える。

今ここに科学としての地理学と題して稿を起したのは米独両派に鼎立して最近に頭角を露わし来った仏国ブリユス一派の人文地理学者中に出色の立物たるブワロー Vallaux 氏の「地理的諸科学」*Sciences géographiques*（巴里《パリ》一九二五年）[iii] なる一書を手にしてその唱導する所を玩味すれば、我々の地理的現象の取扱方を如何にせば科学としての意義を完うし得るやの疑惑を釈き、米独両派の長短相半ばし方円相容れぬが如き不調和を除き、地理学の全部を一貫した研究の方針を立てる途が開けたと信ずるからである。

ブワロー氏が四百余頁の本書を公にするに当って執った態度は嘗て公にした彼の「社会地理学」を冠する「土地と国家」*Le sol et l'état*（一九一一）[iv] の序文においてラッツェルの政治地理学と方法及び意気込みが根本的に異っている、ラッツェルの政治地理学は十分客観的ではなくてかつ現在を左視右顧し過ぎてると酷評し、力の及ぶ限り真の科学として取扱わんすると宣言したので明らかである。彼はまた同じ書物の第一章に政治地理学の原則と方法とを論じて、箇々の事実の蒐集は如何に巧にこれを補綴《ほてい》しても、智識であるが、科学でない、研究の方法がなければ政治地理学なるものも畢竟するに面白い智識の集録たるに止り、これを批判的に論究すれば木ッ葉微塵に飛散するといい、政治地理学の研究法として類推法 Analogy と型式の決定 determination of the type とを掲げた。

ブワロー氏は「地理的諸科学」の第一章においてこの研究法から更に一歩を進めんとし、類推法は説明でない、未来の説明に向う一階段たる以上でないといい、プトレメウス以来進歩した地図が複雑なる現象を単純化して表現する為めに生ずる解釈の危険を指摘して、科学的地理学は地図の羈軛《きやく》を脱却して、外界に直接に触れてその対象を直視せんと努力すべきを力説した。第二章において彼はライプニッツの主張した如く天帝が常に幾何学に従って事物を造らなかったといい、エリー・ド・ボーモンの概括した幾何学的の山岳の地球上の排列はジウスらの地質構造の研究によって打破されて、実際は遙かに複雑な仕方で現在の凹凸の出来たのが知れた実例を挙げてその意義を明にした。

彼はまた地球有機体説 L'organisme terrestre の概念が地球の外殻たる岩石、海洋、大気の三圏に行われる地文現象から生じたのを否定して、地理学を一大鏡面に譬え、他の科学の進歩がこれに反映するものとし、地球上の事物の相互の関係と錯綜に冠する概念は地質学物理学化学等から導かれ、地球を有機体と看做す観念は生物学から導かれたとし、これは詩人の万有生命 Universal life の観念の影響を受けて地理学者間に今なお懐抱さるるも、実は科学発達に調和する一考説として大に役立ったが今は科学のパンテオンに葬らるべきものであるとし、地殻が生命ある有機体に類似するのはその三圏の接触帯における現象に過ぎぬと否定したのも注意すべき点である。

この二章でブワローは智識の体系としての地理学の性質を論じた後に地球表面の事物の選択分配分類に関する地理学の研究法に論及した。ブワロー氏に従えば事物を考察するに当り第一に必要なるはその最も簡単なるものを選択することで、生物学では顕微鏡によって細胞組織を窺い初めてその機関の構造、機能が知れた如く社会学でも原始的社会や種族部落特殊の職業階級等の考察から出発するを便利とする。地理学で地球表面の現象を調べるに当ってもまず集合 Groupement と分類 Classement とによって事物を整頓するを要する。しかして上に述べた如くその出発点たるはパノラマであって、是より更に地理的風景 Paysages géographiques 更に自然及び人文地域に進む順序である。

この研究法はこれを平易に解釈すれば郷土の局部から次第に大さの階級に従って一地方一地域の如き一望の中に入らぬ範囲に拡めて行く、実地に目撃し得る事物に立脚したもので、前に述べた如く便宜上の符号や塗色で示した地図から作る概念を離れて事物の真相を直視せねばならぬというのもここに在る。

是だけ述べたのでは地理学の科学的研究の指針として甚だ不十分であるから次号になお少しく地文人文両方面に就いて詳らかに論ずる積りである。

## 下

地理学の研究の対象は地球表面を舞台としてその上に演ぜられる自然及び人文現象である。これを具象的に言えば舞台そのものにはその下に働いてこれを廻わすものから背景前景を取換えたり燭光を照らす道具方を含み、これらはすべて土地と地力とを研究するを目的とし地殻を対象とする地質学がこれを担当し、柝《ひょうしぎ》木鐘太鼓大薩摩等の鳴り物に相当するものは風水その他気象気候河湖海洋等を対象とする諸科学がこれを担当している訳である。デーヴィス一派の地貌の変遷に主力を注ぐ地理学者は道具方と囃し方の働きを演劇そのものとはき違えたと非難され得る如く、リッテル、ラッツェル一派の方は俳優の台詞、仕草、六方の踏み方などに熱中して扮装、前景、背景等の組合わされた効果を無視する結果、近頃独逸で流行した表現派の劇の如く、舞台も衣装もない芝居となって、下宿屋にくすぶってる書生の如きハムレットや田舎出の女中と間違えられそうなオフェリアの活躍する飛んだ滑稽劇を演ずることになり得る。

地理的現象の合理的説明を目的とする科学的地理学の研究においてけかくの如き自然主義も理想主義も共にある範囲を踰《こ》えては物にならぬ。合理的説明の前提として必要なるは真相を表現する手段たる集団事実 Faits de masse の叙述 Description の精確ならざる可らざることである。

ブワロー氏はその第一歩として観察者の眸中《ぼうちゅう》に入る範囲から出発すべきものと考え、これを直観 Direct Vision

の範囲に限られたるパノラマ即ち全景の直観 tour d'horizon réel から、地図の助けを借りて得る全景の理想観 tour d'horizon idéal に延長拡大すれば広い地球に亘る地理的事実の実観的集合法 Groupement visuel が成立すると考えた。この方法たるや箇々の地物から成った雑駁を極めた地形なるに拘わらず、その構造の類似する為めに集合を許すが如き場合にあっては合理的手続たるもので、頗る広い地域に亘りこれを試みて差支ない。然れども地球上の五帯の如き範囲に及ぼし得ないのは勿論で、湿熱帯と沙漠、温帯と寒帯との如き対照の極端なる地帯を一の全景観に収め得ない。かくの如く異った地域は其の地帯ごとに区別せねばならぬから、これを地帯観 vision zonale と呼び人類を中心としある土地の上に立脚して直観する仕方から離れねばならぬ。

これを換言すれば地方誌では地文的たると人文的たるとまたこれを兼ねたるとに論なく全景直観法及び理想観法が最も役立つ訳である。

然れどもこの直観法のみで地文的人文的何れの研究もその他に必要なるものなしと速断しては大間違が起る。事物を直観し得る範囲の限られたる如く機会もまた限られているから、その限られた範囲と機会のみが事実現象のすべてでないことが地文的現象で気象海洋等に関する観察において明瞭に理会《(ママ)》さるると同じく、人文地理学に在っても直観に入り来る事実の外に入り来らぬ幾多の事実があって、地文人文を通じて統計、歴史等の現在に関聯した過去の事実を考察に加えねばならぬ。これを無視すれば恰《あたか》も活動写真のフィルムの一映画板だけを切り離して視るが如く、一の山脈の一断面を視るが如く、是れのみで劇の全局面の仕組みを楽しみ、山岳の蟠踞《ばんくつ》する全形勢を察し難いのである。

ブワロー氏は全景観法が地文及び人文地理学に与える所を明にする為めに、地理学的風景 Paysage géographique を研究解剖して、更に歩を進めて集団事実を明確にせんとした。氏はブルターニュの海岸において「地理的諸科学」を起稿したので、その眼前の風景から筆を起している。左にその原文を紹介せんに、エルロンElron河の岸とブレストの錨地から程遠からぬ、プルガステルPlougastelの岩礁に面したケルウォンに小《さ》さやかな田舎屋がある、ここで次の文を綴りつつある。眺望は隣接地方のかなり遠い処まで届くから、最も微妙な、一瞥したのでは殆ど気のつかぬ聯絡までもよく知れた、この処を選んで地理学的風景の一例とする。

自分の階下室から出ねば風景が見られぬ、庭園の樹木が眺望を妨げている。しかしこの樹木が既に地理学には面白く、その中には棕櫚《シュロ》無花果《イチジク》龍血樹などの類があり、灌木には椿木蘭などの類があって、北緯四八度の陰鬱湿潤な気候の処にその存在することは気温の一様な微温で冬季氷雪の極めて稀なるを語ってる。

この唯一の材料のみでは集合綜括した叙述を組立て能わぬのは勿論で、更に地平を俯瞰せねば地理学的風景を成さないから三階まで上って南方的四　粁《キロメートル》まで届く処から眺望せねばならぬ。北の方は全く裏手の山に隠され、全景といっても半円形に過ぎないでかつ前景を成した障碍物の為めに掩蔽《えんぺい》された処もあるので真に見下ろすのは約一五〇度に限られてる。

それでもこんなに狭隘な空間にしては全く驚く可き豊富と複雑な集団を成し、かくの如く狭い範囲では容易に見出せぬ面白い処である。

次に地平の限界に就いてこれを見るに、この線は月球の秤動《ひょうどう》Librationsの結果として見えたり見えなんだりする我々に向った半面の限界を示す名称に因なんで限界線Terminateurと呼ぶべきもので、それがここでは頗る奇妙である。自分の眸《ひとみ》に入るエロルン河の南側なるプルガステルの岸は軟かい処々うねりを成し、多くは殆んど水平と見えるまでに平坦になった形状を呈し、かつ何れも自然または人工による植物に被覆せられ、あちこちに灰色の硅岩が峨々たる頭を地から擡《もた》げている。これらの巉岩《ざんがん》は斜面地盤の高さの三分二の処に根を持って一線に延長しているのに相互の露頭の間に連絡が見えないで、自分のいる処からこれを望めば巉岩の頂きが限界線に達し、時々鋭い鋏の如く地平線を剪《き》っている。これはブルターニュ地盤の最も硬い岩層のあるものが削られてなお頑強で、これを囲むものの崩壊により根太《ねだ》となって露われた一方に、石工が腐れ石Pourisと呼ぶ軟脆《なんぜい》な岩石が永い年所の間に靡爛《ばいらん》した表土に蔽《おお》われたものが相並んでいる為めで、この表土は岩石の砕けた屑と腐植土とから成っている。この対照は顕著でかつ頗る深省を促すに値する。何となればここに地盤岩層の相違が往々に見るが如く表面の土地を単調に導き得なんだもので、却ってその差異が表面の土地にも再現され、一層誇張されているからである。地球の歴史は羊皮紙の反古《ほご》の如く削り消されて他の文字で掩蔽されていぬ《（ママ）》、なお文字の若干は全画を持っている、地質学が地文学とこれ位しっくり鑞著《ろうづけ》された場合はない。

しかし次に大気と水とが我々の注意を喚起する。実際大気と半河半海の水とは切り離し難い。この風景は間断なく或は薄く或は濃い霧に包まれて「水に没して光の薄い太陽」が纔《わず》かにこれを透して見える。空に雲のない時でも蒼穹《そうきゅう》の色を薄ろぐこの霧は湿度計を用うるまでもなく、到る処に生えた隠花植物の繁茂によって察せられ、古い石も青くなり、屋根の石板石も青くなり並木も立木も蘚苔に蔽われ、石切場で切り出した岩石でも直ぐに建築と同じく灰色に錆びる。これ位に大気と表土とに水が或は水蒸気となり或は半ば或は全く凝集して遍ねく透徹した場合はない。是によって地球上の何処でよりも好く物質の三態間の関係が捕捉され了解される。

かくの如く三者の相互透入する作用 Interpenetration を決定するのは広大な海水の集団である。この地方全体は直ぐ近い海の影響の下にあり、ある意味においてその支配の下に在る。但しこの海は背面のレオン高原の頂上に登らねば見えない。レオン高原とプルガステルの岩山とを分つ深い地の皺はエロルン河谷の広大な沈没河口を成して海水がこれを充たしてる。この小さい河は栓抜きの如くに蜿蜒《えんえん》としてランデルノーに至って海潮の溜池に入って消える。エロルン河口に向い両側から注ぐ細流もまた下流はいずれも同じ溜池に没し去るがこうして出来た入江の中で稍《やや》広いのがケルウォンの入江で、自分の庭園の下まで浸し、この静かな水面が自分の対する全景の中央部を占めている。この入江には二重の興味がある。この入江の出来方から考うればエロルン河口よりも却って明瞭にこの土地の西端を成したブルターニュは半ば海水に沈没した地方で、恐らくは現今も沈没しつつあるらしいことが知れる。またケルウォンの入江の現状は自分の対する風景中に現存する人類企業の最も力強い表徴を成し、この水は潮汐と共に昇降せずして、人工で閘門を設けた突堤でこれを堰き止めてエロルン河と別の水位を保たせてる。この堤防は木造船時代にケルウォンの入江が海軍で船体の組立てに使用する木材を一定期間浸す為めに設けられたもので、鉄及び鋼の船舶が行わるると共に既に久しくその使用は止んだが、今なお堰堤はそのまま残り、この入江の水位は今も潮汐の干満の影響を被らぬ。この入江の小さな水面に地文、人文、歴史の三つの地理学の方面の事実が相映じている。

この入江が人類化 humanized された海の一角たるのみならず、これを繞《めぐ》り自分の望中に集る土地もまた二三の石切場の仕事あるのみで殆んど手を著《つ》けぬ硅岩の岩塊を除いては人類化され了ってる。極端なる土地の小分割が行われた結果として、色彩の異った長方形及び方形に区分されて、穀物や馬鈴薯や牧草や蔬菜果樹などを栽《う》えた農園を成し、ブルターニュの習慣として築地《ツイヂ》 Fossés という、土を積み灌木などを栽えた地面の境界を劃することがこの分割法を促進したらしく、これが為め遠方から望めば地面に黒い線の碁盤縞が見える。かくの如く細分されてるのは土地の高価と沃饒なるを示し、気候の順当で地味が肥え、間断なき湿気と一様なる気温を要する作物に好都合であるによるものである。作物中特に蔬菜馬鈴薯の如き果樹中梨林檎の如きものがこの土地に適するのは即ちその結果で、特にノルガステルの側の如きはこれが為め耕作は久しく既に頗る特種化しこれに伴い集約的生産に進んでいる。

尤も土地の高価なるを明示する他の特色ともいうべきは土地の乏しいことである。しかしてこれと共に両岸の中腹までかなり樹木の植栽を見るのは、土地所有者の協定により近い海から来る怖ろしい突風を防ぐに努力した結果で、殆ど幽邃《ゆうすい》な森林の如き特性を呈している。半ば樹木に遮蔽された家屋は頗る多数でエロルン南岸のプルガステルの如きは一大都邑を成し、その他岸に沿う道路に建て並んで続いた市街の形状を成したものもあり、頗る人口稠密の状態を呈し、その職業別もまた繁多で、何の職業にも属せぬものの外に海員農民商人労働者を数える。

その中の労働者は殆んど全くエロルン北岸に集まり、その活動の中心は国立のサン・ニコラス火薬製造場で、主として海軍に爆弾を供給するを目的とし、戦前既に非常に拡張されのが戦時中に倍膨大となり、その赤瓦を葺き対称的に排列した建物やお化けの椎茸かと疑われる儲水《ちょすい》タンクやこれに続いたバラック造りの急造家屋を含み、休戦後一度に拡張を中止したままに残り、その全景はこのエロルンの河海風景に幾何学的線を描いた一つの其の工業市の形勢を賦与した。一寸《ちょっと》考うればかくの如き土地にかくの如き集合を観るのは真の偶然で、火薬製造業の如きはどこと限ぎって成立する筈がなさそうである。しかしこれ決して真に然りといえぬ、地理学的聯絡があるのである。火薬の製造場を孤立させることが爆発の危険を避ける為めに必要であるのは誰にも了解される処で、サン・ニコラスの起った場処はこの目的に適合するからである。ここは一方はエロルン河の曲った処で他の一方にケルウォンの入江があって、凹凸の著しい半島を成してる。故に自分の全景中に入ったこの工場はその宿命によってここに決定されたものともいえる。

なおこの他種々面白い事実を述べ来れば枚挙に暇ないが、第二次的のものであるから、これを省きここまで列挙した所を顧みれば、これで地理学的説明の途を開く為めの集合法の叙述的綜括 Synthèse descriptive de groupement の一例に必要なる諸要素は略《ほ》ぼ十分に看取し得られる。地文人文生物政治経済の各方面に渉った問題がその極めて狭隘な地区に限られた観察の範囲において皆な考慮された。

どこでもここと同じ様に参るまい。地方によってはかくの如く狭隘な直観の範囲でも幾日をか費して都合の好い場処を捜がしてパノラマを得ねばならぬのは勿論で、更に方々で観る所を結合して全景の理想観を作らねばならぬ場合が多かろう。山上からの全景俯瞰などは最もその補助となるのである。

ここに風景（仏語ペーサージュ Paysage）という語を用いたが、この仏語ではかくの如く広い風景を表示するのには不適当で、英語のシーナリー Scenery という語がよく、ヴィダル・ブラーシュはこれを認めて Scénerie として仏語化して見たが、汎く使用されるに至らなんだので、矢張りペーサージュなる語を用いこれに地理学的という形容詞を附加えたのである。

以上はブワロー氏の一節を略ぼ原文通り直訳したので、或は多少意義不明に陥った点もあるかも知れぬが、我々がある地区に就いて現場で目睹《もくと》する事物を収蒐してそれから具象的概念を纏める方法はこの一例によって学べる様に想われる。ブワロー氏の所謂《いわゆる》集合法なるものはかくの如き叙述の形式で実現される。しかして是は叙述ではあるが、同時にある点までは説明の範囲に入ってることはこの例中にも明かに認められる。故に郷土を出発点として土地と住民との関係を明にせんとするにはこの方法が実証的研究法の真諦に近いといい得る。

然れども全景の直観のみでは不十分なるは既に述べた如くで、これを補う為めには集合事実 Faits de masse が必要となり、種々の統計や、箇々の自然科学の供給する事実を考慮せねばならぬ。この集合事実を如何に取扱うかはブワロー氏の所謂節制法 Articulation で、人文地理学の場合に就いてこれを一言すれば、生物地理学なるものは、大気海洋陸地を対象としてその相互の接触帯に起る自然現象に就き相互の透入した作用を研究する地文地理学から進んで、これらの自然力が生物に及ぼす影響とこれと反対に生物が自然力に及ぼす影響とを研究するに在って、人文地理学に在っても他の生物の場合に考うると略ぼ同じく、人類が対象たる為めに特に顕著なるはその能働的適応 Active adaptation の能力あることとである。人文現象は非常に複雑であるが、人類化した風景なるものは人類の土地に与えた跡形であって、人文地理学に関する事実は自然風景に加えた変形の程度を目安として節制すればよい訳になる。故に自然風景が人類の集合により変形されて行く行程を辿《たど》ることが人文地理学の目標として歩むべき大道で、人文地理学には不完全ながら自然界における人類の外側を論ずる科学 Science du dehors humain dans la nature という定義を与えることが出来るかも知れぬ。

我々は更に稿を改めて、人類の土地を変形して行く仕方に就いてこれを述べる積《つもり》であるから、本稿は尻切り蜻蛉の如き嫌はあるがこれだけで擱筆する。

校注

（ｉ）元正院地誌課編『日本地誌提要』日報社、一八七四〜一八七九年、を指すものか。

（ii）Bernardus Varenius, *Geographia generalis, in qua affectiones generales telluris explicantur*, Ex officina Elzeviriana, 1664.

（iii）Camille Vallaux, *Les sciences géographiques*, Félix Alcan, 1925.

（iv）Camille Vallaus, *Geographie : Le sol et l'état*, O. Dion, 1911.

# 2 石橋五郎

**解題** 石橋五郎（一八七六〜一九四六年）は東京帝国大学の文科大学史学科に学んで地理学に関心を抱き、政治地理学や商業地理学の分野に進んだ。一九〇七年の地理学教室開設時から、神戸高等商業学校と兼任して助教授を勤め、一九一九年に二代目の教授となった。初代教授小川琢治が地質学出身であったのとは対照的に、石橋は人文地理学に重点を置いた地理学を展開した。京大で人文地理学の講義を担当するにあたり、石橋はラッツェルの『人類地理学』をベースとして講義内容を組み立てたという。一九二二年に小川が理学部に転出したこともあって、石橋による近代地理学構築の試みは、その後の当教室の方向を大きく規定する役割を果したともいえる（岡田俊裕『地理学史』古今書院、二〇〇二年）。

石橋は教室関係者の研究成果を発表する雑誌として、一九三二年に『地理論叢』の発刊を始めた。当時『地理学評論』（九巻一号）に掲載された広告には「今や本邦の地理学は駸々隆盛の機勢にあつて愈《いよいよ》清新なる展望、厳止なる批判、鋭利なる朔究を要望されてゐる」とあり、関西地方における地理学専門誌として、教室の自負が込められていたことが窺われる。左に収めたのはその第一輯巻頭（一〜二一頁）に掲載された石橋の方法論的論考であり、「発刊の辞にかへて」という副題が添えられていた。

自然地理学は「崩壊」していると喝破し、地人相関と法則定立を目標に据えた石橋の地理学観は、近代日本における最初の本格的な人文地理学宣言といってよいだろう。石橋の見解は、地理学がいまだ発達途上にあるものとみて、その潜在的な発展や法則発見の可能性に期待をかけるものであった。地理学本質論が盛んに議論の的となった当時、石橋の論考は注目を集め、『地理論叢』の売り上げに結びついたと、後に織田武雄が回想している（竹内啓一・正井泰夫編『地理学を学ぶ』古今書院、一九八六年）。

# 「我が地理学観」

――一九三二年

一

地理学は世界において最も古き学にして、また最も新しき学である。西洋においてはギリシア時代より、支那においては周代の昔より既にその萌芽を有したが、その発達極めて遅々として漸く現代において開花した感がある。しかも堅き結実は更に将来に待たねばなるまい。地理学の発達がかくの如き牛歩的道程を辿《たど》る所以《ゆえん》のものは、畢《ひっ》竟《きょう》地理学なるものの定義範疇が古来一定せず、或は右し、或は左し、或は狭く、或は広く、またその目標が常に変更せられたからである。

地理学はその語の原義から云えばギリシア語の Geo graphia（地の記述）、支那語の地理（地の脈理）の示す如く、土地の景相を記述するものである。然れどもその記述せらるべき景相の種類の選択及びその観点の差により、地理学そのものの性質を二三にした。今斯学《しがく》発達の状況を最もよく物語る西洋地理学史を基調として考うるに、地理学発達の道程には常に左の二大潮流の存するのを見る。

一、地理学の両分性 dualistic character
二、地誌的叙述と法則樹立

この二大潮流は各《おのおの》或はそれ自らの内において、或は両者間において時には離れ、時には合せし為め、地理学の性質は複雑となり模稜《もりよう》となり、以てその発達を妨害したのである。

第一の地理学の両分性とは専ら斯学の取扱う材料に係わるものにして、地理学は地球上の分布事象を叙述研究の対象とするから、その事象が自然、人文の二大種別となることは言説を要しない。ここにおいてギリシア時代にありてはエラトステネス Eratosthenes やプトレマイオス Ptolemaeus は自然地理を主とし、ポリビウス Polybius やストラボ Starbo は人文地理に傾いている。

中世にてはミュンスター Münster の人文地理を説けるに対し、ワレニウス Varenius は自然を描いている。近世においてカール・リッター K. Ritter とアレクサンデル・フォン・フムボルト Alx. v. Humboldt において、この両分性が最も顕著に代表されていることは周知の事実である。しかし地理学の両分性なるものは果して地理学本来の姿であろうか。少なくとも地理学が一の学として発達した場合になお許さるべき形であろうか。吾人は敢てその然らざることを断言するものである。昔時《せきじ》世界における諸学が未だ幼稚にして互に独自の範疇を以て分立し得ざりし時代においては、天体に関する凡ての知識が天文学によって代表されしと同じく、地球に対する百般の事物が所謂《いわゆる》地理学として取扱われたことは決して怪しむに足らぬ。しかしながら中世の終に始まるルネッサンスの訪れは第一六世紀より諸学の異常なる発達を喚起し、その結果第一九世紀に入るに及んでは、今まで広範なる一つの学に包含された諸知識はそれぞれ別個の科学として組織せられ、その母体より離れた。天文学より地球物理学、宇宙物理学等が生れたと同じように、地理学からは気象学、地質学、海洋学、人種学等が派生した。殊に所謂自然地理学においては、その対象が多くは単相類型的であるから個々別々の科学を成立せしむるに適し、ソムボルトのコスモス Cosmos 時代は知らず、今日にては自然地理の広野は殆ど新興諸独立科学の為めに分割され、自然地理学として体系上何ら独自の領域を有するものがない。或は已むを得ずこれら分立せる諸科学を連衡せしめて一体系を作らんとしても、畢竟これら諸学科の通俗化、集団化に終り、一種のモザイック的作品となるに過ぎず、到底一科学として認められるべき資格がない。それにも拘わらず第一九世紀以後今日の地理学者と雖もこの分立化によりて既に解体せる自然地理学を再び盛り返さんとする無用の努力が行われ、また行われつつあることは寧《むし》ろ怪しむべきことである。第一九世紀の半のオスカー・ペッシェル O. Peschel の如きはヘットナー A. Hettner の云える如く、所謂数理地理学や地球物理学等の諸部門を再び地理学の中心に持込み、地理学方法上に混乱を来さしめたものであり、ヘルマン・ワグネル H. Wagner の如きもその著名なる教本においてまたこの形態を取りしことは甚だ遺憾と云わねばならぬ。

　地理学が今なお完全なる一科学或は学として存立し得ざる原因の一は過去におけるこの方法上の無定見からである。

## 二

　地理学の性質を混濁せしめた第二の潮流はドイツのバンゼ E. Banse の近業『地理学とその問題』*Die Geographie und ihre Probleme*（1）の序文における如く地誌的叙述か法則樹立か teils Bildsetzung, teils Gesetzbildung の問題である。地理学はその原始形が示す如く、地表における分布事象の描写即ち地誌を出発点としたことは何人も否む処ではなく、また現在でも地理学の実用的価値がそこに存することにも異論はない。従って古来の所謂地理書なるものは概ね事実の描写を主とする地誌であって支那、日本の地理書の如きは殆ど凡てが地誌に属する。故に地誌が恰《あたか》も地理の全体である如く感ずるものも発生し、現今の所謂景観論者も系統的にはまたこの亜流である。

　しかしながら地理学が地表上における分布事象の客観的描写だけに止るならば、如何なる場合にも推理を伴う一の学として成立するやは甚だ疑わしい。ここにおいて地理的事項の因果関係を考察せんとする努力は既に古代より行われギリシアのヒポクラテス Hippocrates アリストテレス Aristoteles の如きはそれがたとえ今日から見れば誤った見解であったとしてもこれら事項の因果関係を攻究せんとしたことは認められる。しかしてこの因果関係の討求の思想は近代地理学科学が少なくとも一つの統一せる学としての形態を採り来りし後では顕著に現われ、リッテルがその著『世界地理』[ii]を公にせる時、従来のゲオグラフィー Geographie に対し特にエルドクンデ Erdkunde の新名称を作りしもこの趣旨によるものであって、彼は従来の記述的描写的地理に代うるに因果論的比較論的地理を以てし、この新しき名によって表示せしめたものである。フムボルトのコスモスもまた自然地理を説くに因果関係を基礎として傾倒づけたのである。この地理的現象の因果的研究は必然的に地理学の法則樹立的思想に導かるべきものであって、フムボルト、リッテル以後最近に至るまで多くの法則樹立の思想を発展せしめた。自然地理学界においてはズーパン Supan マルトンヌ Martonne デーヴィス Davis らがあり、人文地理学界においてはコール Kohl ラッツェル F. Ratzel らがこれを代表する。

然るにこの近代地理学の一生面《いちせいめん》たる法則樹立は上述の如く、自然地理学の崩壊と人文地理学の未完成の為めに種々の難関に逢着している。自然地理学がとにもかくにも同一個性（例えばフムボルトの如き）によりて全般的に取扱われた場合には、そこに自然界に通ずる法則樹立も決して不相当とは認められなかった。しかしながら自然地理学が既に各種の独立科学に分裂せし今日、自然界の現象を地理的見地に立ちてこれに通ずる法則を発見せんとするには決して容易の業ではない。よしこれを立てても畢竟は各科学の樹立せる法則の集合簡単化に終るものであろう。また翻って人文地理学界を観るに所謂人文地理学的法則なるものは、古代ギリシア学派の如く主観的利己的見地より割出され、中世のモンテスキュー Montesque やボーダン Bodin は非論理的独断に陥り、近世のリッテルの如きは目的論的《テレオロジカル》に傾き、バックル Buckle（文明史中の地理論）、ラッツェルの如きは余りに蓋然性に過ぎ、共に法則樹立の可能を疑わしむるものがある。ここにおいて最近の地理学者中には法則樹立を排斥してドイツのシュリューター O. Schlüter やバンゼの如く、地誌を以て地理学の主なる生命とするもの少からず、地理学の本質はこの意味においてもまた動揺しつつありと云う事が出来る。

## 三

以上の如く地理学は一の学として立たんが為めには過去において余りに多くの矛盾があり、撞着《どうちゃく》があり、離合がある。これらを脱却ししかもこれらを整調して新しき地理学が生じ得ざるものか、存立が許されざるものなるかは吾人の焦慮して措《お》く能わざる所のものである。

これに対し下に私見の一端を述べて見よう。

地理学が過去の所産たる両分性に就ては、自然地理学の崩壊によりてこれが否定せられたことは上述の如くであるが、さればとて地理学は、自然地理を除外した人文地理、即ち主として人文現象を取扱うものと考えられ来った人文地理学のみで成立つかと云うに、勿論決して左様ではない。地理学の関与する対象は地表上に存する自然、人事の分布現象である。故に自然現象を離れ、人文事象のみにて地理学は成立つ筈がない。否寧ろ自然現象は地理学の重要なる基礎である。然らば地理学は如何なる形において自然、人文の現象を取扱うべきか。現在の地理学はその成立の由来から云うても現在における学問的分野から云うても既に統一ある文化科学である。地理は古代から今日に至るまでたとえそれが記述的地誌であっても、論述的所説であっても常に人類との交渉の上に立っている。自然を叙する場合にもその山野河海が人類の住域の中にあって人類と何らかの交渉を有するからである。反言すれば地球上の事物が人類の住域《エクメネ》に入り、人類と利害関係を生ずるに至って後に地理的対象となるのである。ここに住域と云うは敢て定住的の地域に限らない。人類の一時的に去来し通過する所たるを問わない。

要するに地理学は人類との交渉を基調とすることにおいて、その生命を有するのである。所謂自然地理学も初めはこの人類との交渉を基調として、その対象が選ばれたが研究が進むに従ってその対象は人類と離れて単なる自然界の類の見本となり、これを世界各地に求めて比較綜合の結果単純なる一自然科学として分立したものである。故に自然界の現象を地理学的なるものたらしむるには常に人類と云う紐帯にて結び付けなければならぬ。ここにおいて地理学の根本義は所謂地人相関の上に存するのであって、地理学が人類と全く離れて存立する自然科学には属せざる所以もこれに基くのである。

かく地理学は自然、人文の諸事情を常に地人相関の立場から取扱うべきも、これは必ずしもラッツェルによりて代表せらるる所謂 環境論《ミリューテオリー》 Milieu Theorie をのみ意味するものではない。地理学上の環境論は決してラッツェルに始まるものではなく、古代におけるヒポクラテス以来の現実論者の説く所で、自然が人事に対し絶大なる威力を有し人類個人並にその団体たる社会国家は共に自然環境によりて制約せらるるを云うことである。この自然は第一九世紀に至りラッツェルによって科学的に綜合せられたが、ラッツェル前後の学術界においては決して地理学者のみならず歴史学者中にもこれを強く主張するものがあった。例えばフランスのミシュレー如きはその著『フランスの叙述』Michelet: *Tableau de la France*(iii)において「地理的基礎無しには歴史の作為者なる人は空中を往くが如く、恰も大地の描写を欠ける支那画に似たり。土地はまた人類行動の舞台とのみ見ること能わず、その影響は凡ての事物に現わるるものにして、住民と国土との関係は恰も鳥に対する巣の如きものなり」と云った。ラッツェルの名著『人類地理学《アントロポゲオグラフィ》』(iv)はこのミシュレーに後るること一三年、一八八二年に現われたものである。しかしこれらの学者殊にラッツェルの思想は当時の他の学界におけると同じく、彼に先立つ三〇年のダーウィンの進化論に負う所大であった。ラッツェルの環境論が人類を地球上の一生物と見て、自然の影響を蒙ること大なるを説きし部分の多いのはこれが為めである。故にラッツェルの環境論は一面から云えば時代の作品であるとも云える。この事が今日から見ればその所論に偏断があり欠点を蔵する所以である。今日吾人が云わんとする地人相関なるものは決して人類に対する自然の影響のみを過大に考うるものではない。これと共に自然に対する人類の努力の成果の闡明《せんめい》にあるのであって、人が自然と相倚《よ》り相助くる全般の事象を指すのである。この意味において自然及び人文界の事象を観察すれば決して自然の研究が等閑に附せらるべきに非ず、寧ろ人類に働きかけ、また人類の呼びかける基礎的対象として自然の研究が尊重せられねばならぬ。ただ地理学が自然科学と異る所以は自然現象のみの研究に終るべきに非ず、常にその背景として人類を有することを忘れざることにあるのである。

かくの如く考察すれば今日の地理学は既に死滅せる自然地理学とは異り、また普通環境論と同意義に考えられ来った人文地理学とも異なるのであって、そこに地理学の新使命が生れまた他の諸学に対し独自の一地歩をこれによって有せしめ得るのである。

## 四

地理学は地誌的叙述 Chorographie 或は地誌学 Chorologie を本質とすべきか将《は》た法則樹立を主眼とすべきかは地理学の本質を考うる上に前段述べし両分性よりも更に重大なる問題である。

この両者の何れを取るかによりて地理学が芸術《クンスト》となるか科学《ヴィッセンシャフト》となるかになる。上述のバンゼの地理学論においては、凡ての学問芸術を形成《ゲスタルツング》と討求《ウンタルズウフング》の両極端より考えて、前者に近きものを芸術とし後者に近きものを科学とし、地理学は建築術、歴史と同じく芸術に近く、芸術より科学への推移的位置にあるものとしている。バンゼのこの考は地理学をまず地誌的叙述と見ることの上に存するものである。彼は地理学を評して「地上における凡ての現象中、目で視得べき形象を追求するもの」なりとし、地誌的描写を以て地理学の生命となしている。この考はシュリューターやブルンヌ Brunhes と相近邇《きんじ》するものであって、その源流はリヒトホーヘン Richithofen に発し、リヒトホーヘンの『支那』(V)の如きはこれを代表するものと云ってよい。しかしこの地誌的叙述は果して地理学の真使命であるであろうか。吾人は大に疑なき能わざるものがある。

地誌を地理学の生命とする論者の第一の根拠は、地理学はその発達の上より見ても地誌的叙述がその本体となるべきものであると云うのにある。如何にも古今東西の所謂地理学なるものは古代の物語的紀行的より、現在の地誌的のものに至るまで地誌がその大部分を占むることは勿論である。しかしながらこれを一つの学として見る時、実用的要求に促されて成りし地誌が、直ちに真実を求むる学としての本体たる地理学なりとの論は成立すべくも無い。尤も地誌論者と雖も古代地誌に見る如きただ地誌の無批判的描写を以て地理学なりとするものはない。必ずこれに条件の附加せられるのを見る。例えばリヒトホーヘン派の地理学者は、ある地域につきその中の自然人文の両事象を説くも、彼らはその対象中地理学叙述に有効なるものを選んでこれを命名し、分類し、分析し、これが成立結果につき説明するのであって、これらの研究は該地域内における重要事象の相対的関係を叙述することを目的とするのである。ヘットナー A. Hettner: *Die Geogrpahie, ihre Geschichte* etc.[vi] もまた地誌論者の一人であるが、彼の地誌観は彼の有する地理学観と呼応するものであり、彼に従えば地理学なるものは地表をリヒトホーヘンの如く事物的に見ずに、地域的単元たる大陸或は国或は州県、或は町村につき各地域間の差異を叙述するにありと云うている。

他方最近所謂景観論を主張するもの、例えばパッサルゲ Passarge の如きはある一地域の主要事象を選出してこれを説明する外、これらを綜合してこれをこの地域全体の景観と名付けている。またバンゼの説く所によれば、地理学は景観の地誌的叙述に過ぎずして、地理とはある地域につき地域全体の形象と感覚とを把握し、これを描写することとなりとなし、その材料として取扱うものは「自然の景観《ラントシャフト》」と「人文景観《フォオルクスツーム》」の二種にして、それらは凡て上述の如く目に見得べきものに限るとしている。

以上地誌に対する諸種の見解はあるが、それらが果して吾人の地理学に対する要求の凡てを完全に充たすものと云い得ようか。地理学はただ地球上の各地域につき、或は事象の説明を為し、或は地域の全体観、特殊観を得るだけにて能事終るものなりや。バンゼの如く地理学の描写には個性の感激をさえ必要とする如き芸術観論者はとにかく、地理学を科学化せんと希《ねが》う吾人にとりては、ただ地誌を以て地理学なりと極論する者は余りに地理学の歴史に拘泥した偏見と言うことが出来る。

## 五

地理学を地誌と見る論者と対立するものは上述の法則樹立派である。地理学は科学なりや、また科学とすべきか、否やは、諸学者の見解の異る処であるが、吾人は若《も》し科学をある哲学者の一派の主張する如く、自然科学のみに限らず文化科学の存立を許すとせば、地理学は正にこの文化科学に属すべきものと信ずる。しかして既に科学なるを容認せるとせばそこに研究の普遍性を要求するのは当然であって、地理学における法則樹立の観念はこの立脚点から出発している。しかし地理学はその対象とする所が自然、人文の両界に亘り、これらは場所的に甚だその景相を異にし、また静的にも動的にも互に交渉するから、これらの事象の上に法則を打立つることは頗《すこぶ》る困難である。これが一面から見れば地理学に法則樹立を難ずる所以である。しかしこの事は一面には地理学が法則樹立に比較的容易なる自然科学に非ざる所以でもある。

従来地理学において樹立せられた法則なるものは、前にも云いし如く自然地理に属するものは自然地理学の解体と共に消滅したから、所謂人文地理学においてなされたものが残されている。然るに人文地理学の所謂法則なるものはたとえラッツェルの如き碩学《せきがく》によって唱えられたものも、自明の常識的に見えるものであったり、或は多くの仮設を含むものであったから、シュリューターやバンゼの如く法則樹立を否定する論者を生じたのであって、その然らざるものは即ち現在、フランス学派のブラーシュ Vidal de la Blache ブリュンヌらによって唱道せられたる「地的渾一《ちてきこんいつ》」(vii)の唱道となって現われている。

頭から法則を否定する論者は暫く措き、地的渾一論に就て見るに、地的渾一の意義は地球上に存する諸事象を種々の構成要素に抽象化し分離化せしむることなしに、空間的に綜合して考察せしむることにある。即ち地表を構成する諸種の同類のものをそのものとして研究せずに、諸種の現象を空間或は地域に即して総括することである。この考は古くリッターに発している。リッターは地理学の対象を「地球表面の空間事物の充填」としている。これは地表上の種々の事物を渾一してその全体を見ることに地理学の使命の存することを暗示したものである。最近に至り地理学に就て論ずるものの中にはスプランゲル Spranger: *Der Bildungswert der Heimatkunde*(viii)の如く「地上一切のものと、その地上から一切のものを生む一切のもの」を把握することに地理学の問題が存することを云うのも、畢竟地的渾一を前提とする所論である。

しかしてこの地的渾一の思想と法則樹立との関係を見るに、これは明らかに正面から法則の樹立は認めざるも地的渾一その物の中に普遍性綜合性があるから、これを通じてそこに地理学上の法則が実質的には浮出ているのである。これに就いては後に再説する。

これを要するに地理学における法則の樹立には種々の困難があるが吾人は屢《る》言《げん》する如く、既に地理学を一の科学と認めた以上はまた法則樹立をも認めざるを得ないのである。従来地理学の樹《た》てた法則につきこれを自明にして例外多きものなりと誹《そし》るものは、地理学を明らかに文化科学なりと認識せざる罪であって、文化科学にありてはその打立てた法則が自然科学のそれの如く決定的でなく、寧ろ現象の普遍性を法則の形に示したもので絶対に例外を認めないものではない。例えばこれを同じく文化科学なる経済学を見るに、悪貨は良貨を駆逐すると云う所謂グレシャムの法則なるものは、如何なる時如何なる国でも常に通用せられると云うものではない。屢々《しばしば》例外が認めらるる事がある。これは法則自身の誤に非ずしてその適用せらるべき社会事情、即ち複雑にして変化する人事現象が時と場所とにより種々異るからである。地理学の諸原則の例外多しと難ずるものはこの文化現象の動的複雑性を閑却せる為めである。ラッツェルが地理的要因は不変なるにギリシアが古今その国運に消長あるは何故なりや云う地理的法則を否定せんとしたヒューム Hume 一派の理想論者《イデアリスト》に答えて、「ギリシアの地理的関係はギリシア自身のみに止まるものに非ず。その四周の地方との関係を認むるものなり。しかして四周の地理的関係は或は新大陸の発見或は航路の変遷等によりて古今同じからず。ギリシアの隆替は主として以上の対外的変化によって影響せられしものなり」と応酬せるは地理学的原則無視論者には頂門の一針であろう。

地理学者或は地理学的研究者の中には地理学が一方にはその対象が複雑多岐なるため普遍的法則樹立の困難を認

めながら、他方には地理学の学としての使命に憧憬《しょうけい》を持ち、斯学と法則樹立との関係を別個の見地に立って論ずるものもある。フランスのフェブル Febvre の如きはこれである。彼はその著『歴史の地理的序説』*A Geographical Introduction to History*(ix)において従来の地理学者例えばラッツェルの如きが法則を宿命に求め、法則の「必然性」を認めたるに対し、彼は自然を「可能性」に置きかえ、地理学的事象中、人事或は意志所産をもこの可能性的法則によって律せらるべきものなりと云う。しかしてこの可能性的法則なるものは必然的法則の如く単純なるものに非ずして寧ろ諸原因の群と称すべきものなりと説いている。この見方は所謂法則なるものを個々の事例に必ず当嵌《あてはま》るものたるべしという純正科学的立場のものよりすれば不条理の如く考えらるるも、上述の如き文化科学に在っては、普遍的現象を法則の形において現わしたものとすれば、文化科学たる地理学に法則樹立の可能性を認めてもよいと思う。ただ地理学の法則がフェブルの言うが如き可能性的法則なりや否やは更に考慮すべきことである。

地理学に法則樹立を認めない他の論者は、地理学の法則はたとえ法則と云うもこれは解り切った自明のもので、敢て科学的研究によらなくとも作り得るものであると云う。これもある点にては事実である。しかしながら抑《そもそ》も法則なるものは普遍性を前提とするから、自明と云うことは普遍性その物の属性ではないか。これは自然科学においても云い得ると思う。自然科学の法則なるものはそれのみを採れば簡単自明の如くであるが、これが他の法則と結び付き、或はその応用を為す時に複雑性を有するのである。地理学の法則なるものも稍々《やや》これに類し、単独にては自明の如く見ゆるも、かの法則が結合せし時には決して自明のもののみとなるのではない。

況んや地理学の如くまだその発達の道程にあるものにおいてはその作りし所謂法則なるものの不完全なるは当然であって、これは将来益々完備せらるべきものもあるから、地理学の現状を以て将来に亘る地理学の全使命を論ぜんとする如きは吾人の与せざる所である。

## 六

地理学の性質に関する諸種の論議は如上の記述を以てその主要なるものを枚挙しこれを評論したと信ずるが、翻ってこれら欧米諸学者の諸論議の系統や動機を考うるに、必ずしもその凡てが真純の理念からのみ出たとは云えぬものがある。或は学者の国際的対立観より、或は伝説祖述の我執より稍々その所説が歪められたと見るべきものがある。

故にこれらの諸種の言説の上に立って、我観を設定することには十分なる注意を要し、また諸節紛々なるだけそれだけ単一無二の地理学観を立てることは極めて困難である。しかし試みに如上諸説を考察し現在の地理学に対する吾人の結論を述ぶれば下の如くである。

地理学の両分性については既に講述せる如く、今日は殆んどその存在を論議する必要がなく、所謂自然地理学が消滅して地人相関を基調とする所謂人文地理学が地理学の本体となりしことは当然の帰趨である。故に今日の問題はこの地人相関現象を如何に取扱うかによってこれが地理学の根本義を決する第二の命題即ち地理学は地誌なりや、将た法則樹立なりやを解決することでもある。

地理学が地表上に存するあらゆる地人相関の現象を取扱うとすれば、シュリューターの云う如く、地理学を無限の中に困迷せしむることとなるから、吾人はまずこの現象を所謂「分布」の上より観ることに限定せねばならぬ。分布の上より見ると云うことは勿論地上の空間に行わるるものであるから、その現象はまず直接にその空間たる地表と接触するものたるを要する。また地上の空間なるものは必ずある地積を有するから、その上の現象もこれとの関係が数的に表示さるべきものである。例えばここに人口現象を考えるに、人口の空間に即せる問題、例えば密度、増減、移動等は地理学の問題となし得るも、地域的数量的対象ならざる人口現象の社会的原因、増減の原理、移動の動機の如きは或は社会学、人口学、経済政策のなす所である。故にこの分布的見地に立ちて地人相関現象を観れば、その間に自《おのずか》ら地理学の対象となり得るものと、然らざるものとを選別し得て研究の限度を定むることが出来また斯学を組織附ける有力なる基礎となるのである。

次に地理学の本質が地誌学なりや、法則定立なりやの問題に対し、吾人は両者を併せ認むるものである。

地理学は即ち地誌学にして科学よりは芸術に近きものなりとするバンゼの意見の如きは余りに僻見である。地理学はたとえその歴史より云えば地誌が発達史の大部分を占むる如きも、発達の途中に上りし姿はそのものの全貌ではない。物の完全なる姿は却って時あってその発達途上の姿と全然異る如きものもある。吾人はある地域をただ描写する地誌が如何に巧妙に作られ、如何に統一ありとしてもこれを以て地理学とすることは出来ぬ。一幅の絵画一体の彫刻はそれ自身として芸術の上乗であってもそれから美学は生れぬと同様である。語をかえて云えば地誌と地理学とは芸術と美学の如き関係に立ち両々相並行して存在するものと信ずる。かくすれば美学に相当する地理学に普遍性、法則定立性を認むることになるのであって、吾人は学としての地理学は須《すべから》くこれを目的として進むべきものと思う。勿論今日その地理学の法則は極めて少数にしてかつ不完全なることを認むる。しかしこれは地理学がなお発達の途上に在るからであって、もし世界における地誌的労作が善く行われ、世界における地理的現象の綜合観を容易にすれば、そこに多くのまた確固たる法則の樹立せらるべきことを疑わない。法則定立よりも見た今日の地理学の弱点は未だ基礎的智識たる世界の地誌的研究の進まざる結果でもある。

地理学の法則定立に反対する論者はその法則は例外多くまたその永続性なきを以て非難するも、例外多き理由は既に上述せる如くであり、永続性なきことは文化科学においては許さるべきことであって、文化科学の対象なる人類の思想行為は常に進歩して休む時なく、従ってこの一般人類の行動の上に立つ法則がまた永続性あらざるは当然である。殆んど永続性を有《も》つと考えらるる物理学の法則すら或はニュートン或はアインシュタインの出現に至って変ぜらるるに非ざるか。千古不磨の鉄則の如き、人間の打立てた限りにおいて、恐くは宇宙間に存するものではあるまい。況んや文化科学の法則においてをやである。

地誌を地理学の生命とする地誌論者のある者は最近所謂景観論を標榜し、方に学界を風靡せんとしている。

景観論を唱うるものの中にも、その所見必ずしも一致せざれども最近の最も規範的と考うるものは地理学を以て各地方の地理的事項を全体として視、そこにその地方特色即ち地上的景観を把握することがその真目的であるとなし、世界に普遍すべき通則の樹立の如きは行うべからずと論じている。しかし吾人を以てこれを観ればもしかくして作らるる各地方の景観が充填せられて地表全体に及んだ時、しかして地表全体の描写が完全に行われた時には、必ずや地表全体に通ずる事相が系統的に現わるるであろう。かく系統的普遍的に示されたる何物かがありとせば所謂地理学の普遍的法則ではなかろうか。即ち地誌学もこれを拡充すれば結局法則樹立に終結するのではあるまいか。かく考えると地理学も法則樹立も全く相反するものでなく、所謂盾の両面に過ぎなくなるものである。

しかし現在の地理学より云えば地理学を法則樹立の学とするには上述の如くその前提となるべき地誌的研究が未だ不完全である。故に吾人は一方には地誌的描写において能うる限り完全なるものを作り、他方にはその与えられたる範囲内において、打立て得べき法則を立てて漸を追うてこれを完成せしめんとするものである。かくの如く一つの科学が同時に二つの目的を有することは一見不合理の如く思わるるも地理学の現状においてはこれを提唱しても敢て学問を冒涜するものではあるまいと思う。

最後に一言する。現在における地理学の研究は吾人の見地よりすれば一科学として未だ準備時代を脱する事が出来ない。従って地理学術作の多くが地誌的であっても固《もと》より自然である。ただ地理学の性質が屢説の如く今日では純自然科学に非ずして、地人相関の文化科学であるから、地形或は景観の研究に当ってもよくこれを体得せねばならぬ。地理学が純自然科学であった時代には、ある地域の描写はただ自然景観の客観的描写であっても已む得ないが今日ではこれを許さない。文化科学となった今日人文的要素を基調とせねばならぬ。それには人文の歴史を極めて重視する必要がある。何となれば人はその命数極めて短きも、そのなせる仕事はその後数十年数百年に亘って残存する。今日の所謂人文景観と称するものの人事事象はその大部分が過去人の所産である。

これをその人文事象と地との関係を考うるに当ってはこの人文事象を説明する歴史を閑却し能わざる所以である。

時ありては歴史的説明が地人相関の解釈の大部分を占むるのである。内外における大都市発達の説明の如きはその適例であろう。ヘルデルは「歴史は連続せる地理にして、地理は静止せる歴史なり」と云ったのは、今日の地理学の範疇から考えて必ずしも不当の言ではあるまい。要するに世の地誌論者の中には地域の自然地理的説明を以て能事終れりとするものもあるが、今日の地理学は既にこれを認めず、人文歴史の省察が更により大なる仕事であることと信ずるのである。

以上の所説は地理学発達の径路と現状とに即した我観である。もし地理学の本質を専ら哲学的見地に立ちて抽象的に論ずれば更に異りたる見解を執り得ることは勿論である。しかしながら抽象的所説は往々にして砂上の楼閣となり地理学そのものの発展に何らの貢献をも齎《もたら》さぬことがある。地理学の如き昏惑《こんわく》の岐路に立てるものの為めには仮設の理想よりは寧ろ現実の目標を必要とする。この小篇も畢竟この見地より綴られたることを附記する。

校注

（i）Ewald Banse, *Die Geographie und ihre Probleme*, Mauritius, 1932.

（ii）Carl Ritter, *Die Erdkunde im Verhältniß zur Natur und zur Geschichte des Menschen, oder, Allgemeine, vergleichende Geographie, als sichere Grundlagen des Studiums und Unterrichts in physikalischen und historischen Wissenschaften*, Gedruckt und verlegt bei G. Reimer, 1822–1859.

（iii）Jules Michelet, *Tableau de la France*, Calmann-Lévy, 1869.

（iv）Friedrich Ratzel, *Anthoropogeographie*, J. Engelhorn, 1882–1891. F・ラッツェル（由比濱省吾訳）『人類地理学』古今書院、二〇〇六年。

（v）Ferdinand von Richthofen, *China：Ergebnisse eigener Reisen und darauf gegründeter Studien*, D. Reimer, 1877–1912.

（vi）Alfred Hettner, *Die Geographie：ihre Geschichte, ihr Wesen und ihre Methoden*, F. Hirt, 1927. A・ヘットナー（平川一臣ほか訳）『地理学—歴史・本質・方法—』古今書院、二〇〇一年。

（vii）「地的統一」と訳されることも多い。

(viii) Eduard Spranger, *Der Bildungswert der Heimartkunde*, Kommissionsverlag, 1923. E・シュプランガー（郷土教育聯盟編輯）『科学的郷土学の陶冶価値』刀江書院、一九三一年。

(ix) Lucien Paul Victor Febvre, *La terre et l'évolution humaine : introduction géographique à l'histoire*, Renaissance du Livre, 1922. L・フェーブル（飯塚浩二・田辺裕訳）『大地と人類の進化―歴史への地理学的序論―』岩波書店、一九七一〜七二年。

# 3 小牧實繁

解題　小牧實繁（一八九八〜一九九〇年）は、一九一九年に京都帝国大学に入学、一九二二年に地理学教室を卒業して大学院に進学した。地理学を選択するにあたっては小川琢治の勧めが大きかったという（竹内啓一・正井泰夫編『地理学を学ぶ』古今書院、一九八六年）。一九二五年には助手に任ぜられ、その翌年、講師に昇進している。小牧の初期の学問的関心は先史地理学にあり、一九二七年から一九二九年まで西欧に留学の機会を得た際も、先史地理学が充実していたフランスを中心に滞在した（足利健亮「小牧実繁と歴史地理学」『地理の思想』地人書房、一九八二年）。一九三七年に『先史地理学研究』によって博士の学位を得ると、その翌年教授に昇進した。

初代教授の小川琢治、二代目の石橋五郎が、他分野の出自ながら多分に独力で地理学の道を開拓したのに比して、小牧は地理学教室で育ち、そのまま教室の教員となった。また小川にあった歴史地理学への志向を継承する形で、歴史地理学の目的を過去の地理の復原とし、歴史地理学の自立を意識したことも、史学科にあった地理学教室の学風を強調することになった。

しかし小牧は教授に就任した一九三八年には「日本地政学」を提唱し、日本の帝国主義的政策を積極的に支持するとともに、当時の教室関係者らとともに「綜合地理研究会」、いわゆる「吉田の会」を組織し、地政学的な研究および著述活動を展開していく。その背後には、欧米の帝国主義に対する批判や、より「実践的」な地理学の試みといった問題意識があったが（柴田陽一「小牧実繁の「日本地政学」とその思想的確立」『人文地理』、五八（一）、二〇〇六年）、大日本帝国の敗戦を承けて、一九四五年の末、他の教員とともに自ら辞職の道を選んだ。戦後の小牧は滋賀大学に職を得、主として村落や民俗の地理に関心を絞っている。

この地政学の時代は、地理学教室の歴史のなかで、いわば暗部として扱われてきたと言わなくてはならない。その結果、当時の地理学教室と日本の地理学が、帝国主義の時代のなかでどのような役割を果たしてきたかについて、率直に再検証する努力が必ずしも積み重ねられてこなかったともいえる。そこでここでは、「皇紀二千六百年記念特輯」と題された『地理論叢』一一巻（一九四〇年）の冒頭に小牧が寄せた「日本地政学の主張」（三～六頁）を再録し、敢えてこの時代を振り返る機会としたい。その主張は、現在では顧みられないものであるが、環境可能論的な議論に歴史と地理の融合を説く「時空一如」が接合される点に、地理学、とくに歴史地理学を基盤とする小牧が独自に展開した世界観と学問観を見てとることができよう。

## 「日本地政学の主張」

——一九四〇年

「地理は歴史の根柢に横たわる。」「歴史は運動を与えられた地理である。」

自然には自然の可能性ないしは潜勢力とも称すべきもの、換言すれば、地的空間の力とも称すべきものが包蔵せられている。これを正しく開顕し、正しい歴史を創造するのが正しい人間の使命である。

人間は自然の被造物ではあるが、人間の創造的性質、人間生活における主体意志活動を否定することはできない。

人間は固《もと》より驕慢であってはならない。正しい自然の認識がまず前提として要請せられる。しかしながら、人間はまた自らの意志を信じなくてはならない。

人間は正しい使命の前に臆病であってはならない。人間は人間を恐れてはならない。人間による不正の前に逡巡してはならない。歴史は正しい方向に、正しい計画に従って創造されねばならない。

しかも歴史と人事との根柢をなすものは地理なのである。地理を明らかにすることなくして人間歴史進展の方向は察し得ず、正しい歴史創造の計画は立て得ないのである。人間の創造をより現実に、より正大ならしめるためには、自然が最もよく、最も正しく認識せられ、自然の可能性、自然の潜勢力が最もよく、最も正しく開顕せられなくてはならないのである。「歴史と政策の母は地理学である。」

人間は自然を克服し自然を支配するという如く驕慢なものであってはならない。しかしまた、已むを得ず自然に服従し、自然に適応するという如く卑屈なものであってもならない。要するに、天の時、地のよろしきに従って、自然の包蔵する可能性、自然の潜勢力を正しく開顕しなければならないのである。それは、皇道精神の発揚、皇道原理の実践に外ならない。自然は人間の行為を制肘《せいちゅう》せんとしてあるのではない。天地は有情《うじょう》であっても悪意を有するものとしてあるのではない。正しき人間の、正しき創造への利用開発を待っているのである。ただ、正しからざる人間行動が自然の制肘より離脱し得ないのみである。正しい意志に基く人間創造の行為の前には、如何なる自然もその可能性と潜勢力とを開顕しないでは措《お》かないであろう。吾々は自然の可能性、自然の潜勢力を正しく認識しなければならないと共に、また正しい人間創造の意志を信じなければならないのである。

自然の可能性、潜勢力を正しく認識し、正しい人間の意志、創造力に強く信頼して、正しい未来の歴史を創造する、これこそ人間に課せられた崇高なる使命である。しかも過去の歴史なくして人間自体はあり得ないのであり、また未来の歴史もあり得ないのである。

あらゆる人事、あらゆる事象は、地理を緯としつつもしかも歴史を経として生起するのである。歴史を無視して将来への企画は不可能である。歴史に徹せず地理を察せずして何の世界新秩序建設ぞや。

将来への企画、外への発展、世界新秩序の大業は、時間の軸に従い縦に過去、現在を貫き以て未来を指向する歴史と、空間の軸に沿い横に中心・外辺を連ね以て世界を一体とする地理と、両者の綜合的、全体的、統一的研究に俟《ま》つところが多いのである。これら両者一如の研究の上にこそ事物本然の姿は明かにせられ、かかる本然真正の姿の実現こそがすなわち皇道の開顕に外ならないのである。皇道の開顕はすなわち日本の理想であり、かかる理想の実現のため、これを過去に観、以て未来を指向する歴史の学と、これを内外一如世界の一体に察する地理の学と、両者相倚り相俟つ一如の学の研究により、皇道の開顕に基礎と方向とを与え、以て天業の恢弘《かいこう》に翼賛し奉らんとするのがすなわち吾々の切なる願いであり、吾々はこの新しい学をここに日本地政学と呼ぶのである。

これを日本地政学と呼ぶ以上、これは固より政策の学たるに異論はない。しかも日本の政治は元来道徳に合致し、政治も道徳も皇道に於いては相合一する、否皇道においては政治は道徳そのものに発するものであるが故に、それは従来の意味における低次の政策学では勿論なく、政策学なるの故に却て高次の学であり、実践性を有することその事によって最も価値ある学であり、実践的価値の高さ故に、その科学的研究は一層真理に徹し得る如き性格を有する学であるとも言うべきものなのである。ここにおいては学問と政策とは一如の形においてあるのであり、かくして日本地政学は決してかの独逸《ドイツ》的地政学の亜流たる如きものであるのではなく、また英国的謀略地政学の如きものでも勿論なく、また旧き支那的地政学の如きものでもなく、実に吾が無始無終の皇道と共に本来日本にありし所のもの、しかして今後皇道の開顕と共に、これら凡てのものを超えつつ生成発展すべき日本的創造の学なのである。

無始無終の皇道を現実不断に実践し来給いしは（ママ）　天皇にまします。皇道実践の中心は実に（ママ）　天皇にまします。御稜威《りょうい》のもと、四季の清く正しく五穀豊穣のところであるのが吾が日本であり、まさに建設せらるべき真正世界新秩序の中心として広大無辺の意義を有するのが吾が日本である。ここに生を享《う》けこの盛時に際会して天業恢弘に翼賛し奉る吾が大和民族の使命は正に感激的なるものである。わが皇道とは、究極において、天地自然の真理に外ならないのであるが、これが開顕の輔翼の重任を負う日本地政学の使命はまた正に感激的なるものでなければならない。これが真に日本地政学の名に値するものたるには、日本人学徒の不断の研究精進がなくてはならないのである。

日本地政学は言うまでもなく日本肇国《ちょうこく》の歴史地理観即ち吾が肇国の国体観に復帰し、そこに正しき出発点を求めなければならない。しかしてそれが永久に正しく、永久に真なるためには、即ちそれが永久に実践性を有するためには、そこに絶えざる発展、絶えざる進歩がなくてはならない。皇道は永久に生成発展すべき実体であるが故に、日本地政学はまた永久に生成発展しなければならないのである。しかして吾が肇国の歴史地理観が固より吾が皇道に即し吾が国体の主体性を直観的に把握しているものであるとすれば、日本地政学が、この精神を現実の世界観の上に活かす如きものでなくてはならないことは当然であり、これがため日本地政学が本来その主体性体持に努力すべきはまた極めて当然とすべく、かかる主体性の体持なくしては、日本地政学はその名に値し得ないと断ずるの外ないことを吾々は先ず銘記しなければならない。

# 4

# 織田武雄

解題　織田武雄（一九〇七〜二〇〇六年）は一九二九年に京都帝国大学に入学、一九三二年に地理学専攻を卒業した。地理学を選択した理由について織田は、大学入学まで地理学には興味がなく、日本古代史か美術史を望んで入学したものの、古文書学や語学を避けようとして選択したと回想するに過ぎない（座談会「日本の地理学の課題」『地理』二一（三）、一九五七年。竹内啓一・正井泰夫編『地理学を学ぶ』古今書院、一九八六年）。二回生に進級した時期に、初代教授であった小川琢治は理学部で停年を迎えており、石橋五郎とフランス留学から帰国したばかりの小牧實繁に教えを受けた。

織田は、卒業後すぐに龍谷大学予科講師（嘱託）を経て、一九三五年に関西学院高等商業学校に講師の職を得た。佐々木彦一郎による村落地理学や経済地理学の著作を愛読したという織田は（『地理学を学ぶ』）、おそらく就職先の性格にも関係して、早くは経済地理学に関心を抱いていた。しかし一九四六年、立命館大学文学部教授に任ぜられるとともに教室スタッフが辞任した京大地理学教室の講師に嘱託され、翌一九四七年、立命館をわずか一年で辞して、京都帝国大学文学部助教授に任ぜられた。一九五〇年には教授に昇進し、一九七一年に退官するまで、二四年間にわたって地理学教室運営の責を担った。この間、人文地理学会の創設にも大きく関わり、一九四八年には初代会長に推されている（成田孝三「織田武雄先生を偲んで」『人文地理』五九（一）、二〇〇七）。

「地理の何でも屋」（『地理学を学ぶ』）だったと韜晦する織田は、京大着任後、新たに地理学史とくに地図学史に没頭し、講義もそれを中心とするものへと変化した。第二次世界大戦後の国土の荒廃によって経済地理学の具体的な研究を進めるのが困難になったことや、史学科の地理学教室に職を得たことなどが、おそらくその契機になったものとみられ、一九五九年の『古代地理学史の研究』（柳原書店）が学位論文となった。織田の研究上の転進は、同時期の室賀信夫や海野一隆の研究の進展と相俟って、地図史研究を京大地理学教室の大きな特色とするに至った。織田自身のライフヒストリーを振り返るならば、「自分の勉強の基礎が決まるとき、戦争中で何もできませんでした」（『地理学を学ぶ』）という憾みと、若き日の古代史や美術史への思いが、戦後になってようやく開花する場を得たようにもみえる。

左には、京大退官後に為された日本地理学会の会長講演を収録した（『地理学評論』四八（九）、一九七五年、六三九〜六四四頁）。自身の地理学観を明確に示す論考を、織田は残念ながら遺さなかったが、この講演からは地理学の長い歴史と、そのなかで進展した地理的知識の図化がもつ社会的な意義について、織田がどう捉えていたかが窺われる。のちに若干の改稿を経て『古地図の博物誌』（古今書院、一九九八年）に「地図帳（アトラス）の歴史」として収録されたが、ここでは初出の姿を再録した。

# 「アトラス（地図帖）の歴史」

——一九七五年

今年は日本地理学会創立五〇周年にあたるばかりでなく、われわれの待望のナショナル・アトラス・日本も完成、来年刊行の予定となっているので(i)、それと関連して、アトラスの発達について若干の考察を試みることとした。しかしアトラスとは、多くの地図を集めて、一定の大きさや内容、表現などについて統一を加え、利用者に便利なようにこれを一つの冊子にまとめたものであり、したがってアトラスの歴史といっても、一般の古地図の歴史ととくに異なるわけではないが、A. E. Nordenskiöld が Ptolemaeus をもって、すべてのアトラスの prototype（*Facsimile-Atlas*, Stockholm, 1889. p. 1）と称しているように、プトレマイオスの地理書がアトラスの原点であると考えられる。

プトレマイオスの地理書は *Geographia* あるいは *Cosmographia* とよばれているが、本来は“Γεωγραφιχὴ ὑφήγησις”（地理学教本）と題するものである。しかしその冒頭において、「地理学は既知の世界《オイクメネ》全体を、そのなかに含まれる現象とともに図的に表現することである」と述べているように、プトレマイオスの地理学はむしろ今日の地図学に当たるものである。したがって彼の地理書は、その内容からいっても「地図作成教本」とも言うべきものであり、八巻と地図が付され、第一巻にはプトレマイオスがもっとも依拠した Tyrus の地理学者 Marinus の業績とその批判や数理地理学の原理、球体である地球を地図に投影するための二つの円錐図法が、第八巻には世界地図の地域区分などについて述べられているのに対して、第二巻から第七巻までの大部分は世界の約八〇〇〇の地点の経度・緯度の記載である。しかしわれわれが今日手にするところのプトレマイオスの地理書は、二世紀当時の原本そのものではなく、後期ビザンティン時代の一三世紀ごろの五二部の写本を通じて伝えられたものであり、異本も多く、また地図をともなわない写本も含まれている。いま地図を有する写本に限ってみても、巻末に世界図一図と地方図二六図がまとめて付載されているA版系統の写本一一部と、世界図はなく、地方図がさらに細分されて六四図となって本文中に挿入されているB版系統の写本五部とに大別され、また世界図のみは Alexandria の Agathodaemon によって描かれたと記したものもあるが、アガトダエモンがはたしてプトレマイオスとほぼ同じころの人であったかも明らかでない。このようにA版とB版の二つの系統がどうして生じたかについては論議の存するところであるが、**L. Bagrow** はプトレマイオスが自ら地図を作成したとはどこにも記していないことから、アガトダエモンによる世界図は別としても、地方図はすべてビザンティン時代に由来するとみなしている（L. Bagrow: The Origin of Ptolemy's Geographia, *Geografiska Annaler* 27, 1945, pp. 318–387）。それについて、ビザンティンの古写本などの蒐集家として知られていたMaximos Plandes（一二六〇～一三一〇）が、たまたまプトレマイオスの地理書を入手したが、それには本文のみで地図は付されていなかったので、プラヌデスが地理書の経緯度表に基づいて地図を作成したことを記している。そこでこの記録によってバグロウはプラヌデスが作成したのがA版系統の二六図であり、そしてさらに後に、それぞれの本文との対照に便利なように、各巻に挿入されたB版系統の六四図が作られたものと推定しているが、プラヌデス自身が作成した原図が発見されていない以上、バグロウの見解も推定の範囲を脱しないものと言える。

このような資料批判の問題はともかくとして、一四世紀にはオスマン・トルコが強大となって小アジアからヨーロッパに侵入し、一四五三年にはコンスタンティノープルを占領してビザンティン（東ローマ）帝国は滅亡した。ビザンティン帝国はギリシア・ローマ文化を継承し、ギリシア語もなお用いられていたが、コンスタンティノープルの命運が旦夕にせまるようになると、ギリシア語に通じていた学者やギリシア語の多くの写本などが戦禍をさけてイタリアに移るようになり、プトレマイオスの地理書もそのなかに含まれていたばかりでなく、イタリアにおけるギリシア研究の創始者であるManuel Chrysolorusは門弟のJacopo Angelusにプトレマイオスの地理書のラテン語訳を命じ、一四〇六年には地理書A版によるアンゲルスのラテン語訳書が完成した。

プトレマイオスの地理書は西欧世界では二世紀以来一〇世紀以上も久しく忘れ去られていたので、アンゲルスの訳書は大きなセンセーションを与えたとみえ、*Geographia* あるいは *Cosmographia* の名をもって呼ばれたプトレマイオスの地理書は、はじめは手写本によってひろまったが、やがてグーテンベルクによる活字印刷術の発明によって、プトレマイオスの地理書も地図とともに、一四七五年にはVicenza、一四七七年にはBologna、一四七八年にはRoma、一四八〇年にはFirenze、一四八二年にはUlmというように、ヨーロッパの各地で印刷されてひろく流布するようになった。しかもプトレマイオスの地理書や地図のそのまま複刻だけではなく、当時の新しい地理的知識や地理的発見を加えて改訂された「新図」（Tabulae modernae）とよばれる地図を増補したものも多く出版され、たとえば一五一三年のWaldseemüllerのStrasburg版では二〇図、一五四〇年のMünsterのBasel版では二一図、一五四八年の Gastaldi の Venezia 版では三三図というように「新図」が付加され、その数も年を追って増加している。

したがって大航海時代を迎え、一方、印刷術の発達によって、地図は世界についての最新の知識を伝える情報機関として、一六世紀にはヨーロッパの各国でますます多数の地図が出版されるようになったが、なかでもイタリアとフランドル地方がその中心であった。まずイタリアについてみると、ローマの地図作成者であり、出版者であった Antonio Lafreri は、地図の出版が増加するにつれて適当な地図の選択や入手が困難となるので、顧客の要望に応じて一五七二年ごろ、世界各地の地図を集録して *“Geografia”* と題し、地球儀を背負ったアトラス像を描いた表紙を付したアトラスを刊行している。しかしそれに含まれた地図はアトラスのために作成されたものではなく、ラフレリーをはじめ他ですでに出版されていた地図を集めたに過ぎないので、地図の大きさも大小さまざまであり、地図の枚数さえ一定していない。

これに対してフランドル地方では、一五七〇年にアンヴェルス（アントワープ）の Abraham Ortelius（一五二七～一五九八）によって最初の近代的アトラスが刊行された。オルテリウスの場合も友人の Jan Raedemaecker の示唆によって、貿易商人や航海業者など、一般の利用に便利なように地図を集めたアトラスの出版を企画するに至ったと考えられ、その編纂にあたっては彼の豊富な地図のコレクションのうちから、世界の各地方の最新、最良と思われる地図を選択して、これを folio 型の大きさに再刻して一冊のアトラスにまとめたのであり、全世界図をはじめ七〇図が含まれ、その表題もプトレマイオス以来の *Geographia* を用いずに、*“Theatrum Orbis Terrarum”*（世界の舞台）と名づけたのである。またオルテリウスに続いて、一五七八年には Gerard de Jode も *“Speculum Orbis Terrarum”*（世界の鏡）と題するアトラスを作成しているが、さらに Gerhard Mercator のアトラスが、彼の死の翌年一五九五年に出版され、その表題には *“Atlas sive Cosmographicae Meditationes de fabrica mundi et fabricatis figura”*（アトラス、または世界の創造と創造された〔世界の〕姿に関するコスモグラファの考察）と記され、メルカトルによってはじめて地図帖にアトラスという名称が与えられた。

またメルカトルはアトラスのほかに、なぜこのような副題を付したのであろうか。さきのオルテリウスは学識の豊富な地図作成者であり、またすぐれた地図出版者ではあったが、地図学者でなかったのに対して、メルカトルはルーヴァン大学に学んだ後、数学者、地理学者として名声のあったGemma Frisiusに師事し、多数の地図や地球儀などを作成したばかりでなく、今日もメルカトル図法の名をもって伝えられているように、正角円筒図法を考案するなど、当時のもっとも傑出した地図学者であり、オルテリウスもメルカトルを「われわれの時代のプトレマイオス」(Nostri saeculi Ptolemaeus)と呼んでいる(L. Bagrow: Ortelii Catalogus Cartographorum, Vol. 1, *Petermanns Mitt. Ergänzungsheft*, Nr. 209, 1928, S.23)。またメルカトルはルーヴァン時代には宗教改革運動に参加して捕えられ、宗教的自由を求めてドゥイスベルグに一五五二年に移住したように、ルーテル派に属する熱心なキリスト教徒であったので、メルカトルは早くから彼の聖書に基づくCosmography(宇宙誌)の著作について遠大な計画を有していた。それは第一部は「世界の創造」、第二部は「天界の記述」(天文学)、第三部は「陸地と海洋の記述」(地理学)、第四部は「歴史および系譜」、第五部は「年代表」の五部作から成り、さらに第三部は(1)プトレマイオスの地理、(2)古代地理、(3)現代地理の三部に分かれるとみなしたのであるが、結局完成をみたのは、アトラスの巻頭に付された「世界の創造について」(De Mundi Creatione)と題する三〇ページの論文と一五七八年に出版されたプトレマイオスの二七枚の地図を復刻した「プトレマイオス地図集」(*Tabulae geographicae Cl. Ptolemaei*)および第三部(3)の現代地理にあたるのが副題の示すようにこのアトラスなのである。したがってメルカトルのアトラスはオルテリウスよりも二五年後に刊行されたのであるが、彼のコスモグラフィの構想からみて、アトラスの編纂はドゥイスブルクに移ってから間もなく着手されたと考えられ、一五八五年にはその第一輯としてフランス・ベルギー・ドイツの五一図幅が、また四年後の一五八九年には第二輯としてイタリア・スラヴォニア・ギリシアの二三図幅がドゥイスブルクで出版された。第二輯の出版のころから、メルカトルの健康はおとろえはじめ、加うるに一五九〇年と一五九三年の二回にわたって卒中で倒れ、ついに一五九四年に八二歳の高齢をもって没したので、生前にはアトラスの完成をみるに至らなかったのであるが、大部分の図幅はすでに出来上っていたため、翌一五九五年に息子の Rumond Mercator によって、第一・第二輯にイギリス、その他のヨーロッパ諸国と、アフリカ・アジア・アメリカの諸図を加えた一〇七図幅の地図帖が、メルカトルの遺志にもとづいて Atlas の表題のもとに出版されたのである。

しかしたとえば *Encyclopedia Britannica*, 1970（Vol. II, p.630）にも記されているように、一般に地図帖を意味するアトラスという言葉は、メルカトルがギリシア神話のアトラスに因んで付したことに由来するとされているが、厳密に言えばそれは正確ではない。ギリシア神話の巨人アトラスはティタン族の一員で、プロメテウスやエピメテウスと兄弟であり、ティタン族がオリンポスの神々と戦って敗れたためアトラスはその罰としてゼウスによって双肩に天空を担う運命が課せられたとされている（Hesiod, *Theogonia*, 517）。このギリシア神話のアトラスを表わしたものとしては、ナポリの国立博物館に Atlas Farnese とよばれ、もとローマのファルネーゼ宮にあった、片膝をつき大きな天球儀を背負っている高さ一・八五mのローマ時代の大理石像がある。またさきのラフレリーのアトラスの表紙には、このファルネーゼのアトラスを模本として、ただ天球儀のかわりに地球儀を背負っている巨人アトラスの姿が描かれているが、表題は前述のようにプトレマイオス以来の伝統の *Geografia* となっている。これに対してメルカトルの Atlas と表題の記された Title-page に描かれているのは巨人アトラスではなく、岩に腰をかけ、手に天球儀を持ち、膝の下に地球儀を置いた人物像が描かれ、さらにアトラスの序文（Praefatio in Atllantem）には Mauretania の王 Atlas であることが記されている。

それはギリシアにおいてアトラスの解釈が時代によって異なるからである。ギリシア神話の巨人アトラスは、天空がなぜ落ちてこないかという古代人の素朴な疑問の解釈として、それを支えるに必要とみなされた天柱を人格化したものであるが、ギリシア人の地理的知識が西方に拡がるにともなって、ヘロドトスにみられるように、地中海の西方に天空にまでそびえる高山と考えられたアトラス山脈の名となり（Herodotus, 4. 184）、この高山の向うの世界の西のはてにある海がアトランティス（アトラスの海）と呼ばれた（Herodotus, 1. 202）。そしてまたプラトンによって伝えられた「ヘラクレスの柱」（ジブラルタル海峡）の外側にある大海の伝説の島、アトランティス（アトラスの島）の王の名がアトラスであり（*Critias* 113a）、さらにディオドロスによれば、リビヤの伝説的な王アトラスとなり、彼は数学者であり、天文学者であり、また世界で最初に天球儀や地球儀を作成したとされているが（Diodorus Siculus, 3. 60. 2）、メルカトルのアトラスはこのディオドロスからの引用によるものである。

それでは地図帖を表わす言葉として、アトラスという言葉がいつごろから定着したのであろうか。オルテリウスとメルカトルのアトラスを比較してみると、オルテリウスは彼が典拠とした原図の作成者八五名を挙げ、原図に基づいてそれぞれの図幅を描いているが、そのため図幅によっては内容や陸地の形態なども異なっている。たとえば日本の形態も東インド図の日本はメルカトルの一五六九年の世界図によった関係から、メルカトル型とよばれる楕円形をなす塊状の一島となっているのに、タルタリア図の日本はオルテリウス型とよばれる行基図型日本図の変形された形態を示している。これに対してメルカトルのアトラスの各国幅は、地図学者としてのメルカトルが多くの資料を基礎にして、彼自ら作成したものであり、オルテリウスのように図幅相互の間の矛盾はみられない。それにメルカトルのヨーロッパの図幅には主要地点の経度・緯度が記載され、それだけ地図の精度も高まり、地中海の東西の長さもプトレマイオス以来、経度で六二度（実際は四二度）とみなされてきたが、メルカトルはこれを五三度にまで縮小している。しかし一方、図幅の完成が遅れ、メルカトルのアトラスにはヨーロッパではイベリア半島の図幅を欠き、またヨーロッパ以外のアジア・アフリカ・アメリカは全図のみで部分図がみられないなど、アトラスとしての統一性に欠けるところがある。

このように、オルテリウスとメルカトルのアトラスにはそれぞれ長短がみられるが、オルテリウスの一五七〇年に出版されたアトラスは、最初の近代的アトラスとして大いに歓迎され、同じ年にたちまち四版を重ねたばかりでなく、新しい地理的知識の増加に対応するために、一五七三年以後は、しばしば新図を加えた増補版が刊行され、一六一二年までに四一版に達した。これに対して、オルテリウスのライバルであったドゥ・ヨーデの一五七八年のアトラスは、今日のドイツ地方の図幅が主であった関係もあって、一五九三年に再版されたのみで市場から姿を消し、またメルカトルのアトラスもオルテリウスよりは二五年も遅れ、一六〇二年にようやく再版されるに止った。したがって当時はオルテリウスのアトラスの表題「世界の舞台」が人口に膾炙した言葉となり、Shakespeare の一五九九年の戯曲「お気にめすまま」（*As You Like it*）の第二幕七場にも、

This wide and universal Theater　この、限りなく広い世界という舞台
All the world's a stage　世界はすべてお芝居だ
（阿部知二氏訳による）

という一節がある。

しかしメルカトルのアトラスの原版は、メルカトル家からアムステルダムの地図作成者 Jodocus Hondius（一五六三〜一六一二）に譲り渡され、ホンディウスは新たに三六図と各国幅に詳細な解説を加えるなど増補、改訂してアトラスとしての体裁をととのえ、一六〇六年に表題はそのまま継承してアムステルダムで出版した。これがメルカトル・ホンディウス版アトラスであり、大いに好評を博して、オルテリウスのアトラスとならんで版を重ね、一六四〇年までに三六版が刊行されている。

かくして、アトラスという言葉も次第にひろく流布するようになったが、さらに一七世紀には地図出版においてオランダの黄金時代を築いたブラウ家の大工房が開設され、その初代の Willem Janszoon Blaeu（一五七一〜一六三八）が一六三五年には一六一図からなる二巻のアトラスを公刊し、それにはオルテリウスとメルカトルに従って「世界の舞台、または新アトラス」（*Theatrum Orbis Terrarum, sive Atlas Novus*）という二重の表題を付している。また

ウィレムの後を継いだJoan Blaeu（一五九六〜一六七三）が弟のCornellisと協力して、一六六二年には有名な「大アトラス」（*Atlas Major*）を完成したが、全部で一二巻に及ぶ庭大なfolio版のアトラスであり、その後もこれにまさる規模のものはみられなかった。したがってそれにともなって一七世紀後半ごろから地図帖を意味する用語としてAtlasが一般に用いられるようになったのであり、さらに現在では自然科学関係の図録集、とくに天文学における星座図集や医学における解剖図集もアトラスと呼ばれることが多くなっている。

なおさきに挙げたドゥ・ヨーデのアトラスの「鏡」（*Speculum*）という言葉も、L. J. Waghenaer（一五三三〜一六〇六）が一五八三年にスカンディナヴィアからイベリア半島に至る西北ヨーロッパの沿岸図を集成して「航海の鏡」（*Spieghel der Zeevaerdt*）、一五八八年にはイギリス版の「航海者の鏡」（*The Mariner's Mirrour*）を刊行して以来、一七世紀には海図のアトラスにしばしば用いられ、ウィレム・ブラウも一六二三年に「海洋の鏡」（*Zeespieghel*）を出版している。

しかし一六七二年にはブラウ家の工房は火災によって焼失するなど、一七世紀後半にはオランダの地図作成事業は次第に衰え、一八世紀にはその中心はフランスに移り、ルイ一四世治下のフランスでは測地学的基礎に立つ現代地図へのreformationが行なわれ、Cassini一族によってフランスにおいてはじめて、三角測量に基づく科学的な地形図が完成した。また世界図アトラスはG. de l'Isle（一六七五〜一七二六）やJ. B. d'Anville（一六九七〜一七八二）によって作成されたが、新しい測量や資料の批判の上にたって、できるかぎり正確さを期しているため、地中海の東西の幅はドゥリールによって正しく経度で四二に縮小された。またこれまでのアトラスにみられたプトレマイオスや中世の地図に由来する因襲的な記載や作図者の恣意的な想像の加わることを避けて、正確な地図の作成につとめている。たとえばブラウとダンヴィルのアトラスのアフリカ図を比較してみても、ブラウの地図では内陸の部分に、実存しない山脈や河川、湖沼などが一面にかきこまれ、また地図の余白の部分にはさまざまな動物や怪獣、帆船とか、地図の欄外にはアフリカの住民や港市の景観が描かれ、多分に装飾的である。

これに対してダンヴィルの地図では、絵画的な要素は全くなくなり、また架空な、あるいは不確実と考えられるものは一切除外され、一七世紀ごろまで信じられていたようなアフリカの水系についてのプトレマイオス的表現はほとんど消失してしまっている。そのためダンヴィルのアフリカ図では内陸の大部分が空白のままとなっているが、このことはかえって、地図としての科学性を示している。また一八世紀から一九世紀にかけて、ヨーロッパをはじめ世界の諸国で三角測量などによる正確な地形図などがつぎつぎとつくられるようになると、世界についての正しい、また新しい知識を供給するために、それらの地図を基礎にして、縮尺や投影図法、あるいは内容や表現方法などを一定の基準に基づいて整えた現代的科学的アトラスが、一八一七年のドイツの *Stielers Handatlas* や一九二二年のイギリスの *Times Atlas* など、各国で出版されるようになった。

さらに一九世紀には、いわゆる一般図（General map）のほかに主題図（thematic map）が作成されるようになったことも、アトラスの多方面な利用を発達せしめることになった。主題図とはある特定の主題を対象として、とくにくわしく表現した地図であり、一七〇一年の E. Halley の地磁気等偏角線図、一七四三年の C. Packe のイギリス東ケントの地質図などがそのさきがけをなすものであるが、主題図の発達に大きな貢献をなしたのは A. von Humboldt である。彼の中・南米に関する調査報告には、多数の地図や図表が挿入されているが、ことに植物帯の分布と気温の配列との関係を示すために、一八一七年にフンボルトによってはじめて等温線図が作成された。この等温線図と同じような等値線をもってすれば、他の現象の量的関係を地図に表現しうるばかりでなく、また諸現象の地理的分布を地図化することによって、フンボルトが提唱した地表上における諸現象相互間の因果的関係を把握しうることが明らかとなった。したがってフンボルトと親交のあった H. Berghaus によって一八三七〜一八四八年には、世界の気候・地質・植物帯・人種などの分布を示した九三図を含む「自然地図帖」（*Physikalischer Atlas*）が刊行された。また一八四九年には A. Petermann によってイギリスの人口地図、一八三七年には H. D. Harness によってアイルランドの鉄道輸送密度図など人文地理関係の主題図も作られるようになり、現在では人口地理、経済地理関係のアトラスも多く作成されている。

最後に二〇世紀の世界の地図作成事業にみられる、ナショナル・アトラスの刊行について言及すれば、ナショナル・アトラスはその名の示すように、国家の代表的アトラスの意味を有し、一国の自然・社会・経済・文化などを、一般図のほかに多数の主題図を用いて表現したもので、いわば国土の実態をアトラスの形で総合的に表わした、国勢アトラスとも言うべきものであり、また国土計画や地方計画など、国家が総合政策を遂行するにあたっても重要な基礎的資料をなしている。

ナショナル・アトラスは一八九五年に出版されたスコットランド王立地理学会の「スコットランド・アトラス」（*Atlas of Scotland*）を別とすれば、一八九九年の「フィンランド・アトラス」（*Soumen Kartasto*）が最初で、一九〇六年の「カナダ・アトラス」（*Atlas of Canada*）がそれに次ぐが、一九四〇年ころまでにナショナル・アトラスを有していた国は全部でまだ一〇ヵ国にすぎなかった。しかし一九四九年ごろからナショナル・アトラスの刊行が欧米諸国ばかりでなく、アジア・アフリカ・南アメリカなどの発展途上国をも含めて急激に増加したのは、第二次大戦後の秩序の回復とともに、ナショナリズムの勃興が大きな要因をなしているものと思われ、一九六九年までにナショナル・アトラスが完成をみた国は六七ヵ国をかぞえる。このような世界の趨勢に対して、地図作成の能力やその実績からみても、わが国のナショナル・アトラス作成事業の発足がやや遅きに失したことは否めないが、全国が完了すれば縮尺二五〇万分の一の八六図に、その他の地図を含めて約一三〇図が含まれ、またその内容からみても、世界に誇りうるアトラスが完成するものと期待される。

［付記］講演要旨のため、個々の文献は省略したが全体としては、W. Horn（1951）：Die Geschichte des Atlas-Titels, *Petermanns Mitteilungen*, Nr. 2, 137–142によるところが多い。[ii]

校注

（ⅰ）建設省国土地理院編『日本国勢地図帳』日本地図センター、一九七七年。

（ⅱ）のちに『地図の博物誌』（古今書院、一九九八年）に改稿して再録された際には、参考文献としてほかに次の四点が挙げられている。C・クーマン（長谷川孝治訳）『近代地図帳の誕生』臨川書店、一九九七年。Horn, W., Zur Geschichte des Atlanten, *Kartographische Nachrichten*, 15, 1961. Nordenskjöld, A. E., *Facsimile-atlas to the early history of cartography with reproductions of the most important maps printed in the XV and XVI centuries*, Kraus Reprint, 1970（Original ed. in 1889, Stockholm）. L・バガーニ（竹内啓一訳）『プトレマイオス地図帳』岩波書店、一九七八年。

# 5

# 水津一朗

解題　水津一朗（一九二三〜一九九六年）が京都帝国大学文学部に入学したのは一九四二年のことであったが、この年に始まった戦争のため、水津の大学生生活は大きく中断される。翌年末には現役兵として兵役に就き、現役満期後も臨時招集を受け、一九四五年の敗戦とともに復員するまで、学問からは遠ざからざるを得なかった。

翌一九四六年、地理学専攻を卒業して大学院に進んだ。戦争がなければ、小牧實繁教授や室賀信夫助教授から指導を継続して受けていた所であるが、水津は「日本とヨーロッパの間の私の遍歴は、日本地政学の崩壊とともに始まった」と振り返っている（水津一朗先生退官記念事業会『人文地理学の視圏』古今書院、一九八六年）。「地表の「形をもつもの」」に惹かれ、「身近な集落や農地に腰をすえて、Geopacifics（地平和学）に進もう」（同）と考えた水津は、空間的なまとまりや単位という根元的な問題に関心を寄せた。狩猟採集民の社会（「トテミズムと地縁性」『古文化』一、一九四八年）や古代中世の農村（「ヨーロッパ集落の生態」『史林』三三（六）、一九五〇年）を糸口として、後に独自の地域論につながる方向を探ることになる。

一九五二年、水津は大阪市立大学文学部に創設された地理学教室に講師として招かれ、一九五五年に助教授に昇進した。一九五九年に京都大学文学部地理学教室に助教授として着任し、織田武雄教授が退官した一九七一年に教授に昇進、一九八六年に停年退官するまで、二七年にわたって教室の運営に力を尽くした。その間、『社会地理学の基本問題』（大明堂、一九六四年）、『社会集団の生活空間』（同、一九六九年）、『地域の構造』（同、一九八二年）といった方法論的著作を通じて、地域の論理を追い求めた。そういった議論が反映された授業を、受講生は「何とか必死になって追いかけるが、ようやく何ほどかの理解が可能になった時には、すでに先生は別の「位相」に身を置かれてい」たという（吉田敏弘「水津一朗先生を偲ぶ」『以文』三九、一九九六年）。

左には、地理学方法論が熱く展開した水津時代を回顧すべく、「地理学の探究」を特集していた『地理』一七巻一号（一九七二年）に掲載（七一～七九頁）された「現代と私の地理観」を収めた。ここで水津は、村落に代表される最小の空間的単位、すなわち「基礎地域」から国家連合に至るまでの、歴史的に形成された様々なスケールの地域というまとまりと、それを捉えることの意味を、平易に語ろうとしている。同じ年に公刊された『地域の論理』（古今書院、一九七二年）にも、「「地域」を求めて」と改題して収録されている。

# 「現代と私の地理観」

## ——一九七二年

### 歴史と地理

「近代国家の素型となるような大きさをもつ王国が出揃うのは、アジアのほうがヨーロッパよりずっと早いですね。一五・六世紀ころまで世界の重心はもっと東にあったのに、世界史の流れをギリシア・ローマからゲルマンへの図式でつかむのは、どうみても不自然ですが」

「あれは、ランケ以来のヨーロッパ史学の偏見ですよ。マルクス史観も、多分にヨーロッパ中心ですね」

「九・一一世紀ころから、はじめてヨーロッパでも、老大国東ローマをとりまくようにハザールについでキエフ・ブルガリア・ハンガリア、それにポーランドなどの王国が群立してきますね。その西隣の神聖ローマ帝国の成立もこのころだし、海を渡るとデーン王国がイングランド全土を統一しています」

「まさにそうですが、このような国際間の具体的な関連が、歴史学ではまだ十分に明らかになっていないので困るのです」

「ブルガリアのブルガール人も、ハンガリアのマジャール人も、いずれも国際貿易で栄えたロシア草原の遊牧国家ハザールの勢力からのがれてドナウ流域に移ったアジアの連中ですし、草原と森林の接触地帯にあったキエフ公国の発展もこれと関係するようですが、まだまだロシアの統一などとは縁遠い状態ですね。このころから、黒海の南ではセルジュック帝国が、イスラム文化を受けついでどんどんのびています」

「神聖ローマも、オットー大帝がマジャール族を撃退して、ようやく成立したものですから、世界の重心はやはり東方ですね。一一世紀末には、十字軍が始まります」

「歴史地理学では、こうした国々の成立も、『地域』形成の一現象としてみるわけです。一〇世紀ころから、王国レベルの『地域』をなんとか統一できるだけの政治的技術というか、社会的能力というか、そういうものが、しだいに旧大陸の隅々にまでゆきわたってきたように思えるのです。もちろん、国内は封建領域ごとに分裂して、実質的な『地域』的統一の上限は、長い間、封建領域レベルのものだったようですが」

「封建制の問題が、これまた歴史学の難物ですよ。領域の大きさからみても、大小さまざまではありませんか」

「たしかに小さいほうは一カ村数領主というのもありますが、ところが大きいほうには上限がありそうです。日本でも、ヨーロッパでも、中心から周辺までほぼ一〇〇キロメートル強というのが限界のようで、この大きさをひどくこえた部分は、飛地の場合が大部分ですし、一円所領の場合は、ハプスブルグのように、その中が一〇〇キロメートル強の大公国に分立してゆく傾向がみられます。そこで私などは、一〇世紀ころから群立する領域の上限が、なぜ一〇〇キロメートル強であるかを問題にするわけですよ」

ドルショックや中国貿易とじかに関連する眼前の工業や環境問題にとりくんでいる専門畑の人々からみると、なんと悠長な歴史と地理の問答だろう、と思われるかもしれない。

しかしドルショックにせよ、中国問題にせよ、「近代国家とは」という本質的な問いを投げかけている。ニューヨークやモスコーから、トーキョー・ボン・パリ・ロンドン、さらに世界の片隅の田舎町に至るまで、いく次元かの中心集落を結び目として、政治的にも、経済的にも、文化的にも、諸機能の網がからみあった階層的な地表の構造というべき今日の世界－近代国家－地方－局地のシステムとその混乱とは、長い長い「地域」発展の結果であることが、どれだけわれわれの考え方の中に徹底しているのであろうか。

多次元の「地域」の重なりあいを認める地理学的研究が、もし国家を「地域」の外におき、たんに外から権力として「地域」に制約を加える与件としてしか把握できないとしたら、たちまち「地域」の論理は乱れてしまう。ところで、近代国家が地表を画して成立した前史には、あの封建領域相互の政治的経済的な競合と併合と、そうした相互接触を介して「民族領域」と諸王国との成熟があった。

## 「地域」を求めて

七世紀の超大国、唐とサラセンを中心とした世界の周辺にあった日本とフランク両国が、クニ連合や大公国を統合して古代王国として発足以来、どのような地理学的過程をたどって現在に至ったか。そこにどのような「地域」的発展の異同がみられたか。これこそ、私の研究の出発点の一つであった。

まず古気候や植生、居住様式、農地形態や土地利用とそれらの変化の問題があった。これらの間に密接な関連があり、そうした関連の最小のひろがりが、古代日本では郷、ゲルマニアではガウと関係をもつことを確かめるまで、私は長い迂路をたどったように思う。

古代国家の統一には、どこでも上からの巨大な力を必要とする。あの画一的な農地計画条里制とケンチュリアの問題を明らかにするためには、中国やローマの土地制度にも無関心ではすまなかった。フランクのフンデルトシャフト（フンタリ、百人組）とガウとの間にも、複雑な関係があった。

これらの課題が社会経済史学と深くからみあっているのはいうまでもない。ところが、わが国では皮相な形態分析にすりかえられがちな「景観」地理学が、西欧では歴史学界でも高い評価をうけている。一枚一枚の畑や水田の形態とその意味を探って、古尺度の泥沼の中で苦しんだ日々が思いだされる。しかしどこでも、一歩の幅（フィート、尺）や、一日で耕やしうる一枚の農地（モルゲン、条里の一筆耕地）、一家を扶養できる農地の大きさ（フーフェ、名《みょう》）など、大地の生活に即した単位が根もとにあることがわかったときは、爽快だった。

さて、一三世紀ころから、日本では裏作としての麦類の普及と乾田の増加があったし、ゲルマニアでは二－三圃農業の始まった可能性が強い。後者では、ムラ単位に経営される二－三圃農業の成立と、ゲヴァン（字《あざ》）ごとに紐状耕地がならんだ独特の集村の形成との間に密接な関連のあることが実証されたが、一方日本でも、一二－一三世紀ころの土帳分析から、散村や小村から集村への形態変化のあったことが、しだいに明らかになった。すでに古い郷やガウの分解があり、このころから、両者に共通してムラ領域の自律性が強化されてくる。同時にヨーロッパでは、大小の教区の問題があらわれる。

しかし社会経済史学では、村落共同体の成立時期が、封建制の問題とからんで論議の的となったが、概念規定のあいまいさもあって、なかなか結論はでなかった。ところが地理学にとっては、日常の共同生活がいとなまれた最小の領域の通時論的な動きこそ、まず明らかにすべき課題であった。私の「基礎地域」論は、この辺から出発した。ムラレベルの「基礎地域」を上から包みこむものとして、城下から領界まで騎行一日行程の規模をもつあの封建領域の成長がある。

歴史学は、諸事象の成立要因をとかく時代のせいにしてしまう。しかし裏作としての麦栽培が西日本で始まっても、裏日本や東北には普及しがたい地理的理由があったし、三圃農業も、ヨーロッパの隅々にまで同時にひろがったわけではなかった。フォーゲルスベルクやアルプス前地、西北フランスやスコットランド・ウェールズなどでは、おそくまで独特のムラ組織をもつ散村や小村と主牧的な農業の発展がみられ、一八世紀以後になって変容した三圃農業が導入されたところも珍しくない。寒冷なスカンディナヴィアの事例は、ますます特異である。

ヨーロッパにおける近代農業の成立といえば、史学ではすぐ農民層の独立という観点から、イングランドの「囲い込み」が取り上げられる。しかし、散村化をともなう「囲い込み」は、デンマークや南スウェーデンから西南フィンランドなどでも大がかりに行なわれ、徐々に封建領域の枠を破って、北欧に近代的な酪農地帯がつくられたことも、私はなおざりにできなかった。

地方史研究の成果がつみ重なるにつれて、史学でも「地方差」が注目をひくようにはなった。だが「地方差」というとき、なにか典型的な社会発展の類型があって、それからの場所ごとのずれがあると考えられ、それがしばしば発展差の意味にすりかえられてしまう。地表のものに、こうした側面がないわけではない。しかしたとえば三圃農業と集村とが複合した地方と進んだ穀草農業と小・散村とが目立つ地方とのいずれを典型的とみるか、そこにはっきりした価値規準があるわけでもない。マルクスなどが社会発展の必然的段階とみる「ゲルマン的共同体」の概念構成が、いかに西欧の局地的なものにすぎないかについても、私なりに実証することができた。

地方といっても地理学的には、その内外に「基礎地域」をはじめとする大小の諸領域が重なりあい、各時代ごとに特色ある関連の網をはり、やがて密度を増したそのアマルガムをつき破って、多彩な個性をもつ封建領域群の富と文化をわしづかみするように、あの中世王国を母胎にして近代国家の成立をみる。

郷やムラから近代国家や世界に至るまで、さまざまな領域現象とその相互関係を手掛りにして、私が「地域」の深層に探してえた成果については、その概要を一書にまとめて近刊の予定である(i)。ただいま記しておきたいことは、一枚の農地にせよ、字やゲヴァンにせよ、郷やガウにせよ、ムラにせよ、クニにせよ、クニ連合や大公国にせよ、大小のボロ布をばらまいたような封建諸領域にせよ、また種々の中心集落にせよ、いずれもたんなる各時代の権力の恣意や経済的要因だけによって成立し、発展し、また解体したものではなく、これらの地理的事象のうしろには、それらを強く支え、規定したものとして「地域」の多系的な発展法則がひそんでいたことである。

かつてゲーテが鋭い直観で「生活空間」としてつかんだことのある「地域」について、地理学界では、実体か、知的概念かをめぐる論議が生じた。しかし「地域」をたしかめる方便として、諸分布線のみごとな整合だけがとりだされるような、機械的で静止した地域観は、あの疾風怒濤時代の巨匠には無縁のものであったにちがいない。このような論争を尻目に、「地域」は公災害の形をとって、今日きびしく近代的人間にその確認を迫ってきた。

## 涯《はて》しない中間項

「地球の日」「ヨーロッパ自然保護年」「環境庁」「生態学主義」——ちょっと総合雑誌をめくってみても、深刻な「環境」問題ばかりが目につく。「環境」問題の多くが、今日ほど「生活空間」としての「地域」にかかわる時代はあるまい。しかもそれらが、地理学的「地域」の原理への無関心によって助長されていることを知るのは、実に不幸な現実といわなければならない。きびしい第二の地理的発見時代ではある。

「転換点に立つ現代」についてあれこれ考えるにつけても、ここで研究の技術論を紹介するよりは、もっとその根もとにさかのぼって、私が歴史地理学や社会地理学から学んだことを、つぎのようにまとめてみずにはおれない。

まず公災害を防止するために、とかく工学的技術だけが取り上げられやすい。近代国家の基盤ともいうべき現代都市や工業地帯は、たしかに工学技術の力をかりて、近代人がつくりだした輝かしいモニュメントにちがいはないが、その代償として深刻な公災害を背おいこんでしまった。工学技術は、つねにこうした正と負の効力をあわせもつものである以上、たとえ局地的には眼前の公害防止技術ができたとしても、やがてそれが第二の公災害の遠因になりかねない。公害問題を工学技術の問題だけに矮小化することの危険を、われわれの「地域」の原理は、はっきり示すであろう。

また逆に、「環境」保全が自然の保護にすりかえられてしまうことがある。しかし、いかに自然の力が偉大でも、いまでは人間の手の加わっていない生の自然はほとんど地表上にみられない。「自然林」とか、「自然遊歩道」といっても、純粋に自然のものではありえない。したがって、自然保護とは、現代の「地域」における地形や植生や動物社会のつりあいのとれた配置の問題であろうが、同時にその自然を求めて、ひとびとが雑踏する契機をつくることにもなりかねない。そこに生物生態学の干与《かんよ》する余地があるのは当然のことであろうが、それだけで解決できるものではない。

また一部では、「環境」破壊をもっぱら近代以後の政治社会体制にひそむ矛盾の露呈したものとして、体制の変革だけが強調される傾向も少なくない。しかし体制さえ変われば、公災害がなくなるほどことは簡明ではない。すべては新しい社会や政治体制が、「一点世界」の古い社会「環境」論をこえて、現代の「環境」問題をいかに受けとめ、いかにそれに対処するかにかかっている。

要するに「環境」問題には、自然的なものと人間的なものとが切りはなしがたく結びついている。双頭の竜ともいうべきものの正体をあばきかねて、多くの科学が苦しんでいる。

ところがこれらの苦しみこそ、一八世紀以来の地理学史ににじむ悩みと同質のものではあるまいか。少なくとも私は、近代地理学史の一面をこのように解釈したい。

地理学は、まず自然と人間との因果関係を明らかにすることを、みずからの拠点とした学史をもつ。かつて自然環境決定論から可能論への転換にあたって強調されたのは、自然と人間とが、多くの場合、直接的に関係するのではなく、人間をつつむ社会的諸条件を中間項として相互に結ぼれている、ということであった。だが中間項そのものが、生産関係であれ、生産力であれ、自然と無関係ではない以上、中間項と自然の因果関係を問うて、また新たな中間項を設けなければならない。ここから涯《はて》しない問いのくりかえしが始まるべきであろうが、現実には中間項の社会学に終始し、自然が見失われた考察が多い。さらに上述のように、自然もほとんど人間化した自然であることからしても、この問題設定自体、きわめて不鮮明な性格をおびてくる。はっきりしようとすれば、たとえば、一定の条件下における気温と作業能率の関係は、といった環境衛生学などの実験室における分析法をとりあげなければならないが、これだけでは、現代の生きた「環境」問題には正面からアプローチすることができない。

もちろん、前提のはっきりしないこの種の論議であっても、「一点世界」の考え方がなお力をもつ現代社会にとっては、啓蒙的役割を果たすかもしれない。総合雑誌の巻頭を、古い地理概説レベルの論文が麗々しくのるのをみるたびに、「転換点に立つ現代」のさし迫った情況をいまさらのように思いしらされる。敗戦後、「一点世界」の社会科学の全盛期のかげで、私などが日本とヨーロッパという二足のわらじをはいて、「地域」の多系的な原理を求めて苦しんでいたころ、同じ文化人たちが、「自然なんて人間の技術の前にはひとたまりもないよ」といわんばかりに、自然克服の虚構をかくれみのに、「社会構成体の自己運動」を説いていたのが、昨日のように思いだされる。

あわただしく変化する現実に即して揺れ動く前に、古典の世界に身を沈めてみる必要性は、現代だからこそ価値が大きい。人間と自然との関係といっても、一八世紀のリッター以来、地理学の本流にとっては「地域」の解明という大目的のための一手段にすぎなかった、というのが、私の研究の帰結である。

## 「地域」は社会の影ではない

「礪波《となみ》に関する御著書、どうもありがとうございました。礪波に関心をもってから二〇年、あの散居のプラスの機能ばかりが頭に残っています。ところが機械化がどんどん進んで、かえって散居がマイナスの条件になりそうですね」

「機械の大型化が進み、農薬の空中散布となりますと、居住地を一カ所にかためて、農地と分離するほうが、能率がよい点もいろいろ出ています」

戦前には独特の慣行小作権を支え、戦後は自動耕耘機の普及を促した礪波の散村が、いま新しい状況のもとで、その可否を問われている。こうしたことが西欧の散村地帯の一部では早くからみられたが、まさか礪波では、と思うだけで、再訪の機会もなく過ぎただけに、これは大きい驚きだった。久しぶりのKさんの能弁を聞きながら、ここ二〇年のもつ意味をさまざまに考えて、つい「私の礪波研究など、自己批判ものですね」、とつぶやいてしまった。散村と集村の機能に大差がないなどという学説に至っては、いうべきことばもない。

それはともかく、「地域」とは、いろいろな地理的なものが複合した特色あるひろがりと考えられたことがある。ヘットナーは、地理的なものを、自然と関連するかぎりでのあらゆるものとみているが、自然と関係しないものがほとんどない点からして、これでは「地域」研究は、上述の自然と人間との関係を探求する場合と同じく、総合科学の万力を発揮しなければならない。諸科学の成果はどん欲に吸収すべきであるが、地理学のすぐれた考察様式だけは、失うわけにいかない。学問の壁もない学問以前の段階で、学問の壁をはずせといえるだろうか。

この点に留意したシュリューターは、地理学の研究対象を地表の形態のある部分にかぎって、それを「景観」とよんだ。地形・植生・集落・交通路・生産用地などが、そのまま「景観」にあてはまるが、かれの研究は、たんにこれらの形態分析に終始したのではなかった。その成立要因とその変化を究明することを重要な目的として、「景観」発生学の基礎をつくった。しかし地形や集落などの個別研究は、地形学や集落学になってしまう。

いう以上に、地表の形態ある部分、たとえば、地形・建造物・生産用地などは、相互に場所をわけあって地表のあるひろがりを画すのが実状であるかぎり、これらの複合した全体を明らかにしなければ、地表の特徴はつかみきれない。したがって、厳密には二〇世紀初頭のシュリューターの方法論をこえるのは当然のことであるが、建造物や生産用地などを「景観」構成要素にとじこめ、むしろこれらの複合体を「景観」とみなすべきではあるまいか。この意味での「景観」こそ、まさに地理学的「地域」そのものである。

この「地域」概念は、「一点世界」の社会「環境」や、建造物の集合体にすぎない建築学の「建築空間」よりも、はるかに双頭の竜としての「環境」に近い。いまや要素としての建造物も、生産用地も、交通路も、たんに自然か社会かの問いを許すものではありえない。

しかし、たとえば「環境」の悪化が直接的に社会生活に支障をきたすように、「環境」概念には、そこにおかれた社会を制約し、規定している意味あいが強い。ところが従来の「地域」概念では、社会が、さらに具体的にいえば、たとえば資本が、地表にはたらきかける側面にだけ重点がかかり、いったんつくられた「地域」の機能が、社会を制約する側面はとかくネグレクトされがちであった。社会集団の影のような「地域」観は、いまでもなくなったわけではない。これでは、地理学の技術を修得した段階で、「一点世界」の経済学や文化人類学に派手にくらがえするほうが、まだしも器用にみえてしまう。

このことも、地理学史的にはある必然性をもってはいる。——人間は自然に縛られるよりも、むしろ自然に働きかけ、自然を改変しているではないか。地表面には、人間のいとなみの跡がつみ重なっている。こうした人間の顔をもった地表面を解明するのが、ラッツェル地理学にかわる新しい「文化景観の地理学」の課題である、というこの二〇世紀初頭の思考方向は、その後の「地域」研究にもうけつがれた。

「文化景観の地理学」やその後の「地域」地理学が、自然に埋もれた人間の地理学から、人間や社会を解きはなった役割は大きい。しかし、これらの地理学は、人間が「文化景観」や「地域」をつくった目的について、またその存在価値については、積極的な答えを準備することがなかった。

だが、影の探求をこえる足掛りは、すでに「景観」構成要素の複合という考え方の中にひそんでいる。複合とは、たんにもののよせ集めではない。集・散村の機能の一端については既述したが、あらゆる要素は、その形態のはたす機能によって相互にからみつき、その場におかれた社会集団に対して独特の作用をおよぼす。畦畔からアウトバーンに至るまで、交通路は交通機能をもって人と物の交流の網をはり、それが農地や工場のもつ生産機能や各次元の中心集落の諸施設がもつ各種の結節機能の網とからみあう。もちろん、社寺や大学や、娯楽設備のもつ精神的・文化的機能のひろがりも軽視できない。

経済地理学や社会地理学で研究される各種の「機能領域」とは、実は上述の「景観」や「地域」の構成要素のもつ諸機能のひろがりにすぎない。さまざまな「機能領域」が、地表に複雑に重なりあい、からみあって、はじめて全体としてのまとまりをもつ「干渉の場」をつくりだす。こうした地表の生理こそ、「地域」の生命でなければならない。それは造形美術の中に「形の生命」が蔵されているのに似ている。

しかし、現実のフィールド研究において、個々の「機能領域」（たとえば商圏・通勤圏・物貨流通圏・文化圏など）の設定から、形態をはなれた機能自体のメカニズムの解明、すなわち経済の領域的法則や集団の領域的展開の追求にむかい、はては経済学や社会学に埋没しがちな安易な妥協だけは、なんとしても慎しみたい。「地域」地理学の「地域」からの疎外がもたらす負の効果は、もはや学界内部の損失にはとどまらないからである。視点は要素に注がれていても、視野は地表の働きにひらかれて、はじめて地理学の奥技が光る。

ところで社会集団と「干渉の場」としての「地域」との間には、つねに適応とずれと再調整の動きがみられるように思われる。かつては両者の動的な調整が、災害や開発や土地利用の変化や、戦乱などによって、たとえ一時的には混乱しても、狭い「地域」に生死した人々によって、大局的には世代をついでたくみに果たされたことを、歴史地理学研究が示している。「地域」に反逆した権力者の末路は、つねにあわれであった。しかし、階層的に重なる「地域」の、巨大な「干渉の場」の上に投げだされた流動的な近代人は、その調整のきずなをつぎつぎと見失ってきた。「一点世界」の近代諸科学偏重の思潮が、その挽歌をあおりたてることになったのも否定できない。

明日に活路をきりひらくためには、現代にふさわしい調整のきずなを再発見しなければならない。私が、現代を第二の地理的発見時代とよぶ根拠の一つは、ここにある。

### 巨大な「地域」の問いかけ

「地理学は環境の学問ですよ」といっても、「一点世界」の教養人には、かえって誤解をまねく。「生活空間の学問」というと、なんだかわかったというような反応がでてくる。ここ数年、目をさました隣接科学がどんどん「生活空間」の一面を横取りして地理学に近づいてきたせいもあろう。地政学の「生活空間」の悪夢を忘れることはできないが、問題はその概念の内容にある。私自身についていえば、ゲシュタルト心理学の「生活空間」の思考形式から学んだ点も少なくない。いわば心の「生活空間」を大地の上に根づけて、社会集団のよってたつ「地域」にくみかえるためのたどたどしい試行錯誤だったが、現実の動きは急激すぎた。近代人が「地域」の正体をつかみかねている間に、現代社会から疎外された「地域」の怒りが爆発してしまったという感慨が深い。

狭くとざされた、おそらくホルドに始まったであろう人類の「地域」群は、長い長い発展のレールをたどって、ここ数世紀以来、地表上に世界－近代国家－地方－局地と重なる階層的な秩序の網をはりめぐらしてきたが、上述のように、社会集団と「地域」との乖離は時とともにひどく、混乱はますますはげしい。かつては鋭い「土地かん」にとんだ土着の人々のコスモスであったムラレベルの「基礎地域」のまとまりが、解体してしまった事例は少なくないし、もっと古いクニや旧封建領域を包みこんだ行政区域の枠組みも、急激にくずれてきた。さらにいままでは、近代国家の堅い「地域」的統一性までもが、巨大な産業や情報組織と忌むべき公害の国境をこえたひろがりの中で、目立って動揺し始めている。

イギリス史学のOさんとの喫茶店談義。

「ついにイギリスもEEC参加に踏みきりましたね。島国のイギリスが、はじめて大陸の国家連合の一員になった意義は、イギリス史全体からみても、大事件ですよ」

「いよいよ西欧が、米国やソ連などの超大国レベルの規模と内容をつくりだしたわけですね。EECは、経済を中心としてルーズな国家連合ですが、ソ連だって、国内にはロシアのほかに、白ロシア・ウクライナ・カザフなど、主権をもった多くの共和国や自治共和国を含んでいますから、この点ではどちらも一種の国家連合です。アメリカやインドの州も、少なくとも小国なみの大きさですから、これらも一緒に考えてみたいところです」

「同じ時期に、島国の日本も中国大陸との関係について、決断を迫られていますね」

極西の島国は、新しい「地域」の進路を、長い熟考のあげくにEECの中に受けとめた。極東の島国にも、いま重大な、きびしい「地域」の問いが投げられている。局地の応用地理学といっても、この現実を避けて進むことはできまい。

校注

（ⅰ）水津一朗『地域の論理―世界と国家と地方―』古今書院、一九七二年。

# 第三章

## 地理学研究の展開と京大地理学教室

# 1

# 歴史地理学

## 一　歴史地理学の課題・視角の設定

地理学教室が設置された京都帝国大学文科大学史学地理学第二講座が史学科に属したことが、初代の教授・助教授であった小川琢治・石橋五郎がいずれも、現状に至る経過、ないし時代変遷史的に地理を見る立場を重視したことと相俟って、京都大学出身の地理学者の多くが歴史地理学的視角を大切にする研究方法を展開した。小川琢治自身が地理学講座担任をはずれてからではあるが、『支那歴史地理研究』（弘文堂書房、一九二八年）、『支那歴史地理研究　続集』（同、一九二九年）という名称の書物を著していることにも、その方向性が如実に現れている。

地理学の卒業者の中では藤田元春（一九二〇年卒）が最も初期の歴史地理学者といってよいであろう。藤田には『日本民家史』（刀江書院、一九二七年）、『尺度綜考』（刀江書院、一九二九年）、『平安京変遷史』（スズカケ出版部、一九二七年）、『日本地理学史』（刀江書院、一九三二年）などの主要著書がある。『日本民家史』は、古代・中世以来の民家や村落にかかわる歴史資料による分析、『尺度綜考』は多様な尺とその変遷、『平安京変遷史』は古地図を活用した平安京史、『日本地理学史』は地誌的記述と古地図を軸とした整理である。いずれも当時の研究者にとって大変有益な整理・分析であるが、特に民家や尺度・平安京など、歴史学一般の関心とも共通し、『平安京変遷史』『日本地理学史』の対象あるいは資料である古地図を除けば、必ずしも歴史地理学特有の対象、あるいは独特の方法の展開ではなかった。

歴史地理学としての明確な主張は、小牧實繁（一九二二年卒）による。出身講座の助教授・教授となった小牧は、周知のように後年地政学に携わり、教授を辞職したが、本来の研究分野は歴史地理学であった。小牧の主著『先史地理学研究』（内外出版印刷株式会社、一九三七年）は、「地理学」に関する理論、「歴史地理学に関する理論」、「先史地理学に関する理論」からなる第一部と、事例研究からなる第二部によって構成されていた。歴史地理学の部分は、一九三三年に『岩波講座　地理学』に掲載されたものの再編であるが、そこでは明確に「歴史地理学の対象は、歴史時代における土地・地域（景観）であり、」「歴史時代に於ける或る時の断面に於ける土地・地域（景観）を復原し再現して」「過去における土地を描出すのが歴史地理学の使命・職能である。」と規定している。この論文が松井武敏（一九三三年卒）のレポートに極めて多く依拠したものであることは既に指摘されている[1]が、この規定が日本の歴史地理学の基本的思考となった。小牧『先史地理学研究』と同年に刊行され、やはり大きな影響力を有した辻村太郎『景観地理学講話』（築地書館、一九三七年）が、発生的・歴史的視角をほとんど無視したものであったことも加わって、当時盛行した集落地理学は、可視的な景観を個別的・静態的・形態的に研究するのが一般的であった。

小牧の規定を受け、それを実際に展開したのが米倉二郎（一九三二年卒）であった。

米倉二郎が注目し、画期的な研究を行なった対象は、条里制が展開する村落景観であった。『地域論叢』に一九三二年に発表された「農村計画としての條里制」、その翌年の「律令時代初期の村落」の二篇は、とりわけ重要な成果であった。論証プロセスを通じて一貫する基本視角は、まず、「条里制」を「農村計画」の一型式と規定し、農村計画であるならば有しているはずの「耕地計画」と「村落計画」のさまざまな側面について検討すること、におかれている。ついで、この規定の根拠を中国に求め、中国古来の土地区画もしくは地域区分秩序との対比が強く念頭におかれている。このように、計画の分析であり、制度・理念との対比であるから、その結果、日本律令の制度の一部としての「条里制」の検討となっている。また、事例分析に際しては、集落形態の強い継続性を主張するマイツェンの認識をふまえていることも大きな特徴である。

このようにして得られた結論は、すでに周知のように、論文発表以来、村落景観に関する代表的な見解として、地理学のみならず歴史学に対しても大きな影響を与え続けた。米倉論文が分析対象としたのは、前述のような集村・水田・条里地割を主たる要素とする、日本の伝統的な村落を代表する景観であったから、その結果もまた重要な意義を有することは当然であった。しかも、目のあたりにすることができる景観をもって、律令時代初期の村落にかかわる律令の諸規定に、明確な具体像を付与したのであるから、この点からみても、影響が大きくてしかるべきであった。前述のように、基本とした四つの視角あるいは前提が見事に展開しているという点においても、歴史地理学の発達にふさわしい内容をそなえていた。歴史地理学は、ここにおいて「条里制」研究における市民権を得、同時に、日本の最も主要な村落景観をも、重要な分析対象として確実にとり込むこととなった。

米倉の諸論文は、後に『東亜の集落』（古今書院、一九六〇年）に集大成された。

相前後する時期の歴史地理学には、三友国五郎（一九三一年卒）、辻田右左男（一九三三年卒）等がある。

## 二　歴史地理学の確立

米倉が歴史地理学の対象に確実に取り込んだ「条里制」研究は、戦後、きわめて活発な研究領域となった。渡辺久雄（一九三四年卒）は、近畿地方を中心とした一連の条里復原と条里地割施行技術をめぐる研究を『条里制の研究』（創元社、一九六八年）として集成し、また『忘れられた日本史――歴史と地理の谷間』（創元社、一九七〇年）など、より広い読者層に向けた著作も刊行した。

一九四九（昭和二四）年九月に京都大学分校（後の教養部）助教授に就任し、翌年教授に昇任した藤岡謙二郎（一九三五年、考古学卒）はとりわけ歴史地理学の展開に大きく関わった。就任前の『地理と古代文化』（大八洲出版、一九四六年）は、戦後の本格的研究の再開時における考古遺跡の「地理環境」を扱い、ついでその方法を都市についても適用した『先史地域及び都市域の研究』（柳原書店、一九五五年）を公刊した。後者で主張した「地域変遷史的立場」は「景観変遷史法」と称され、広く日本の研究者の人口に膾炙した。

小牧が前述のように「時の断面」の景観描出を目的として設定したころ、イギリスでは、H・ダービーが「クロスセクション（cross-section）」を描出したうえで、それを継起的に積み重ねる方法によって、『一八〇〇年以前におけるイングランドの歴史地理』(2)を刊行していた。クロスセクションを複数の時期に設定・復原し、それぞれの時期を描出してその間の変遷を記述するというのがその基本的な姿勢であった。小牧の方法論を継承した藤岡謙二郎によって類似の方法が「景観変遷史法」として再編・提示され、広く受容されることとなったのである。

ダービーの編著は画期的なものではあったが、例えばドゥームズデイ・ブックという一種の課税基本台帳による一〇八六年という特定年次のクロスセクションの詳細な復原と、資料の制約からそれほど厳密に時期を特定できない中世後期ごろといった時期の復原の併存、といった研究方法や記述の不統一などが、刊行後ほどない時点から指摘されていた。後に新版の編著『新イングランド歴史地理』(3)では、この点が全面的に改善され、一〇八六年、一三三四年、一六〇〇年ごろ、一八〇〇年ごろ、一八五〇年ごろ、一九〇〇年ごろの六つの時期の描出と、それぞれの間および前後の変化を記述するかたちに整備された。ダービー自身が後に述懐しているように、クロスセクションに一定の時間幅を設定する方法との比較検討を行なった結果の選択であった(4)。

ダービーがこのように、描出する時期を特定の年次にまで「薄く」剥ぐ方向性を選択したのに対し、藤岡謙二郎の方は、一定の時間の「厚み」をむしろ積極的に取り込み、厚みのある「時の断面」を強調していた。いわばその集大成である藤岡編『日本歴史地理総説』(5)は、先史・原始、古代、中世、近世、近代という、まさしく厚みのある六つの時の断面を設定していた。これは、歴史学の時代区分と調和的であり、その成果や方法を吸収しやすいという側面を有した。

藤岡は、学位論文となった『都市と交通路の歴史地理学的研究』(大明堂、一九六〇年)、では、米倉二郎が先鞭を付けた国府研究を展開し、後に『国府』(吉川弘文館、一九六九年)を刊行し、また交通路研究は、藤岡編『古代日本の交通路』(Ⅰ~Ⅳ、大明堂、一九七八・七九年)に結実した。(6)

藤岡の旺盛な研究はその後も続き、主要な単著のみでも、『日本歴史地理序説』(塙書房、一九六二年)、『歴史的景観の美』(河原書店、一九六五年)、『都市文明の源流と系譜』(鹿島出版会、一九六九年)、『地理学と歴史的景観』(大明堂、一九七七年)、『景観変遷の歴史地理学的研究』(大明堂、一九七八年)をはじめ多数にのぼる。

藤岡の研究・教育の一つに多くの編著があり、『日本歴史地理総説』、『古代日本の交通路』のほか、『河谷の歴史地理』(蘭書房、一九五八年)、『畿内歴史地理研究』(日本科学社、一九五八年)、『歴史地理学』(朝倉書店、一九六七年)、『佐渡の歴史地理』(古今書院、一九七一年)、『歴史地理学の群像』(監修、大明堂、一九七八年)などをはじめ、教科書、一般書など多数にのぼる。

歴史地理学者を標榜したわけではないが、戦後の地理学教室を再建した織田武雄が地図史のほかに『歴史地理学講座』(全三巻、朝倉書店、一九五七~五九年)の共編者となり、織田教授の後任の水津一朗(一九四六年卒)の著作もまた、歴史地理学的なものが多く、大きな影響を及ぼした。

このほか、村本達郎(一九三五年卒)、神尾明正・須藤 賢(一九三六年卒)、柴田孝夫(一九三九年卒『地割の歴史地理学的研究』古今書院、一九七五年)、中田英一(一九四一年卒)、阿部正道(一九四一年卒)、などが主として歴史地理学的研究に従事した。

また、人文科学研究所には、森 鹿三(一九二九年東洋史卒、『東洋学研究 歴史地理篇』東洋史研究会、一九七〇年)、

日比野丈夫（一九三六年、東洋史卒、『中国歴史地理研究』同朋舎出版部、一九七七年）があって、小川以来の中国歴史地理学の研究にあたった。

## 三　歴史地理学の展開

教養部藤岡教授の下で助手、助教授を勤め、後に教授となった浮田典良（一九五二年卒）の学位論文は『北西ドイツ農村の歴史地理学的研究』（大明堂、一九七〇年）であった。ベストファレンの、塊村・ドルッベル（小村の一形態）、孤立荘宅地帯の事例比較研究を軸とするもので、日本国内における近世の田方棉作などの土地利用を中心とした村落研究とともに、地籍図を克明に利用した研究方法を展開した。

浮田と同期の末尾至行（一九五二年卒）は、やはり後に学位論文となる『水力開発利用の歴史地理』（大明堂、一九八〇年）において、主として近代初期の事象でありながら過去のものとなった場合の多い水車について、丹念な現地調査と官公庁資料の採訪を行ない、歴史地理学的調査法の一つの典型を確立した。

木下　良（一九五三年卒）は、米倉・藤岡の研究を精緻化し、国府研究を展開した。木下の一連の国府研究は、後に『国府』（教育社、一九八八年）に要約されたが、米倉以来の方形・方格の都市計画を想定する国府研究は、一つのピークをなした。木下はまた、後述する足利健亮が主唱した古代の直線道路についても国府研究とともに研究を進め、自ら増大する考古学的データを活用した研究の典型を示し、後に古代交通研究会を組織し、その会長を努めることとなる。

木下と同年卒の矢守一彦（一九五三年卒）は、近世の都市と藩領がまず主たる研究対象であった。学位論文となった『都市プランの研究』（大明堂、一九七〇年）は、主としてドイツの都市と城下町の都市の平面形態を比較し、副題のように「変容系列と空間構成」の分析を行なった。同年に刊行された『幕藩社会の地域構造』（大明堂、一九七〇年）は彦根藩領などを事例とした城下町を中心とした地域構造の研究であり、両書相俟って都市研究の盛行の一つのきっかけとなった。

矢守の城下町研究は、『城下町』（学生社、一九七二年）、『城下町研究ノート』（古今書院、一九七二年）と展開し、都市の平面形態と都市プランと称する用語の一般化とともに、都市の空間構成への関心が大きく開けた。

矢守の健筆はさらに『城郭図譜・主図合結記』（名著出版、一九七四年）、『都市図の歴史――日本編』（講談社、一九七四年）、『都市図の歴史――世界編』（講談社、一九七五年）、『古地図と風景』（筑摩書房、一九八四年）、『城下町のかたち』（筑摩書房、一九八八年）と展開した。都市プラン・地域構造研究の資料としての古地図研究から、次第に古地図そのものの研究へと歩を進めることとなった。また、その影響は、斯学にとどまらず、広く一般に及ぶこととなった。

米倉に始まり、藤岡・渡辺と継承・発展させられてきた「条里制」研究は、服部昌之（一九五五年卒）によって一つのピークに達した。服部の研究は『律令国家の歴史地理学的研究』（大明堂、一九八三年）に集成されて学位論文となったが、条里地割の分布調査を重視し、「大規模条里」とその縁辺部の「小規模条里」を折出し、また国、郡および国・郡境との関連についても検討を進め、二万五〇〇〇分の一地形図レベルでの検討可能性の範囲を広げた。条里研究を軸として律令国家研究へと展開しようとしたのである。

このころの「条里制」研究は、発掘調査事例の急増とも相俟って学際的な進展を見、一九八五年一月に新しく条里制研究会が発足した。服部はその初代会長となり、研究の進展に寄与した。

服部と同期の山澄元（一九五五年卒）は、主として近世村落を研究対象とした。遺稿集『近世村落の歴史地理』（柳原書店、一九八三年）は近世から明治初期の郷荘・村レベルの歴史的領域をとり扱った。

少し年下に、明治の町村合併を扱った井戸庄三（一九五七年卒）、土佐国の各種の歴史地理学的研究を行なった大脇保彦（一九五七年卒）がいる。

## 四　歴史地理学の深化

藤岡教授の下で教養部助手、助教授を勤めた足利健亮（一九五九年卒）は歴史地理学を大きく深化させたと言って良いであろう。

学位論文となった『古代歴史地理研究』（大明堂、一九八五年）はいくつかの新しい要素を有していた。古代の郷について小字地名を手がかりに、郷倉の所在地とその分布から郷域にまで推定をめぐらしたのを手始めに斬新な発想と、その証明のための論旨の展開は、新鮮さと魅力に満ちていた。郡家研究もまた、国府研究をふまえた上での、多角的な展開の一つであった。

大きな画期は、恭仁京ついで、紫香楽宮、平安京の復原研究と、直線古道の復原研究にあり、文書史料はもとより、空中写真・地割形態・現地の地形の状況など、歴史地理学の手法を極めて効果的に援用し、後の研究・調査の一つの基準となった。

古代における直線古道の研究法もまた、新旧地形図・大縮尺図などによって、徹底的に古道痕跡を追跡し、古代官道の復原を目ざしたものであり、それ以前の駅の地名比定に頼った研究レベルをはるかに凌駕し、以後の古道研究の方法と水準を大きく転換するものであった。

さらに『中近世都市の歴史地理』（地人書房、一九八四年）には、市街の特徴を名称と形態によって区分し、史料によってその発生・変遷を確認しつつ、中近世都市の構造を究明するというすぐれた論点が含まれていた。

小林健太郎（一九六一年卒）の『戦国城下町の研究』（大明堂、一九八五年）も学位論文であるが、史料・地割形態を中心とした戦国時代土佐・尾張国などの市場町の復原と市場圏の推定を軸とした研究であり、市場町復原研究の典型となった。

千田稔（一九六六年卒）の『埋れた港』（学生社、一九七四年）は、古代の港の復原研究であり、修士論文を基礎としたものであったが、その後の研究は、港津のみならず、計画道路やアガタ、ミヤケ宮都の立地あるいは選地の研究へと及び、さらに宮都などの景観の「意味論」へと展開し、一九九〇年代に入って間もなく学位論文としてまとめられた（『古代日本の歴史地理学的研究』岩波書店、一九九一年）。

足利・小林の主著と同年に刊行された、金田章裕（一九六九年卒）『条里と村落の歴史地理学研究』（大明堂、一九八五年）も、後に学位論文の一部となった。同書は、「条里プラン」、古代・中世の土地利用、古代・中世における村落形態の復原と変遷などについての研究書であり、米倉以来の研究テーマであるが、景観を動態的に把握し、単なる制度の理解ではなく、制度と景観の起源・形成とその変化を具体的に追究したものである。同年に同著『オーストラリア歴史地理』（地人書房、一九八五年）もある。

このほか、武藤直（一九六二年卒）、高橋美久二（一九六七年卒）、水田義一（一九六八年卒）、高橋誠一（一九六九年卒）、戸祭由美夫（一九六九年卒）なども、七〇年代、八〇年代に活発な研究活動を開始した。

京都大学出身者の歴史地理学の対象は、どちらかといえば、古代・中世・近世に字点があり、一部を除いて近代を対象としたものは多くはないが、歴史地理学以外においても幅広い観点から歴史的過程への省察が含まれていることが多いのが特徴である。

（金田章裕）

注

（1）足利健亮「小牧実繁と歴史地理学」（京都大学文学部地理学教室編『地理の思想』地人書房）一九八二年。

（2）H. C. Darby ed., *An Historical Geography of England before 1800*, Cambridge Univ. Press, 1936.

（3）H. C. Darby ed., *A New Historical Geography of England*, Cambridge Univ. Press, 1973.

（4） H. C. Darby, Historical geography in Britain, 1920－1980 : continuity and change, *Transactions of the Institute of British Geographers*, 8, 1983.

（5） 藤岡謙二郎編『日本歴史地理総説』（総論・先原史編、古代編、中世編、近世編、近代編）吉川弘文館、一九七五～一九七七年。

（6） 米倉二郎「近江国府の位置について」『考古学』六―八、一九三五年

# 2

# 地図史研究

## 一　第二次大戦以前

国立大学で地理学と名付けた最初の本講座が史学科に設置されたことは、その後の教室の研究の傾向を大きく左右した。すなわちその研究分野にあって多くを占めるのが歴史地理学であることは当然であるが、これと密接な関係をもつ地図史研究も比較的大きなウェイトを占めてきた。

講座の初代主任教授である小川琢治は東京帝国大学理科大学出身の地質学者であるが、紀州の藩儒の家の出で幼少の頃から漢籍に親しみ、本学着任以前に西洋のみならず中国の古書籍を利用して『台湾諸島誌』（東京地学協会、一八九八年）を著している。着任後は数理地理学・自然地理学はもちろん人文地理学や歴史地理学についての論著を数多く著しているが、なかでも中国の歴史地理や地図史については、『支那歴史地理研究』（弘文堂書房、一九二八年）・『支那歴史地理研究　続集』（同、一九二九年）に収められている。そのうち地図史に関しては前者の第一章に「支那地図学の発達」が注目される。ここで氏は中国の地図史を次の三つの時期に大別している。

第一期　上古より宋朝に至る支那固有製作法に依れる時代（第一三世紀に至る）
第二期　元朝亜垃伯《アラビア》地理学伝来より明末西洋地理学伝来に至る時代（第一三世紀より第一六世紀後半に至る）
第三期　明末西洋地理学伝来より現今に至る時代（第一六世紀後半以後）

なかでも主として前二期について論じているが、特に第二期を特徴付ける代表的な地図として、李朝朝鮮初期に作成された『混一疆理歴代国都之図』（現在龍谷大学所蔵）を取り上げ、この図の着色がアラビア地球儀のそれと同一であること、またインドの海岸線が半島状を示さないのはプトレマイオス図と同一であるとの注目すべき見解を示している。

この図の淵源が中世イスラーム地図を介して古代地中海世界の地図にまで遡るとのこの所説は大筋において妥当であり、この図の東西地図交流史上の重要性を予見したものとして注目される。氏によって作成されたこの図の写本は現存し、研究に用いられたり京都大学博物館の展示に供されたりしている。

戦前から戦後にかけて地図史研究に大きな足跡を残したのは藤田元春（三高・大阪高校、戦後は山梨大・立命館大教授）である。氏の研究領域は極めて広く、国内はもちろん国外（主として中国と朝鮮半島）の、また世界地図から都市図など大縮尺図に至るまで扱った。いうまでもなくこれらは氏の歴史地理学・海外交流史の研究と深く結びついている。

氏の著作のうちで地図史に関する論考を最も多く所載しているのは『日本地理学史』（刀江書院、一九三二年）で「朝鮮に現存せる日本地図」（第二章）、「海外で写された行基図」（第三章）、「東洋における地図測絵の発達」（第四章）、「新井白石と利瑪竇」（第五章）、「世界及び日本図屏風」（第七章）、「日本で出来た地球儀」（第八章）の他「日本に於ける郷土地理学の発達」（第一章）では古代の測量と地図、行基図、二中歴図を、付録としては仏教系世界図の「南瞻部洲万国掌菓図」「武田簡吾訳輿地航海図」について論じている。

以上に見るように本書は本邦初の日本地図通史としての性格を有しており、その後のスタートポイントとしての役割を果たすことになる。また氏は『日支交通の研究　中近世篇』（冨山房、一九三八年）において明代の日本地誌・地図や朱印船の海図についての論考を掲載している。さらに都市図に関しては『都市研究平安京変遷史　附古地図集』（スズカケ出版部、一九三〇年）を著わし歴史地理研究における古地図の有用性を明らかにしている。この著作を始め近年になっても氏の著作が復刻されていることは、その研究史上の重要性を示すものと言って良い（なかでも海野一隆による解説・年譜・主要著作一覧・索引付の改訂増補版『日本地理学史』原書房、一九八四年）。

第二代主任教授石橋五郎には「アメリカ発見前後の地図地球儀とジパング上・下」（『史林』一一（三・四）、一九二六年）があり、第三代主任教授小牧實繁は授業で地理学史を講じるにあたって東洋にこれのないことを遺憾とし、これが海野一隆の研究の契機となった。

## 二　戦後(1)　総説

戦後の地理学講座を長らく主宰した織田武雄は戦前に等時線図など地図に関する論文を著し、古地図についてもトルコの提督ピリ・レイスの地図について述べたもの（『地理論叢』五、一九三四年）もあるが、戦後は学部・大学院において、その後の地図史の源泉として重要な古代ギリシャ・ローマの地理学史を講じている（古代地理学の研究―ギリシャ時代―』柳原書店、一九五九年）。また同じ時期に人文科学研究所の森　鹿三、日比野丈夫は授業のテーマとして中国の歴史地理や地理学史・地図史を取り上げている。戦後本教室の出身者に地理学史・地図史を専門とする人の比較的多いことの理由はこのような事情によるものといえる。

ついで南波松太郎・室賀信夫・海野一隆『日本の古地図』（創元社、一九六九年）を始めとする古地図に関する大型本の出版がその傾向に拍車をかけた。その代表的な著作としては海野一隆・織田武雄・室賀信夫『日本古地図大成』（『日本篇』講談社、一九七二年。『世界篇』講談社、一九七五年）があり、個々の図の解説に本教室出身者が加わっている。この書に収録された地図の大型図版は、間接的であるとはいえ古地図を研究対象として身近なものとし、学界の隆盛の一因となったことは否定できない。

古地図を直接閲覧する機会は今日では徐々に増えてはいるが、一九七〇年代までは極めて稀であった。こうしたなかで本教室が関わった古地図の展覧会の開催は特記されねばならない。第一に挙げられるべきは一九五七年、東京と天理で開催されたＩＧＵの地域会議の際に天理図書館で行なわれた内外の古地図展である。この時教室所蔵の古地図も多く出品され、織田武雄・室賀信夫・海野一隆・矢守一彦・船越昭生らが目録作成や展示作業に従事し、一部の人たちは泊り込みで運営にあたった。当時としては珍しく大規模で充実した内容の古地図展で、海外から参加した学者からも大いに注目を浴びた。次いで一九五九年一一月、京大文学部創立五〇周年記念に際し『坤輿万国全図』や一六世紀イタリア製地球儀、ポルトラーノ、『乾隆十三排銅印図』等々を展示した。

第二に室賀信夫によって創立された地理学史研究会の存在がある。珍しく地理学史専門の学術雑誌として将来を期待されたが二輯で終わっている。その第一輯（一九五七年）は「古地図特集」とされ、室賀信夫・海野一隆「日本に行われた仏教系世界図について」が、また第二輯（一九六二年）には両人の「江戸時代後期における仏教系世界図」が収められている。なお両氏は国際的な地図史の研究誌 *Imago Mundi* に The Buddhist world map in Japan and its contact with European maps を著しイマゴ・ムンディ賞を受賞している。室賀信夫は同誌の海外コレスポンデントとして外国の研究者と常に交流を保ち、研究上の貴重な資料をわが国に紹介する等重要な役割を果たしている。この役は海野一隆によって引き継がれた。また海野氏単独でも同誌に論文を掲載している（vol. 33, 1981 ; vol. 43, 1991 ; vol.46, 1994）。

研究会としては他に一九六七年人文地理学会の地理学史部会が発足、今日の地理思想研究部会に引き継がれており、古地図の記号論的分析によって研究史に一石を投じた葛川絵図研究会があって、いずれも本教室出身の研究者が多く関わってきた。

第三に当時としては珍しい東西両洋にわたる地図の通史、織田武雄『地図の歴史』（講談社、一九七三年）が出版され、翌年には増補されて新書版（世界篇・日本篇）として巷間に流布したが、これには年表・参考文献が省かれている。

つぎに本教室が多くの古地図を所蔵していることが古地図研究にプラスとなっていることを忘れてはならない。戦前の収蔵状況は教室刊行の『地理論叢』三輯、五輯（以上一九三四年）、九輯（一九三七年）に掲載された「古地図目録」によって窺うことが出来るし、近くは京都大学総合博物館古地図古地誌収蔵室収蔵分の目録「京都大学大学院文学研究科地理学教室関係古地図目録」（一九九八年）が刊行されている。また室賀信夫旧蔵古地図・古書籍は一九九六年室賀コレクションとして京都大学附属図書館に収められ、一九九八年一〇月三一日～一一月一五日、その展覧会「日本の西方・日本の北方―古地図が示す世界認識―」が同館において開催された。また同図書館にその後納入された近世京都図を主とする大塚　隆旧蔵古地図は宮崎市定旧蔵西洋古地図とあわせて二〇〇一年六月一日～三〇日「近世の日本図と世界図」展が同所において開催されており、両展の図録作成や展示に教室関係者の尽力のあったことは言うまでもない。

## 三　戦後（2）　外国製地図――東洋

小川琢治に始まる中国製地図研究の流れのひとつは、正しくは朝鮮製というべき『混一疆理歴代国都之図』系の研究である。系と称したのはこれと同じ性質の地図がその後いくつか発見されたからである。まず海野一隆は「天理図書館所蔵大明国図について」（『大阪学芸大学紀要（人文科学）』六、一九五八年）においてこの図を龍谷大学所蔵図と詳しく比較研究し、同じ系統の図ではあるが親子関係ではなくむしろ熊本本妙寺の「大明国図」と姉妹関係にあるものとしている。氏は一九六〇年、龍谷大学で行われた人文地理学会例会において龍谷大学所蔵図と『広輿図』所載「西南海夷図」との類似性を指摘し、後者に示された地名の若干を比定したが、髙橋 正はそのなかにプトレマイオス図の「月の山」と同じ意味のアラビア語地名のあることを指摘した（『龍谷大学論集』三七四、一九六三年）。氏はまた明代の羅洪先の『広輿図』の諸版を比較検討しこれを系統付けるとともに、その後世への影響やヨーロッパへの伝来について論じ（『大阪大学教養部研究論集』一四、一九六六年。同、二〇、一九七二年。同、二三、一九七五年。同、二六、一九七八年所載論文等）、リッチ図についても明・清代の同系統に属する世界図を詳しく比較検討している（『人文地理』一六（三）、一九六三年）。さらに氏はニーダムの大著『中国の科学と文明』の地理学に関する巻を翻訳（第六巻『地の科学』思索社、一九七六年）、『広輿図』に関するニーダムの誤りを指摘している。氏は『広輿図』の原本ともいうべき朱思本の『輿地図』の復元という注目すべき研究を行なっている（『史林』四七（三）、一九六四年）。

明代の世界地図『坤輿万国全図』の復刻と解説が織田武雄・秋山元秀により上梓されたが、残念ながら京都大学本ではなく宮城県図書館本によっている（臨川書店、一九九七年）。

清代の地図については早くは三上正利「康熙時代におけるゼスイットの測量事業」（『史淵』五一、一九五二年）があるが、さらに氏は一九六二年以降一七世紀のロシア製シベリア諸図についての論考を数多く著している（『歴史地理学紀要』四、一九六二年。『人文地理』一五（六）、一九六一年。『人文地理』一六（一）、一九六四年。『史淵』九九、一九六八年。『小牧實繁先生古希記念論文集』大明堂、一九六八年）。また一七〇一年のレメゾフのシベリア地図帳についての論文もある（『史淵』一一一、一九七四年。歴史地理学年報、二、一九七八年）。

シベリア地図について纏まったものには船越昭生の『北方図の歴史』（講談社、一九七六年）があり、一七四五年学士院刊『ロシア地図帳』とともにそのヨーロッパ人の北方探検やわが国の江戸時代の学者や北方図との関係、北方図の地理学史的意味について広汎に論じている。

## 四　戦後（3）　外国製図――西洋

古代地中海世界の地理学の集大成であるとともに近世ヨーロッパ地図の出発点となったプトレマイオス世界図の復刻版としてはナポリ国立図書館本とヴァチカン本のものがあり、前者（一九七八年）はイタリア版の解説（竹内啓一訳）と織田武雄・高橋　正・船越昭生・増田義郎による解説を付し、後者（一九八四年）の解説は織田武雄が監訳し、ともに岩波書店から刊行された。また、ギリシャ語原典からの織田武雄監修・中務哲郎訳の『プトレマイオス地理学』（東海大学出版会、一九八六年）もある。

中世世界図については織田武雄「中世の世界図」（『史林』三三（四）、一九五〇年）があるが、後の『古地図の世界』（講談社、一九八一年）においても風神、女人国など地図の歴史上興味あるトピックとともに扱われている。氏にはベハイム（『人文地理学論叢』柳原書店、一九七一年）、ヴォッペル（『ビブリア』二三）、メルカトル（同、三一）の地球儀について、メルカトルの一五六九年世界図についての論考がある。

近世ヨーロッパ人によって作成された地図上の日本についてはテレキ、ダールグレン、コルテザン、秋岡武次郎、中村　拓らの類型論があり、高橋　正はこれらを批判した（『日本学報』四、一九八五年）が、海野一隆はあたらしい系統分類を提唱している（『外国人による日本地域研究の軌跡』古今書院、一九八五年）。室賀信夫もまたその諸類型を解説するとともに、北半分がアジア大陸から突出したオーメン型日本図成立の背後に、メルカール型の淵源となったヴァリセリアナ型が存在するという興味深い見解を明らかにしている（「ポルトガル人の描いた初期の日本像」『古地図研究』国際地学協会、一九七八年）。

近世ヨーロッパの都市図については、矢守一彦がブラウンやメリアンの都市図帳について詳しく論じている（『都市図の歴史　世界篇』講談社、一九七〇年）。わが国ではヨーロッパの都市図の研究は当時緒についたばかりであったが、髙橋 正は一六世紀のパリ図を検討している（『人文地理学論叢』柳原書店、一九七一年）。
近世ヨーロッパのアトラスについては長谷川孝治「オルテリウス地図帳の社会史──セシル、オルテリウス、天正遣欧使節をめぐって」（『バリーハウス展図録』西武百貨店、一九八九年）があり、これに続く研究の萌芽となった。

## 五 戦後（4） 国内製地図

日本全図としてもっとも早いタイプの行基図について藤田元春は、『地理学史研究』にこれを扱う論文の無いことを遺憾として「古代の日本地図に就いて」（『立命館大学文学部創設三十周年記念論集』一九五七年）を著した。残存する行基図には簡略なものが多いが、海野一隆は天正一七年（一五八九）の尊経閣文庫蔵拾芥抄所載の行基図に詳細な書き込みのあることから、元来官庁に保管された大型詳細な日本全図の存在を想定している（『ちずのしわ』雄松堂出版、一九八五年）。

さらに行基図に関連しては野間三郎「寛永元年刊『大日本国地震之図』なるものについて」（『人文地理』一七（四）、一九六五年）がある。氏は石川県鳳至郡で一九六二年ごろ原田氏が入手した地震図を詳しく検討した。この図は一枚もので行基図型日本の周りを取り巻いており、金沢文庫本とのちの鯰絵を結ぶミッシングリンクであると地図史上に位置付けた。これについて室賀信夫は野間氏の見解を是としつつもこの図に示された「かまくら」「四河」（白河関）などの地名の扱いから中世的性格を読み取り、前述の龍谷大学本などの朝鮮半島に伝来した行基図との関連を強調した（「大日本地震之図私考」『人文地理』一七（四）、一九六五年）。

古い三国世界観を打破するものとして近世屏風に描かれた地図があるが、室賀信夫は「新しい世界の認識」（『探訪大航海時代の日本5』小学館、一九七八年）において、1イベリア系、2プランシウス系、3プランシウス - ラングレン系、4ブラウ系、と類別したが、のちに海野氏はより精密な分類を提唱することになる（『論集日本の洋学Ⅰ』

清文堂、一九九三年）。さらに室賀氏は南蛮屏風に描かれた王侯騎馬図や世界都市図とブラウ図の関係からその背後にカエリウス図の存在を示唆し（「新しい世界の認識」）、その検証のために新資料を入手している（高橋正「南蛮世界図屏風研究小史補論」『待兼山論叢』二四、一九九〇年）。船越昭生はわが国の地図史における康熙図の、またリッチ図の影響について明らかにするとともに高橋景保の『新訂万国全図』とその典拠とされたアロースミス図との関係について考究した（「鎖国日本にきた『康熙図』―わが近代地理学の前駆―」『東方学報京都』三八、一九六七年。「『坤輿万国全図』と鎖国日本―世界的視圏の成立―」『東方学報京都』四一、一九七〇年。「『新訂万国全図』の主要資料アロウスミスの原図について」『史林』六二（二）、一九七九年など）。

海野一隆は近世地図と深い関係のある地球説をめぐって『自然』（中央公論社）誌上に「西洋地球説の伝来」（三四（三・六）、一九七九年）、「地球説伝来異聞」（三四（一一）、一九七九年）、「地球説伝来以前」（三五（七・八）、一九八〇年）を著し、のち一部改訂され、儒家・神道家・仏教界・国学者への影響や大衆化、さらにはシナ・朝鮮への伝来と広く展開され、氏の没後『日本人の大地像―西洋地球説の受容をめぐって―』（大修館書店、二〇〇六年）として結実する。

また、国絵図については海道静香「山本氏蔵日本国屏風について―「慶長日本図系諸図」の特色―」（『福井県史研究』三、一九八六年）があり、町絵図については矢守一彦の城下町絵図の研究が特筆すべきであろう。氏は城下町の歴史地理的研究、特にプランの検討に際しての必要上これに注目してきた（『都市図の歴史　日本篇』講談社、一九七〇年）。なお氏には京・大坂絵図についての論考や名所図・道中図・国絵図にかんする先駆的考察もあり、その多くが『古地図と風景』（筑摩書房、一九八四年）に収録されている。

江戸時代の著名な測量家・地図家の石黒信由の代々の遺品が納められた高樹文庫についての共同研究には木下良・矢守一彦・船越昭生が参加し、その成果が刊行されている（『石黒信由遺品等高樹文庫資料の総合的研究―江戸時代末期の郷紳の学問と技術の文化的社会的意義―』トヨタ財団助成研究報告書、一輯、一九八三年。二輯、一九八四年）。

古地図の復刻本の主なものとしては矢守一彦『城郭図譜・主図合結記』（名著出版、一九七四年）と木下良を主とする『皇国総海岸図』（昭和礼文社、一九八七年）がある。後者は近世航海業者が多く利用した『大日本籌海全図』の原本なった手書き着彩本で、作者酒井喜熙が徳川斉昭に献じられたという貴重な内閣文庫本の復刻で、木下氏の他に石井謙治、松本哲の航海図（誌）としての、また秋月俊幸の蝦夷地についての解説がある。よく知られた伊能図とは別系の図として本図の及ぼした影響などの今後の研究が期待される。

## 六　むすび

本稿は若干の例外は別として一九八〇年代で筆を止めているが、この頃にはのちの地図史研究の傾向を大きく特徴づける二つの流れが生まれている。

ひとつは既に記したように今まで無かった訳ではないが、地図や絵図を地理思想史のうちに位置づける傾向である。一九八〇年に京大会館で開催された国際地理学会の地理思想研究部会がこれに拍車をかける。一九八三年人文地理学会の地理学史部会が地理思想研究部会に衣替えしたことがこれを象徴している。

つぎに人文科学における記号論や人文主義地理学研究の流行がある。これに関係しては葛川絵図研究会の活動があげられる。ここでは葛川絵図ばかりでなく、多くの荘園絵図や参詣曼荼羅等々が共同討議のもとで研究された（同会「『葛川絵図』に見る空間認識とその表現」『日本史研究』二四四、一九八二年。『絵図のコスモロジー』地人書房、上巻一九八八年、下巻八九年）。上記いずれにも本教室関係者が多く参加している。

これらふたつの流れが合流して新しい地図史研究の潮流が生まれて行くのは一九九〇年代以降ということになる。

［付記］本稿に触れ得なかった著作を収録したものに、室賀信夫には『古地図抄』（東海大学出版会、一九八三年）、海野一隆には

『東西地図交流史研究』（清文堂、二〇〇三年）、『東洋地理学史研究　大陸篇』（清文堂、二〇〇四年）、『東洋地理学史研究　日本篇』（清文堂、二〇〇五年）、船越昭生には『鎖国日本にきた「康熙図」の地理学史的研究』（法政大学出版局、一九八六年）がある。

なお、教室関係古地図、室賀コレクション、大塚コレクションを含む古地図目録として『京都大学所蔵古地図目録』（文学研究科、二〇〇一年）がある。

（高橋　正）

# 3 地理学思想史研究

## 一　地理学思想史研究の二面性

地理学思想史研究は、大きく二つの研究分野に分けられるであろう。一つは、いわゆる学史であり、地理学の学説史研究である。もう一つは地理学の研究対象である「地理」、すなわち人間生活の場そのもの、あるいはそれにかかわる自然、環境、土地、空間などに対する観念、思想の歴史を問題とする地理思想史研究である。前者は地理学思想史研究としてわかり易いが、後者は本章の最初の二つの節で取り上げられた歴史地理学や地図史研究などと重なり合い、同一視されることもある。たとえば小川琢治『支那歴史地理研究』（弘文堂出版、一九二八年）は、『山海経』などの研究として知られているが、『山海経』の書誌的研究や『山海経』を含む上古中国の世界観、大地観などが取り上げられており、歴史地理研究であるとともに、地理思想史研究でもある。また藤田元春『日本地理学史』（刀江書院、一九三二年）は、日本の郷土地理学として風土記など地誌の歴史を扱っている部分は、地理学史研究として理解しやすいが、そのほか多くの章では、行基図をはじめとして地図の歴史を扱っており、地図史研究といった方がよいかもしれない。このように地理学思想史研究は、歴史地理学や地図史の研究と境界領域にあり、ある程度重なるのは止むを得ない。著者がいずれを重視しているか、歴史的事実や地図史上の問題か、それともそれらの思想の方を問題にしているか、その判断は主観的にならざるを得ないが、後者の場合をここでは学説史とともに地理思想史の分野として取り上げることにしたい。

## 二　講座本における地理学思想史の執筆者

講座本の発行は、その学問分野の状況あるいは大学教育の水準（教科書）を表わしているとも考えることができるであろう。これまでにも何種類かの地理学講座本が出版されてきた。第二次大戦前には、ほぼ同じ時期であるが、岩波書店の『岩波講座地理学』（一九三一～三四年）と地人書館の『地理学講座』（一九三二～三二年、修正版一九三六～一九三七年）がある。そのなかで地理学思想史（地理学史）に関連した冊子の執筆担当者をみると、『岩波講座』では、六分冊（藤田元春「江戸時代に於ける我国地理学の発達」、岩根保重「近代地理探検」・「徳川時代地誌の概観」、小川琢治「支那古代地理学史」、小野鐵二「西洋地理学史」、村松繁樹「日本地理学史」）があり、いずれも京都大学関係者が執筆している。地人書館『地理学講座』では、地理学史関係は一分冊（修正版「地理学発達史」）のみで京大出身の小野鐵二が執筆している。なお、前者の講座でアメリカ地理学、ドイツ地理学の現況を東大の渡辺光、辻村太郎が、フランス地理学の現況については京大の小牧實繁が担当し、地理学方法論は綿貫勇彦が執筆している。後者では地理学序論を小川琢治、人文地理学概論を石橋五郎が担当している。

戦後も何種類かの地理学講座が出版されているが、地理学思想史を含む代表的な講座として朝倉書店の三種の講座と大明堂の人文地理ゼミナールについてみてみよう。朝倉の最初の講座『新地理学講座』では、第二巻『地理学本質論』（辻村太郎編、一九五六年）で「地理学史Ⅰ（古代・中世）」を京都大学の織田武雄、「地理学史Ⅱ（リッテル以来の地理学）」をお茶の水女子大の飯本信之が担当している。ついで『朝倉地理学講座』の第一巻木内信蔵・西川治編『地理学総論』（一九六七年）の地理学史（「近代地理学の発達」）は野間三郎が一人で執筆している。朝倉書店の最も新しい『総観地理学講座』では、地理学思想史にあたる部分は西川　治編集の第一巻『地理学概論』（一九九六年）で、総論の「Ⅰ地球時代の地理学」を西川　治が執筆し、「Ⅱ近代地理学の展開」で、その1節「地理学における伝統と革新」を野間三郎が担当し、そのほかは外国の地理学の状況で、「ヨーロッパの地理学」を森川　洋、「アメリカの地理学」を山口岳志、「日本における地理学」の人文地理を奥野隆史が執筆している。朝倉書店以外では大明堂の『人文地理ゼミナール』がある。この講座は京都系に偏っている嫌いがあるが、野間三郎・海野一隆・松田　信共著の『地理学の歴史と方法』（一九七〇年）の一巻がある。三人の著者のほか近代以前の西洋篇を髙橋　正が分担している。もちろんこれら講座本を執筆した人たちだけが地理学思想史の研究者というわけではないが、京都大学出身者が戦前戦後を通じて地理学思想史研究をリードしてきたと一応いえるのではなかろうか。

## 三　小川琢治の地理学思想史研究

学史・思想史の研究・教育は、学問の方法それ自体が問われる社会・人文系の学問にとっては極めて重要な意味を持っている。とりわけ隣接分野との関係が錯綜する人文地理学においてはそうであろう。京都大学において地理学が文学部史学科に設置されたこと、そのことの重要性を正しく認識していたことが、この分野の研究を促進させたといえるのではなかろうか。

初代小川琢治が京都大学文学部で開講していたもっとも標準的な講義題目は、織田武雄が述べているように、通論、地誌のほか毎年ではないが地理学史の講義を行なっていたことが注意される(1)。その地理学史講義の具体的内容を知ることはできないが、「歴史地理」という講義題目を見つけることができないので、上述の『支那歴史地理研究』のような内容の地理思想史、また小川は、ヨーロッパの開拓者たちや当時のヨーロッパ地理学界にも通じていたので、いわゆる地理学説史や地理学方法論などを合わせた地理学思想史研究の講義をしていたのであろう。[2] 小川琢治が京都大学着任以来手がけた仕事が、『山海経』の研究であり、その後の研究と合わせて『支那歴史地理研究』(初集(前掲)、続集(一九二九年))にまとめられた。こうした研究から、「歴史地理学、地理学史的研究は京大地理学教室の伝統の一つとなった」といわれる。[3] 小川の地理学思想史研究は中国だけでなく、『地学雑誌』編集時代に最上徳内、間宮林蔵、本多利明、近藤正斎など日本人の研究をしていたといわれる。[4] また、小川は英独仏語をよくこなし、西欧の近代的学問を吸収していた。近代地理学の創設者であるフムボルト、リッターから地理学の精神を学びとり、わけてもフムボルトのコスモスの精神には強い共感の念を抱いていた。さらに小川と同じように地質学から地理学に進み、中国研究を専門としたフェルディナント・フォン・リヒトフォーフェンにはとりわけ深い敬意[5]と共にライヴァル意識も抱いていたといわれる。[6] これら地理学の基礎を築いた三人の地理学者について、小川は地人書館の地理学講座の口絵肖像写真の解説を書いている。小川は同時代の欧米の地理学者の仕事にも注意を怠ることなく、同講座に連載した『地理学序論』の第四節「地理学の参考書及び資料」には、自然地理学から人文地理学、さらに地図帳まで参考書として九一冊の欧文文献について解説をつけ紹介している。こうした幅広い地理学のなかから、彼自身が「科学としての地理学」(『地球』五、一九二六年)をまとめる際に、多くのページを割いているのが、フランスの地理学者カミーユ・ヴァローの地理学であった。

## 四　京都大学地理学教室と地理学思想史研究

上で触れた藤田元春『日本地理学史』は、小川の『支那歴史地理研究』の地理思想史研究の意味の日本版といえるであろう。本書の主題である「郷土地理」とはここでは日本という「郷土」のことであり、郷土日本の認識がどのように発達していったかを探ろうとしたものである。古代日本の各国に風土記が書かれたことから、測量が行なわれ、地図が作成されたに違いないと推測する。その総図が行基図というわけだが、藤田の日本地理思想史研究の特徴は、小川においてもそうであったように、地図がベースにあることである。近世において現れ出た学者たち、とりわけ新井白石の世界認識をマテオリッチの坤輿万国全図をはじめとする地図との比較考察によって、郷土地理から世界地理認識へと地理思想が開かれていく歴史を描いている。

藤田に続いて日本に関する地理思想史・地理学史研究が行なわれていくが、必ずしも地図との関係を問うものではない。昭和五（一九三〇）年卒の岩根保重は、『地理論叢』や『地球』などに日本近世地理学に関する論文を発表し、上述した岩波講座地理学に『徳川時代地誌の概観』を執筆している。岩根の二年後昭和七（一九三二）年卒の内田秀雄は、『地理論叢』、『史林』などに江戸中期の儒者西川如見、後期の経世家であり、蘭学者でもあった本多利明らの地理思想を明らかにするとともに、わが国の国土観の変遷をとりあげ、戦後はその中からとくに仏教的世界観にもとづく「粟散片州論」を発表している。内田はその後宗教関連や地域研究の諸論文とあわせ『日本の宗教的風土と国土観』（大明堂、一九七一年）を上梓したが、上述の諸論文はその第一編地理思想史を飾っている。同じく地図学史とは切り離し、近世日本人の地理に対する興味や関心に焦点をしぼって地理学の系譜を幅広く探求したものに辻田右左男の『日本近世の地理学』（柳原書店、一九七一年）があり、近世日本の地理学を大観することができる。

内田より一年後の昭和八（一九三三）年卒の室賀信夫は日本近世の交通史の歴史地理的研究に関心を示す一方、中国日本の地誌書の研究やそれと一連のものと考えてよい蝦夷地の地理的知識に関する地理思想史・地理学史の研究にも大いに興味を抱いていた。自ら身を投じた地政学がそのような関心を「中断」させてしまうことになるのだが、戦後地図史研究においてみごとに開花することになる。室賀の地図史研究は、仏教系世界図の研究において明らかなように、地図が世界観、地理像を表現したものであるという、地理思想史の研究でもあった（『地理学史研究』一、一九五七年。同、二、一九六二年）。そのことは遺稿集としてまとめられた『古地図抄』（東海大学出版会、一九八三年）所収の総ての論文についていえるであろう。

上掲の『地理学史研究』の第一集、第二集に掲載された室賀の仏教系世界図の論文は、師弟の関係にある海野一隆との共著論文となっている。仏教系世界図の研究は、室賀の学位論文ともなった研究である（昭和三六（一九六一）年京都大学）。共著論文の分担がどのようなものであったのかはわからないが、のちに海野は、自分の研究を振り返り、室賀のことを恩師と呼び、室賀との仏教系世界図の研究について「お手伝い」とも「共同研究」とも述べている（『日本人の大地像』大修館書店、二〇〇六年）。「お手伝い」ということから察するとおそらく室賀の発想から始められた研究であったことは間違いないであろう。海野は、日本、中国だけでなくヨーロッパであらわされた古地図に詳しく、地図史と地理思想史を融合させた地理学思想史研究の到達点を示している（『東洋地理学史研究大陸篇』清文堂出版、二〇〇四年。『同日本篇』同、二〇〇五年）。海野の独壇場の観のある漢民族の地理的世界観についての研究は上述した小川以来の伝統である。海野は後述の国際地理学会で漢民族の「地理」の意味について報告したが、地誌の意味のほか卜占的性格をもつこと、いわゆる風水的な意味において大地は、人体生理的なアナロジカルな理解がもとになっていることを明らかにした。また日本人の大地像について、地球球体説がどのように受容されていったかを詳細に跡付けている（前掲『日本人の大地像』）。以上の海野の諸研究は、世界の科学史研究に対する東洋地理学思想史からの貴重な寄与となっている。船越昭生『鎖国日本にきた「康熙図」の地理学史的研究』（法政大学出版局、一九八六年）は、地理学史的研究のタイトルをもつが、上述した理由から地図史研究に譲ることにしたい。ただ、康熙時代在華イエズス会士作成の康熙図系の地図が西洋近代地理学（リッター）への途を開く契機となったという学史上の意義の指摘は貴重である。京大地理学出身者による中国地理学史研究は、秋山元秀の中国方志の研究（「中国方志論序説―呉の方志を通じて―」『東方学報』（京都）五二、一九八〇年、など）以来途絶えている。学史に限らないと思うが、中国地理学の研究をしなければならないというのが織田武雄の遺言である。

西洋地理学思想史に関しては、経済学から地理学に転じ、小川、石橋に師事した小野鐵二が専門とするところとなった。かれは昭和五（一九三〇）年『小川博士還暦記念史学地理学論文集』に七〇ページを越えるペトルス・アピアヌス『コスモグラフィア』の最初の諸版の大論文を発表して以来、同書の書誌的研究（『史林』一六、一九三一年）を経て昭和一一（一九三六）年『石橋博士還暦記念論文集』（『地理論叢』八）まで、アピアヌスの『コスモグラフィア』に関して息の長い研究を続けている。その間上掲の二つの地理学講座において地理学発達史を担当し、西洋古代中世の地理学、アラビアの地理学を概説している。残念ながら小野は地理学史の専門書を書き残すことはなかった。戦後崩壊した地理学教室を立て直す任を負うことになった織田武雄が、この小野の西洋地理学史の研究を引き継ぐことになる。織田は、戦前未開人の地図の論文を発表しているが、もともと地理学思想史を指向していたわけではなく、関西学院在職中は、中国の経済地理に関した研究論文を発表している。専攻を地理学史、地図史に転ずるのは京都大学に招聘されて以後といってよいであろう。ここに京都大学地理学教室と地理学史研究のつながりを解く鍵のひとつのケースがあるように思われる。筆者は生前の織田から直接次のようなことを聞いたことがある。織田の表現そのままではないが、かれが京都大学でのこれからの研究課題を模索していたとき、「これや！」と思ったという。「これや」とは古代地理学史研究のことである。この発言には、重責である地理学教室を受け継いでいくものの内心の思いが出ているように感じられるのである。織田は『古代地理学史の研究—ギリシャ時代—』（柳原書店、一九五九年）をまとめる。それ以後も古代地理学史の研究を続けていたが、地図史へと傾斜していき、のち地図史ブームを築くに至ったことは周知のことである。

京都大学地理学教室がわが国最初の地理学の専門家・研究者を養成する機関として出発したことは、教授をはじめ教室スタッフに先進地である欧米の地理学の発達史と現況を意識させたであろうことは、創設以来かわらない姿勢であった。初代小川琢治が、近代地理学史に通じ、当時の欧米の地理学の状況に注意を怠らなかったことは上述した。二代目の石橋五郎は自らの講義の体系をF・ラッツェルに依拠し、かれの講義でラッツェルのことばがきかれないときはなかったといわれる。[7] 三代目の小牧実繁も地理学者カントの小論を『地球』第一巻に載せ、地理学史の講義ではヘットナーを取り上げていたという。[8] かれの地理学方法論の基礎はフランス地理学であろう。ブリューヌの人文地理学、ヴァローの歴史地理学論を書いている。

こうして近代地理学の学説史、思想史が研究対象とされてくる。京都大学ではじめて近代地理学説史を卒論のテーマとしたのが野間三郎であり、「オスカー・ペッシェル」がそれである。昭和一二（一九三七）年発行の『京都帝国大学文学部地理学研究報告　第一冊』に掲載され、注も含めて六〇ページ近くに及ぶ大作である。この大作は、ペッシェルの *Neue Probleme* を中心に、ペッシェルのリッター批判についてその問題点を克明に論じたもので、野間がそのときすでにリッターをもわがものにしていたことに驚かされる。その翌年には同じく『京都帝国大学文学部地理学研究報告　第二冊』に、これまた六〇ページにおよぶ大作「フムボルト覚書―植物地理学に関連して―」を発表している。筆者は、野間から直に、「そのころ血の出るような仕事をした」と聞いたことがある。野間も室賀と同様、地政学に協力する間、学史研究は「中断」するが、昭和三六（一九六一）年『近代地理学の潮流』（大明堂、一九六三年）で京都大学から文学博士の学位を取得する。戦前のこれらの研究が学位論文の基礎をなしていることは言うまでもない。野間によっておそらく日本ではじめて近代地理学（思想）史を専門とする地理学者が誕生したのである。

京都大学地理学教室は、初代小川琢治がフランス語に堪能であったこと、三代目の小牧實繁がフランスに留学するなどしたことから、フランス語圏の地理学に縁がふかかったといえる。フランスでは地理学が文学部に置かれ、史学との近い関係にあったことに親近感があったのかもしれない。[9] 戦後フランス地理学を地理学史研究の対象とし専門的に研究したのが、松田　信である。松田は、ヴィダル・ドゥ・ラ・ブラーシュ以来のフランス地理学派の特徴的な基本概念である生活様式概念、地域概念や地域研究の方法等その全体像を明らかにした（「潮流観望」奈良女子大学退官記念講義、一九八五年。「新しい地理学史のために」『甲子園大学紀要B』経営情報学部編、一八・一九、一九九一年）。

近代地理学史の対象は戦前のようにドイツ、フランスだけに限られない、戦後大きな位置を占めることになったソ連邦にも向けられる(10)。

上にも触れたように、京都大学では地理学のそれぞれの専門分野を研究・教育するにあたって、その分野の研究史を跡付けることが重視され、それが学史研究をなすといってもよかった。織田のあとを襲った水津一朗は、専門のヨーロッパ集落地理の講義の際、シュリューターやグラートマンの話をするのが常であった。また時にはリッター、ラッツェルやヘットナーなどにも及んだ。そうした地理学者の歴史をまとめたものが名著の誉れが高い『近代地理学の開拓者たち』（地人書房、一九七四年）である。この種の本には珍しく版を重ねるほどひろく求められたのである。水津は、京都大学定年退職後私大の学長を勤めたが、学生たちの前で行なう挨拶文の構想を練るとき、常に地理の思想があった（『甦る地理の思想』地人書房、一九九五年）。地理の思想が人の思想の根底にあるということで忘れてはならないのが、岩田慶治の場合である。岩田は地理学から転じた人類学者として人は認めるであろうが、もともとフンボルト、リッターの地理学史研究から出発したのであり、「人類学」としてのかれの仕事には、フンボルトのコスモスの精神やリッターの地と人との融合の理念が流れていることを認めないであろうか（『岩田慶治著作集』全八巻、講談社、一九九五年。『木が人になり、人が木になる』人文書館、二〇〇五年。『森林・草原・砂漠』人文書館、二〇〇六年）。そのほか特定分野の研究史が学史となっているものを上げておこう。地理学から立地論の体系をまとめた春日茂男の『経済地理学の生成』（地人書房、一九八六年）、地理学の哲学にこだわり続けた地理学方法論史といってもよい青木伸好の『地域の概念』（大明堂、一九八五年）、久武哲也『文化地理学の系譜』（地人書房、二〇〇〇年）などがある。

一九八〇年は日本で国際地理学会議が開催された記念すべき年である。国際地理学会議に属する地理学思想史研究委員会が京都でもたれることになった。その委員会については水津一朗・竹内啓一の報告に簡単にまとめられているが(11)、全体のテーマは「地理学的ランガージュ」であった。それは地理学思想史研究はことばだけでなく、地図や地表に刻まれた痕跡などが含まれることを主張するものであった。日本の地理学研究で豊かな蓄積を有する歴史地理学と地図史研究、その主力は京都にある。そうした判断から、国際委員会の委員を務める竹内が京都の水津を口説いて、日本側の組織委員長にすえ委員会を開催し、成功に導いたのである。竹内は筆者にこの地理学思想史委員会は京都でなければ開けなかった、ともらしていた。竹内の思惑通り、京都の歴史地理学や地図史の研究者は、世界各地から来日していた地理学者たちを驚嘆させたのであった。そのとき参加者に配布された英文資料（*Geographical Languages in Different Times and Places*, Kyoto, 1980）があるが、その執筆はほとんど京大出身者で占められている。そのいわば日本語版が京都大学文学部地理学教室編『地理の思想』（地人書房、一九八二年）である。当時世界の地理学界においてはマージナルな存在に過ぎなかった歴史地理学が、地理学思想史研究においてその主役に登場したのである。その代表が千田 稔であり、かれの一連の研究は、歴史地理学であると同時に地理思想史であることを示している。このころ地理学思想史研究は、世界的に見てもひとつの独立した研究分野として認知され、研究も実証的、精緻になる一方[12]、人文主義地理学の影響も強くなってきた[13]。

本稿は、一九八〇年代を目途に京都大学地理学教室関係者による地理学思想史研究を跡付ければよく、研究の頂点でもあったこのあたりで筆をおくこともできる。だが本稿の目的が京都大学地理学教室を地理学史の研究対象にすることでないとはいえ、最後にやはり付け加えておかなければならないことがある。京都大学で戦時中行われた「日本地政学」のことである。本文中で歴史地理学あるいは地理学史を専攻していた人たちに対して、地政学による研究の「中断」といった曖昧な表現をした。結果からみるとそういえるのであるが、当時ご本人たちがどのように考えられたかはわからない。すでに六〇年をすぎ、また当事者たちのほとんどはもはやこの世の人ではない。これを放置してきたことは、筆者も含め地理学史を研究してきた者の怠慢といえなくはない。近年京都の地政学に関連した研究も見られるようになり[14]、また証言、関連資料なども公表されつつある[15]。当事者教室として実態がいかなるものであったのか、事実を究明しておく必要があるであろう。

（野澤秀樹）

注

(1) 日本地学史資料調査委員会「小川琢治先生と京都大学の地理学教室」『地学雑誌』九三、一九八四年。なお各年度の史学科講義題目は、『史林』の彙報欄に掲載されている。

(2) 前者の「支那歴史地理」については、小牧の証言がある。前掲注(1)。

(3) 米倉二郎「小川先生と地理学」『地理』一五(一二)、一九七〇年。

(4) 貝塚茂樹ほか「先学をかたる　小川琢治博士」『東方学』五四、一九七七年。

(5) 前掲注(4)。

(6) 水津一朗「小川琢治先生とその後の日本における歴史地理学」『地理学評論』四四、一九七一年。

(7) 前掲注(1)。

(8) 河野通博「地理教室の追憶」『京都大学地理学談話会報』八、一九九七年。

(9) もともと京都大学の地理学が史学地理学講座として史学科に置かれることになった経緯について、フランスの事例が参考にされたかどうかについてははっきりしないが、その可能性は十分にあると考えている。史学科の講座の創設にかかわったといわれる内田銀蔵がそのためにヨーロッパを視察している。

(10) 旧ソ連邦の地理学について小野菊雄の一連の研究がある。

(11) 水津一朗・竹内啓一「地理学思想史研究委員会」『地理』二六(一)、一九八一年。

(12) 應地利明の札幌農学校や牧口常三郎に関する一連の研究。「初期札幌農学校における地理学教育—Prof. J. C. Cutter述 *"Lecture on the Geography of Europe"*, 1881を中心として—」『人文地理』三四(五)、一九八二年。「わが国地理学へのチューネン「孤立国」の紹介—牧口常三郎著『人生地理学』における紹介をめぐって—」(京都大学文学部地理学教室編『地理の思想』地人書房)一九八二年。

(13) 西村孝彦『文明と景観』地人書房、一九九七年、など。

(14) 福間良明『辺境に映る日本』柏書房、二〇〇三年。山室信一編『「帝国」日本の学知　八　空間形成と世界認識』岩波書店、二〇〇六年、など。

(15) 河野、前掲注(8)。村上次男「日本地政学の末路」『空間・社会・地理思想』四、一九九九年。水内俊雄ほか「通称「吉田の会」による地政学関連資料」『空間・社会・地理思想』六、二〇〇一年。

# 4 村落地理学

村落の地理学的研究は、歴史地理学や地理学史・地図史研究と並んで、京大地理学教室出身者によって扱われることの多かった部門である。本節では、本来の村落地理学的研究に加え、村落調査を素材としている文化地理学的研究についても言及したい。後者もまた、京大地理学派を特徴付ける分野であるからである。なお、太平洋戦争中の文献については、政治的立場や実証性に問題があるものが多く、ほとんど取り上げないことになろう。

## 一 村落の形態論的研究

まず、村落の形態に関わるいくつかのトピックスが、主として京大地理教室関係者によって問題提起され、論じられて来た。砺波の散居集落論、大和を中心とする環濠集落論、濃尾平野などの輪中集落論、旧薩摩藩領の麓集落の研究、ヨーロッパ中世以来の集落・耕地形態論、そして各地の民家研究などである。

砺波の散居集落論は、小川琢治の「越中国西部の荘宅に就いて」(『地学雑誌』三一二、一九一四年)に始まる。小川は砺波の散村屋敷を「孤立荘宅」と呼び、その起源を古代の条里制にもとづく開墾に求め、その後の継続要因としてはフェーンによる延焼の予防を挙げた。これに対して京大国史出の牧野信之助は「旧加賀藩の散居制村落について」(『地学雑誌』三二〇、一九一五年)でこれに反論し、この村落形態は加賀藩の新田開発方策として一般化したと主張した。その後村松茂樹は「砺波平野に於ける散居村落に就いて」(『歴史と地理』二八(四)、一九三一年)で、小川・牧野両説を批判し、散村の起源については扇状地の地形の特色、継続についてはフェーンの問題に要因を求めた。戦後の研究としては、「砺波散村の研究—鷹栖村—」(『人文研究』五(九)、一九五四年)で、水津一朗が屋敷を中心とする土地利用の圏構造の存在を明らかにした。

環濠集落に関する議論も小川琢治の「垣内式村落」に始まる。小川は「人文地理学上より見たる日本の村落」(『地球』五(四)、一九二六年)などにおいて、大和盆地の条里地割の中に展開する方形または矩形で周囲に濠をめぐらす凝集した集村を「垣内式村落」と名づけ、古代の景観を受け継ぐものと考えた。この考えは、米倉二郎によって、計画的に作られた「条里制村落」(『地理論叢』一、一九三二年)の概念に敷衍されるのであるが、一方では、特に環濠に着目した牧野信之助によって「環濠集落」と命名され、防御的機能を持った中世起源のものとされた(「散居制と環濠集落」『歴史と地理』二七(一・二・三)、一九三一年)。村松繁樹はこれに対して、環濠集落を低湿地集落の特色を示すものとし(「日本聚落地理上の一問題」『地理学評論』一八(八)、一九四二年)、その灌漑・排水機能に着目している(「環濠集落」『現代地理講座4』河出書房、一九五六年)。

わが国地理学界における輪中研究は、別技篤彦「西濃平野に於ける輪中の地理学的研究」(『地理論叢』一、一九三二年)をもって嚆矢とする。別技は当論文で、輪中の発達過程と現在の景観について詳細に論じた。その後、輪中研究は、多面的に展開するが、戦後の主要な研究のひとつ伊藤安男・青木伸好著『輪中』(学生社、一九七九年)の中で、青木は、輪中地域における都市の発達、水上交通、地主制や地割制度などについて論じている。

このほか、太田喜久雄「薩摩領麓の研究」(『地球』一五(五・六)、一九三一年)は、わが国地理学界における麓集落研究の最も初期のものであり、麓集落の景観や分布を詳述し、その軍事的機能を強調した。これに対して戦後にあっては、押野（船越）昭生が「「麓」集落に関する二・三の検討」（『史林』四〇（四）、一九五七年）が、その成立期を近世初頭とし、その行政機能や、明治以降の役割を強調した。

一方、ヨーロッパ村落の集落・耕地形態論が、戦後、水津一朗及び浮田典良によって高度な水準にまで展開された。水津のヨーロッパ村落に関する論文は多数に上るが、その集大成は『ヨーロッパ村落研究』（地人書房、一九七六年）であろう。水津は本書で、広範な文献研究にもとづき、中世ヨーロッパ村落の基本要素を一筆農地、ゲヴァン、三圃農法とし、それらの成立過程と解体過程、及びそれらの地域的ヴァリエーションを、体系的に描き出している。これに対して浮田は、『北西ドイツ農村の歴史地理学的研究』（大明堂、一九七〇年）において、自らの詳細なフィールドワークに基づき、ヴェストファーレン地方の塊村、小村、孤立荘宅地域の一九世紀初頭以来の変化の、地域差と共通点を見事に描き出した。両者の研究は、方法や対象が大いに異なるが、いずれも形態のなかに機能を読み取ろうとする点では共通している。

村落の構成要素たる民家については、まず藤田元春『日本民家史』（刀江書院、一九二七年）を挙げなければならない。本書は我が国地理学界における民家研究の嚆矢とも言うべきもので、近畿地方を中心に西日本各地の精力的な現地観察と史料分析とに基づき、民家の屋根、間取り、宅地の変遷を概説した大著である。次いで島之夫『日本民屋地理』（古今書院、一九三七年）は、植民地を含む当時の日本領全体を対象に、民家の地域差を自然環境と居住者集団の文化によって説明しようとしたものである。以後、島は同様の研究スタイルで、『満州国民屋地理』（古今書院、一九四〇年）を刊行したほか、戦後にあっても『ソビエトの民家と社会』（古今書院、一九七四年）、『イベリア半島の民家』（同）を出版し、戦後における民家研究の盛行への、橋渡し役を務めた。

## 二　村落の社会地理的研究

京大地理学教室卒業生による村落研究は、村落社会の空間的側面に着目した村落社会地理によって特徴付けられる。こうした流れを先導した水津一朗は、喜多村俊夫・榑松静江との共著書『村落社会地理』(大明堂、一九五七年)において、まずそうした方向を素描した。ついで、いわゆる「水津地域論」の理論編たる『社会集団の基本問題』(大明堂、一九六四年)や、実証編たる『社会集団の生活空間』(大明堂、一九六九年)において、その全面的な展開を示した。前者では、農耕社会にあって階層構造を持つ「生活空間」の、「基礎地域」として村落をとらえ、その規模、機能、形態を論ずることの必要性を論じ、また後者では、「基礎地域」の構成要素の検討や、「基礎地域」の上位の諸「生活空間」の検討を実証的に行なった。

以後、水津の直接的・間接的影響下に村落研究を進めた山澄　元、石原　潤、山田正浩、浜谷正人、林　和生、勝目　忍などの村落研究は、明瞭に村落社会地理的特徴を持つ。まず夭折した山澄　元の遺稿集『近世村落の歴史地理』(柳原書店、一九八二年)は、郷や藩政村の規模や構成、村落共同体との関連の問題が、知行制の問題と並んで主要なテーマとなっている。つぎに石原　潤は「ムラの中の小地域集団について」(『人文地理』一六(二)、一九六四年)において、村落における小地域集団の重要性について論じ、「集落形態と村落共同体」(『人文地理』一七(一)、一九六五年)においては、散村、疎塊村、集村といった集落形態の違いが、村落共同体の性格を規定しているのではないかと主張した。また山田正浩は「〃せど〃と〃しま〃」(『歴史地理学』一一二、一九八一年)や「名古屋東郊外村落における村落内小地域集団」(『愛知県立大学文学部論集(一般教育)』三二、一九八三年)において、小地域集団について実証的に論じた。さらに林　和生は「丹波山地にける村落の空間構成と社会構造」(浮田典良編『日本の農村漁村とその変容』大明堂、一九八九年)で、兵庫県の事例村落の同族集団や講集団による構成について論じた。加えて勝

目　忍は「入会林野からみた「ムラ」領域の把握」（水津一朗先生退官記念事業会編『人文地理学の視圏』大明堂、一九八六年）で、ムラ領域の構造論的把握の試論を提示した。

しかしながら、村落社会地理の諸テーマを最も多面的に取り扱って来たのは、浜谷正人である。いま個々の論文名を紹介する紙数の余裕はないが、浜谷が実証研究で取り挙げたテーマは、集落形態の定量的な把握（『金沢大学法文学部論集（史学篇）』一七、一九七〇年）、集落形態毎の土地利用の圏構造（『人文地理』二三（五）、一九七一年）、小村形態の村落における空間秩序（『人文地理』二一（二）、一九六九年）、村落領域の認知（『歴史地理学』一二〇、一九八三年）、「須恵村型村落」の分布・成立・構造（『山形大紀要（社会科学）』八（二）、一九七八年）、ムラの拡大・統合現象（『山形大紀要（社会科学）』一〇（二）、一九八〇年）、水利による村落間の結びつきの変化（『史林』五九（二）、一九七六年）、郷倉制による村落間の結びつきの変化（『人文地理』二八（五）、一九七六年）、数村入会林野の再編・解体過程（『歴史地理学会会報』一〇四、一九七九年）、形式地域と実質地域との関係（『山形大紀要（社会科学）』七（二）、一九七七年）などである。なお、『日本村落の社会地理』（古今書院、一九八八年）は、彼の意図する全体系を素描したものと言えよう。

以上のような伝統的村落を扱う諸研究とは別に、京大地理学派の中には、都市が農村に与える影響を取り扱って来た断続的な流れもある。戦前の秀作としては、阪神間の郊外村の変化を活写した渡辺久雄の『甲東村』（葛城書店、一九四二年）がある。また岡本啓志「郊外の変貌」（『和歌山大学学芸学部紀要（人文科学）』三、一九五四年）は、京都市に編入された旧岩倉村の変貌を記述しており、京大文学部地理学教室編『大都市近郊の変貌』（柳原書店、一九六五年）は、高度経済成長期に急激な都市化に見舞われた門真市域の村落の姿を詳述している。一方青木伸好は、『地域の秩序』（大明堂、一九八五年）の中で、都市の周辺農村への影響を、都市による農村の貧困化、あるいは農村の疎外化として捉えている。

京大地理教室卒業生は、欧米の村落・農村地理学の紹介にも大いに寄与してきた。水津一朗や浮田典良は、前述のヨーロッパ村落に関する自らの実証的研究に際して、とりわけドイツ集落地理学の成果を紹介した。アングロサクソン系の農村地理学の成果については、浜谷正人の展望論文「欧米における最近の村落研究の動向」(『人文地理』三五(四)、一九八三年)があり、翻訳としては、H・D・クラウト(石原　潤ほか訳)『農村地理学』(大明堂、一九八三年)や、G・W・ルイス(石原　潤、浜谷正人、山田正浩監訳)『農村社会地理学』(大明堂、一九八六年)がある。

## 三　山村及び漁村の研究

山村や漁村は、一般農村とは異なった自然環境と異なった生業を持つが、京大地理学教室卒業の研究者達は、山村研究においても一定の成果を挙げ、漁村研究では顕著な成果を挙げて来た。

大阪市立大学に奉職していた村松繁樹・水津一朗・岩田慶治は、越中五箇山山村の共同調査を行い、人文地理学会編『地域調査』(柳原書店、一九五五年)所収の諸論文で、当時の隔絶山村の諸相を伝えている。一方岡山大学に奉職していた石田　寛・河野通博・由比濱省吾は、津山市西北方の一山村の総合調査に参加し、詳細な共同調査の結果を瀬戸内海総合研究会編『山村の生活』(一九五六年)として公刊した。また中田栄一は「山村社会の地理的構造」(『史苑』一七(二)、一九五七年)の中で、丹沢山系の山村の四半世紀の急激な変化を描いている。さらに佐々木高明は『日本の焼畑』(古今書院、一九七二年)において、わが国における焼畑農業の分布と焼畑経営類型について論じるとともに、九州五木村および北但馬の焼畑山村の実態について詳細に論じたほか、「山村の生業と生活・その生態学的素描」(『国立歴史民俗博物館研究報告』一八、一九八八年)では、白山山麓と秋山郷についても報告している。

山村地域を中心に進展した過疎問題については、勝田　均の「山村と挙家離村」(『人文地理』一六(六)、一九六四年)という早期の報告があったにもかかわらず、京大地理学派による貢献は顕著ではなかった。その中にあって、西田和夫は「著しい過疎化現象をみせる宇陀山地農山村の研究」（『奈良教育大紀要（人文社会科学）』一九（一）、一九七〇年）以下の一連の論文において、奈良県南部の過疎地域の実態を報告している。また大島襄二は「いわゆる「過疎」の地理的考察」（『関西学院史学』一四、一九七二年）において、近畿地方の諸事例を基に、過疎とその対策に関わる諸問題を論じている。

これに対して、漁業及び漁村の研究については、京大地理学教室出身者による貢献は顕著だったと言える。彼らの活動は、地理学界にとどまらず、漁業経済学界にまで及んでいる。ここでは、漁業そのものより、漁村に焦点をあてたものを中心に紹介する。

まず藪内芳彦は、戦前、「紀州沿岸漁村に於ける水産地理学的研究」（『地理論叢』七、一九三五年）において、すでに漁村の実態を報告していたが、戦後の紀州及び北陸地方のさまざまな漁法による漁村の研究を加えて『漁村の生態』（古今書院、一九五八年）として公刊した。河野通博と石田寛は児島半島の田ノ浦漁村の総合調査に参加し、瀬戸内海総合研究会編『漁村の生活』（一九五四年）の一部を執筆した。河野はさらに、『漁場用益形態の研究』（非売品、一九六二年）において、近世から明治に至る瀬戸内漁村の漁場用益の諸形態とその変遷を論じるとともに、瀬戸内のいくつかの漁村について詳細な実態報告を行なっている。大島襄二は『水産養殖業の地理学的研究』（東京大学出版会、一九七二年）において、わが国の水産養殖業、特に真珠、カキ、ハマチ養殖業の歴史や現況を論じるとともに、駿河湾、英虞湾、的矢湾、四国西南部、大村湾、壱岐などの養殖漁村について詳述している。

柿本典昭はまず、『漁村の地域的研究』（大明堂、一九七五年）において、日本の水産業の現状について論じるとともに、道南から薩南に至る各地のさまざまなタイプの漁村についての実態調査報告を行なっている。また『漁村研究』（大明堂、一九八七年）では、漁村研究の方法論について論じるとともに、スウェーデン、スコットランド、但馬、能登の漁村についても論及している。土井仙吉教授退官記念論文集刊行委員会編『漁港の立地と変動』（光文館、一九八五年）は、土井の主に遠洋漁業やその基地たる漁港に関する諸論文を収録しているが、徳島県南部などの遠洋出漁漁村についての言及もなされている。このほか、末尾至行には「ある酒造出稼ぎ漁村の生態と構造」(『奈良女子大学文学会研究年報』六、一九六二年)などの業績があり、島田正彦には「越後海岸の二つの漁村」(浮田典良編『日本の農山漁村とその変容』大明堂、一九八九年)などの論考がある。

## 四　外国農村の村落地理学的・文化地理学的研究

京大地理学教室卒業生の海外研究は、すでに戦前期に始まり、戦中期には通常でない形で展開した。戦後しばらくは、海外渡航の困難な時期が続いたが、やがて学際的な「京都学派」のフィールド調査が活発化すると、地理学教室出身者はその一翼を担って多彩な活動を展開する。そうした中で、彼らの研究は、文化地理学的、民族学的色彩を深めていく。したがって本節では、外国農村地域の研究を、文化地理学的・民族学的なものをも含めて地域別に紹介したい。

東アジアは、小川琢治以来、京大地理学教室の関心の対象であったが、米倉二郎は戦前からの日本及び中国に関する集落地理学的研究を集大成して『東亜の集落』(古今書院、一九六〇年)を公刊した。その中で米倉は、中国の村落について、「河北の集村と江南の散村」という表現でもって、集落形態の南北差を代表させている。斎藤晨二は「中国の少数民族について」(『人文地理』一三(六)、一九六一年)において、新中国の三種の少数民族自治区について論じた。石原　潤は、農村空間を背景に展開した定期市について、河北省および華東三省について検討し、自著『定期市の研究』(名古屋大学出版会、一九八七年)に収録した。また林　和生は「明清時代、広東の墟と市」(『史林』六三(二)、一九八〇年)で、同様の検討を華南について行なった。いっぽう駒井正一は「農村人民公社経済地域とその区画」(『人文地理』一九(三)、一九六七年)ほかの論考において、人民公社の構造の紹介に努めた。

雲南について佐々木高明は、編著『雲南の照葉樹のもとで』(日本放送出版協会、一九八四年)の中で、ハニ族とプーラン族の焼畑の調査に基づき、中尾佐助が提唱し佐々木等が支持して来た照葉樹林文化論の一側面を実証した。また台湾については、留学生であった陳芳恵が「台湾中部埔里盆地の開拓と集落」（『人文地理』二〇（三）、一九六八年）ほかの論文において、原住民と漢族による開拓過程と集落の諸相について論じた。さらに朝鮮については、山田正浩が「朝鮮の村落—洞里—の規模と空間構成について」（『地理学報告』五〇、一九八〇年）等において、村落社会地理的考察を行なった。一方モンゴルについては、利光（小長谷）有紀が「〞オトル〟ノート—モンゴルの移動牧畜をめぐって」（『人文地理』三五（六）、一九八三年）等によって、牧畜民研究のスタートを切った。

東南アジアについても、京大地理学教室卒業生は強い関心を寄せてきた。まず大陸部東南アジアについては、岩田慶治の業績が大きい。岩田は、一九五七～五八（昭和三二～三三）年に行なわれた日本民族学協会の稲作民族文化総合調査団に参加し、ラオス農村に長期間の住み込み調査を行なったほか、大阪市立大学の数次の東南アジア調査隊に加わり、タイ、カンボジア、マレーシア各地でも民族調査に従事した。その結果は多数の論文として報告するとともに、『日本文化のふるさと』（角川書店、一九六六年）や『東南アジアの少数民族』（日本放送出版協会、一九七一年）など多数の著書として公刊した。岩田の研究は、初期の民族誌的研究から、後年には次第に宗教人類学的色彩を深めて行なった。タイ研究者としての道を歩んだ田辺繁治は、「ノーンパーマンの潅漑体系」（『国立民族学博物館研究報告』一（四）、一九七六年）などでタイ族の稲作農村を論じるとともに、「雲南シップ・ソーン・パンナーの統治形態」（『季刊人類学』四（二）、一九七三年）では、中国のタイ系民族社会をも扱った。また野間晴雄は「東北タイ農村の食生活と食事文化」（『奈良大学紀要』一一、一九八二年）で、東南アジア研究をスタートした。ミャンマーについては、酒井敏明が「ビルマのカチン族」（織田武雄先生退官記念『人文地理学論叢』柳原書店、一九七一年）において、少数民族をめぐる諸問題を扱った。

島嶼部東南アジアについては、まず別技篤彦の業績がある。別技は戦時中のジャワへの赴任もあって東南アジアに関する啓蒙書を多く書いてきたが、『東南アジア諸島の居住と開発史』（古今書院、一九六〇年）では、島嶼部東南アジアの居住と開発の歴史を概観し、『アジア社会誌　東南アジア編』（古今書院、一九七二年）では、東南アジア各国の社会、特に農村社会の特徴を記述した。また共著書 *Life in Indonesian villages*（Institute of Asian Studies, Rikkyo University, 1975）の中では、中部ジャワの一村落の社会経済変化を報告した。次に薮内芳彦は、『東南アジアの漂海民』（古今書院、一九六九年）で、マラヤの漂海民と杭上集落の調査記を報告した。また石川榮吉は著書『南太平洋―民族学的研究―』（角川書店、一九七九年）の中で、バリ島の農民、ロンボク島のササック族、及びスラウェシュ島中南部の少数民族サダン・トラジャの村落調査結果を世に問うた。さらにマレーシアのサラワクについては、海野一隆の「陸ダヤ族村落覚書」（『共同体の比較研究』三、一九六五年）などの報告がある。フィリピンについては、大島襄二がパラワン島の少数民族の調査を行ない、その結果を著書『幻のケン・エイ族』（毎日新聞社、一九六八年）などで報告した。

佐々木高明は、名著『熱帯の焼畑』（古今書院、一九七〇年）において、文献研究として東南アジアの焼畑の輪栽様式と人口支持力、及び焼畑耕作民の村落の形態と構造について論じたが、一九年後に公刊した『東・南アジア農耕論』（弘文堂、一九八九年）では、ハルマヘラ島、バタン諸島、さらには雲南や中部ネパールにおける自らの現地調査をふまえ、根栽型焼畑から、雑穀型焼畑、陸稲卓越型焼畑、そして水田稲作へと言う、壮大な仮説の実証を試みている。

東南アジアと文化的関係の深いオセアニアについては、まず薮内芳彦が、著書『ポリネシア』（大明堂、一九六七年）において、トンガ、サモア、フィジー諸島での現地調査を踏まえて、ポリネシア人の家族、土地、住居について論じた。一方石川榮吉も多くの研究を残したが、特に『原始共同体―民族学的研究―』（日本評論社、一九七〇年）では、文献研究により、ミクロネシアにおける村落共同体について論じ、インドネシアのそれにも言及した。また、前述の『南太平洋―民族学的研究―』では、特にポリネシアに属するマルケサス群島ファツヒヴァ島の民族誌的調査結果を収録するとともに、ポリネシア文化研究の展望をも行なった。さらに大島襄二は、ニューギニア島とオーストラリアの間のトーレス海峡地域の共同調査結果を、編著『トーレス海峡の人々』（古今書院、一九八三年）にまとめた。本書は地誌的記述の部分と、文化・社会・経済の諸側面に関する特論からなり、藪内芳彦や島田正彦も執筆している。このほか、石田　寛はニュージーランドのマオリ農村の研究を行ない、"An Introduction to a Geography of Contemporary Maori Agriculture"（『岡山大学教育学部研究集録』二一、一九六六年）ほかを著した。なお金田章裕は「南オーストラリアの村落に関する覚書」（『オーストラリア研究紀要』六、一九八〇年）などにより、オーストラリアの開拓史研究をスタートした。

南アジアについても、京大地理学教室卒業生の多くの研究蓄積がある。まずインドについて、広島大学に奉職していた米倉二郎は、数次の現地共同調査を主宰し、その成果を編著『インド集落の変貌』（古今書院、一九七三年）に集大成したが、その内容は、ウッタルプラデシュ州と西ベンガル州における詳細な村落調査が中心となっている。米倉にはまた、編訳書『インドの農民生活』（古今書院、一九七〇年）もある。同じく広島大学に勤務した石田　寛は、米倉の後を引継ぎパンジャブ州の現地調査を主宰し、編著『インド・パンジャーブの動態地誌的研究』（広島大学総合地誌研究資料室、一九七五年）を公刊したほか、*A Cultural Geography of the Great Plains of India*（Dept. of Geography, Univ. of Hiroshima, 1972）を著した。一方佐々木高明は、デカン高原東北部に住む焼畑農耕民パーリア族の調査記を『インド高原の未開人』（古今書院、一九六八年）として公刊するとともに、詳細な調査報告は、前述『熱帯の焼畑』に収録している。應地利明は、広島大学のパンジャブ州・カルナータカ州の調査に参加し一連の報告を行なうとともに、「インド村落研究ノート」（『人文地理』二九（五）、一九七七年）や「村落研究の統合的アプローチに関する考察」（水津一朗先生退官記念事業会編『人文地理学の視圏』大明堂、一九八六年）などで、インド村落研究への鋭い問題提起を行なった。應地の研究は、その後デカン高原のユニークなミレット農耕論へと展開し、「インドデカン高原南端部におけるミレット農業の農法的検討」（『京大文学部研究紀要』二〇、一九八一年）などを著した。石原　潤は、タミルナード州及び西ベンガル州について、農村空間に点在する定期市に関する調査を行ない、それぞれ編著 *Mar-*

*kets and Marketing in South India*（1988）、及び*Markets and Marketing in West Bengal and East Nepal*（1989、いずれもDept. of Geography, Nagoya Univ.）として、調査結果を公刊した。また山本剛郎にも「インド村落における緑の革命」（『天理大学報』九八、一九七五年）ほか、一連のインド農村研究がある。

ネパールについては、川喜田二郎の顕著な業績がある。川喜田は京大地理学教室に在学中の昭和一七（一九四二）年、今西錦司が率いる北部興安嶺探検隊に参加し、科学的探検のノウハウを獲得していたが、戦後、昭和二八（一九五三）年の第一次マナスル登山隊に科学班員として参加し、民族地理学的観察をいくつかの論文に報告するとともに、ベストセラー『ネパール王国探検記』（光文社、一九五七年）を著した。次いで昭和三三（一九五八）年には西北ネパール学術探検隊を組織し、チベット族地域を調査し、民族誌的諸論文を報告するとともに、『鳥葬の国』（光文社、一九六〇年）をも公刊した。以後、川喜田は、ネパールやチベット、野外科学に関する多くの著書を著している。ネパールについては、このほか佐々木高明の「シコクビエと早乙女」（『季刊人類学』一（二）、一九七〇年）や「モラウニの慣行とその背景」（加藤・中尾・梅棹編『探検・地理・民族誌』中央公論社、一九七八年）、小林　茂の「中部ネパール、マガール族の耕地制度と景観」（『史林』六三（二）、一九八〇年）などの業績がある。

バングラデシュについては、早くに堀川　侃が天野利武編『チッタゴン地方の丘陵人』（大阪大学、一九六五年）の中で、チッタゴン丘陵地区の諸民族の集落について報告した。また石原　潤は、ガンジスデルタの定期市調査を行ない、編著*Markets and Marketing in Bangladesh*（Dept. of Geography, Nagoya Univ., 1987）として公刊した。さらに野間晴雄は、京大東南アジア研究センターによる農業・農村開発研究のプロジェクトに参加し、現地調査や在地文書の編纂（*Selections of Records on Agriculture, Land Tenure and Economy of Mymensingh District, 1787–1866*, Kyoto Univ., 1987ほか）を行なった。

西アジアについても、京大地理学教室出身者による一定の業績がある。織田武雄・末尾至行・應地利明著『西南アジアの農業と農村』（京都大学、一九六七年）は、イラン・アフガニスタン・パキスタンでの三次にわたる共同調査の報告書であり、カナートを含む各種潅漑法、乾燥農業を含む各種農業とその農具、家畜飼育、水車経済についての総論と、三カ国それぞれから選ばれた集約調査村の特論からなっている。また、末尾至行編『トルコの水と社会』（大明堂、一九八九年）は、二次にわたる共同調査の報告書であり、その中では、末尾が水力利用、金坂清則が飲料水供給、寺阪昭信が集落立地について分担執筆している。

これに対して北アジアについての業績は、斎藤晨二によるものにほぼ限られる。斎藤は「シベリアの狩猟・漁労民トナカイ飼育」（『史林』四九（五）、一九六六年）において、トナカイ遊牧に関する興味深い議論を行なったが、その後もシベリアの諸民族について、論考を重ねるとともに、『ツンドラとタイガの世界』（地人書房、一九八五年）を刊行した。

ヨーロッパについても、前述の水津や浮田の研究を除くと、成果は限られている。塚田秀雄の"Some Aspects on Post-War Reclamation in Finland"（『奈良大学紀要』三、一九七四年）などの北欧農村研究、小林 茂の「ユーゴスラヴィアの移動牧畜」（『人文地理』二六（一）、一九七四年）ほかのユーゴ農村研究などである。

しかしながらアフリカについては、かなりの業績の蓄積がある。端 信行は、北カメルーンの焼畑農耕民ドゥル族について、「ドゥル族の焼畑作物とその作付様式」（『天理おやさと研究所研究報告』一、一九七一年）に始まる一連の論文において、詳細な現地調査報告を行なうとともに、『サバンナの農民』（中央公論社、一九八一年）をも著した。端はまた、「カメルーン高地の散居制」（水津一朗先生退官記念会編『人文地理学の視圏』大明堂、一九八六年）についても検討を行なっている。一方赤阪 賢による現地調査は、マリの市場集落"Quélessébougou, A Village in Southern Mali: Its Characteristics as Market Settlement"（*Kyoto University African Studies*, 10, 1976）からスタートしたが、テンボ族の研究「テンボ学事始」（『アフリカ研究』一七、一九七八年）以後、次第に民族学的方向へと進んで行った。

南北アメリカについては、研究は限られている。中南米については、佐々木高明が、前述の『熱帯の焼畑』で、南米の焼畑農耕民の農耕技術や集落構造の特徴を明らかにした。一方北米については、久武哲也が、「亀と風

（Ⅰ）」（『甲南大学紀要（文学）』四七、一九八四年）などの論文において、北米原住民の世界観に迫っている。

以上、京大地理学教室出身者による村落研究は、形態論から始まり、社会地理的研究へと展開し、他方では海外に関する文化地理的研究へと発展した。これらの諸分野でわが国の地理学界をリードして来たのであるが、他方では民族学界に人材を送り出す役割をはたして来たとも言える。なお、編集方針に従い、本節では論評の対象を一九八〇年代までの研究に限定したが、それ以降も活発な研究の継続と新たな研究者の再生産とが認められる。それらについての評価は、後考を待ちたい。

（石原　潤）

# 5

# 都市地理学

本項ではまず京都大学地理学教室における都市地理学研究の位置づけを行ない、次いでそれが日本の都市地理学研究の中でどのような特徴を持つかを問おうとする。ここで取り上げる都市地理学研究は近現代の都市についての論考に限定し、近世以前の都市についての研究は歴史地理学の分野に含まれるものとする。

## 一　戦前期における都市地理学研究

初めに戦前期における京都大学地理学教室の研究の中に占める都市地理学の位置を見ておくことにする。まず教室の機関誌『地理論叢』第一～一三輯（一九三二～一九四三年）所収の都市地理関係の研究・報告、資料・余録の数をみると、第一輯から一三輯までの全論文数一七八のうち都市地理関係は一二（六・七%）にすぎない。次いで京都帝国大学の地理学教室ならびに地質学教室を背景として結成された「地球学団」による『地球』第一～二七号（一九二四～一九三七年）に掲載された人文地理関係の論考（訳文、紀行・日記、学会紹介等は除く。京都帝国大学関係以外の執筆者も若干含まれる）の構成をみた（号別にカウントしたので分載されたものはそれぞれ一と数えている）。論考の多くは

表１　京都大学文学部地理学教室歴代主任教授の記念論文集における都市地理論文

| | 発行年 | 人文地理関係論文数 | うち都市地理関係論文数 | 比率(%) |
|---|---|---|---|---|
| 『小川博士還暦記念史学地理学論叢』 | 1930 | 9 | 0（集落関係２） | 0 |
| 『石橋博士還暦記念論文集』（『地理論叢』八輯） | 1936 | 33 | 3 | 9 |
| 小牧實繁先生古稀記念『人文地理学の諸問題』 | 1968 | 40 | 4（都市経済1含む） | 10 |
| 織田武雄先生退官記念『人文地理学論叢』 | 1971 | 62 | 12 | 19 |
| 水津一朗先生退官記念『人文地理学の視圏』 | 1986 | 71 | 16 | 23 |
| 藤岡謙二郎先生退官記念『歴史地理研究と都市研究』 | 1978 | 94 | 30（うち14は京大外） | 32 |
| 西村睦男先生古稀祝賀『中心地研究の展開』 | 1986 | | 15（うち７は京大外） | |

研究論文よりも軽い報告・教材的なものではあるが、総数三一三のうち都市地理関係は一七（五・四％）で比率はさらに小さい。ただこうした状況は京都帝国大学のみならず、当時のわが国人文地理学界全体の傾向を反映しているとも考えられるので、他の若干のケースについて検討してみる。まず東京帝国大学を中心として編集・刊行された『地理学評論』第一〜二〇巻（一九二五〜一九四五年）の場合は、人文地理関係の論説総数三九四のうち都市地理関係の数は三九（九・九％）で、比率は『地理論叢』の場合よりは大きい。さらに『大塚地理学会論文集』第一〜五輯（一九三三〜一九三五年）では期間はやや短いが、人文地理関係総数六八のうち都市地理関係は九（一三・二％）と比率はさらに大きい。しかし『地球』に類似して純粋の研究雑誌というよりも一般的な性格の強い古今書院『地理学』第一〜一一号（一九三三〜一九四三年）についてみると、人文地理関係六九二のうち都市地理関係は三七（五・三％）で、『地球』の場合と同比率である。こうした事例から、戦前期において大学の地理学教室における都市地理研究は一般の都市地理研究よりは若干進んでいたものの、東京の大学に比べて京都帝国大学ではやや低調であったか、他分野の研究がより優勢であったかと思われる。

以上からは、京都大学地理学教室出身者による都市地理研究の時期的動向を知ることはできない。そこで、教室創設から一九八〇年代までの教室主任のもとで学んだ学生が、どの程度都市地理研究に関わって来たかを検討する。そのために歴代主任教授の還暦、古希、退官等の記念論文集に寄せられた論文の中で、都市地理関係の論文が占める割合を求めた（表１）。『小川博士還暦記念史学地理学論叢』には二六編の論文が収録されているが、そのうち九編のみが一九一〇年（第一回卒業生）から一九二九年までの地理学教室卒業生八名と石橋五郎による執筆であり、他は歴史学や考古学の研究者の論文である。そして地理学関係の九編にはまだ都市地理研究はなく、わずかに石橋五郎と村松繁樹の集落研究が含まれていた。次いで『石橋博士還暦記念論文集』には、石橋自身と一九一一年から一九三五年までの三二人の卒業生による三三編の論文が収録されているが、そのうち都市地理関係の論文は野沢浩「松山市の地理的考察」に織田武雄と朝永陽二郎の市町村の職業人口の分析を加えても三編にとどまる。さらに小牧実繁先生古稀記念『人文地理学の諸問題』には一九二九年から一九五八年までの卒業生の四〇編の論文が収録されているが、都市地理関係の論文は西村睦男「クリスタラー的エリア構造に関する二、三の問題点」、堀川侃「名古屋市の転出入口」、小林博「滋賀県における京都の影響圏」の三点にすぎない（うち小林は京大の卒業生ではない）。要するに、戦前期を通じて京大地理学教室の都市地理研究は、量的な面からみる限りマイナーなものであったと言わざるを得ない。

では内容的にみてそれはどのように評価されるであろうか。戦前期に発表された主要な論文について検討してみる。

小川琢治「人文地理学上より観たる日本の都市（上、下）」（『地球』五、一九二六年）において小川は中国文献についての造詣を生かして都市の起源と語源を論じた上で、都市を、築城市街、城下町、市場町、鳥居前町及び門前町、遊楽町、軍港町、商港町、鉱山町、工業町に分類し、内外の事例によってその発生と形態について説明した。後年、都市地理学の専門家西田輿四郎（奈良女高師）も都市の分類を行ない、やはり内外の事例を用いてその位置、形態、構造を手際良く説明した。西田は小川論文に言及していないものの、その分類は小川の分類に酷似している（「都市地理」『地理学講座　地理学詳論二二』地人書館、一九三二年）。さらに後年、都市地理学の発達を論じた木内信蔵は小川の分類は便利であり以後諸学者によって使用されていると述べている（『都市地理学研究』古今書院、一九五一年）。そして戦前の最も優れた都市地理学の研究者であった小田内通敏は小川論文を紹介した一文において、著者の小川博士に対して「今更ながら尊敬と感謝を捧ぐるの感に堪えない、……同博士が地質学専攻の出身であるに関わらず、その造詣と史学科諸教授との接触とは、博士をして人文地理の好研究者たらしめ、殊に京都の環境たる近畿なる史的地域は、一層博士の人文地理学的研究を示唆した……同博士のこの学風は、単にその論文に表れているばかりでなく、京大出身の地理学専攻の諸士の研究の上にも影響した……同博士の開放的な風格は、大学の研究室以外の人達迄を指導誘掖する……少なからずその啓発を受けた自分も、当時数年間は一年に一回は必ず京都に赴いて、同博士を始め内藤虎二郎博士・内田銀蔵博士に就いて、人文地理学的教養を積むことを一年間の書入れとしていた」と述べている（「日本の都市地理研究の現在と今後」『都市地理研究』万江書院、一九二九年）。なお小田内自身は都市地理研究の今後について、ブラーシュを引用しながら、形態的より有機的・社会的機能の研究に進まねばならないと先見的で的確な提言を行なった。

織田武雄（a）「本邦人口の向都的移動現象に於ける空間的制約について」（『地理論叢』三、一九三四年）、織田武雄（b）「等時線図の概念及び歴史について」（『地理論叢』二、一九三三年）、浅井得一（a）「本邦都市の人口地理学的考察」（『地理論叢』九、一九三七年）、浅井得一（b）「関東地方諸都市の人口増減について」（『地理論叢』一〇、一九三九年）は都市の人口を扱っている。このうち織田（a）はラベンシュタインの法則を踏まえて、わが国における人口の向都的移動は（一）近距離ほど大、（二）営利的機会に富む都市ほど遠距離からも、（三）女性の移動は遠距離の場合に比して近距離ほど大、という三つの規則性を明らかにした。また織田（b）は諸外国の先行研究を広範にサーベイし、等時線図によって都市のヒンターランド、或いは地理的限界を考察することができ、都市計画区域の設定・都市政策の施行にも有用であることを示した。先進国の研究を摂取した織田のこのような論考は当時の地理学界では先駆的であった。浅井（a）は行政市と人口・人口密度・職業別人口で規定した一定の町村を都市と規定し、その分布、人口集中の歴史、人口増減の形態・分布・都市規模や機能との関係等を検討したもので、それ等を地理的に説明することは困難という結論に終わっているが、分析の多面性と周到性が際だっている。浅井（b）はその分析を関東地方の三つの都市群についてさらに詳細に行なったものである。

小葉田 亮「旧城下町景観」(『地理論叢』一一、一九三五年)は日本の都市の景観形成に旧城下町が持つ意味の大きさを認識し、近世城下町の明治の廃藩後における都市景観の分析を行なったものである。まず全国一一〇を数える旧城下町城址現景相を示したのち、城跡、侍屋敷、旧町屋、旧下級士分屋敷、寺院の区域別に現景観の類型とその歴史的背景を論じていて、後続の旧城下町研究のベースとなる包括的労作である。

別技篤彦「大阪市に於ける工業の分布論的研究」(『地理論叢』四、一九三四年)、野沢 浩(a)「広島市の発達とその人文現象の地域的考察」(『地理論叢』五、一九三四年)、野沢 浩(b)「松山市の地理的考察」(『地理論叢』八、一九三六年)、西村睦男「台北市の地理学的研究」(『地理論叢』一〇、一九三九年)等は個別都市についてのモノグラフである。別技論文は大阪市における工業の三つの発展時期と三つの工業地帯の成立を示したのち、資本や政策をも含めてその要因を分析し、続いて業種別に詳細な分布を示すとともにその成因を説明して、大阪が商業都市から工業都市に転換を遂げ、地帯別に独特の景観を構成していることを明らかにした力作である。野沢(a)は都市と交通の変遷、市域の発展、職能(用途)の地域的展開を考察した上で、これまでの広島市の発展は軍事的策源地としての重要性に負うていること、しかし市の将来を考えるならば、商業都市としての存在が重要で、後背地における市場圏の拡大が必要であることを論じている。野沢(b)は松山の市街地の発展を歴史的にたどり、その要因を説明し、都市計画の策定に対して提案を行っているが、ユニークなのは都心を中心とする一キロ間隔の同心正方形を描き、人口の急減帯・産業組合の統制範囲・駅勢圏を考慮して都市域を設定している点である。西村論文は五〇頁を越えるボリュームで台北市の発展と地域構造を論じ、内・台一対二の人種構成と分布、五つの機能的地区分化を示したが、その全局面において二元的な植民地都市の性格を指摘しており、木内により都市地誌の代表的な労作と評価された(木内信蔵『都市地理学研究』古今書院、一九五一年)。

以上戦前期の京都大学地理学教室関係者による都市地理分野の主要論文を取り上げたが、その絶対数は少なく、テーマも限られていた。しかし各論文はそれぞれ関連する外国人研究者の言説にも触れた、パースペクティブの広い執筆時の先端的な研究成果であって、都市地理理分野の研究者を大いに稗益したと思われる。

## 二　戦後期

### 集計的検討

戦後八〇年代までの地理学教室主任教授は織田武雄と水津一朗であったが、二人の退官記念論集に含まれる都市地理関係の論文は実数・比率共に戦前に比べて大きく上昇している（表1）。しかしこれは京大のみならず地理学界全体の趨勢を反映したものであるのかも知れない。そこで、戦後八〇年代までに刊行されたわが国における都市地理関係の著書・論文の中で京大地理学教室卒業者のそれが占める比率を求めてみた（表2）。資料は人文地理学会編『地理学文献目録』（以下では『目録』と記載）である。この『目録』にはいろいろ問題があるので、算定に際してはいくつかの操作を行なっており、それを表2の下方に注記した。年次によっては採録の基準がぶれているため、確たる判定はできないが、全体も京大関係も都市地理の文献総数は増勢にある。全体に占める京大関係の比率は年次によって多少のばらつきはあるものの六％前後である。都市地理のこの数値をどう評価すべきであろうか。例えば京大関係の〈都市地理〉の比率が八・四％と相対的に高い第3集において、〈人文地理学総論・学史〉での京大関係の比率は二〇・八％であるし、第6集でも京大関係の比率は〈都市地理〉が五・二％に対して〈地理学総論〉は一三・三％である。このことは、京大地理学教室における都市地理の研究は増えたとはいえ未だ劣位にあることを示している。

〈都市地理〉の小分類別研究における京大地理学教室の特徴はどうであろうか。全体と京大それぞれの研究総数中に占める各小分類の比率、小分類毎の全体に占める京大の比率の両者から判断して、京大で比較的優勢な分野は

録の都市地理学文献数

| 第7集 1977－1981 全体 | 京大 | 第8週 1982－1986 全体 | 京大 | 第9集 1987－1989 全体 | 京大 | 合計 1945－1989 全体 | 京大 | 小分類別構成比(%) 全体 | 京大 | 小分類別合計の京大比率(%) |
|---|---|---|---|---|---|---|---|---|---|---|
| 68 | 7 | 51 | 6 | 7 | 1 | 408 | 36 | 6.7 | 9.0 | 8.8 |
| 59 | 4 | 83 | 5 | 20 | | 460 | 46 | 7.6 | 11.5 | 10.0 |
| 24 | 1 | 24 | 1 | 13 | 2 | 149 | 19 | 2.5 | 4.8 | 12.8 |
| 112 | 4 | 122 | 12 | 40 | 2 | 748 | 46 | 12.3 | 11.5 | 6.1 |
| 173 | 13 | 151 | 14 | 62 | 3 | 822 | 52 | 13.6 | 13.0 | 6.3 |
| 44 | 4 | 58 | 9 | 32 | 1 | 224 | 22 | 3.7 | 5.5 | 9.8 |
| 75 | 7 | 49 | 3 | 24 | 1 | 442 | 20 | 7.3 | 5.0 | 4.5 |
| 55 | 4 | 53 | 9 | 22 | 2 | 518 | 64 | 8.5 | 16.0 | 12.4 |
| 56 | 2 | 43 | 1 | 30 | 1 | 304 | 8 | 5.0 | 2.0 | 2.6 |
| 78 | 5 | 68 | 11 | 27 | 1 | 283 | 22 | 4.7 | 5.5 | 7.8 |
| 156 | 2 | 98 | 2 | 143 | 1 | 949 | 14 | 15.7 | 3.5 | 1.5 |
| 80 | 1 | 36 | 1 | 23 | | 266 | 6 | 4.4 | 1.5 | 2.3 |
| 24 | | 38 | 2 | 4 | | 314 | 25 | 5.2 | 6.3 | 8.0 |
| 27 | 1 | 53 | 8 | 2 | 1 | 174 | 20 | 2.9 | 5.0 | 11.5 |
| 1031 | 55 | 927 | 84 | 449 | 16 | 6061 | 400 | 100.0 | 100.0 | 6.6 |
| | 5.3 | | 9.1 | | 3.6 | | 6.6 | | | |

＞をベースとして適宜それに合わせた。
類する集と、＜都市化＞に分類する集がある。本表では後者の原則により全体を統一した。

必ずしもその原則が貫徹されていないので、とくに都市と関係の深い＜人口＞と＜商業＞につ
能＞、＜都市構造＞、＜都市圏＞のいずれかに振り分けた。
った。
第一編者によって、京大とその他を区分した。

都市発達、都市圏、外国都市、都市人口、都市システムであり、劣位の分野は都市開発・計画、都市環境、都市社会、都市化である。前者に関しては、後に触れるとおり都市の歴史的考察と都市圏（商圏）研究で突出した成果をあげた藤岡謙二郎と木地節郎の存在や、他の大分類分野を含めて一般に海外研究が旺盛な京大地理学教室の特徴の反映と考えられる。後者については、都市計画、自然地理学、社会学における研究が数多く含まれていることや、あまり有意とは思えない都市化の概念をめぐる論争に京大関係者が参画しなかったことが関係していると思われる。

## 個別的検討

いうまでもなく研究の質的特徴を示すのは個別研究の内容である。以

表2 『地理学文献目録』載

| 大分類＜都市＞の小分類 | 第1集 1945－1951 全体 | 京大 | 第2集 1952－1956 全体 | 京大 | 第3集 1957－1961 全体 | 京大 | 第4集 1962－1966 全体 | 京大 | 第5集 1967－1971 全体 | 京大 | 第6集 1972－1976 全体 | 京大 |
|---|---|---|---|---|---|---|---|---|---|---|---|---|
| 都市一般 | 9 | 2 | 34 | | 42 | 4 | 50 | 7 | 70 | 4 | 77 | 5 |
| 都市人口 | 10 | | 30 | 2 | 52 | 4 | 77 | 2 | 67 | 8 | 62 | 1 |
| 都市発達 | 11 | 4 | 23 | 3 | 5 | | 1 | | 23 | 3 | 25 | 5 |
| 都市機能 | 10 | 1 | 59 | 3 | 44 | 3 | 91 | 7 | 104 | 6 | 166 | 8 |
| 都市構造 | 8 | 2 | 54 | 2 | 40 | 4 | 71 | 1 | 90 | 2 | 173 | 11 |
| 都市システム | 1 | | 2 | | 17 | 1 | 12 | 1 | 33 | 4 | 25 | 2 |
| 都市化 | | | 2 | | 37 | 1 | 84 | | 80 | 2 | 91 | 6 |
| 都市圏 | 7 | | 49 | 5 | 75 | 17 | 89 | 10 | 98 | 11 | 70 | 6 |
| 都市社会 | 1 | | 14 | | 17 | | 71 | 2 | 20 | 2 | 52 | |
| 都市問題・政策 | 3 | | 7 | | 17 | 1 | 24 | 2 | 18 | 1 | 41 | 1 |
| 都市開発・計画 | 4 | | 42 | | 49 | | 214 | 8 | 112 | 1 | 131 | |
| 都市環境 | 7 | | 2 | | 5 | | 27 | 1 | 26 | 1 | 60 | 2 |
| 日本の都市 | | | 32 | 3 | 69 | 4 | 46 | 3 | 47 | 6 | 54 | 3 |
| 外国の都市 | | | 12 | 1 | 17 | 2 | 24 | 2 | 19 | 1 | 20 | 4 |
| 合計 | 71 | 9 | 362 | 19 | 486 | 41 | 881 | 46 | 807 | 52 | 1047 | 54 |
| 京大比率（%） | | 12.7 | | 5.2 | | 8.4 | | 5.2 | | 6.4 | | 5.2 |

a．目録の項目大分類と小分類は集によって異なる場合があるので、本表では第8集の大分類＜11．都市
b．小分類の振り分け方が集によって異なる場合がある。例えば「日本の郊外化」を＜日本の都市＞に分類似の操作を随時行っている。
c．文献の主題が多岐にわたる場合、大分類＜都市＞と他の1分類に重複して載録したとされているが、いては全て見直しを行い、前者から採るべき文献は＜都市人口＞に、後者から採るべき文献は＜都市機
d．その他の大項目分類中の都市関係の文献、例えば都市交通システムとか都市の財政等々は載録しなか
e．書評・抄録・翻訳、個人名の記載がない文献（例えば行政機関の報告書）は採らなかった。編著書は

下ではそれについての若干の検討を行なう。表2で示した『目録』掲載の京大地理学教室関係の都市地理に関する業績四〇〇編の執筆者は七八人である。その内訳は四〇編以上一人、三〇編以上一人、二〇編以上二人、一〇編以上四人、五編以上一四人、二編以上二八人、一編二八人となっている。ただし前にも述べたとおり、『目録』のカバレッジは十分ではない。例えば筆者が一九七八年に発表した論文の中で最も重要と自認している、アメリカの住宅市場における黒人差別のメカニズムを明らかにした「インナーシティの衰退と住宅市場の二重性」は『目録』に収録されておらず、次に述べる「展望」では取り上げられている。この「展望」は、人文地理学会編集発行の雑誌『人文地理』が一九五三年刊

表3　『文献目録』、「展望」に採録の都市地理学関係業績数

| 卒業年 | 氏名 | 文献目録 | 展望 | 重複 | 純計 |
|---|---|---|---|---|---|
| 1929 | 村松　繁樹 | 17 | 8 | 7 | 18 |
| 1936 | 浅井　得一 | 8 | 2 | 2 | 8 |
| 1938 | 藤岡　謙二郎 | 47 | 19 | 15 | 51 |
| | 西村　睦男 | 13 | 9 | 9 | 13 |
| 1941 | 西田　和夫 | 6 | | | 6 |
| 1945 | 水野　元 | 8 | 4 | 3 | 9 |
| 1948 | 井関　弘太郎 | 3 | 2 | | 5 |
| 1949 | 木地　節郎 | 36 | 9 | 8 | 37 |
| 1952 | 由比濱　省吾 | 6 | | | 6 |
| 1958 | 成田　孝三 | 29 | 21 | 11 | 39 |
| 1959 | 小森　星児 | 28 | 14 | 9 | 33 |
| 1960 | 舟場　正富 | 5 | 2 | 2 | 5 |
| 1961 | 小林　健太郎 | 5 | | | 5 |
| 1963 | 須原　芙士雄 | 5 | 5 | 2 | 8 |
| 1964 | 野澤　秀樹 | 11 | 4 | 4 | 11 |
| | 寺阪　昭信 | 6 | 3 | 2 | 7 |
| 1965 | 青木　伸好 | 8 | 6 | 5 | 9 |
| 1968 | 山田　誠 | 17 | 13 | 11 | 19 |
| 1970 | 金坂　清則 | 12 | 9 | 7 | 14 |
| 1974 | 伊東　理 | 6 | 6 | 5 | 7 |
| 1979 | 藤井　正 | 7 | 5 | 4 | 8 |
| | 田中　和子 | 3 | 5 | 3 | 5 |
| 1982 | 水内　俊雄 | 5 | 6 | 3 | 8 |

注）研究者の戦後1980年代までの業績であるが、その全てを採録しているとは限らない。

の第五巻以降の各巻で行なっている年間の「学界展望」である（それ以前の巻においても展望欄はあったが様式が異なっている）。ただしこの展望は、年度毎に雑誌の編集委員会が委嘱した分野別の担当者によって行なわれその価値判断が入っているため、採録論文は『目録』のように網羅的でないし、取り上げる論文の基準に統一性がなく、担当者の情報源も不定であるから、年度によるバラツキはかなり大きいという問題はある。それでも「展望」に取り上げられた論文は、一応外部評価の対象となったといえる。ここではそれらを勘案して、『目録』と「展望」の合計から重複するものを差し引いた純計で五編以上の論文を発表している者を、一応八〇年代までの京大地理学教室における都市地理分野の主要執筆者と見なした。論文数が四編以下でも、内容が優れていると評価できる若い研究者は存在するが、筆者の主観的判断を避けるためと、いずれ彼らは九〇年代以降の地理学界で相応しい評価を受けるであろうと考えて、ここでは機械的な線引きを行った。こうして抽出されたのは表3の二三名である。以下ではさらに紙数の関係から、「展望」で取り上げられていない三名を除いた二〇名の仕事について簡単なレビューを試みた（繁雑になるので論文の掲載が『地理学評論』、『人文地理』、『経済地理学年報』と表1の論文集の場合は誌名を省略）。

村松繁樹…戦前期の集落（村落）研究から、戦後の大阪市立大学地理学教室の創設を期して都市研究に重点を移した。日英の都市（再）開発を主要なテーマとする諸論文は主に『都市問題研究』に発表された。一九六〇年の国連による京阪神都市圏の調査に日本側委員として参加した。

浅井得一…日本の行政市の再編成・増加、区域と人口等に関する記述を中心とする論文は、五〇年代後半の『新地理』や『地理』に発表されている。

藤岡謙二郎…考古学出身の氏は大学院で地理学を修め一九四六年には『地理と古代文化』（大八洲出版）を上梓し、以来、歴史地理と都市地理の膨大な研究成果を並行して発表し続けた。都市地理研究では一貫して、現代都市の性格を歴史地理的視点から説き、都市における保存と開発についても積極的に発言した。それらの成果を改稿・増補して『先史地域及び都市域の研究』（柳原書店、一九五五年）、『日本の都市　その特質と地域的問題』（大明堂、一九六八年）、『現代都市の歴史地理学的分析』（古今書院、一九七七年）を次々に発表した。また近畿及び日本都市学会の会長を務めた。

西村睦男…同年の藤岡に比べると地味であったが、氏が追究したのはその主著の題目が示す『中心地の勢力圏』（大明堂、一九七七年）であった。氏の独自性は、自ら導出した中心地の勢力指数とアポロニウスの円の定理を用いて、全国の中心地とその勢力圏を設定した点にある。氏の古希を記念する二日間のシンポジウムには全国から出身校を異にする五〇名を越える研究者が参加し、その成果は『中心地研究の展開』（大明堂、一九八六年）として刊行されたが、表1のとおり執筆者の半数は京大関係以外の研究者である。

水野　元…勤務地周辺をフィールドとして、団地居住者の性格や生活圏、名古屋市の通勤者、中京圏の諸都市における実態調査に基づいて帰納的にモデル化した小売商圏の構造等に関する論考を、主に『都市問題研究』に発表した。

木地節郎…六〇年代までは場所と時間を変えた商圏と商業地の事例研究に取り組み、その成果を連続的に地理学会誌に発表した。七〇年代以降は理論的に整理した論考を主に『同志社商学』に発表し、商圏については『小売商圏の研究』（高城書店、一九五八年）に、商業地については『小売商業の集積と立地』（大明堂、一九七五年）と『商業集積の立地』（啓文社、一九八八年）にまとめた。都市地理的研究を素材として、商業地理のまとめを行なったとも言える。

井関弘太郎…京大地理学教室出身者の中では最も自然地理学に強く第四紀研究をメインとしたが、同時に、都市と地震、都市の自然環境、位置・利用・水資源・自然災害の四つを総合した都市の立地条件等の研究を通じて都市政策上の留意点を明示し、いくつかの自治体の政策審議会委員をも勤めた。論文発表誌は『都市問題』、『新都市』、『中部圏開発』など。

成田孝三…期間の前半にはエコノミックベイス・セオリー、ランクサイズルール、グラフ理論等に依拠して都市が組織化する空間の実証研究を行なった。後半には日英米の大都市と大都市圏の構造と機能についての比較研究を通じて、都市圏郊外の多核化による発展と中心都市の停滞、中心都市のインナーシティ問題とその発現のメカニズム、インナーシティに生じたジェントリフィケーションの意味、成熟し活力を失った中心都市再生の方途等について考察し、それらをまとめた『大都市衰退地区の再生』（大明堂、一九八七年）によって東京市政調査会藤田賞を受賞している。主要な論文発表誌は『季刊経済研究』。

小森星児…都市の規模と産業の立地や構造の研究を経て、大都市企画主管者会議の要請を受けて研究グループを組織し、わが国では最も早く大都市のＣＢＤとそこに立地する管理中枢機能の実態分析を行なった。後期には英国での研究の成果として「ロンドンの都市問題と都市政策」を『都市問題研究』に七連続で掲載し、ニュータウンや郊外住宅地についての実見者ならではの卓抜な論評を行なった。都市経済地理の研究で培った広くて的確な見識と柔軟な発想が買われて、多数の自治体の各種の審議会の委員・会長を歴任し政策形成に寄与した。加えて八〇年代以降ではあるが近畿都市学会及び日本都市学会の会長にも就任した。論文発表誌は『都市問題研究』、『都市政策』、

『都市計画』など。

舟場正富…京大地理学教室で学んだ後、経済学研究科に転じて地方財政の研究に取り組んだが、都市化する部落の人口、京都市域における産業公害発生源と環境汚染の推計、イギリスの地域開発と首都機能の分散（『社会文化研究』）等を発表、さらにメッシュデータを用いた大都市圏内部構造の数値解析（『市政研究』）によって、都市圏の多核化が必ずしも郊外の自立化を意味しないことを指摘した。

須原芙士雄…中心集落の小売商圏、市域内の人口流動、中心商店街の特性、小売機能充実度の分布等についての事例研究を行なう一方で、商圏の図化方法、市町村の飲食料品小売業の特化指数の性格、小売商品の階層的区分等、小売商業を指標として都市の中心性や圏域の分析を行うために必要な基礎的検討を行なった。主要な論文発表誌は『立命館文学』。

野澤秀樹…「都市と港湾」についての展望や、福岡市のＣＢＤや鳥栖市の都市化についての実態分析を行なうと同時に、フランスにおける都市農村関係（土地所有や都市網）の研究についての検討を重ねた上で、その視角から織物生産機能を持つ新潟県十日町や八王子市の実証分析を行なった。氏は次に取り上げる寺阪昭信や青木伸好とともに都市研究におけるフランス系グループと称された。論文のいくつかは『史淵』に発表。

寺阪昭信…氏も都市＝農村関係の変化について論じた後、トルコの調査を重ねてトルコの都市と農村、トルコの都市化、第三世界の都市システム変容の例としてのトルコの地理的考察等を報告した。他に、北海道の人口移動による都市形成や通勤・通学圏、東京のイメージマップ等の論考もある。発表は『埼玉大学紀要』や『科研報告』にも。

青木伸好…九〇年に没した氏の研究はほぼ『地域の概念』（大明堂、一九八五年）に収められている。地表空間を研究対象とする地理学にとって地表空間の認識方法が重要であり、それは端緒の具体としての地域→分析・抽象→地域概念という道筋をたどるとする。都市に関してはフランスの先行研究から都市・農村関係による地域概念を導き、泉佐野や播州東部での調査、明治~昭和初期の大阪周辺についての考察、大正・昭和の都市と不在地主の統計的分析、一九世紀イギリスの状況との比較研究等を行なった。

山田　誠…その研究はおよそ四つに分けられる。一つはわが国の地方の中小都市や中心地の圏域について、二つは北海道の都市システムや中心集落について、三つはカナダの都市システムや辺境地域の中心集落について、四つは都市地理学についての展望、都市研究と地理学（『日本史研究』）、小田内通敏の都市地理学、最近の都市地理学研究（『都市問題研究』）である。筆者は、目配り良く諸業績に適切な評価を下している第四の研究に最も稗益された。

金坂清則…氏には人口移動と都市規模、都市発展、都市圏についてと、大都市圏縁辺と盆地における中心都市の発展構造や存在様式に関するいくつかの論考がある。しかし八〇年代には、自ら翻訳したドワイヤーの『第三世界の都市と住宅』（地人書房、一九八四年）の紹介を含む第三世界の都市化と住宅・都市問題についての考察、都市化するトルコの都市現象、トルコの都市システム、都市をめぐるトルコの人口移動の変化等、トルコの都市研究に取り組んだ。論文発表は『福井大学教育学部紀要』などにも。

伊東　理…その研究は七八年の、わが国におけるスーパーの発展過程や、京阪神大都市圏のスーパーの展開と立地から、八〇年代には大都市としての京都市、福岡市、札幌市の、地方都市としての鳥取市の小売商業の分布と地域構造についての精緻な比較計量分析へと向かい、八九年には小売業をめぐる情報化の進展（ＰＯＳを中心とする情報革新）へと至った。論文のいくつかは『鳥取大学教養部紀要』に発表。

藤井　正…氏にも地方都市（福井市）郊外や、神奈川県における小売商業機能の立地変動についての論考があるが、研究の中心は大都市圏の構造変化に向けられた。京阪神大都市圏の人口吸引地・産業中心としての衛星都市、大都市圏研究の再検討（周辺都市に視点を向ける必要性）、京阪神大都市圏における小売商業機能の立地変動や中心都市通勤率の低下（求心的構造から多核的構造への移行）、大都市圏縁辺部農村における日常生活圏等について、伊東同様に精緻な計量的分析を行なった。

田中和子…その研究は神戸市西部の市街地拡大過程の傾向面分析を経て、都市空間分析に向かった。氏はそれを都市の空間的分析と都市空間の分析に分かち、八〇年代はもっぱら前者に傾注した。まず空間分析の基礎をなす空間的自己相関研究の展望とパターン検定の改良を行ない、それに基づき大阪市における都市活動の空間的パターンの抽出を行ない、続いて大阪市の犯罪発生パターンと、被保護者居住パターンからみた大阪市の都市構造を解明した。社会問題を分析対象にしている点が印象的である。

水内俊雄…英国を範とした従来のわが国のインナーシティ研究を社会地理的視点から深めるために、様々な資料と分析手法を駆使して大阪と東京における貧困層の居住地・労働者階層の社会空間の形成をたどり、その広がりを図的に明示した。工業化過程におけるインナーシティの形成と発展、戦前大都市における貧困階層の過密居住地区とその居住環境整備事業、インナーシティの過去と労働者問題等の論考がそれである。他に、植民地都市大連の都市形成や部落問題と都市社会地理学（『地理』）についての論考もある。

## 三　むすび

すでに紙数が尽きているので簡単なまとめをしておきたい。

京大地理学教室の都市地理研究は教室の創設期から八〇年代に至るまで、層として厚みを欠いていた。しかし個々の研究にはわが国の都市地理研究の中心というよりも先端に位置して後続研究を誘発するものが含まれていた。したがって学界で流行のテーマを追うことは少なかった。例えば六〇年代前半の地理学界では「都市化」研究、なかんずく都市化の概念規定やタイプをめぐる論議が極めて盛んであったが、『文献目録』第4集（一九六二～六六年）の都市化の項には京大出身者の業績が皆無である。論議が生産的かつ有意義であるとは評価せず参入しなかったのであろう。

後続研究を誘発するような先行研究の事例を挙げてみる。

a　藤岡謙二郎が発表し続けた論文の影響もさることながら、氏が強力なオーガナイザーとして果たした役割は大きい。例えば、京都大学内外の都市関係の研究者を糾合して、編著『現代都市の諸問題』（地人書房、一九六六年）、『城下町とその変貌』（柳原書店、一九五三年）を生み出した。

b　現在も都市地理研究のメインテーマである中心地研究にはクリスタラーの影響が大きいが、わが国の地理学界でいち早くクリスタラーを取り上げ、自論文に組み込んだのは本稿で都市地理研究者として扱わなかった水津一朗であった。五〇年代後半の「地域の階層的結合について」（『地理学評論』二八、一九五五年）や「「地域論」の機能主義的展開」（『地理学評論』三一、一九五八年）から筆者は多大の示唆を得た。

c　西村睦男は一方で上記水津の研究を評価しながらも、クリスタラーの演繹的な研究を批判的に検討し、自らは帰納的研究の立場に立って、前述のような中心地研究を構築し、後続の研究を誘発した。

d　小森星児・成田孝三は一九六〇年代に大阪市の委託を受けて都市構造論としてのCBD研究を実証的に展開したのち、機能論的な中枢管理機能の研究をそれに接合して、研究の政策的意義を高めた。都市地理でこうした研究が増えてくるのはその後である。

e　小森や成田は七〇年代後半に英国を範とするインナーシティ問題をとりあげ、成田は前述のようにそれを米国にも拡張して、ジェントリフィケーションと結合して論じた。その後これらの問題は都市地理の重要な研究テーマとなっている。

f　このように都市の空間構造を社会問題の視点から解こうとする研究は、前記の舟場、田中、水内にも引き継がれ、より洗練された手法と的確なデータを用いて入念に遂行された。なおそれに先だって、表3には含まれていない樋口忠成が、「デトロイトの黒人隔離とゲットーの拡大」（『経済地理学年報』二五、一九七九年）や、「山形市の社会地区」（『山形大学紀要（社会科学）』一三―二、一九八三年）について因子生態分析を行なっていた。

g　右の小森・成田の関係に似て、共通のテーマについての小グループを作り研究成果を挙げたのも一つの特徴である。さきに指摘したように仏語グループと称された野澤秀樹・寺阪昭信・青木伸好の三人は都市・農村関係の研究を推進した。先輩の末尾至行の調査チームに加わった寺阪昭信と金坂清則はトルコの都市研究を続け成果を挙げた。伊東　理と藤井　正は大都市圏を共通の対象として、前者は小売商業に後者は地域構造に力点を置いて補完的に研究を進めた。

戦前はともかく戦後においても、各人が京大地理学教室の出身という意識を持ってグローバルな研究対象である都市の諸問題に取り組んでいるのか、そうでなければ京大の都市地理学という捉え方に意味があるのかという疑念を持ちながら本稿の執筆に取り掛かったが、今日もなお卒業生の諸研究に教室としての継承性があることを認識した。

（成田孝三）

# 第四章

# 地理学教室創設期の人々

初期の京大地理学教室で学んだ人々は、近代日本の地理学と地理教育の勃興を支える人材として、様々な職場で活躍した。教室の卒業生は、一九一〇（明治四三）年の最初の学年こそ二名に過ぎなかったが、一九三〇（昭和五）年頃よりおおむね一〇名前後が毎年卒業するようになった（付表3参照）。なかでも、第二次大戦後の新制大学の母体となった高等商業学校や高等学校、師範学校といった教育機関である。彼らの就職先の中心の一つとなったのは、中等学校や高等師範学校、専門学校、私立学校などに職を得た人々や、一九四九（昭和二四）年の新制大学設置時に招聘された人々は、各地の大学で地理学教室の発展に力を尽くした。その意味で二〇世紀の前半とは、京大地理学教室を含め、日本の大学における地理学教室創設の時代であり、それを支えた人材が育った時代でもあった。

そこで本章では、日本の大学の地理学教室のなかで、一九五〇年以前に開設された比較的規模の大きな教室に関して、各教室の初期の発展にながらく関わった五人の卒業生を選び、各人の回顧や論考を収録した。ここで採りあげた内田寛一（一九一二年卒）、村松繁樹（一九二九年卒）、米倉二郎（一九三一年卒）、松井武敏（一九三三年卒）、山口平四郎（一九三四年卒）は、それぞれ東京文理科大学、大阪市立大学、広島大学、名古屋大学、立命館大学に職を得て、各大学の地理学教室の発展と人材育成に大きな足跡を残した人物である。彼らは近代地理学の制度化を実践する現場にあって、学問的にも人間的にも、後進に大きな影響を与えた。収録した回顧や論考からは、各人の地理学観やかつての京大地理学教室の雰囲気が窺えよう。

回顧や論考の収録にあたっては、明らかな誤植については訂正し、数字を漢数字に統一したほか、当て字をかなに改めルビを補った箇所がある。また、文献の書式を整え、校注を［　］または文末注として添えた。なお一部に帝国主義時代に用いられていた地名呼称がみられるが、資料的価値を損なわないよう、そのままとしている。

# 1

# 内田寛一

解題　内田寛一（一八八八〜一九六九年）は、一九一〇年に東京高等師範学校の本科地理歴史部を卒業後、京都帝国大学文科大学に入学して地理学専攻に学び、一九一三年に京大地理学教室の六人目の卒業生となった。当時、大学の地理学教室は一九〇七年に初めて設置された京大地理学教室のみであり、内田に続いて東京高等師範学校からは田中秀作（一九一五年卒）や下田禮佐（一九一七年卒）が当教室に進んでいる。内田は翌一九一四年まで大学院に在籍し、その後一九一六年まで助手を務めた。助手在任中の一九二五年、第一次世界大戦後に日本統治領となった南洋諸島に調査員として派遣された。その際収集した民具類は、現在も京都大学総合博物館の民族資料室に保管されている。

一九一六年より文部省図書官（後に図書監修官）を務め、小学校の教科書を監修した。一九二四年、出身校である東京高等師範学校の教授に招かれた。同校を母体として一九二九年に、東京文理科大学に山崎直方教授と田中啓爾助教授を擁する地理学教室が創設され、京大、東大に次ぐ三番目の大学地理学教室となると、その翌年より講師を兼任し、一九三三年より東京文理科大学助教授、一九四六年からは教授を務めた。この間、田中啓爾や今村学郎らとともに、同教室の発展に尽力した。一九四九年に東京高等師範学校や東京文理科大学を母体として東京教育大学が設立されると、一九五一年に停年を迎えるまで、引き続きその教授を務めた。なお東京教育大学の地理学教室は、一九七五年に筑波大学の地理学教室

に継承されている（冨田芳郎「内田寛一先生を悼む」『地理学評論』四二（一二）、一九六九年。「筑波大学地球科学系人文地理学・地誌学分野の四半世紀」『人文地理学研究』二三、一九九九年。京都大学文学部編『京都大学文学部五十年史』同学部、一九五六年）。

このような内田の経歴の軌跡は、日本における近代地理学の確立と制度化に重なる所が大きく、「京都の学風を東京の地にもたらす役割を果たした」ともいえる（岡田俊裕『地理学史』古今書院、二〇〇二年）。経済地理学や歴史地理学における学問的な足跡と相俟って、学史上大きな存在感を残した人物である。そこで左には、一九五四年に為された日本地理学会での会長演説「地理学界の思い出」（『地理学評論』二四、一九五四年、三二〇〜三二四頁）を収めた。

ここで内田は、大学や学会という形での地理学の制度化が、単なる学問の進歩の反映というよりは、各国の政治経済や地理的拡張に密接に関る事象であったことを率直に認めている。それ故にこそ、遅れをとった日本の近代地理学が、帝国日本の政治外交に良い意味での影響を与えることができなかったこと、また「国民に世界の地理的理解がもっと普及していたならば、あんな無理な戦争を敢行することもなくて済んだであろう」ことを、嘆いている。左に収録した演説では、大戦後の地理学の使命として「日本再建に貢献し、国際親善に寄与」することを以て結ばれていることに留意したい。

# 地理学界の思い出

——一九五四年

一

江戸時代の長い間の鎖国政策によって、地理学方面も窒息状態におかれましたために、明治一二年（一八七九年）に東京地学協会が設立されるまでは、世界の地理学界に日本は姿を見せなかったのでありますが、その時までには欧米諸国では既に一六箇国に亘り、三〇都市に地理学協会、または地学協会が設立され、国際地理学会も八年前に発足して居ります。即ち東京地学協会は〔学会としては〕世界で三一番目、日本は〔国としては〕一七番目に登場したことになります。出足が遅かったといわねばなりません。

## 二

地理学会で世界のトップを切ったのはパリの地理学協会で一八二一年、東京地学協会よりも五八年前の文政四年で、日本では英船が浦賀に来たので目をまわしていた頃でありました。パリの地理学協会に次いだのは七年後れたベルリンの地学協会であります。それから一年おいて天保元年（一八三〇年）にロンドンの地理学協会が生まれて居ります。

その頃英仏露は或は共同で或は単独で、兵を欧亜に動かしていましたし、ラテンアメリカでは独立の旋風が吹きまくってましたし、国際情勢は暗雲低迷して多事であった時でもあります。それに仏国は当時文化のトップを切っていましたし、海外発展の余勢も大きい時でありました。ドイツは帝国統一の萌として関税同盟が成立し、普墺戦争前の意気昂揚たる時でありました。ことに英国は既に世界諸処に広大な領土を獲得し、更に発展を志していました。かくて三国ともそれぞれ内外の地理を知る必要を痛感した結果が地理学協会の設立となったと見られます。そこで三国の場合はいずれも政府の援助もあったのでありますが、ことにロンドンのはパトロンにキングウィリアム四世（William Ⅳ）を仰ぎ、副パトロンにサセックス公を仰いでロイアル（Royal）の文字を冠する協会名としたのであります。同じことは明治一七年（一八八四年）に設立されたエディンバラの地理学協会も、翌八年に設立された濠州のも、ずっと後の大正六年（一九一七年）に設立されたエジプトのも、また遡って明治一〇年（一八七七年）に設立されたアジヤ協会の名前にも見られるのであります。これは英国は王国なるが故に国民が Royal の名にあこがれたからだとも思われますが、それよりも国を挙げていかにこの協会に深い関心を有《も》っていたかを思わせます。

ロンドンの地理学協会が成立の翌年に出された機関誌地理学雑誌 *Geographical Journal* の創刊号を見ますとその目的として「人類に有益なこと、ことに英国の如き海国について注意を払いつつ地球上の Physical & Political relation を研究する」という意味のことが示され、会員には政治家、軍人、学者等貴顕の人々を網羅してあります。そしてこの協会は英国の海外発展の指導的立場に立ち、ことにアフリカについては、一七八八年に設立されたアフリカ協会 African Association を合併しただけあって、理解が最も進み、英国がアフリカの政治的分割において最も優越な地位を占め得たのに大いに与《あずか》って力があったことは隠れもない話であります。

三

ロンドンの地理学協会に次いでできた地理学協会はレニングラード〔現サンクトペテルブルク〕のと、イスタンブールのとで、いずれも一八四五年（弘化二年）でありました。ロシヤはそのころ南下政策の外に東漸政策を採り、英国の天津条約に対抗してイリ条約を結んで内陸開市を清国に承認させた時であります。それから数年の後一八五一年にはニューヨークのアメリカ地理学協会ができましたが、当時米国は国内東西連絡の交通路が通じて西部の開発、太平洋の進出について活気がついていた時であります。

ニューヨークの地理学協会設立の後、オーストリヤ、イタリヤ、ハンガリヤ、スウェーデン、スイス、ブルガリヤ、ポルトガル、スペーイン、ベルギー、デンマークなどにも地理学協会が相ついで成立して東京地学協会に先行しました。その後各国に同種の協会ができて数年前に世界（万国）地理学会の名簿に登録されたものは約八〇を数えています。その後にできたものもありますから今はずっと多くなっています。

四

地理学協会、地学協会、地理学会は機関誌を有つのが普通で、パリのは *La Géographie*、ベルリンのは

*Zeitschrift für Erdkunde zu Berlin*、ロンドンのは初は*Geographical Journal*で、それが一時名が変り、そして一八九三年（明治二六年）以後旧名に復して今日につづいていることは御承知の通りであります。その他エディンバラの*Scottish Geographical Magazine*、ニューヨークの*Geographical Review*（名前は度々変わっている）、ワシントンの国民地理学協会（National Geographical Society）の*National Geographic Magazine*などはわが国でもよく知られています。また前記の協会数に入らない所から出ていたGothaの*Petermanns Mitteilungen*や、フランスの*Annales de Géographié*米国のクラーク大学の*Economic Geography*などもわが国では親しみの多いものであります。

## 五

諸外国の地理学協会（地理学会）では、機関誌の外に、色々な地理関係の単行本を出しても居り、或は探検隊を派遣したり、或は探検や出版についての表彰をしたりしてきました。英仏独の場合はここで贅言を用いませんが、ロシヤのがシベリヤ、中亜の外、中国の中亜、蒙古、満洲、北支（華北）などの探検及び探検記出版について活動したことは東亜国民としてことに注意を惹くものがあります。因みにロシヤではレニングラードの地理学協会の外にモスコーにも一八六三年に地理学協会ができましたが、レニングラードの協会は歴史も古くまた国内のシベリヤ、コーカシヤなどの六大都市に支部を置いて最も有力で事業も栄えていました。

## 六

諸外国における地理学協会、地学協会の設立は、それぞれその国の国勢の発展と互に因果関係を保たないものはありません。東京地学協会の場合もその例に漏れますまい。時は西南戦争の後で、国内一致して国力涵養の気分の旺盛な時でありました。その組織はロンドンの地理学協会に範を取って、宮様（最初は北白川宮）を総裁に仰ぎ、政治家、軍人、学者を会員とし、地学の名はベルリンの地学協会に倣ったものと思われます。その機関誌は初めは地学協会報告と称しましたが、協会と同じ年に成立された地学会を併合して、地学会が明治二二年（一八八九年）から機関誌としていた「地学雑誌」を引継いで今日に及んでいます。その創刊号に小藤文次郎先生は「地学雑誌発行に付地理学の意義に解釈を下す」という題目の下で、「地学雑誌」が地理学雑誌であるべきことを述べられましたが、実際には地理学方面は誌上ではあまり芽を吹き得なかった感があります。そうなったのも一つは地理学専攻者が少なかったからでありまして、日本の大学で初めて地理の講義が開かれたのは東大で地学雑誌創刊の前年であり、地理学専攻のコースが初めて設けられたのは京大で明治三九年（一九〇六年）（学生の入学は翌年）のことであったからであります。諸外国で地理学会、地学協会と大学の地理学講座とが前後して設けられ、協力した処の多いのと比べますと片手落の感なきを得ません。

東大で地理学講座ができた由来を考えますと、維新直後に遡ることになります。即ち維新直後、太政官に地誌課が歴史課と共に設置されたのであります。この両課はやがて合併して修史館となり、明治九年の官制改革によって地誌課は一時内務省に移されましたが、一〇年後の明治一三年にはまた修史館に復し、館は局と改名されましたが（地誌課で地理提要が公刊されたのもその頃でありました）やがて太政官は内閣と変り、修史局は明治二一年秋帝国大学（今の東大の前身）へ移管されて史学科となりました。その史学科は初めその中を歴史（国史）と地理の二科にする議がありましたが、草創の際だからというので、「歴史及び地理」という科目で教授が始められたのであります。この地理は歴史地理であると、史学科建設の任に当たられた久米邦武博士は書き遺していられます。それが後では史学地理学という講座名となったのであります。

翌明治二二年末、史学科関係の人々が中心となって史学会が誕生し、それが今につづいていますが、地理の学会は一〇年も後れて明治三二年秋になってやっと歴史地理研究会となって現われ、それが後で歴史地理学会〔日本歴史地理学会〕となり、機関誌「歴史地理」を発刊したのであります。この雑誌は戦時一時休刊、戦後復刊されていることは御存じの通りであります。この会は歴史地理学の発展に寄与するのが目的でありましたが、惜しいことに歴史地理の根幹よりも、枝葉が残った感がありました。

東大の史学地理学の講義も久米博士退官の後は坪井九馬三先生が担当された時にはラッツェルの政治地理学なども講ぜられたということでありますが、先生の後では教授でこれをつぐ人もなく、地理は今日補助学科としてあるに過ぎません。それ故に明治三九年日露戦後、京大文学部〔文科大学〕史学科設置の時に、専攻学科としての地理学科〔史学・地理学第二講座〕が創設されるまでは、地理学専攻のコースは高等師範学校で保持されたに過ぎません。

東大理学部の地理学専攻の学科は更に後れて大正七年第一次大戦直後の設置であり、東京文理大の地理学科は昭和四年、東北大理学部の地理学科は今次の事変中のことでありまして、京大の時から三〇年の間に漸く四コースを見ただけでその発展振《ぶり》は遅々としていたのであります。

## 七

地理学会も同様で、地学協会ができてから四〇年余を経て、大正一二年（一九二三年）小川先生が京都で地球学団を設立して翌年「地球」を発刊されたのでありますが、その時でさえ、地理学専攻者が過少で、不安だからといって地質学をも含め、誌名も「地球」とされたことを聞いています。地理教育研究会が「地理教育」を発刊したのも同年でありました。

日本地理学会は同年に成立し、「地理学評論」の発刊は翌一四年で「地球」に二年も後れていますが、会の成立までにはかなりの才月を要しました。山崎先生にそのことをお願いしましたのは文部省検定試験委員会の席上で委員は山崎先生と西村万寿さん（女高師教授）とそれに私も図書監修官で委員を兼ねて末席を汚していたころの三人だけの時でありました。先生は会のことについてはいいともいけないとも仰っしゃらず、イエス、ノーの明瞭であられた先生に不似合にもただ「ウー」といわれるだけでありました。私は度々お願を繰返し、度々「ウー」をきかされて、一年二年経ちました。その間に西村さんは私に「あまりいうとしかられるよ」と注意されたこともありました。お察しすると山崎先生も地理学専攻者が過少なことを感じていられたのでありましょう。そこで東西両大学や高師の出身者その他全国的に会員を予想して申上げたこともあり、また地球学団の噂も刺激となったのかも分りませんが、やっとお聞入になりまして、一切の準備をしろと命ぜられましたから、発会は古い学士会館で、座長には一橋高商教授で、山崎先生よりもご先輩の奈佐忠行さんをくどいて承諾を得、その会で山崎先生を会長に推戴して発足することになったのであります。それから時々談話会を催していましたが、「地球」や「地理教育」の景気のいいことも聞こえてから「地理評」の発刊となったのであります。

## 八

「地球」発刊の前に「歴史地理」が出てから一〇年後、明治三三年九月に「地理と歴史」が出、更に一〇余年後明治四五年五月に「歴史及び地理」が出ましたが、短命でもあり、地理方面では精彩を欠いてもいました。大正六年京都で「歴史と地理」が出て、昭和九年一一月までもつづいたのは例外でありますが、これも惜しいことに歴史が主でありました。

「地理評」発刊後大正一五年に「人文地理」、昭和四年に「地理と歴史」、昭和八年に古今書院の「地理学」、昭和一二年に日本経済地理学会の「地理と経済」、翌一三年に大塚地理学会の「地理」などが出ましたが、短命なものが多く、偶々《たまたま》長くつづいたものも戦時の統制で、以前からつづいていたものと共に、廃刊や休刊となって了《しま》いました。

## 九

かように地理学の大学のコースも、学会も日本では出足も遅く、また発足してからも遅々とした足取でありました。大学の地理学科の成立も地理学会の成立も国勢の進展と相俟ったことは欧米先進国と軌を一にしていますが、わが国では地理学に対する朝野の認識が少く、欧米先進国に見るように地理学が国家の政治外交の推進力となることなどは殆ど見られぬ有様でありました。もし朝野の認識がもっと深く、国民に世界の地理的理解がもっと普及していたならば、あんな無理な戦争を敢行することもなくて済んだであろうにと、及ばぬことをかこちたくもなるほどでありました。

然《しか》るに終戦後には名古屋大学文学部の旧制による地理学科ができた外、新制大学令による無数の大学の中で地理学科を有つ国立公立のものが旧制の一〇倍にも上り、私立でも五校に及んでいます。そして大学院も国立公立で七校、私立で三校を数え、戦前に比して正に隔世の感を催させます。敗戦のどん底としては奇異な現象とさえ思わせます。もちろん施設経費など誇るに足りぬといっても紀要や研究集録などは俄《にわか》にその数を増し、それぞれ精進を示していますことはご同慶に堪えません。

戦後復活した地理学関係の雑誌は、「地理評」と「地学雑誌」だけで、新たに出た帝国書院の「新地理」も、日地の「社会地理」も今はありませんで、京都中心の全国的な人文地理学会とその「人文地理」、大塚地理学会が発展解消してできた全国的の日本地理教育学会とその「新地理」とが現存していることは御承知の通り、これら諸学会及び機関誌は大学や研究機関の横の連絡の上で、また大学高校中小学の縦の連絡の上で、重大な意義を有ち、それぞれ特徴を発揮しつつ地理学地理教育の発展のために努力されていますが、敗戦後のことで経済面でも内容の向上についても相当苦心を要するようであります。そのために互に手を取り合ってこの学を通じて日本再建に貢献し、国際親善に寄与できるようにありたいものと一層強く希望したいのであります。幸にこれら諸学会の会員には共通するものが多いので、学閥に偏せず、行きがかりにこだわらず、和と熱とを以て協力し、共存共栄したいものであります。ことに本会は歴史が比較的に古く会員も多いだけに、心からの協力が望ましいのであります。

先進諸外国の大学研究所、学会及び機関誌等とわが国のものとの間隔が大きいことを感ずれば感ずるだけ、私はこの希望のいやますのを禁じ得ないと同時に、私も学会にサービスし得る機会の多かれとわれと我が身に念願して止まないものであります。

# 2 村松繁樹

解題　村松繁樹（一九〇五～一九九〇年）は、一九二六年に京都帝国大学文学部に入学した。初代教授・小川琢治はすでに理学部に転出していたが、二代教授・石橋五郎の下で一九二九年に卒業、一年間の大学院生活を経て、一九三〇年から二年間、地理学教室の助手を勤めた。一九三二年、学習院に講師の職を得、一九三五年には教授に昇進した。

一九四九年、大阪商科大学などを前身として新制大学・大阪市立大学が発足するに際し、法文学部に地理学教室を開設するため学習院を辞し、大阪市立大学に着任した。この年の二月に大阪商科大学予科講師の辞令を受け、日地出版社地理協会関西支部で教室開設の準備を始めたという。教室開設後は、川喜田二郎（一九四二年卒）、岩田慶治（一九四六年卒）、水津一朗（同年卒）を立て続けに教室スタッフとして招き、また大学院設置のため渡辺久雄（一九三四年卒）を関西学院大学から招いた。以後、一九六九年に退職するまで二〇年にわたって、大阪市立大学地理学教室の発展に尽力した（「村松繁樹博士の還暦を記念して」（大阪市立大学地理学教室編『日本の村落と都市』ミネルヴァ書房、一九六九年）。杉本尚次「村松繁樹先生の逝去を悼む」『地理学評論』六三A（一一）、一九九〇年。中村泰三「村松繁樹先生と人文地理学」『人文地理』四三（一）、一九九一年。大阪市立大学文学部地理学教室編『大阪市立大学文学部地理学教室創設五〇周年記念誌』同教室、一九九九年)。

左に抄録したのは、「教育と研究の回顧」(大阪市立大学地理学教室編『日本の村落と都市』ミネルヴァ書房、一九六九年、五五一〜六〇九頁)の冒頭部分である。この回顧には、壮年期の村松が力を傾けた大阪市立大学での地理学教室設置をめぐる回想や、一九五七〜五八年および一九六四年の在外研究についても、かなりのページが割かれているが、ここでは村松の京大時代の回顧を抄録した(五五一〜五五七頁)。

村松が終生追い続けた研究上の関心は集落地理学であり、大阪市立大学着任後は職場の性格を反映してか、都市研究にもかなりの比重が割かれたが、若い日から興味が注がれたのは村落、とくに集落形態であった(石橋五郎・村松繁樹『聚落地理学』地人書館、一九三七年。村松繁樹『日本集落地理の研究』ミネルヴァ書房、一九六二年)。地理学に進級する以前の一回生の懇親旅行で、村松は伊勢大湊(現伊勢市)の調査に手を付けていたこと、二回生には広島平野や大和平野の農村部を歩いたこと、卒業の年には伊賀の人口・集落をテーマとした卒論のほかに、在学生の巡検に加わって高知平野の集落についてまとめたことが、左の回顧から窺える。

# 教育と研究の回顧

――一九六九年・抄録

巨頭を振り振り東西先学の至言を引用しつつ諄々と学問の道を説き示された京都帝国大学総長、荒木寅三郎の訓辞を受け、宣誓を行って、わたしが大学に入ったのは大正一五年四月のことであった。荒木先生の入学式に行われる告辞は、学問への道を諄々と説かれるばかりでなく、広く人間の教養一般に関しても深い示唆があったので、新入生ばかりでなく、在学生や研究生をも来聴せしめるほど有名なものであり、魅力あるものであった。これらは後で『勧学譜』(1)と題する書物として刊行され、われわれ門下生にも与えられたが、わたしはそれをひとりわたし自身ばかりでなしに、訪ねて来る学生田中雄平・古沢清久たちとも輪読したことがあった。この書物も後に戦災によって、焼失してしまったことは、今もって残念なことと思っている。

わたしは初めから地理学を専攻するために文学部史学科へ入学したのであったが、当時の文学部では学科の専攻は二回生から分かれることになっていたので、一回生の間は講義を受けるうえにおいてはもとより、またできるだけ多方面の学内外の行事に顔を出して、多くの学問を吸収することに努めた。初夏のころ、国史の研究旅行に加わって高野山を訪ねたことがあったが、三浦周行先生が極楽坂で先頭に立って歩かれたご健脚には感嘆したことであった。このときは建築史の天沼先生、地理学の小牧先生も指導教官として同行されていたが、日本の古建築の実地につき親しく天沼教授から教えを得ることができたのは大きな幸せであった。古文書学の担当は中村直勝先生であったが、三高でクラス担任をして頂いた先生であっただけに、肥後和雄、山根徳太郎、岸本準二、佐藤虎雄らの大先輩(当時三回生)、小葉田惇、柴田 實、藤 直幹先輩(二回生)らがずらりと後に控えておられる前で、「村松読んでみい」とよくあてられて、冷汗を流したことであった。国史で文化史を講ぜられた西田直二郎先生には史学研究法の教えをも受けたが、先生は国史に御造詣が深かったばかりでなしに、西洋歴史学の諸流を講述されたうえに、地理学では当時漸く勃興しつつあったゲオポリティークにまで言及されて、その学問のなみなみならぬ深くして、かつ広いのには驚嘆した。先生の講義には哲学科の学生で聴講に来たものもあったが、こちらもまた哲学科の講義に加わった。当時哲学科には西田幾多郎先生、田辺元先生ら世界的学者が揃っておられた。喜田貞吉先生が手提袋から煙草をとり出して紫煙をくゆらせながら国史地理と題してされた講義は興味があった。東洋史は紙片を見つつ諄々と講義された桑原隲蔵先生、今なお、お元気の矢野仁一先生に教えを受けた。内藤湖南先生は定年で御退官になったばかりであったが、なお講師として講ぜられていた。羽田亨先生には西域の特殊な地名を質問にいって地図で探して頂きお世話になった。西洋史は坂口 昂、植村清之助の両先生であった。専攻志望の地理学は、小川琢治先生に自然地理学の、石橋五郎先生に人文地理学の講義を受けた。このときは小川先生はすでに理学部地質学教室の主任教授であられたが、なお文学部にも普通講義としての自然地理学概説ばかりでなく、特殊講義も受けもたれていた。普通講義の自然地理学も難解そのものであったが、特殊講義はさらに難解で、先生お一人が微笑を浮べつつ、さも満足気に講ぜられていた。考古学は濱田耕作先生であったが、ちょうどわれわれの年から、史学科に考古学専攻が置かれることとなり、そのことが決定されたとき、先生から「これで飯を食おうとするものは来るな」といわれたことであったが、三高を卒業するとき、当時三高の地理担当の藤田元春教授から「地理では飯が食えんぞ」といわれたことが思い出されて、まことに印象的であった。しかし実際はそういう先生ほど弟子思いであった。

藤田先生は三高図書館の一室が教官研究室としてボックス式に区切られた中で孜々《しし》として研究に没頭しておられたが、その成果の一部は地球学団の機関誌『地球』誌上で示され、幾多の膨大な著書とともに、その研究ぶりには啓発させられた。当時理学部地質学教室と文学部地理学教室の関係者らとで結成されていた地球学団のいわば世話人の一人であられたが、わたしはこの地球学団をもよく利用させて頂いた。この年の夏休みに地球学団は一週間にわたる地学講習会を開催されたが、多くの旧制中等学校の教師たちに混って自然地理学・地質学、特に野外観察に対する関心を涵養するために受講生としてこれに参加した。松山基範、松原 厚、本間不二夫、槇山二郎ら理学部諸先生のそれぞれ専門とされる科目についての講義を聞いた。その時の懇親会には理学部の若きスタッフも出席され、自己紹介もあって、その後理学部の地質鉱物学教室を利用するうえにおいてたいそう便宜を得られた。地図学の小野三正師と初めてめぐりあったのはこの席においてであった。当時わたしは学問に対してはまさしく貪欲とでもいうような有様で、同じ夏休みに東京地学協会主催の夏期講習会にも出席し、かつ見学先の諸機関において、例えば地震研究所では多田文男先生の知己を得、陸地測量部でも製図科の佐藤武道技師らと知り合いになった。そしてその時の巡検は佐藤才止地質調査所技師の指導で秩父盆地を中心に地質調査に参加した。中でもわたしに調査旅行のやり方を最初に身をもって示して下さったのは理学部の中村新太郎先生であった。その夏、わたしは中村新太郎教授、助手の黒田徳平博士と三人で岡山県の津山に向かった。汽車でのお昼時わたしは黒田博士とともに駅弁とお茶を買って済ましたが、中村先生は寿司と牛乳をとられた。お寿司を食べ終わられた先生は弁当がらを示して、わたしは一粒の御飯も残していないが、君たちは随分御飯粒が残っていたし、おかずも残っておったとひやかされた。翌日津山盆地を歩いて化石産地を確かめておいたが、中村先生は貝化石については黒田助手に時々聞かれ、黒田助手は学名を書いて綿密に記録された。お昼御飯を食べた時、先生は前日の牛乳瓶に宿で入れた茶をおいしそうに飲んで、二度のおつとめをさせたからと言って、棄てておられた。さすがに地質調査の旅行を長く続けられた先生であるわいと、その後の地域調査の折には思い出して、模範としていた。この行は地球学団の津山盆地における予察であったが、いよいよ一行を迎えて春本篤夫博士も加わり、中村先生の指導のもとに地質調査の実習を行った。現地の世話をされたのは岡山師範の浦上兵衛教諭らであったが、津山城址や城下町、士族屋敷も案内され、地理学上得るところも少なくなかった。しかし何といっても八月二二日から二七日に至る約一週間地質学調査を中心としたので、中村先生の旅嚢は重くなり、黒田博士の大リュックは標本の岩石で膨れ上った。会が終って津山駅から汽車で帰ろうとする時、駅員は中村先生の大トランクを麻紐で梱包するように言うが、先生は「皮のバンドがあるんだからこれでよろしい。世界中これで旅行して来て紐でくくれとは言われなかった。（ヘルメット）帽子をとって、わたしは頼んでいるのだから。」と言われても駅員は頑として受け付けようとしない。その時黒田博士は、わたしが持ちますからと険しい雰囲気を解消するために、手で汽車に持ち込まれたのには頭の下る思いがした。世界的な貝類学者であられる黒田博士であるのに。

この年文学部の懇親旅行は伊勢方面に行われたが、それに参加したわたしは時間を利用した個人行動において夏休みに見ておいた大湊にも立寄った。学年末、石橋先生が筆記試験の代わりにノートの提出とレポートを以て代えてもよいとのことであったので「伊勢大湊の変遷」と題して、それまで大湊について調査したことどもをまとめて提出した。あとで地理学談話会で報告されたとき、石橋先生から小川先生への御紹介によると、小さい研究だがまとまっているとのことであったが、地人書館から出た雑誌『地理』へ載せられた。[ii]

二回生からはそれぞれ専攻が分かれ特殊講義を聴講することになったが、石橋・小川・小牧・小野鐵二の四先生から講義があり、小野三正先生の地図実習があった。文学部における地理学のほかに、わたしは理学部の諸講義をも聴講したが、フィールド・ジオロジをならった山根新次先生は銭湯でもお目にかかり親近感をもった。文学部では、石橋先生は「経済地理学特論」を、小川先生は「東亜地貌学」、小牧先生は「先史人類とその環境」、小野先生はグロールのカルテンクンデ[iii]をテキストとする「地図学」を講ぜられた。助手は吉田敬市博士であった。初夏の候、初めて教室の巡検に加わって北陸へ旅したが、引率者は吉田助手、参加した三回生はつわものどもで、宿泊の旅館における夕食は小宴のようなので吃驚《びっくり》した。小牧先生がその夏濱田先生とともにヨーロッパへ在外研究に向かわれることになったので、夏休みまでに試験の代わりにレポートを出さねばならぬこととなり、その春休み、山口県の秋吉台を視ての帰り、広島市に立寄り、可部から下流の太田川流域を調べたことがあったので、急遽それをまとめて提出した。これもまた後に雑誌『地理』誌上に「太田川の沖積作用と集落の発達」と題して掲載された。[iv] 石橋先生からは夏休みの宿題としてミールケの『ドイツの村落』(*Das deutsche Dorf*)[v] を読むようにいわれたので、できるだけ忠実に翻訳して提出した。春秋の好季節には同期生の野中健一、松下清雄、古澤三郎ら諸君と大和平野の村落を訪ね、おりおり小川先生のお宅を訪ねて採訪の結果を報告すると、先生は目を細めてお喜びになり、いろいろと御話を承ったこともあった。

二回生の終りに卒業論文のテーマを決定することになり、わたしは指導教授の石橋先生に輪中地域の研究をしたいと申し出た。先生より御指導を受けた自然環境と人間生活との関係が最も良く検討し得る地域であり、史的考察を展開することによって、史学科の卒論としても格好のものと考えたからである。しかし先生は従来地理学教室の卒論では近畿地方の地域研究が取り扱われたので、『近畿研究』としてそれらをまとめたいので、君はまだ手がつけられていない伊賀をやれとのことであった。地域としての伊賀をどう扱うか、伊賀には当時まだ行ったこともなく、何の個人的関係もなく調査の便がなかったので大弱りであった。春休みには現地に行ってみたが、皆目見当がつかなかった。幸い三高時代の友人菊山一彦君の義兄が上野中学の校長をしておられたので、その高畑浅治郎先生の御紹介で夏休みいっぱい上野の友忠という旅館に滞在し、伊賀中を隈なく歩いてみた。

論文の方はあまり気が乗らなかったので、在学生の巡検に加わって四国旅行に参加することにした。初めは一人旅で船で高知に渡り、高知高校から来た学友鈴木成高君がいつもわたしの下宿を訪ねては賛美していた高知市を見て、種崎から海岸伝いに東し、香長平野を歩いてみた。高知市にもどって教室の学生と一緒になったが、島之夫君の旅館における食事ぶりに驚き、いまもって話題としている。太田喜久雄・瀧本貞一・神坂 至らの諸君とともであった。このとき一行は大歩危《おおぼけ》・小歩危《こぼけ》から阿波池田に出、徳島をみて、淡路を経て帰った。卒論よりも先きに「高知平野における集落の研究」なる一文ができた。これは後に『地理教育』誌上に載った。(vi)

秋にはどうしても卒論をまとめねばならぬので、集落と人口を中心にこの地域の特色をつかまえることにした。自分が感激をもってやりたいというテーマを選ぶならばどんなによかろうと思ったので、後々までわたしは自分の学生の卒論のテーマについては自ら選定せしめることを心がけ、よほどの相談依頼があれば先きに意見を開陳するけれども、学生のやりたいということをできるだけ尊重することにした。ともかく、わたしは卒論を書く一年間は憂鬱であった。まして当時三回生は週一回演習に出るほかは全力をあげて卒論にとりくんでいたのであったからなおさらであった。ともかく、期日には「伊賀における集落の研究」と題して提出した。これはその人口篇を除き大部分を『小川博士還暦祝賀記念論文集』(vii)に掲載して頂くことができた。

昭和四年三月わたしは京都帝国大学文学部史学科(地理学専攻)を卒業した。同期生は田中博、宮川善造、松下清雄、野中健一の諸君で、ほかに留年者があった。これより先き卒業の時期が近づいたので、小川先生は東方文化学院(現京都大学人文科学研究所)において中国を研究するように勧めて下さった。石橋先生は一生を中国研究に尽すのは狭い、もっと広く世界を研究せよ、それには地理学教室に残れと厳命された。当時の地理学教室の主任教授が石橋先生であったので、わたしは石橋先生の命によって、地理学研究室にとどまり、卒業論文を提出してから、御依頼によって先生の御研究の手伝をしていたのであったが、それを引き続いてすることにした。三月三一日付で文学部から辞令が出たが、文学部教務嘱託と書かれていた。教室における表面上の仕事の内容は週二時間地理学実習の指導をすること（時間割には石橋教授名で出ていた）、屋外における研究の指導をすることがおもなものであった。大文字山を越えて大津に出たときは松井武敏君、八瀬から大原へ行ったクラスには室賀信夫君、下市から吉野へ行ったクラスには川上健三、辻田右左男君らがいた。

嘱託ということだったので、これでは大学院に入る資格があるであろうと思い、石橋先生に大学院の入学を願い出た。幸い教授会で許可されるところとなったが、わたしの大学院入学が少し遅れて六月二七日付になっている所以《ゆえん》である。研究題目は「日本の集落」で、指導教官は小川、石橋の両先生であった。教務嘱託というのになすべき雑事はなかなか多かった。そのうえ卒業論文の提出が六ケ敷《むつかし》そうな学生がいると、先生の命で下宿へ行って、その完成を手伝うことがあった。どうせせっぱつまって手伝わされるならと、初めから参考文献を指示したり、貸与したり、指導したりすることにもなり、中には運動部で忙しい学生もあって論文を手伝う破目にも出会うことになった。

小川先生は次の年御退官になるというので、その記念論文集の編纂やその他の事務をお手伝いすることになった。狩野先生を初めとする文学部諸先生の原稿を取扱い、校正のお手伝をもしたことは大きな感激であった。論文の編数も多かったので、校正には室賀信夫君らの援助をうけた。

昭和五年五月一〇日わたしは京都帝国大学助手に任命され文学部勤務を命ぜられた。仕事の内容はこれまでと変わりなかったが、これまでのように先生のお宅に伺うようなことなしに研究室に常勤することが変わった点であった。しかし石橋先生からは毎朝電話で御指示があった。選科の学生の入学試験も先生の命によって実施した。受験生辻田右左男君に原書を与えて、ある部分の大意を書かしたことがあったが、幸い合格されたので心安まる思いであった。

小川先生の還暦記念事業の事務局が文学部の地理学教室におかれていたので記念論文集の編纂のほかに庶務・会計までをも引き受けることになり、繁忙を極めた。小川先生の還暦祝賀会も無事に終り、厖大な記念論文集も刊行され、地理学論叢と題した地学、史学、地理学の両者を合本した小川先生御署名入りの特製本を頂いたことは、ありがたい幸せであった。祝賀会当日、最も印象に深く残ったことは、記念祝典の後、先生はわたしを捕えられて「やあ君、中村（新太郎）君はうまいことを言いよったね。〈天馬空を行く〉の概《趣カ》があるとね、あれは足が地に着いていないと言いよったんだよ。ワッハハハ……」小川先生は天才的なひらめきによって結論が出、論文を書かれたような感があったが、地道に研究をやれよというお教えと承って感銘したことであった。

東北帝国大学田中舘秀三先生との出遭いも忘れることができない。同先生が東北地方市町村別人口密度図を作成して、人口密度の階級別区分について石橋先生の御意見を伺いたいとのことで教室に御来訪になったのであったが、例によって先生は御自宅におられたので、電話で連絡して田中舘先生を大学正門に近い石橋先生のお宅へ御案内することになった。折しも雨が降っていたので、わたしは田中舘先生をわたしの傘の中にお入れして東道した。そのとき先生は来意を繰り返され、地理学を研究するのに二つのやり方がある。一つは天才的なひらめきで独創的研究をやること、いま一つは地道に根気よくデータを積み上げてこつこつと緻密な仕事をすること、自分は第一の方はできないので後者の仕事をやったのだとのことであった。田中舘先生にしてさようかと、なお感受性の強かったわたしには強烈に印象づけられた。

この夏わたしは京都府教育会主催の夏期講習会において、請われて集落地理学の講義を試みた。この講義を訂正増補したものが当時刊行されていた地人書館の地理学講座に『聚落地理学』として採録された[viii]。

わたしの京都帝国大学助手時代は昭和七年三月一九日に終るが、その間関西大学、龍谷大学、同志社女子専門学校（現同志社女子大学）に出講した。当時の地理学教室の学生には高等師範学校を出て来た人もあり、それらの人は今日いうアルバイトとして市内の中等学校へ出る人もあり、京都府立桃山中学は石橋先生が積善館から出されていた地図帳を、同校栗本教諭がお手伝していた関係で出講先の一つとなっていた。たまたまそのとき出講していた岡本重彦君が急に甲南高等学校へ赴任することとなり、後任がなかったので、きまるまで一学期間週二回わたしが出るようにして解決されたことがあった。それは、わたしの卒業した最初のことであったが、そのときの生徒の中に藤岡謙二郎君がいた。

三年間にわたる研究室生活を通じて教室の第一回卒業生である寺田貞次先輩以下、楠田鎮雄、内田寛一、下田禮佐、田中秀作らほとんどの大先輩と近づけたばかりでなく、またさまざまな思い出多い交友関係を得ることができた。その中でも今に印象深く残っているのは、当時『経済地理学文献総覧』[ix]の編集に当っていた菊田太郎氏（現大阪経済大学教授）は、ほとんど連日地理学教室所蔵の文献を見に来られ、昼食を共にし、経済学部の諸先生を紹介されたことであった。その中には現京都府知事、当時の蜷川助教授もおられた。

東京大学地理学教室ではこれより先き主任教授の山崎直方博士が御逝去されたことがあり、山崎文庫のこともあって、石田龍次郎、渡辺光の両氏が研究室を訪ねられたことがあった。小牧先生と四人で糺《ただす》の森の料亭で一夕を過ごしたことがあったが、いまに思い出の夕である。

国際的にも思い出深いものがある。当時第一回日独交換学生として、ライプチヒ大学から来日したフッパー君は文学部地理学教室で研究することとなり、石橋教授が指導に当たられた。フッパー君はドイツの学生らしく、日本の文化に及ぼした地理的環境の影響について研究したいと申し出たが、一年の留学期間では無理だということで、石橋先生が経済地理学に御造詣が深かったので、日本固有工業について研究することとなった。先生は毎週土曜日の午後ドイツ語で彼のために特別に講義され、命によってわたしはそれに陪席し、講義が終るとその項目に関する現地視察へはわたしが連れ出して指導したことであった。西宮の酒造業や綾部の製糸業などの見学に案内した。伊豆の大地震にも連れ出したが、このときは織田武雄、内田秀雄の諸君らも行を共にした。

いま一人のレオ君はドイツのギムナジウムを卒業し、工業試験所に勤務された父君に伴われて、来日した人であったが、正規の学生として理学部地質学教室に席をおいたものの、地理学の教室にも聴講に来た関係もあって、よくわたしの研究室を訪ね、昼食を共にしたこともしばしばであった。そうした関係から学問上の交際ばかりでなしに家庭にも招かれ、一夜を過ごしたこともあって、ドイツ人家庭の雰囲気にも接することができた。ドイツ国際観光局日本支局を運営されるようになった後も、東京のホテルであったこともあり、神戸に訪ねたこともあった。

またこの間、学生諸君と毎年、長短の巡検に出たことも懐しい想い出である。三溝信雄先輩の紹介を得て和歌浦望海楼で宿泊した夜、一行が服ぐるみ財布を盗まれて困ったことは海老原治三郎君らと遭えば何時も語られる話題である。借り服のカッコ悪い姿であっても帰途には和歌山高商に小野鐵二先生を訪ね、大阪の丸善で一緒になったときの、本の買いっぷりに感嘆していた先生の拠点を見せて貰った。紀伊半島を一周したのは米倉二郎、三友国五郎、長谷川寛治君らのクラスであった。山陰路をめぐって大山に登ったのは、松井武敏、岩尾常善君らのクラスであった。岡崎から渥美半島を見て志摩に渡ったのは、渡辺茂蔵、武政治君らのクラスであった。

校注

（i）荒木寅三郎『勧学語』荒木前総長記念事業会、一九三〇年。
（ii）村松繁樹「伊勢大湊の変遷」『地理』（地人書館）、四（三）、一九三一年。
（iii）Max Groll, *Kartenkunde*, Walter de Gruyter, 1922, 1923.
（iv）村松繁樹「太田川の沖積作用と集落の発達」『地理』（地人書館）、三（一・二）、一九三二年。
（v）Robert Mielke, *Das deutsche Dorf*, Teubner, 1907.
（vi）村松繁樹「高知平野の聚落」『地理教育』二三（三・四）、一九三六年。
（vii）小川琢治博士還歴祝賀会編『小川博士還歴祝賀記念論叢』弘文堂書房、一九三〇年。

(viii) 石橋五郎・村松繁樹『聚落地理学』地人書館、一九三二年。

(ix) 黒正巌・菊田太郎『経済地理学文献総覧』叢文閣、一九三七年。

# 3

# 米倉二郎

解題　米倉二郎（一九〇九～二〇〇二年）は一九二八年に京都帝国大学文学部史学科に入学、一九三一年に地理学専攻を卒業した。農学部教務嘱託、文学部助手を経て、一九三七年より和歌山高等商業学校（和歌山大学経済学部の前身）、一九四二年より山口高等商業学校（山口大学経済学部の前身）に勤めた。第二次世界大戦末期には、東南アジアで日本軍の調査活動にも従事した。戦後、一九四七年に公職追放を受けたが、一九五一年には解除され、翌年、広島大学文学部史学科に教授として迎えられた。そして一九七三年に退官するまで、二〇年以上にわたり広島大学地理学教室の発展に尽力した（米倉二郎先生退官記念事業会編『米倉二郎先生年譜・業績・思い出』同会発行、一九七三年。広島大学文学部地理学教室編『広島大学文学部地理学教室五〇年の歩み』同教室発行、一九九九年）。

広島大学は広島文理科大学や広島高等師範学校などを母体として、一九四九年に新制大学として設置され、その際文学部に自然の人文の二つの地理学講座が開設された。その母体となったのは高等師範学校の地歴科であり、下村彦一や船越謙策（一九四三年卒）、西村嘉助が師範学校から次々と文学部に移籍するのに前後して、新たに迎えられたのが米倉であった。下村教授、西村助教授が自然地理学を担当し、米倉教授、船越助教授が人文地理学を運営したことになる。米倉自身の推測によれば、大学院文学研究科での地理学専攻設置にあたり、大学院教育を担える有資格者が必要であったことが、広島大学への就任に関わっていたという（正井泰夫・竹内啓一編『続・地理学を学ぶ』古今書院、一九九九年）。

　広島大学教授として過ごした戦後の二〇年間、米倉が得意としたのは集落地理学と歴史地理学、ならびに一九六〇年に始まったインド調査であった。広島大学地理学教室のカラーとして村落研究や海外調査の重視があるとすれば、そこに影響した一人として米倉の存在は大きなものがあったといえる。ただし「米倉の一五年戦争期の研究業績は、戦後の研究内容を左右するほどの重要な基盤になった」と評されるように（岡田俊裕『日本地理学史論』古今書院、二〇〇〇年）、米倉が自身の学問的基盤を形成したのは、京大地理学教室での経験や地政学との関わりのなかであった。そこでここでは、自身の「回顧」（米倉二郎先生退官記念事業会編『米倉二郎先生年譜・業績・思い出』同会発行、一九七三年、四〜一八頁）のうち、出生から広島大学に赴任する直前までの時期を抄録した（四〜九頁）。

# 回顧

——一九七三年・抄録

## 一、出生から大学卒業まで（一九〇九〜一九三一）

私は一九〇九年（明治四二年）一〇月、佐賀県三養基《みやき》郡上峯《かみみね》村八枚《はちまい》［現上峰町江迎］に生れた。父は新八、母セイともに小学校の教師であった。間もなく父が死亡したので、母に伴われて学校に行き、学令に達していないのに生徒達と遊び、母に肩身の狭い思いをさせたことを記憶している。母は私が生長したら師範学校にでも入れて父の跡を継がせたいと希望していたという。たまたま一九二〇年（大正九年）に隣村中原村に県立三養基中学校が開校し、前波仲尾校長の新教育方針で小学校五年生からも入学生をとることとなった。そこで私は試みに受験して一九二一年入学を許可された。

前波校長は優秀な教官を揃えるために二人分の月給を一人に出したという神話が伝えられている革新的な教育者であった。地理の担任は伏見義夫先生（現大阪商業大学教授）で、京大文学部で小川琢治先生のもとで地理学を専攻された当時としては数すくない地理学の専門家であった。授業は一切教科書を用いず、各教官がプリントを作って教材とされた。地理では背振山に登って玄界灘と有明海を展望した感銘、学校のある原古賀部落を何週間も課外に歩測して見取図を作らされた訓練の厳しさが思い出される。

中学四年東洋史を森　卯一先生に教わった。先生は生粋の佐賀人で郷土の先覚大隈重信創立の早稲田の学園を出られた剣道の達人でもあられた。私は軍閥割拠して麻の如く乱れていた当時の中国の内戦にすくなからず関心をもち「支那統一」という雑文を校友会誌に出させてもらった。支離滅裂の論旨であるが、数頁に亘る生徒としては長文のもので、これを書いた時の楽しさは今も忘れられない。

近くの村から通学していた先輩が佐賀高等学校に入学されたので、自分も小手調べのつもりで一九二五年（大正一四年）受験、理科甲類に入学した。

青山信雄先生の結晶学に悩まされ、却って有高　巌先生（東洋史）、篠田周之先生（日本史）などの漢文や国文に興味を感じた。一九二八年（昭和三年）高校を卒《お》え、京大文学部史学科で人文地理学を専攻することとなった。難解をもって聞えた小川琢治先生の自然地理学講義も文科出身の同窓よりもいくらか理解することが容易であった。ラッツェルを祖述された石橋五郎先生の人文地理学は整然とした体系で興味深く聴講した。紫煙をくゆらしながら談論風発の喜田貞吉先生の歴史地理学も面白かった。小牧實繁先生、小野鐵二先生などからも多大の指導を忝《かたじけの》うした。

卒業論文は地域を郷土に選び、「筑後川下流平野の開発」と題した。当時は平野の自然地理学研究は殆ど行われておらず、地質学教室で中村新太郎先生はじめ諸先生に教を請うたが、文献がすくないので農学部農林工学の古賀正己先生（大阪市大、古賀正則助教授の厳父）の研究室でオランダのポルダーなどの文献を見せていただいた。現地では筑後川改修事務所に日参して筑後川水系の洪水や治水などの資料を集めた。

他方歴史地理では郷土史の松尾禎作先生の肥前風土記の研究に啓発されることが多かった。先生は中原小学校で教鞭をとられる傍ら郷土史、考古学の研究に精進された方で、中学の講師を兼ねられ、入試の予備試験官として上峯小学校に見えられ、私は面接試験を受けた。私が知らない亡父のことを質問されるのですっかりあわてて、こわい先生と思ったが、後で承ると先生は小学校で亡父の教え子であられた。

中世の文献は京大の古文書室で同期の国史専攻の清水三男君、古住芳彦君に解読してもらったことが多かった。一二九二年（正応五年）高城寺に佐賀の南里の前道の旱潟が寄進された史料を発見、有明海の干拓の起源を明らかにすることができたのもそのお陰である。両君とも逝去され、今や亡し。佐賀の鍋島家内庫所、久留米の篠山神社、柳河の橘家で各藩の資料を閲覧した。慶長肥前国図をはじめ稀覯の史料を知り得た。

論文は地誌的にまとめたが、この平野の特色である溝渠の景観を自然的歴史的に分析する形に書き改めて史林一七巻（一九三二年、昭和七年）に発表した。

## 二、京大時期（一九三一〜一九三七）

一九三一年（昭和六年）世は不景気のさ中に卒業した。天王寺師範の長坂校長から懇望されたけれども、もうすこし勉強を続けて見ることにした。前述の古賀教授は久留米の方で私の論文執筆に色々助言を賜った。長時間教授室でお話を聞くことが多かったが、小使銭位はあげるから農林工学教室に来てもよいよと仰って下さった。私は渡りに舟と月手当五〇円也をいただいて農学部教務嘱託という名目で自由に研究させていただいた。

農学部では古賀教授の耕地整理の講義を聞いた。当時の深刻な農村不況の根本的な対策として農村計画がはじめて提唱されていた。橋本教授の比較農学、黒正教授の農史なども聴講し、黒正教授の日本経済史研究所にも時折お邪魔して、江頭恒治、上田藤十郎、宮本又次、津下　剛など当時一騎当千の新進気鋭の学徒の討論を傍聴した。

一九三二年（昭和七年）文学部地理学教室の村松繁樹助手が学習院に栄転されることになり、石橋教授より出身教室に帰れとの有難い仰せで助手に任命され地理学教室に勤務することとなった。織田武雄、渡辺茂蔵君など副手として教室に残られた。かくて教室独自で研究論文集を出そうという議が持上り、小牧先生の熱意によって石橋先生も許可されることとなった。

地理論叢第一輯（一九三二年）がこのようにして発刊された。拙稿「農村計画としての条里制」は従来条里制が耕地の所在を示す地番付けに過ぎないような取扱いを受けていたことに対して、古代における農村計画として、ことにその耕地計画として考察さるべきであるという観点にたったもので、条里に固有な段の区画、長地割や半折、溝渠と畦畔などについても考察した。これは私が農学部で古賀教授をはじめ諸先生の講義に列し得たことによって開眼された賜であった。

地理論叢第二輯（一九三三年）には「律令時代初期の村落」という題で条里に伴うべき村落計画を構想した。これには「三十戸一里制について」という副題をつけたが、方六町一里を村域とする原理的条里集落は三十戸を以て一里としたであろうとし、その宅地割を近江栗太郡十里村（現栗東町）に求めんとしたものである。牽強付会のそしりを免かれず、地理学者、史学者の間に多くの批判が行われることになった。しかし理想型を示す仮説として認めていただく向きもあり、三十戸一里制の存在は史学者の間にもほぼ定着しつつある。

地理論叢第五輯（一九三三年）の「肥前平野の条里」は佐賀平野の条里の復原から、条里施行の一般論に及んだものであった。条里との関係で古代都市についても考察を進めた。「条里より見たる大津京」[i]は十分の成果をあげるに至らなかったが「近江国府の位置について」（『考古学』六（八）、一九三五年）の国府域の想定は戦後になって発掘が行われて、ほぼその推定の妥当さが実証された。

古代から漸次中世の歴史地理に条里の復原を手がかりとして研究の歩をすすめることになった。「中世に至る若狭小浜平野の歴史地理」（『歴史地理』六六（四）、一九三五年）、「中世村落の様相」（『地理論叢』八、一九三六年）などはその成果である。殊に後者では富田庄図を条里を媒介として現地に比定することに成功した。

一九三二年(昭和七年)の秋、石橋先生の顔で外務省から旅費が補助され、小牧先生引率のもと一〇名近くの学生と巡検を北支・満州で行った。満州事変の翌年で、危険もあったが、はじめての海外旅行で色々得るところが多かった。

一九三六年(昭和一一年)夏には単身台湾に渡り、鈴木譲、朝井小太郎、川上健三君の高配で台湾を一周したが、それから対岸福建省福州に渡り、ついで上海に寄港して蘇州・南京、杭州などを訪れた。この行、華中に戦火が拡大する前年で物情騒然たる中であったが、一人であるため却って怪しまれず無事帰国することができた。「福州の発達」(『地球』二六の六、一九三六年)、「福州の琉球館」(『史林』二二(一)、一九三六年)、「首都としての南京」(『地理教育』二六(一二)、一九三七年)などはこの視察の報告である。

## 三、和歌山・山口高商時期(一九三七~一九四四)

一九三七年(昭和一二年)小野鐵二先生が広島高師・文理大へ栄転されるにつき、その後任として和歌山高等商業学校(現在の和歌山大学経済学部の前身)に転出することになった。小野先生は京大経済学部を終えてさらに文学部で地理学を専攻された方で、語学に優れ、京大では講師として地理学史の講義を担当され、アピアヌスのコスモグラフィアなどラテン語の原典を読破する学匠であられたが、高商では今日的な経済地誌の講義で有名であった。

このような大先輩の跡を受けて私は生徒達を失望させないように極力努めたが所詮鵜のまねをする烏に過ぎなかったであろう。「インドの経済地理と日印貿易」(『地理教育』日本特輯、一九三七年)は講案の一部であったが、当時やかましかった日印綿業の交渉経過とその背景をなすインドの経済地理を概観したもので、インドについて関心を深める端緒となった。

京大でも講師を委嘱され、集落地理学を講ずることとした。ヨーロッパにおける集落地理学の発達を序論とし、

A. Meitzen の「集落と農法」[ii]の大著に傾倒させられた。本論は日本の集落の歴史地理を系統的に述べようとした。後年「集落の歴史地理」「東亜の集落」を上梓したが、[iii]その骨子はこの間に考案されたものであった。

京大付置の東方文化研究所が人文科学研究所と改称されることとなり、その研究嘱託を兼任することとなった。一九三九年（昭和一四年）には再び大陸に渡り、北京から京漢線を南下、石家荘《シーチアチョワン》から正大鉄道によって大行山脈を上り山西省太原《タイユワン》に入った。石炭層が露出している断崖に僅かに敷かれた軽便鉄道の車窓に展開する河北平野の大観は洵《まこと》に素晴らしいものであった。

太原から北上して大同《タートン》に出た。蒙疆政府[iv]の要人森　一郎氏（森先生の令息、現在佐賀県出納帳）の食客となった。雲崗の石窟が人文科学研究所の水野清一、長広敏雄教授等によって調査中であった。高い足場を組んで石仏の顔面を模写したりで発掘とは違った困難な作業が行われていた。夜間には襲撃のおそれがあるので交代で銃をもって不寝番に立たれていた。後年、恩賜賞を受賞された業績はこのようにして生まれたものであった。

大同から厚和［現呼和浩特《フフホト》］の蒙疆学院に江　実氏（元岡山大学教授）をたずね、包頭《パオトウ》に至り満鉄の安斉倉治氏に案内いただいた。かくて蒙古高原の一部を知り得たことは貴重な経験であった。この夏華北は降雨が続き、九月に入って北京に帰還したところ各鉄道とも運行を停止していた。それで生まれて初めて二人乗りの軽飛行機に乗り、北京から済南《チーナン》に向けて脱出した。大行山麓から自然堤防が樹枝状に洪水の河北平野の水面に延びてその上に集落が蝟集《いしゅう》していた。また四角な城壁に保護されて県城とおぼしき都市が水面に浮かんでおり、城壁は洪水防護をも兼ねていることが認識された。さらに地図上では、一直線に引かれている大運河が自然の蛇行河川のような屈曲を付けて設計されていることを発見した。

一九四一年（昭和一六年）の三、四月にも満州に出張、建国大学の宮川善造教授（東北大名誉教授）のお世話になり、公主嶺《コンチューリン》近くで清朝時代に行われた満州族の屯田集落を調査した。これには浅井辰郎氏（現在お茶の水大教授）、善生永助氏（朝鮮の集落研究で著名な篤学）が同行され援助をいただいた。「清代北満の屯墾」（『東亜人文学報』一（三）、一九四一年）はその報告である。その後、黒河《ヘイホー》まで北上、アムールを隔ててプラゴベシチェンスクを望見して、北鮮羅津［現羅先《ラソン》］を経て敦賀に帰航した。

この年の一〇月に著書として処女作の『東亜地政学序説』が生活社から出版された。東洋の地理学の中に古くから政治地理的伝統のあることを地理学史的にあとづけ、いわゆる大東亜共栄圏の可能性を政治地理的、軍事地理的、経済地理的に検討したもので、戦後没書となり、また教職を追われる理由となったのは当然のことであった。ただこの一二月には大東亜戦争に突入するという時世で、時流に流された不明を謝するのみである。

一九四二年（昭和一七年）山口高商に転任した。岡本校長は和歌山高商の前校長であった。山口には東亜経済研究所が付置され著名な中国地理学者西山栄三先生がおられたが退官されるのでその後任として懇望された。老母が一人住む郷里佐賀にも近くなるのでお受けした次第である。「支那中原の展開」（『東亜経済研究』二六（三）、一九四二年）、世界政治地理体系第二巻満州・支那篇（白楊社、一九四四年）は山口時代の執筆で、後者は戦後没書となった。

## 四、従軍、佐賀時期（一九四四〜一九五二）

一九四三年（昭和一八年）に入ると戦況苛烈となり、同僚は次々に応召し、教え子も出陣を命ぜられた。たまたま南方派遣軍総司令部に調査班が設けられて従軍を要請された。

一九四四年（昭和一九年）二月シンガポールに到着。ラッフルス図書館に通い徳川義親館長にお世話になった。マライ軍政監部には一橋大学から調査部が派遣されており、そこに石田龍次郎教授が着任されており面談した。五月マニラに総司令部が前進することになった。飛行機の順番がなかなか来ないので輸送船で行く。マニラまでの一〇日間毎日アメリカ潜水艦の襲撃を受け、護衛艦が目前で轟沈した。

マニラでは吉田三郎君に会う。川上健三氏ジャバ《ジャワ》への途次立寄られた。戦況さらに切迫、インドシナ半島基部の調査が喫緊であることを当局に上申、メコン河上中流ラオス方面調査の特別命令を受けて八月二八日マニラを出発、台北を経て広東に降りた。香港をたずね、九月二一日サイゴン〔現ホーチミン〕着任。調査班は総司令部のマニラからの転進とともに船でシンガポールに向かう途中二船に分乗したうち一船が沈んだ。私は犠牲となった人々とマニラにおける行動をともにしていたので、もしマニラに残っておれば運命をともにしたであろう。一〇月ハノイを中心にトンキン各地、老開《ラオカイ》、カオバンなどを調査、一一月ユエ《フエ》に滞在、ドンハよりラオスのサバナケット《サヴァンナケット》に入る。タケクよりメコン川を船で遡航してヴィエンチャンに至る。それより車でフクン峠を越えルアンプラバンに至った。帰途はヴィエンチャンよりメコンを渡ってタイのウドンに出て、コラート高原を更に横断してタケクに出た。メコンに沿って南下、カンボジアのクラッチェなどを経てサイゴンに帰還、一九四五年（昭和二〇年）二月一日そのレポートを提出した。

三月に入っていわゆる仏印処理が行われ、フランスの施政権を全面的に接収したので、新たな調査事項が増した。四月ユエに行き王宮の保大書院などで史料を閲覧した。五月フランスがコーチンシナを侵略した経過、七月コーチンシナとカンボジヤの国境などについて調査した。

八月一五日終戦、九月に入ってサイゴン近郊ビエンホワに集結、一二月サンジャックに移駐。従軍中の調査資料など一切焼却。一九四六年（昭和二一年）五月大竹港〔広島県大竹市〕に復員した。新世界地理叢書四巻東南アジア（朝倉書店、昭和三四年刊）にインドシナ諸国について執筆したが、ヴェトナム・ラオスなどの記述は従軍中の見聞にもとづくところが多い。

山口高商は山口経済専門学校と呼ばれたが、校長はじめ五名追放となっていた。私もその一員で理由は校長腹心の幹部教授ということであった。しかし事実は相違して末席を汚していたことに過ぎなかったので一時解除された。一九四七年（昭和二二年）九州大学文学部から集中講義の委嘱を受けた。しかし三審の結果、一〇月さらに追放が確定したので故山で晴耕雨読の生活を送ることに決めた。寒夜停電で蝋燭をたよりに旧稿を整理して「集落の歴史地理」（帝国書院、昭和二四年刊）を出版した。これは同憂の岩田孝三氏（東京学芸大名誉教授）の格別の尽力に負うたものである。

村の先輩松田一男氏（当時佐賀県人事課長）の高配で一九四八年（昭和二三年）県立図書館長の小出憲宗氏が兼任される中央公民館の仕事を手伝うこととなった。機関誌「明」の編集を担当した。また郷土の自然、人文に亘る総合研究を目的として郷土研究会を結成した。恩師の青山信雄佐賀大学教授を会長にお願いした。そして機関誌「佐賀県郷土研究」も発刊した。「わが郷土――佐賀県地理」（大坪惇信堂、昭和二五年刊）はこの間に執筆した。

新たに発足した佐賀県史編纂委員会と郷土研究会の世話をする。研究会支部を郡毎に設立各地の調査会を行う。八月ジュディス台風襲来、佐賀県内にかなりの被害があった。水害を調査して水害誌の編纂を計画した。「ジュディス台風による佐賀県の災害」（『郷土研究』一、昭和二五年）はその報告の一部である。

この頃、元陸軍航空大尉であった松本忠雄氏（現在小学館地図部長）が掛地図などの取次販売に図書館に見えたが、出版事業をすすめたところ文画堂をおこし、地理教材としての模型の作製から「佐賀県地理参考図集」（昭和二六年）を出版された。のちに「佐賀県の歴史」（昭和三一年）を出された。いずれも私が企画執筆また監修した。

一九五〇年（昭和二五年）佐賀県農地改革史の編纂を委嘱された。編纂委員に三好不二夫（佐賀大名誉教授）、松尾禎作、平又一（元東背振村長）、井手以成（元社会党代議士）などの諸氏を頼んだ。古代、中世、近世の佐賀藩など上巻の大半を執筆監修して翌二六年出版した。

一九五一年（昭和二六年）五月二日九州地理学会を結成、その創立大会を福岡市で開き、地理調査所（現国土地理院）の渡辺光、中野尊正両氏に記念講演をしていただいた。一〇月一三、一四日、佐賀市で九州地理学会大会を開き、全九州の同志参集、一三日夜は春日道場に食料持参で宿泊懇親の実を挙げた。爾来、毎夏各県持廻りで大会が開催され、年々盛会となっているのは同慶に堪えない。

校注

（i）米倉二郎「条里より見たる大津京」『歴史と地理』一九（七）、一九三二年。

（ii）August Meitzen, *Siedelung und Agrarwesen der Westgermanen und Ostgermanen, der Kelten, Römer, Finne und Slawen*, W. Hertz, 1895.

（iii）米倉二郎『集落の歴史地理』帝国書院、一九四九年。同『東亜の集落』古今書院、一九六〇年。

（iv）蒙疆聯合委員会（蒙古聯合自治政府の前身）を指すものか。

# 4

# 松井武敏

解題　松井武敏（一九一〇～一九九二年）は、一九三〇年に京都帝国大学文学部に入学し、一九三三年に卒業、そして一九三八年まで大学院に在籍した。大学院生のまま甲南高等学校の教員を勤め、その後、和歌山高等商業学校、大分高等商業学校を経て、一九四九年名古屋大学文学部教授に就き、翌年、名古屋大学文学部で地理学講座開設の責を担った。直後に喜多村俊夫と井関弘太郎（一九四八年卒）を同僚に迎え、一九七四年に喜多村とともに退職するまで、名古屋大学地理学教室の発展に力を尽くした（「松井武敏教授略歴・著作主要論文」『名古屋大学文学部研究論集史学』二一、一九七四年。名古屋大学文学部地理学教室編『名古屋大学文学部地理学教室五〇周年記念誌』同教室、一九九九年）。

　松井は、京大時代や名古屋大学赴任時を回想する文章を遺していないが、その時期の論文には地理学ないし経済地理学の方法論に関わるものが多い（松井武敏先生追悼出版物刊行グループ編『経済地理学の方法』古今書院、一九九三年）。大学院進学にあたっての松井の研究題目は「地理学性質論」であり、大学院在籍中に公表した最初の三つの論文が、いずれも本質的な方法論（松井自身の言葉では「性質論」）を扱っていることは興味深い。具体的な研究対象への関心から経済地理学の道を進んだというよりは、地理学という学問それ自体に強い関心を抱いたことが、松井の出発点であったといえる。

地理学ないし経済地理学の科学としての定立に努めた松井は、「日本における経済地理学の創始者の一人」とされるが、同時にその業績は「一般にはよく理解されているとは言い難い」ともいう（伊藤喜栄「編者まえがき」『経済地理学の方法』）。松井の方法論的議論は、主として二〇世紀初頭までのドイツ地理学に依拠するものであり、彼独自の世界を構築するというよりは、諸説の整理のなかに方向を見いだそうとするものであった。それは現在からみれば、学史のなかの古典的な議論ということになるが、「我が地理学観」（第二章2参照）を著した石橋教授の下で、地理学の存在意義を正面から議論するかつての教室の雰囲気を、松井の議論のなかに酌み取ることができるだろう。

ここに収録した「地理学の性質に関する抄論」（『人文地理』四（三）、一九五二年、一〜九頁）は、名古屋大学に赴任して三年目に著されたもので、これを境に松井は地理学方法論の議論から遠ざかり、名古屋周辺の経済地理調査へと身を移していく。その意味でこの論考は、松井の、そして二〇世紀前半の地理学観の一つの到達点を反映するものとして、読むことができる。

# 地理学の性質に関する抄論

## ——一九五二年

### 一

地理学の性質を考えるに当って、どういう点から、これを問題とすべきであろうか。これに対して、地理学の性質に関する（一）認識論的、方法論的な解明、（二）史的展開過程からみた考察、（三）具体的研究に即しての検討等が想到されるであろう。これらは相互に密接な関連をもっていて、このように分離して問題にすることは困難であるが、一応そのうちのいずれかに中心をおいて考えることができようと思う。その際、具体的な研究に指針となるような地理学の方法の究明こそ、まず何よりも肝要で、そのためには、第三の側面からの検討が最も望ましいものである。それについでは、これを顕わにするために、第二の観点からの考察が必要とされるであろう。しかし、他の科学との関連において、地理学の意義を自覚するためには、第一の視角からの究明も欠くことができない。ここでは、この点を中心とし、他の側面にもふれながら、地理学の性質の一端を素描してみたい。

## 二

地理学は、時代と場所とによって、その内容を異にするけれども、その言葉がよく示しているように、常に土地に関する学問であり、土地を描写すること——絵図または地図による表現にもあれ、言葉あるいは文字によるそれにもあれ——をもって本質としてきたし、またしている。(1)

しかし、土地に関する学問であるという規定だけをもってしては、地理学の性質を十分尽しているとはいえない。というのは、土地は地理学以外の種種の学問によっても、研究されているからである。すなわち物理学的にも、化学的にも、経済学的にも、政治学的にも、……取り扱われている。それゆえ、地理学が独立の科学であるためには、研究の中心となる領域として、土地に関して、この学問に特有の認識方法が適用され、この学問に独占的に留保される一定範囲の認識対象の存在することが要求される。地理学は、土地に関する無限に雑多な事象から、地理学にとって、特有の素材を選択しなければならない。それでは、地理学は土地に関し、どういう方法によって、どういう側面を研究するのであろうか。それの解明に対しては、恒藤教授の論文、(2)およびSchlüter、Feiginの反対(3)はあるにしてもHettnerの著作(4)などがよき道案内となってくれるであろう。これらをもとにして些《いささ》か考えてみよう。

土地に関するわれわれの経験内容から、できるだけ感覚的要素を排除して、計量的要素によって組織された法則的関連の世界は、物理学・化学・心理学〔現象論的科学〕によって研究され、統一的構造をもつ土地から、それの構成要素を抽出して、各個別的に組み立てられた世界は、岩石学・鉱物学・海洋学・気象学・生物学・人類学・経済学・法律学・社会学〔組織論的科学〕等によって考察される。これらの科学は、事象それ自体の統一性という観点から考察し、ここでは理論的意味の世界が問題となり、無時間的、無空間的必然性の探求が研究の中心課題をなしている。

ところで、これらの科学の対象は、事実的意味においては、時間および空間の形式に制約され、現実の世界の中に展開せる具体的現象である。それらは、常に、何時、何処でという属性を伴っている。ここにおいて、このような具体的現象を把握する科学が必要である。それは、上掲の科学とは別の領域を研究する独自の任務をもち、それを果すところに、歴史学〔時間的科学〕、および地理学〔空間的科学〕が生れる。そのうち、時間的継起関係を中心として考えるところに、歴史学が成立するのであるが、空間的並存関係を中心として究めるところに、地理学の世界が構成される。

個々の地表現象は、それぞれ、同一種別の現象領域として、個個の科学によって研究されるが、それらの現象は一定の地表に連関づけられて統一さるべき構造をもっている。このような構造をもつ地表を、Unité terrestre (terrestrial whole)[5]或は地域と名づけるならば、その構造を具体的に把握し、究明するのが、地理学の本質である[6]。地域は、地理学に独占的支配を許された領域で、その構成要素である各個別の現象領域とは次元を異にする研究対象をなしている。

地理学は地表の構成要素を具体的な姿相において総合的に取り扱う。人文現象も自然現象も同様に地域の構成要素をなしているが、それぞれの現象が抽出分離されたうえ、それ自体としての統一的観点から考察されるならば、地理学的意義を失うにいたる。従来、地域を構成している各要素を、それぞれ独立しているものとして、個別的に取り扱う智識領域の集団をもって、地理学と称したものもあったが、それぞれの智識領域が個別科学として独立した今日、それら個別科学の成果の蒐集のみをもってしては、一連の通俗化した百科辞書的意味をもつにすぎない。現在、もし地理学において、各個別現象がそれぞれ孤立して取り扱われることがあるとしても、それは地理学的考

（表１）

経験科学

| | | | |
|---|---|---|---|
| | 自然科学（没価値的 普遍化的） | 文化科学（価値関係的 個性記述的） | |
| 現象論的科学 | 物理学、化学 | 心理学 | 抽象的科学（理論的意味の世界） |
| 組織論的科学 | 鉱物学、岩石学、気象学 海洋学、生物学、人類学 | 経済学、法律学、社会学 | |
| 空間的科学 | （自然地理学） | 地理学 | 具体的科学（事実的意味の世界） |
| 時間的科学 | （地史学） | 歴史学 | |

察ではなく、地理学的考察を行うための予備的操作として意味をもつにとどまる。(7)地理学の特色は、これら個別現象が一定の地表に連関づけられ、それと不可分存の関係において、一定の構造をもつ集団対象をなすものとして取り扱われるところにするのである。

## 三

地理学が、上述のような点に、他の科学によっては研究されない、この学問特有の領域をもち、それの存立する根拠をもつとすれば、それは、科学の体系の中において、どういう位置をしめるのであろうか。科学の体系をどのように考えるかは、種種の問題の存するところであろうが、一応西南ドイツ学派の観点に立って(8)、前節にあげたような科学をすべて経験科学とみなし、それが没価値的普遍化的であるか、価値関係的個性記述的であるかによって、前者を自然科学、後者を文化科学というふうに分けるならば、先に考えたところから、次のように表示して［表1］、地理学の位置を科学体系のなかに示すことができるであろう。ここには科学のすべてを網羅してあげているわけではなく、その代表的と目されるものを記しているにすぎない。

この表に示された科学の分類によると、各科学の限界が鋭く区画されているような感じを与えられ、各科学のもっている性質の現状が誤解されるおそれなしとしない。事実、歴史学、とくに経済学などにおいては、普遍化が行われ、法則樹立的でないとはいえないし、また物理学、とくに人類学などにおいては、個性記

（表２）

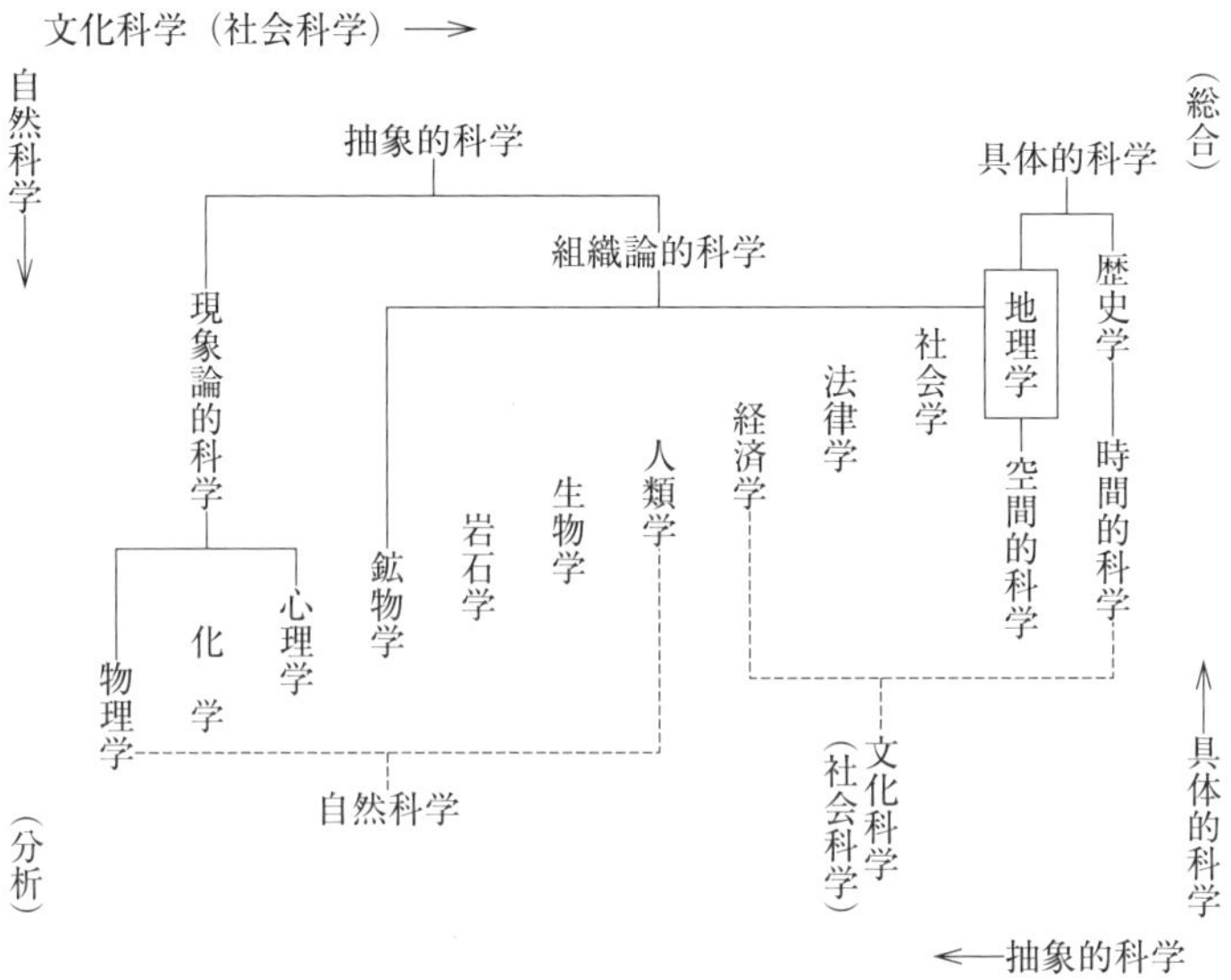


述的な側面がないとはいえない。さらに、近代における科学の発達のあとをたずねるとき、一方において、文化科学、とくにそれの社会科学の名において呼ばれるようになった研究は、その求める法則が蓋然的、確率的であるとしても、著しく機械論的となり、自然科学化の傾向を辿ってきている。他方において、今日、自然科学の範とされる物理学の法則（量子物理学のそれ）は、社会科学の法則と共通の性格をもつ確率的なものであると考えられ、ある意味において、自然科学の社会科学化すらみられるにいたっている。従って社会科学と自然科学との間に、明確な一線を画することは困難な状態になりつつある。自然科学といい、文化科学ないしは社会科学というも、その典型が、ある程度、物理学と歴史学とに見出されるというにとどまる。そうして他の科学は、これら両者の中間にあって、漸移型を示している。地理学のように、自然科学と文化科学との橋渡しの学問であるといわれるものにあっては、この両者の性格が並び存している。このような点からみると、科学の分類は、上の表［表1］に示したところから受け取られる[9]ように、判然としているものではない。それゆえ、Banseにならって、科学分類を行う方が適当ではあるまいか。Banse

の科学分類の基準には、必ずしも賛意を表することはできないが、その形式のみをとって、科学の体系の上において、地理学が占める位置を示すと、大要つぎ［表2］のようになるであろう。

## 四

上述のように、地理学を規定し、それを科学の体系の中に位置づけただけでは、地理学の性質、ことに今日におけるそれが十分明らかにされたとはいえない。もちろん、「地理学は地域の構造を具体的に把握し、究明する学問である」という規定は、地理学を単に「土地に関する学問である」、あるいは「土地について記載する科学である」と規定したのとは異り、現在における地理学の性格をかなり明瞭に表現しているのである。しかし、これについては、なお、補足的な説明を必要とするであろう。

「地域」については、すでに説明をしておいたから、ここでは、「その構造の把握」、「その具体的究明」というのは、どういうことを意味するかを考え、これによって、現在の地理学の性質を、少しでも明らかにしたいと思う。まず、地域の「構造を把握する」ということについて考えてみよう。このことは、地域を単純に融合せる全体としてではなく、構造をもつものとして、すなわち要素から構成された複合体として理解し、その構成を機械論的に把握するということを意味する。そうして、この方法には、認識の精密性と実験的検証の操作とが前提とされている。

Ratzelが、Ritter以前の地理学、時にはRitterの地理学に対してさえ加えた非難のうち、最もきびしかった点は、それらの研究が、直観あるいは思弁による、芸術的あるいは哲学的な包括的叙述あるいは論証に堕し、それらには、構成要素への分析が欠除し、あるいは不足しているということであった[10]。それゆえ、彼は地理学におけるこのような欠陥を克服するために、できるだけ機械論的な方法を用いて、科学としての地理学を建設しようとしたのである。もちろん、彼の思想の根底には有機体説が存し、その研究において、機械論的考察に徹することができず、彼の業績には、分析の不十分な点が多分に残され、類似性の比較による外面的形態的な理解に終っている点が多く、概括的な把握にとどまっているところが少くない。この点に関し、Ratzelは、彼がRitterおよび彼以前の地理学に浴せたと同じような非難を、今日の地理学者から加えられもしているのである。しかし、彼によって方向を与えられた地理学は、もろもろの近代科学の発展に伴って、彼の地理学を乗りこえ、機械論的な把握に歩を進め、今日の地理学においては、地域構造の精密な調査が行われ、地域の形態だけでなくその機能が明らかにされ、構成要素間の因果関係ないしは相関関係は、単に原因と結果との必然性、あるいは要素と要素との連関性として理解されるばかりでなく、数量的な規定として把握されようとしている。このようにしてはじめて、再構成による地域構造の総合的把握も可能になり、また地域の現状の維持、あるいは変革という実践的要求にも応じられるに至るのである。

地理学における実験的検証の操作は、これを自然科学におけるように行うことは困難である。したがって、それは思考的実験の形態をとる。その実験の場が、現実に事象の展開している地表である。それは、歴史学におけるそれが、現実における事象の展開過程のなかに求められるのと等しい。また、そのような場として、最もよく選ばれるのは、特殊性をもつ地表である。それは、このような地表において、地域構造が最もよく露呈されているからに外ならない。このことは、社会構造の把握に当って、社会構造が最もよく顕示されたがゆえに、革命の時期がよく研究の対象に選ばれるのと同じような関係にある。そうして、その実験の主要な作業が、地域の構成要素の空間的分布を確定するということである。Ratzelが、地理学の方法として、地表諸現象の拡がりの決定を重要視したのも、[11] 理由のないことではない。このようなところから、地理学は分布に関する学問であると、いわれさえするのである。[12] もちろん、このように断言することの誤りであることはいうまでもない。しかし分布の確定は地理学に適用される方法のうち重要なものであることにはまちがいはないであろう。[13]

地域の構成要素は多様で、そのために、地理学の素材は多岐多端にわたっている。このようなところに、地理学の特色があるのであるが、[14] この結果、地理学の研究は極めて困難な状態に陥っている。[15] この困難な状態を少しでも緩和するために、科学研究における分業の原則に従い、地域構造の総合的把握に当って、どこかに核心をおき、他のものは、これに連関づけられる範囲内において取りあげようとすることが望ましい。そのような中心課題として、自然と人文現象との相互関係をあげることができるのではあるまいか。このような態度をとることには異論が存する[16]であろうし、またこのような観点に立ったとしても、構成要素の多様性が全く解消せられるわけではない。しかし、自然と人文現象との相互関係は、他の科学においてもこれを取り上げてはいるが、少なくとも中心的な問題として考察していない課題であり、そのうえ、これは地域構造の基底をなすところの根元的な事実である。これの研究が、Ritter 以来、Ratzel を通じて、地理学の指導的観点となってきたのも、ゆえなしとしないのである。したがって、地域構造の把握に際して、これに核心をおくことは、地理学の研究に独自性を与え、地域構造の把握にその基本点を示し、近代地理学の伝統を保たせる所以《ゆえん》となるであろう。

## 五

つぎに、地域の構造を「具体的に究明する」ということについて考えてみよう。このことは、地域を具体的事実にもとづいて、機械論的に把握するというだけではなく、これによっては究明しつくすことのできない具体的な地域構造を明確にするということを意味する。そうして、この方法には歴史的認識が必要とされる。それは、次の三つの点から生まれる理由によってである。(一)具体的な地域構造には、機械論的把握にあっては、どんなに微細にわたる数量的規定をもってしても、なお説明しつくすことのできない例外を常に伴うこと、(二)機械論的把握にあっては、構造が同質であることを必要とするが、具体的な地域構造には、同質的なものに還元できない異質的なものが存していること、(三)これらの性格をもつ具体的な構造は、変化ないし発展の過程にあるということなどから、その解明のために、歴史的認識が求められるのである。

Ratzel は歴史的認識にかけていたと、いわれるのであるが、その非難ほどに、彼は歴史的認識の適用を怠っていたわけではない。そのことは、彼の主著 *Anthoropogeographie* を読みさえすれば分かることである。彼は、地理学の研究において機械論的把握を主張したのであるが、歴史的認識を無視しては、地理学研究の充実されえないことを知っていたのである。Ratzel の流れをくむ石橋博士は、地理学において法則樹立を強調されたのであるが、同博士が指導された京都大学地理学教室の業績が、歴史的考察に富むことを特色とする点は、極めて興味深いことである。

地理学の課題から歴史的認識の排除を主張する人もあるが、[17]今日においては、立場は異なるにしても、歴史的認識の上に立脚して、地理学の研究を遂行しようとする傾向が強い。[18]これを欠いては、せっかくの地理学研究も半身不随におちいるおそれがないとはいえない。

地理学において、このような面に考慮を払うことは、経験内容の全体にむすびつきゆくことであって、地理学に特有の領域を確保せんとする要求と、矛盾するのではないかという疑問が生れる。これに対しては、一応次のように答えておきたいと思う。どういう科学の独自の領域といわれるものも、その科学の研究範囲が純粋にその領域だけに限られるという性質のものでなく、それは、研究の中心課題を示すにとどまり、それに関連ある問題は、その科学の研究に取り入れてよい、いなむしろ取り入れるべきで、地理学もその例にもれない。

しかし、地理学のように関連する智識領域の広いものにあっては、問題はそれほど簡単でない。この学問においては、とくに、その専門領域限定のきびしい要求と全体的把握への拡充の強い要求との矛盾のために、苦しい状態が続いている。これは、地理学が近代科学として成立したことのおそかった結果でもあるが、[19]その本質に根ざす理由があるためで、それの十分な意味の解決は、今後にまたなければならないであろう。

今まで述べてきたところと関連して、地理学と実践、価値および史観などとの関係にふれることが、今日の地理学を方向づけるために、必要なことである。[20]地理学の意義に不信がおかれ、地理学が博学の士の慰めにすぎなくなってきていると考えられている今日、この学問に、みのり豊かな成果をもたらすためには、とくにそうであろう。

この点については、他日考察の機会をもちたいと思う。ただ、ここでは、このような点の究明にあたって、地理学の具体的研究それ自体の中に、多くの検討さるべき問題の蔵されていることを附け加えておきたい。

以上のような考察において、あたかも、海水浴にきて、海中に身を投ずることなく、海浜を徘徊しながら、「海水浴とは何ぞや」を論じているにも似たものが感じられるかもしれない。しかし、「海水浴の何たるか」を心得ていることが、海水浴の実施にあたって、それを誤りなからしめ、またその効果をいっそう発揮するために、必要であることはいうまでもないであろう。

原注（ただし適宜書誌情報を補った）

（1）小野鐵二「地理学の性質について」『史林』一二（三）。A. Leuteneggar, *Begriff, Stellung und Einteilung der Geographie*, Justus Perthes, 1922, S. 1.

（2）恒藤 恭「文化現象の地理的認識—その一般的基礎について—」『経済論叢』一五（四）、一三一〜一五二頁。

（3）O. Schlüter, *Die Ziele der Geographie des Menschen*, Druck und Verlag, 1906, S.14－16.［手塚 章訳「人文地理学の目標」『地理学の古典』古今書院、一九九一年］S. S. Balzak, V. F. Vasyutin, and Ya. G. Feigin, *Economic Geography of the USSR*, Macmillan, 1949, p.Xliii.

（4）A. Hettner, *Die Geographie: ihre Geschichite, ihr Wesen und ihre Methoden*, F. Hirt, 1927, S.110－132.［平川一臣ほか訳『地理学—歴史・本質・方法—』古今書院、二〇〇一年］

（5）P. Vidal de la Blache, *Principes de Géographie Humaine*, Armand Colin, 1922, p. 5.［飯塚浩二訳『人文地理学原理』岩波書店、一九七〇年］J. Brunhes, *Human Geography*, Rand McNally, 1920, p.13.［松尾俊郎抄訳『人文地理学』古今書院、一九二九年］

（6）V. Kraft, *Methodenlehre der Geographie*, F. Deuticke, 1929, S.20. O. Schlüter, *Die Stellung der Geographie des Menschen in der Erdkundlichen Wissenschaft*, E. S. Mittler, 1919, S.15－17.

(7) 石橋五郎「我が地理学観」『地理論叢』一、二〜三頁。〔第二章2参照〕

(8) H. Rickert, *Kulturwissenschaft und Naturwissenschaft,* J. C. B. Mohr, 1910.〔佐竹哲雄・豊川 昇訳『文化科学と自然科学』岩波書店、一九三九年〕

(9) E. Banse, *Die Geographie und ihre Probleme,* Mauritius, 1932.

(10) F. Ratzel, *Anthoropogeographie*, J. Engelhorn, 1882, 1891, S. 9 −26.〔由比濱省吾訳『人類地理学』古今書院、二〇〇六年〕

(11) F. Ratzel, *Die Erde und das Leben,* Bd. I, Erst Einteiung, Bibliographisches Inst, 1902.

(12) P. H. Schmidt, *Wirtschaftsforschung und Geographie,* G. Fischer, 1925, S.162−172. 黒川　巌『経済地理学総論』叢文閣、一九三六年、二三頁。

(13) A. Hettner, *Die Geographie : ihre Geshichite, ihr Wesen und ihre Methoden,* S.12−132.

(14) E. Banse, *Lehrbuch der Organischen Geographie,* W. de Gruyter, 1937, S. 3 . H. J. Fleure, *An Introduction to Geography,* E. Benn, 1929, p. 7 .

(15) P. H. Schmidt, *Philosophische Erdkunde,* F. Enke, 1937, S. 1 .

(16) O. Schlüter, *Die Ziele der Geographie des Menschen,* S.10−12.

(17) O. Schlüter, *Die Ziele der Geographie des Menschen,* S.23−24.

(18) P. Vidal de la Blache, *Principes de Géograpie Humaine.* K. A. Wittfogel, Geopolitik, geographischer Materialismus und Marxismus, *Unter dem Banner des Marxismus,* Heft 3 , Nr. 1 , 4 , 5 , 1929. S. S. Balzak, V. F. Vasyutin, and Ya. G. Feigen, *Economic Geography of the USSR,* introduction.

(19) P. H. Schmidt, *Philosophische Erdkunde,* S. 1 .

(20) Maurice le Lannou, *La Géographie Humaine,* Flammarion, 1949, p.19.

# 5

# 山口平四郎

解題　山口平四郎（一九一〇年～）は、一九三〇年に京都帝国大学文学部に入学し、一九三四年に大学院に進学、一九三八年に仙台の東北学院に職を得るまで、京大地理学教室で過ごした。その後、一九四二年から南満洲鉄道株式会社の調査局に勤め、大連や新京（現長春）を拠点として中国東北地方の調査に従事し、一九四七年に日本本土に帰国した。翌年、立命館大学専門学部に着任して以来、一九七五年に定年を迎えた後も一九八〇年に特別任用教授を退任するまで、三〇年以上にわたって同大学の地理学教室の発展に力を尽くした。

立命館大学では一九三五年に歴史地理学科が新設され、鈴木福一や岩根保重（一九三〇年卒）、また遅れて藤岡謙二郎（一九三五年考古学卒）が着任して学科を運営していた。一九四一年には法文学部文学科地理学科として、地理学単独のユニットが誕生している。私立大学の地理学教室としては日本で最も古い教室の一つである。戦後、一九四六年に織田武雄（一九三二年卒）が、翌一九四七年に谷岡武雄が着任し、そして山口が着任した一九四八年は、新制大学に移行して文学部地理学科として再発足した所であった。しかし戦後すぐに岩根や織田、藤岡が続けざまに退任・転出したため、谷岡とともに山口が地理学科の戦後の発展に寄与することになった（山口平四郎先生定年記念事業会編『地域と交通』大明堂、一九七五年。立命館大学文学部地理学教室編『地理学教室五〇年史』同教室、一九八四年。「山口平四郎博士略年譜・著作目録」『立命館文学』四九九、一九八七年)。また、人文地理学会の創設にも関わり、一九七〇年から二年間、会長を勤めた。

山口の研究上の主要な関心は交通地理学であり、卒業論文「清水港の交通地理的研究」(『地理論叢』六、一九三五年)以来、『交通地理の基礎的研究』(大明堂、一九七四年)に至るまで、一貫して交通地理学、とくに水運と港湾に焦点を絞るものであった。早くから交通結節点のもつ後背地の範域に関心を寄せ、統計分析に力を割くあまりに「ソロバン地理学」と揶揄されたことを、自ら回想している。

以下に収めたものは、自伝『回想六十五年』(自家出版、一九七五年)の一節である(三九~五四頁)。当自伝には「満洲」での経験や立命館大学着任時の事柄も記されているが、ここでは山口の原点となった京大時代の部分を収録した。石橋教授時代の教室の雰囲気がよく表されており、また交通地理学の開拓を志した若き日の山口の姿が彷彿とすることと思う。なお山口が地理学を志したのは、大学入学以前、浦和高等学校でのことであった。東京高等師範学校から兼務していた内田寛一(一九一三年卒)の授業に接したことが大きな契機であり、それは「抜群に面白かった」(『回想六十五年』二〇頁)という。

# 回想六十五年

## ——一九七五年・抄録

### 地理学専攻生となる

史学科の学生は二回生になると、各自の希望によって国史・東洋史・西洋史・地理学・考古学という五専攻のどれかに分属される。当時のカリキュラムにおいては、二回生の要卒課目数は、一回生のものよりさらに少なかった。

地理学専攻についていえば石橋教授の経済地理学、小牧助教授の満洲地誌、非常勤講師で和歌山高商教授だった、小野鐵二先生の西洋古代地理学史、昭和七年度の特殊講義はその三課目だけである。ほかに小牧先生の外書講読、これはW・M・デービスの「エルクレーレンデ・ベシュライブンク」(i)がテキストで、二・三回生全員のほか、教室員も聴講に来ていたようである。また二回生必修の地理学実習は、その四月に地理学教室助手に就任された、米倉二郎氏が担当された。地理学専攻二回生の要卒課目は、以上の五課目だけであった。他の専攻においても事情は大差なかったと思う。

このように、新制大学のカリキュラムに較べて、当時の課目数(いずれも必修で、選択の自由はなかった)が著るしく少なかったのは、自学自習を尊重する考え方によるものであろうか。たしかに学生には、充分すぎるほど余暇があったので、それを適切に利用さえすれば、自分が興味を持つテーマにかなり深入りできた筈だと思う。しかし一面からいえば、自学自習ということは、遊んで暮らしても結構卒業だけはできる、という有難い仕組みであった。私のように、すこし本を読むと微熱が出やすいという健康状態では、こういう楽なカリキュラムは大助かりであった。私が復学後(ii)、人並みに三年間で卒業できたのは、のらりくらりと遊んで青春を謳歌しているうちに、すこしづつ体力が回復していったからであろう。いまのように、時間割がギッシリ詰まった状態だったとすれば、一年くらい遅れたことは確かだと思われる。

要卒課目数は少なかったが、当時の文学部学生のほとんど全部は、卒業後教員になったのであるから、教員免許状取得のために、なお多くの課目を履修する必要があった。まず教育学は教免取得の必須課目だったが、そのほか史学科内部の他専攻の特殊講義と演習とを履修すれば、その専攻の高等学校教免が取得できた。しかし私は、健康状態を内心の口実にして、教育学以外は他専攻の授業を履修しなかった。

二回生になって初めて、教室の巡検に参加できた。主任教授の石橋先生は御病弱だったため、巡検はいつも小牧先生と米倉さんの、御指導によっておこなわれ、副手の織田武雄・渡辺茂蔵両氏が、それを補佐しておられた。春の巡検地は九州北部で、門司港にはじまり、八幡製鉄所、筑豊炭田、博多、太宰府、日田盆地、阿蘇カルデラと廻わって、別府で解散になった。私が九州の土を踏んだのは、これが初めてである。また筑豊の大辻炭坑で、地下六百メートルほどエレベーターで下がり、そこから丈《たけ》の低い坑道で、頭を岩にぶつけながら、こわごわ歩いたことも忘られぬ経験である。復学後やっと一年の身体で、最後まで保《も》つだろうかと、出発前にはかなり不安であった。無事に行程を終えたのは、夜ごとに精を出して、アルコールで内臓の消毒につとめたせいであろう。お蔭で帰洛後は一躍、二回生有数の酒飲みという悪名が、地理学教室の中にとどろき渡った。

春の巡検は教室の恒例行事であるが、この年の秋には異例の企《くわだ》てとして、一ヶ月余の大陸巡検旅行がおこなわれた。外務省対支文化事業部から、補助金が出たとかいうことであった。学生時代に外国への教室巡検に参加できたことは、大きな幸運だったと思う。

小牧先生を指導者とする一行が、天津航路の三千数百トン級の客船で神戸港を出帆したのは、一〇月も末のことであった。黄海を横切って、白河下流の塘沽《タンクー》港に上陸し、北京へ向う鉄道の車窓から、私は生れて初めて、地平線というものをこの目でみた。左側の窓外には、豊かに実った畑が坦々と広がり、その果ては、海岸から眺める水平線と同様に、円い曲線をえがいて、藍色に澄んだ空と、ハッキリ境いされている。それは、我れと我が目を疑うほど、強い印象を私に与えた。後になっても、地平線という言葉を聞くとき、この華北平野の秋のイメージを思い出すことがある。

国民政府が南京へ遷都したあとなので、当時の北京は北平《ペイピン》と呼ばれていたが、私たちは心ゆくばかり古都の風物に接することができた。市街を囲む方形の城壁、故宮の諸宮殿、さては万里長城などに向い合うたびに、日本文化とは全く異質な中国文明の規模に、圧倒されるような気がした。桂離宮や伊勢神宮を思い浮べても、そこには比較を絶するものがあった。こういう雄大な文化遺産を生んだ民族が、中華を自称するならば、いかにも自分たちは、東海の辺土粟散の民だという気がしてくる。中国文明の理解などとは、気楽に口にすべきでないと思った。

革命後のいまは、北京城の豪壮な城壁も撤去され、天安門広場の周囲には、新様式の大建築が立ち並び、北京の景観は急速な変貌をとげたそうである。しかし、政治情勢は時々刻々に流転し、それに応じて、地域構造は絶えず変化するけれども、その底には一貫して動かぬ風土の特質と、その中で生を営なむ民族性とがある。北京という一都市のみを理解するにも、不易と流行の両面から、追求する必要を感ずるにつけ、地理的認識に至る道の困難さを、近頃になって身に泌《し》みて感ずるようになった。

それはさておき、私たちの旅行は北京から天津へ戻り、そこの見学を終え、また塘沽から乗船して大連港に上陸した。「天津航路」と呼ばれてはいても、白河下流の水路が砂堆によって浅くなり、航洋船は天津まで溯航できず、すべて塘沽止まりだったのである。

大連から先は、満鉄本線によって北上し、奉天（いまの瀋陽《シュンヤン》）、撫順《フーシュン》、新京（いまの長春《チャンチュン》）を経て恰爾浜《ハルピン》に至り、そこから引返えして奉天で解散の形式をとった。満洲の見聞も大きな収穫だったが、後に私は満鉄社員として、暫らくここに居住したので、当時の鮮やかな初印象は薄れてしまった。私は奉天以後は、朝鮮経由の本隊に加わって、さらに平壌、京城［現ソウル］、仁川などを見学した。京都へ帰ったのは、出発後三三日目、肌寒い時雨のばらつく晩秋であった。

健康の回復し切っていない自分には、長途の大陸の旅は重荷だった。微熱が続いたため、北京では見学を休んで寝た日もある。それが最後までもちこたえられたのはニンニクのせいだと思う。その休んだ日のあとで、一同が料理屋で会食をした際、細かに刻んだ生ニンニクが、調味料として山盛りに出された。疲労回復の妙薬だと聞いて、私ひとりで半分ほど平げ、翌日は皆が臭がって、そばへ寄り付かぬ程だった。お蔭で数日来の微熱が消えたので、その後もつとめてニンニクを喰べ、どうにか旅程を完了させたのである。

## 卒論前後

昭和八年の春に三回生となり、大学最後の一年を迎える。この時まで肝腎の地理を、「病後の静養」と自称して一向に勉強せず、試験前にノートをめくる程度だったので、卒業論文のテーマも決まる筈がなかった。三回生で履修したのは、石橋先生の演習だけ。あとは卒論さえ通れば卒業だった。

多分、学年最初の演習の済んだあとだったと思う。三回生が一人づつ、石橋先生の研究室へ呼び出され、卒論のテーマを訊ねられることになった。不意打ちなので、今更どうごまかすこともできない。たいていの同級生はテーマが決まっているか、大体の心積りがありそうだった。

悄然《しょうぜん》と先生の室に入った私が、テーマ未定の旨を告白すると、先生は厳しい語調で、私の不心得を責められた。こんな呑ん気な学生を抱えて、さぞ心配されたことと、いま思い出しても恐縮に堪えない。先生がいわれるには、熟知した地域を手がける方がよいと思うが、君の故郷が東京では、初心者の手に負えない。ほかに、よく知った土地はないか、といわれる。転地生活の頃、清水の辺りはよく歩きました、と答えたところ、それでは清水港をテーマに選んではどうか、とのことであった。そこで恐る恐る、港湾というものはどう研究したらよいのですか、と質問したところ、折角気分の鎮まった先生が、再び鋭い語気で怒り出され、君のように呑ん気な学生はみたことがない。日本には、港湾を専攻した地理学者はいないから、日本語の文献は役に立たない。方法論も実証的研究も、ドイツが一番進んでいる。ドイツを中心に、欧米の雑誌類を検索して、港湾関係の論文には、一応目を通しておき給え。単行書ではメッキングのものがよいが、うちの研究室にはない。農学部の図書室にあるから、通よって読むがよかろう、とのことだった。私は冷汗をにじませながら、先生の室をこそこそと退出した。

その次ぎの日からである、はじめて自前《じまえ》の地理の勉強をはじめたのは。それから夏休みに入るまで、研究室の外国雑誌から、港湾研究の方法論を摂取するのは大仕事であった。農学部へも日参して、メッキングの大冊に取組み、さわりの部分は、原文をノートに写し取った。実をいうと、次ぎに述べる二つの事件のせいで、平静な気持を続けにくかったが、その割には能率が上った方であろう。健康状態もほぼ旧に復し、蓄わえられた余力をもって、論文の完成に勝負をかける気力が湧いてきた。こうして、夏休みに清水港へ出かける前に、自分なりの方法論が、曲がりなりにも立てられたのである(iii)。

昭和八年四月から、京大法学部や全国の知識人に衝撃を与える事件が発展しつつあった。京大事件、または瀧川事件と呼ばれるものがこれである。法学部瀧川幸辰教授が、自由主義思想に基づく著書を公けにしたかどで、文部省はその自発的な辞職を勧め、やがて文官分限令による罷免を要求するに至ったが、法学部教授会は思想の自由を守る立場から、一致してこれに抗争した。この京大事件についてはすでに論じ尽くされており、ここに私見を加える余地もない。

しかし学生自治会の存在しない時代に、この事件を契機として全学的な学生組織がつくられ、法学部教授会支援、全学一致の抵抗を呼びかけたことは、注意されてよいであろう。当時の大学生は全国約三〇の出身高校別に、平素から付合いが密だったので、まず高校別に組織がつくられ、そこから代表者が選ばれて、高代会議（高等学校代表者会議）という、全学的な集団が結成されたのである。

京大事件のクライマックスは五月二六日であった。それまで文部省と戦い抜いてきた法学部教授会が、その日に総辞職を決行するらしいというので、高代会議主催の、全学々生集会が開かれていた。時計台下の大教室は、通路まで学生で埋まり、熱心な討議の交わされている最中に、議長から動議が出た。いま法学部教授会は総辞職を決定した。先生方はまもなく、学生に挨拶するためこの会場にこられるというので、それまで暫らく休憩したい、というのである。一瞬静まり返えったあとで、満堂の拍手が起こった。私はすこし外気を吸おうと、校庭へ出たところ、私を捜し廻わっていた友人が、私の下宿へ届いていた電報を手渡してくれた。それは母の危篤の通知であった。

こうして、沸きかえる学園をあとにして夜汽車に乗り、翌朝早く東京の自宅へ着いた。母は五年前に脳溢血で倒れてから徐々に回復し、室内では普通に起居できるまでになっていた。それが二五日夜に再度の脳溢血をおこし、あとは私の帰宅を待ちわびていたという。枕許《まくらもと》に坐った私がわかると、母の表情はにわかに生き生きとなり、夜汽車で疲れたろう、と一と言《こと》いった。意識の働いたのはそれが最後で、すぐ昏睡状態に陥いり、六月四日の早暁に息を引取った。葬儀を済ませて帰洛した私を追いかけるように、中学時代以来の親友、井上君の不慮の訃報が入った。

夏休みに入ると気を取直おして、卒業論文の現地調査にでかけた。たまたま資料を貰いに出かけた静岡市役所で、そこに勤めている浦高の先輩とめぐり逢い、涼しい田舎でともに一と夏を過ごそうということになり、安倍川のほとりの農家の離れを、二ヶ月借り切った。私はそこから、静岡電鉄で清水港へ通うかたわら、静岡市内の葵文庫（県立の図書館）では、県下のいろいろな文献を調べた。時の清水港々務所長山岸貞一氏は、極めて親切な技術家で、港湾についての基礎的知識を持たぬ私に、根気よく必要事項を教えてくれた。他人の迷惑にも気の付かぬ身勝手な学生に、毎日所長室へ坐わりこまれて、さぞ公務に支障のあったことと思う。この山岸さんの教示は、その後ながく私の港湾調査に役立った。また清水の周辺を歩き廻わるたびに、孤独に明け暮れた三年前の転地生活が思いおこされた。

九月に京都へ帰えると、週一回の演習に出席するほかは、論文の仕上げにかかり切った。一番手間のかかったのは、国鉄貨物統計の分析によって、清水港の背後地の範囲をつきとめる作業であった。秋もしだいに深まり、頭の集中力が日増しに加わるにつれ、今度は亡母のイメージがしきりに浮んできて、原稿執筆のリズムをかき乱した。深夜になると、ことにいけなかった。それを振り払うには酒しかないが、とかく深酒になってしだいに体力を消耗させた。疲れ果てた私を見兼ねて、浄書を手伝いに来てくれた、浦高出身の友人もいた。当時私が下宿していたのは、北白川街道沿いの、大きな白川石の問屋である。その一室で、夜更けにこごえた手を火鉢にかざしながら、原稿用紙の桝目《ますめ》を一行づつ埋めていった自分の姿は、いまでも懐しく思い出すことができる。

この卒業論文「清水港の交通地理的研究」によって、私は昭和九年三月に京大を卒業した。一諸に卒業したのは安藤鏗一、今村新太郎、大橋英男、日下卓造、国領武一郎、近藤忠、朝永陽二郎、村山方治、渡辺久雄の九君である。私を含めて二ケタの卒業生というのは、地理学教室はじまって以来の新記録であった。このうち安藤、日下、村山の三君は惜しくも早世された。残こる七名のうち、大橋君と国領君とは、実業界第一線の首脳として活躍中で、他の五名はいまなお、地理でメシを喰べているのである。

主任教授石橋先生が定年退官されたのは、昭和一一年一月のことであるが、先生の演習を受講したのも、先生から卒論の審査と口頭試問を受けたのも、私たちの学年が最後であった。私たちの卒業直後から、先生の持病の肺結核が悪化したため、それ以後は、実質的に小牧先生が代わって、講座を担当されることになったのである。最後の受講生の一人として、この機会に先生のことをすこし紹介しておきたい。

私たちの在学当時の石橋先生は、不断の摂制と自重によって、病弱な体質をカバーしておられたが、それでも所労による休講が多かった。お宅は京大正門と二百メートルは離れていなかったが、いつも人力車で出講された。それほどだったので普通講義・特殊講義・演習のすべてに、全力投球することは無理であった。ことに特殊講義などは、たまに授業があった、と表現する方が適切だった。従って、野外巡検で学生を指導する責任は、いつも小牧先生の負担になっていたのである。現代のように尖鋭な学生諸君によって、休講の多い教授のリストが作られ、公開の席上で総括を迫まられるような時代だったとすれば、先生は定年まで職を全うされることはできなかったと思う。

石橋先生は明治九年一月、千葉県佐倉に出生され、第一高等学校を経て、明治三四年に、東京帝国大学文科大学史学科を卒業された。卒論は中世アラビア地誌に関するものであった。当時わが国の大学には、地理の専門家がなく、学生時代に聴講されたリース博士の自然地理も、坪井九馬三博士の政治地理も、他専攻の学者の余技にすぎなかった。史学を専攻された先生が、地理学者になる志を立てられたのは卒論執筆中で、生来の旅行好きがその一因だったという。大学院入学の際には、「政治地理学」の研究テーマを掲げ、はじめて旗幟を鮮明にされた。

明治三六年に神戸高等商業学校（いまの神戸大学）が新設されると、先生はその翌年に教授として赴任され、以後長らく経済地理と商業地理を講ぜられた。その後明治四〇年、京都帝国大学文科大学に増設された史学科には、地理学専攻が設けられ、わが国最初の独立した地理学講座が誕生した。先生はその開設当初から、神戸高商教授のまま京大助教授を兼任され、主任教授小川琢治先生を助けて、地理学専攻の講義を担当された。大正一〇年に小川先生が、理学部地質鉱物学科の主任教授として転属されるに及び、石橋先生は神戸高商の教壇を退き、京大地理学教室の主任教授となり、以後一五年間教室を主宰された。その問、先生の許《もと》から多くの俊秀が、わが地理学界に送り出されたことは、人の知る通りである。

先生は京大へ着任当時、ラッツェルの「人類地理学」二巻を通読されて、講義の骨組を立てられたそうである。そういえば先生の普通講義には、ドイツ風の体系性があった。しかしラッツェルを評価しながらも、適切な批判をこれに加えられ、論旨明快な講義だった。晩年に到達された本質論は、先生の論文「我が地理学観」(iv)によく示されている。そこでは地理学が、地人相関(人間と環境との相互関連性)を分布の面から追求する、文化科学として規定されている。また地理学の本質が地誌だとする見解と、法則樹立を目指す科学だとする見解とが対立しているが、この両者は地理学という一つの盾の、両面にすぎないとされている。そして現状では、法則性のレベルは低いが、地誌的研究が成果を蓄積してゆくにつれて、地理学的法則も、より高い科学性を持つに至るであろうと結ばれている。

## 大学院入学

私は卒業論文の口頭試問が済むと一旦帰省した。かねて書面で諒承はとっておいたが、改めて父と面談の上で、大学院入学について承諾をえた。それで四月に大学院に入った。

旧制大学院は新制のものと全く制度が異なるので、まずそのあらましを述べておきたい。旧制の大学院には入学試験はなく、希望者は自己の専攻テーマを添えて出願すれば、指導教官が指示された上で許可になった。一旦入学すれば修業年限というものがなく、本人が授業料を納める限りは、何年でも希望通り在籍できた。それゆえ修了または卒業ということはなく、籍を離れようというときは、本人が退学届を提出するのである。大学院生に対しては、授業も試験もない完全な自学自習で、在籍中に随時、指導教官から教えを受けるだけであった。年度末ごとに、一年間の研究成果を報告する内規があったらしいが、本人が業績を公けにしていれば、その儀に及ばずということらしく、私は在籍中一度も報告書を出したことはない。

私は「交通地理学」というテーマで、入学を許可された。大学から指定された指導教官は、石橋・小牧両先生と、もう一人史学の先生がおられたが、そのお名前を忘れてしまったところをみると、私は一度も指導を受けにゆかなかったのであろう。実際には小牧先生の御指導と、先輩友人諸氏の助言とによって、大学院を過ごしたのである。同期に入学したのは安藤・大橋・近藤・朝永の四君だった。

私が大学院で公けにした業績のうち、「有度山《うどさん》」と「清水港」とは、ともに学部在学中の研究成果を、加筆訂正したものである。前者は、小牧先生に提出した二回生リポートで、提出時期は三回生になってからでよいという、大らかな取決めだったので、卒論と並行して書いた。いわば卒論の別冊である。これが地理論叢に載って、私の処女論文になった(v)。卒論を書きなおした「清水港」の方は、校正が不充分で誤植が多く、また地図を二枚だけに削減したため、理解されにくいふしがあるかと思う(vi)。とにかくこれが、交通地理に関する私の最初の業績である。

大学院に入ってからの実証的研究としては「伊豆半島」が最初である。昭和九年夏に実地調査をおこない、三年あまり経ってから、纏めて雑誌に投稿した(vii)。さきに卒論をまとめた際に、清水港と駿河湾沿岸諸港との間に、小規模ながら、海上交通のつながりがあることを知ったので、今度は伊豆半島全域の交通構造を調べ、かつ清水との関係をはっきりさせたい、というのが研究の動機だった。

卒業した年の夏休みなので、大学の制服制帽にリュックサック・兵隊靴といういで立ちで、偽せ学生になり済まし、学生だからといって宿泊地ごとに、宿賃を値切り倒おして泊まった。伊豆の全海岸を自分の足でまわって、十幾つの小港を洩れなく調べた。熱海から歩き初めて、東海岸を下田に至り、大島へ渡って三原山へも歩いて登り、下田へ引返えしてからは、西海岸を沼津のやや手前まで歩いた。徒歩行程は二百キロメートルを超えたと思う。ついでに鉄道とバスで御前崎漁港までゆき、清水港を取り巻く駿河湾岸の港をほぼ調査できた。その取纏めが遅れたのは、生来の怠け癖のせいであるが、次の二つの仕事の方を優先させたことにもよる。その一つは、石橋博士還暦紀念論文集への執筆である。先生が還暦を迎えて退官されるに当たり、地理論叢第八輯を、紀念論文集という形で編集して、先生に献呈しようということは、早くから決まっていた。大学院へ入るとすぐ、私は「日本の石炭運輸」というテーマで、これに応ずることにきめた。[viii] このテーマは自分の卒論から糸を曳いている。

卒論で、清水港と背後地との間の、鉄道貨物輸送について調べている際、以下のようなことに気がついた。私は東方では横浜、西方では名古屋の二港をとりあげ、それぞれと清水との間の背後地境界が、どの辺にあるかをつきとめようとした。一般の日用雑貨の場合は、二港間の距離上の中間点を挟んで、かなりの幅を持つベルトが、背後地の境界地帯をつくる。しかし、石炭輸送の場合にはかかるバラツキがなく、両側の二港の勢力圏は、清水との鉄道距離の中間点で、明確に境されている。これは、石炭が運賃負担力の少ないことから、鉄道距離、すなわち貨物賃率の高低に、極めて敏感なせいだと考えた。しかし、他港の場合もこれと同じであるか、これを貨物輸送上の原則と断定してよいか、については皆目わからなかった。わが国に、その当時まで、この種の研究がなかったからである。それで一挙に全国の石炭輸送の、空間的構造を調べて、自分の疑問を解決しようと考えたのである。

大学院へ入ってすぐに着手したものの、締切まで一年余まりで、果たして完成するであろうか、手をつけてみて、余りにも統計分析に暇がかかるので、次第に不安になった。この研究で最も手を焼いたのは、石炭が山元付近の積出港から、一旦は海路によって、多数の港湾へ送られるが、そこに陸揚げされてから先は、奥地のどこまで流動してゆくか、それを明らかにする作業であった。

大きな陸揚港は、奥地へ石炭を発送する臨港貨物駅を、幾つも持っており、それぞれから石炭の到着する奥地の駅数は、数十から百以上になる。全国では延べ数千にのぼる駅を、すべて地図に落とした上で、そのトン数によって、どの港の背後地になるかを検討した。私は中学生の頃いたずらに、全国のおもな鉄道幹線の駅名を、順に覚えたことがあるので、それがこの作業に役立った。しかし、ローカル線や私鉄の駅などは、それがどこにあるのか確認する暇がかかった。口の悪い友人が、毎日ソロバンを弾《はじ》いている私の肩をポンと叩いて、「またソロバン地理学かい」といった。まさにそれ以外の何物でもなかった。

「石炭」を仕上げた余勢で、他の貨物についても、同様な作業を始めたが、それは未完に終った。手間ばかりかかるこの種の作業が、学問上どれほど価値を持つのか、次第に疑問が大きくなってきたためであろう。ソロバン地理学の業績は、ついに一つだけに終った。「石炭」を纏め上げた翌年には、調査費用全額支給という、願ってもない現地調査の口がかかった。満鉄社員である私の従兄が、昭和一一年夏に、同社の門司駐在員に着任した機会に、九州諸港の対満洲貿易の実態を本社へ報告することを思い立ち、その現地調査を私に依頼してきたのである。九州諸港を必要なだけゆっくり廻って、しかも一、二本は晩酌のできる程度の、調査費用を出すといわれて、私は一も二もなくそれに飛びついた。

この調査は昭和一一年秋におこなった。門司を手はじめに若松・八幡・博多・唐津・長崎・三角の順に廻わったが、九州の東部と南部の諸港は、満洲との貿易が僅かなので割愛した。従兄の本拠である門司では、税関事務官萱島福雄氏に紹介して貰えたので、連日懇切に外国貿易の実務について、コーチを受けた。それは後年まで、私の港湾研究について、有難い基礎知識になった。秋晴れの北部九州は、どこへいっても、黄金色の水田のここかしこに、燃えるような櫨《はぜ》の紅葉が輝いていた。長崎へは偶然にオクンチ祭の日に着いたので、名物の龍の出し物をみることができ、島原半島では、秋冷のさわやかな雲仙岳へ登ぼった。おいしい九州の酒のほかにも、こういう楽しみがあった。

この調査の結果は、従兄新城英太郎の手で編集され、「対満貿易より観たる九州諸港の研究」と題して、昭和一二年三月に公刊された。五〇ページ余りの小冊子である。

以上のような、自分の調査研究のほか、当時の大学院生は、「地理論叢」の編集を手伝っていた。これは京大地理学研究室の編集になる、不定期刊行の論文集である。本来、地理論叢の創刊以前にも、地理学関係の研究発表誌は、全国に幾つもあった。しかし、そのいずれも、編集元が東京であったり、長文の研究が掲載できなかったりで、とかく不満足な点が多かった。京大の教室自体で、発表の手段が持てれば、これに越したことはない。その機が熟して古今書院から、地理論叢第一輯が出版されたのは、昭和七年一一月五日で、石橋先生の「我が地理学観」という論文が、その巻頭を飾った。創刊に至るまで、石橋教授・小牧助教授・米倉助手の御労苦は、さぞ大変なものだったろうと思われる。

地理論叢はその後、年一回または二回のペースで、不定期ながら、着実に刊行が継続された。時を同じくして、東京文理科大学（いまの東京教育大学〔現筑波大学〕）の地理学教室からも、「大塚地理学会論文集」が、同じ出版社から同じ体裁で刊行されていた。この二つの教室から、不定期に公けにされた論文集は、第二次大戦前のわが地理学界に、大きな貢献を果したのである。地理論叢の最終号は、昭和一八年の第一三輯で、戦時体制下の制約によって、それ以後は刊行されなかった。私が編集部の末席を汚したのは、第四輯から第九輯までである。いろいろな意味でよい勉強になった。

校注

（i）William Morris Davis, *Die erklärende Beschriebung der Landformen*, B.G.Teubner, 1912.（水山高幸・守田優訳『地形の説明的記載』大明堂、一九六九年）

（ii）山口平四郎は京都大学に入学した直後に、肺尖カタルによって休学を余儀なくされ、転地療養を行なった。

（iii）山口平四郎は後に、「港湾の地理的研究に関するメッキングの方法論」を『田中秀作教授古稀記念理知学論文集』（柳原書店、一九五六年）に寄せている。

(iv) 石橋五郎「我が地理学観」『地理論叢』一〇、一九三二年。第二章3参照。
(v) 山口平四郎「有度山の茶業について」『地理論叢』四、一九三四年。
(vi) 山口平四郎「清水港―商港の研究―」『地理論叢』六、一九三五年。
(vii) 山口平四郎「伊豆半島の交通地理」『地理教育』二八、一九三八年。
(viii) 山口平四郎「我国内地に於ける石炭運輸の研究」『地理論叢』八、一九三六。

# あとがき

二〇〇七（平成一九）年、京都大学文学部地理学教室は創立百周年を迎えました。百周年を記念して、地理学教室では、多くの皆様に発起人になっていただき、同窓会である地理学談話会による「百周年の集まり」（二〇〇七年一二月一日）を開催することや、教室百年史を刊行すること、また、教室と京都大学総合博物館の共催で「地図出版の四百年～京都・日本・世界～」（二〇〇七年四月四日～五月六日）の企画展を行うことを計画いたしました。本書は、こうした記念事業の一環として企画されたものです。地理学教室関係者をつなぐ縁として、また、日本で最初に開設された地理学教室のささやかな歴史記録としてご活用いただければ、幸いです。

地理学教室は、一九一〇（明治四三）年から二〇〇七（平成一九）年までに五四〇名の学部卒業生（旧制・新制）を送り出してまいりました。地理学談話会の会員名簿を見ると、卒業生の方々は、学界はもとより、教育、行政、マスコミ、一般企業など、多様な分野で幅広く活動されておられます。

教室の百年の歴史の中には、さまざまな節目や苦しい時期がありました。大学院重点化や国立大学法人化以降、大学を取り巻く環境が激変する今日もまた大きな節目です。内外からの重い課題に直面している厳しい現状の中で、『百年史』の刊行を機に、その歴史から教訓と戒めを学ぶことは、現在の教室のスタッフにとっても意義の大きいことであります。独創的な地理学研究を進め、個性豊かな優れた人材を育てるという本来の役割を精一杯に担ってゆくことで、未来のより良い地理学教室を目指したいと、一同、心を新たにしております。

本書の刊行にあたっては、多くの方々のご協力とご厚意を得ることができました。特別にご寄稿くださった礪波護氏（東洋史）をはじめ、平野健男氏、松本以久子氏、水津久美氏、内田信子氏、村松芳樹氏、米倉亜州夫氏、山口平四郎氏ならびに日本地理学会、人文地理学会、古今書院、ミネルヴァ書房には、さまざまな既刊の文章の再録をご承諾いただきました。記して厚く御礼申し上げます。

最後に、出版事情の厳しいなかにあって、本書の刊行をお引き受けくださったナカニシヤ出版の中西健夫氏、ならびに、入稿・校正作業全般の労をお執りくださった吉田千恵氏のお二方に心より御礼申し上げます。

二〇〇八年四月

京都大学文学部地理学教室

■執筆担当者

金田章裕（きんだ・あきひろ）

京都大学 名誉教授

第一章１～３、７～９、第三章１

礪波　護（となみ・まもる）

京都大学 名誉教授

第一章４、５

山田　誠（やまだ・まこと）

京都大学人間・環境学研究科 教授

第一章６

髙橋　正（たかはし・ただし）

大阪大学 名誉教授

第三章２

野澤秀樹（のざわ・ひでき）

九州大学 名誉教授

第三章３

石原　潤（いしはら・ひろし）

京都大学 名誉教授

第三章４

成田孝三（なりた・こうぞう）

京都大学 名誉教授

第三章５

地理学　京都の百年

2008年8月1日　　初版第1刷発行

編　者　京都大学文学部地理学教室

発行者　中　西　健　夫

発行所　株式会社　ナカニシヤ出版
〒606-8161　京都市左京区一乗寺木ノ本町15番地
TEL　(075)723-0111
FAX　(075)723-0095
http://www.nakanishiya.co.jp/



印刷・製本／亜細亜印刷



Printed in Japan
ISBN978-4-7795-0275-0　C3025

# 『京都大学文学部地理学教室百年史』／『地理学　京都の百年』補遺

A Century of Geography in Kyoto

ナカニシヤ出版

# 目次

# まえがき――『補遺』作成にあたって

二〇〇八年八月、京都帝国大学文科大学史学地理学第二講座創設以来の地理学教室の歴史と関連資料をとりまとめた『京都大学文学部地理学教室百年史』（同窓会向け）ならびに『地理学　京都の百年』（一般向け）を出版いたしました。本『補遺』は、それらとほとんど日を経ずに刊行するものであります。

このように、あわただしく『補遺』を作成することになりました事情とお詫びとを申し上げます。

右記の二冊の刊行後直ちに、事実や情報の誤りや遺漏、掲載した原著論文のテキストとの不整合などのご指摘を多数いただきました。「教室史」という性格上、このような誤りや不備は、決してあってはならないことであります。関係の方々や読者の方々には大変なご迷惑をおかけしただけでなく、不快にも感ぜられたであろうとお察しし、恐縮しております。また、刊行をお引き受けいただきましたナカニシヤ出版にも多大なご迷惑をおかけしてしまいました。皆様に対し、心より深くお詫び申し上げます。

今回の出版事業は教室の百周年記念事業の一環として企画されたものでありました。それだけに、教室の歴史に対して不名誉であるだけでなく、記念事業の発起人の方々をはじめ、教室卒業生の皆様のお気持ちに反することになってしまいましたことに対しては、お詫びの言葉もございません。

むろん、不十分な内容のものを本として公にしてしまう事態に至りましたのは、これら二冊の編集担当者だけでなく、教室全体の責任であることは言うまでもございません。当時在籍していた教員も含めて教室員一同、深く反省しております。

改訂版の出版も検討いたしましたが、資料を補充して、『補遺』という形を採ることにいたしました。この『補遺』作成にあたっては、早急に誤りを訂正するという基本方針にそって、地理学教室にかかわる史・資料集でもある「付表」（『京都大学文学部地理学教室百年史』に付したもの）の全面的な改定・拡充と、本文部分の「正誤表」の作成とを行いました。今回の『補遺』につきましては、前回とは担当を交代し、田中和子がデータの再調査や上記二冊の見直し作業を含めて、全体のとりまとめをいたしました。

山田　誠教授（京都大学大学院・人間・環境学研究科）をはじめ、成田孝三京都大学名誉教授、石原　潤京都大学名誉教授、金田章裕京都大学名誉教授の諸先生方には、見直し作業や『補遺』草稿の点検など、一方ならぬご協力をいただきました。また、第一・三章の各節をご執筆いただいた先生方にも、再度の校正と確認をしていただきました。人事資料や教務資料の調査・閲覧には、京都大学大学文書館の清水善仁助教の他、文学研究科・文学部総務掛ならびに教務掛の方々のご協力をいただきました。教室事務補佐員の三上純子さんや大学院生の皆さん（柴田陽一、網島聖、岡本憲幸、南都奈緒子、松本貴裕、廣本幸子）にも校正作業をお手伝いいただきました。これら大勢の方々のご厚情とご尽力に対し、心より御礼申し上げます。

丹念に細心の見直し作業を行いましたけれども、なお、不備や遺漏があるかと存じますが、その責任は、ご協力いただいた方々ではなく、『補遺』作成担当者にございます。

本『補遺』の刊行の趣旨をご理解いただき、『京都大学文学部地理学教室百年史』ならびに『地理学　京都の百年』とあわせてご活用くださいますよう、お願い申し上げます。

二〇〇八年十月

田中和子

## 表1　教員一覧

a.【教授・助教授】

| 任　期 | 助教授(2007年より准教授) | | 教　授 | | 名誉教授 |
|---|---|---|---|---|---|
| | 着任 | 退任 | 着任 | 退任 | 称号授与 |
| | 年月日 | 年月日 | 年月日 | 年月日 | 年月日 |
| 小川　琢治 1) | | | 1908.5.22 | 1921.12.18 | 1930.8.15 |
| 石橋　五郎 | 1907.10.26* | 1919.8.31* | 1919.9.1* | — | |
| | | | 1922.8.16 | 1936.1.31 | 1936.9.11 |
| 小牧　實繁 | 1931.3.31 | 1938.3.30 | 1938.3.31 | 1945.12.27 | |
| 室賀　信夫 | 1943.11.27 | 1946.3.30 | | | |
| 織田　武雄 | 1947.3.14 | 1950.11.8 | 1950.11.9 | 1971.3.31 | 1971.4.1 |
| 水津　一朗 | 1959.4.1 | 1971.11.15 | 1971.11.16 | 1986.3.31 | 1986.4.1 |
| 應地　利明 2) | 1973.8.1 | 1986.3.31 | 1986.4.1 | 1994.3.31 | 2000.4.1 |
| 金田　章裕 | 1987.8.1 | 1994.3.31 | 1994.4.1 | 2008.3.31 | 2008.4.1 |
| 成田　孝三 | | | 1991.4.1 | 1999.3.31 | 1999.4.1 |
| 石川　義孝 | 1995.4.1 | 1999.3.31 | 1999.4.1 | | |
| 石原　　潤 | | | 1996.4.1 | 2003.3.31 | 2003.4.1 |
| 杉浦　和子 | 2001.4.1 | 2003.3.31 | 2003.4.1 | | |
| 米家　泰作 | 2003.10.1 | | | | |

1) 1921年12月19日、理学部に転じ、1930年5月6日退職。
2) 1994年4月1日、東南アジア研究センターへ転じ、アジア・アフリカ地域研究研究科を経て、2000年3月31日退職。
* 神戸高等商業學校教授と兼任

b.【講師(旧制期)】

| 任　期 | 着任 | 退任 |
|---|---|---|
| | 年月日 | 年月日 |
| 中目　　覺 | 1910.9.12 | 1913.8.31 |
| 小野　鐵二 | 1925.4.17 | 1948.3.31 |
| 小牧　實繁 | 1926.4.10 | 1931.3 |
| 春本　篤夫 | 1929.4.25 | — |
| 室賀　信夫 | 1937.3.31 | 1943.11 |
| 池邊　展生 | 1938.3.31 | 1939.3.31 |
| 米倉　二郎 | 1939.3.31 | — |
| 野間　三郎 | 1941.3.31 | 1946.2.28 |
| 川上　健三 | 1942.5.31 | 1943.3.31 |
| 松井　武敏 | 1942.9.30 | 1943.9.30 |
| 別技　篤彦 | 1943.9.30 | 1944.9.30 |
| 織田　武雄 | 1946.2.28 | 1947.3 |

c.【助手】

| 任　期 | 着任 | 退任 |
|---|---|---|
| | 年月日 | 年月日 |
| 樋口津禰太郎 | 1910.8.1 | 1911.3.31 |
| 中野竹四郎 | 1911.7.15 | 1912.5.26 |
| 楠田　鎮雄 | 1912.7.15 | 1913.10.7 |
| 内田　寛一 | 1914.3.17 | 1916? |
| 田中　秀作 | 1916.7.20 | 1917.6.13 |
| 下田　禮佐 | 1918.3.18 | 1919.7.22 |
| 藤田　元春 | 1919.7.31 | 1925.4.2 |
| 小牧　實繁 | 1925.3.31 | 1926.3.31 |
| 吉田　敬市 | 1926.3.31 | 1930.5.9 |
| | 1946.3.31 | 1954.6.16 |
| 村松　繁樹 | 1930.5.10 | 1932.3.19 |
| 米倉　二郎 | 1932.3.31 | 1937.3.31 |
| 野間　三郎 | 1937.3.31 | 1941.3 |
| 三上　正利 | 1941.3.31 | 1943.9.30 |
| 岡本信太郎 | 1943.10.31 | 1946.3.31 |
| 河野　通博 | 1949.6.1 | 1950.3.31 |
| 末尾　至行 | 1954.10.1 | 1960.12.31 |
| 山澄　　元 | 1961.4.1 | 1962.12.31 |
| 成田　孝三 | 1963.4.1 | 1966.3.31 |
| 武藤　　直 | 1966.5.1 | 1969.3.31 |
| 須原芙士雄 | 1969.12.1 | 1972.3.31 |
| 山田　　誠 | 1972.4.1 | 1973.10.31 |
| 高橋　誠一 | 1973.11.1 | 1976.3.31 |
| 久武　哲也 | 1976.4.1 | 1977.9.30 |
| 石川　義孝 | 1977.10.1 | 1981.3.31 |
| 吉田　敏弘 | 1981.4.1 | 1986.3.31 |
| 利光　有紀 | 1986.4.1 | 1987.4.30 |
| 松田　隆典 | 1987.5.1 | 1990.5.31 |
| 山崎　孝史 | 1990.6.1 | 1994.3.31 |

d.【客員教授(交換教授)(国内・国外)】

| 任　期 | 着任 | 退任 |
|---|---|---|
| | 年月日 | 年月日 |
| J. D. Eyre | 1965.10.6 | 1966.7.15 |
| J. M. Powell | 1999.9.15 | 1999.12.21 |
| 久武　哲也 | 2000.4.1 | 2001.3.31 |
| A. J. Fielding | 2001.10.1 | 2002.3.31 |
| Dennis Rumley | 2003.7.1 | 2003.12.31 |
| Kao Lee Liaw | 2005.5.10 | 2005.8.31 |

資料)「人事記録」(文学部総務掛保管資料)、『京都帝國大學一覧』・『京都大学一覧』(明治 40 年～昭和 47 年)、および『京都大學文學部五十年史』(昭和 31 年)。講師(織田武雄講師まで)については、主に『文学部旧職員名簿』(文学部総務掛保管資料)による。旧制の時期の講師には、専任・非常勤の別がつきにくいケースも含まれる。

表 2　専門科目（地理学）の非常勤講師ならびに授業担当者一覧（1907 年度～ 2008 年度）

| 年　度 | 所属 | 非常勤講師ならびに授業担当者 | 典拠資料 |
|---|---|---|---|
| 明治 40 年（1907） | 文学部 | | |
| | 他部局 | | |
| | 学外 | | |
| 明治 41 年（1908） | 文学部 | ［国史］喜田貞吉 | 一覧 |
| | 他部局 | | |
| | 学外 | | |
| 明治 42 年（1909） | 文学部 | ［国史］喜田貞吉 | 一覧 |
| | 他部局 | （医）足立文太郎 | |
| | 学外 | | |
| 明治 43 年（1910） | 文学部 | ［国史］喜田貞吉 | 一覧 |
| | 他部局 | （医）足立文太郎 | |
| | 学外 | 中目　覺 | |
| 明治 44 年（1911） | 文学部 | ［国史］喜田貞吉、［西洋史］中村善太郎▽ | 一覧 |
| | 他部局 | （医）足立文太郎 | ▽藝文 |
| | 学外 | 中目　覺 | |
| 明治 45 年（1912） | 文学部 | ［国史］喜田貞吉 | 一覧 |
| | 他部局 | （医）足立文太郎 | |
| | 学外 | 中目　覺 | |
| 大正 2 年（1913） | 文学部 | ［国史］喜田貞吉# | #50 年史 |
| | 他部局 | （医）足立文太郎# | |
| | 学外 | 中目　覺# | |
| 大正 3 年（1914） | 文学部 | ［国史］喜田貞吉 | 一覧 |
| | 他部局 | （医）足立文太郎 | |
| | 学外 | | |
| 大正 4 年（1915） | 文学部 | ［国史］喜田貞吉 | 一覧 |
| | 他部局 | （医）足立文太郎 | |
| | 学外 | | |
| 大正 5 年（1916） | 文学部 | ［国史］喜田貞吉 | 一覧 |
| | 他部局 | （医）足立文太郎 | |
| | 学外 | | |
| 大正 6 年（1917） | 文学部 | ［国史］喜田貞吉 | 一覧 |
| | 他部局 | （医）足立文太郎 | |
| | 学外 | | |
| 大正 7 年（1918） | 文学部 | ［国史］喜田貞吉 | 一覧 |
| | 他部局 | （医）足立文太郎 | |
| | 学外 | | |
| 大正 8 年（1919） | 文学部 | ［国史］喜田貞吉 | 一覧 |
| | 他部局 | （医）足立文太郎 | |
| | 学外 | | |
| 大正 9 年（1920） | 文学部 | ［国史］喜田貞吉（教授） | 一覧 |
| | 他部局 | （医）足立文太郎 | |
| | 学外 | | |
| 大正 10 年（1921） | 文学部 | ［国史］喜田貞吉（教授） | 史林 |
| | 他部局 | （医）足立文太郎# | #50 年史 |
| | 学外 | | |

| 年度 | 所属 | 非常勤講師ならびに授業担当者 | 典拠資料 |
|---|---|---|---|
| 大正 11 年 | 文学部 | [国史]喜田貞吉(教授) | 史林 |
| (1922) | 他部局 | (理)小川琢治▽、(医)足立文太郎 | ▽藝文 |
| | 学外 | | |
| 大正 12 年 | 文学部 | [国史]喜田貞吉(教授) | 一覧 |
| (1923) | 他部局 | (理)小川琢治、(理)槇山次郎*、(医)足立文太郎 | *史林 |
| | 学外 | | |
| 大正 13 年 | 文学部 | [国史]喜田貞吉(教授)* | 一覧 |
| (1924) | 他部局 | (理)小川琢治、(理)中村新太郎、(理)槇山次郎*、(医)足立文太郎 | *史林 |
| | 学外 | | |
| 大正 14 年 | 文学部 | [国史]喜田貞吉、[東洋史]今西　龍(助教授)▽ | 一覧 |
| (1925) | 他部局 | (理)小川琢治、(理)中村新太郎* | *史林 |
| | 学外 | 小野鐵二、足立文太郎 | ▽藝文 |
| 大正 15 年 | 文学部 | [国史]喜田貞吉 | 一覧 |
| (1926) | 他部局 | (理)小川琢治、(理)中村新太郎*、(理)石川(講師)* | *史林 |
| | 学外 | 小野鐵二、足立文太郎、小牧實繁 | |
| 昭和 2 年 | 文学部 | [国史]喜田貞吉* | 一覧 |
| (1927) | 他部局 | (理)小川琢治、(理)中村新太郎、(理)滑川(講師)*、(理)上治寅次郎(講師)、(医)金關丈夫、(理)山根新次(講師)* | *史林<br>#50 年史 |
| | 学外 | 小野鐵二*、小牧實繁*、足立文太郎# | |
| 昭和 3 年 | 文学部 | [国史]喜田貞吉 | 史林 |
| (1928) | 他部局 | (理)小川琢治、(理)中村新太郎、(理)熊谷直一、(理)山根新次(講師)、(医)金關丈夫# | #50 年史 |
| | 学外 | 小野鐵二#、小牧實繁(在外)#、春本篤夫 | |
| 昭和 4 年 | 文学部 | [国史]喜田貞吉 | 一覧 |
| (1929) | 他部局 | (理)小川琢治、(理)中村新太郎、(理)山根新次(講師)*、(医)金關丈夫 | *史林 |
| | 学外 | 小野鐵二(在外)、春本篤夫、小牧實繁(在外) | |
| 昭和 5 年 | 文学部 | [国史]喜田貞吉 | 一覧 |
| (1930) | 他部局 | (理)小川琢治*、(理)中村新太郎、(理)山根新次(講師)*、(理)槇山次郎▽、(医)金關丈夫 | *史林<br>○便覧 |
| | 学外 | 小野鐵二、春本篤夫○、小牧　實繁 | ▽藝文 |
| 昭和 6 年 | 文学部 | [国史]喜田貞吉 | 一覧 |
| (1931) | 他部局 | (理)中村新太郎、(理)槇山次郎*、(医)金關丈夫 | *史林 |
| | 学外 | 小野鐵二、春本篤夫* | |
| 昭和 7 年 | 文学部 | [国史]喜田貞吉 | 一覧 |
| (1932) | 他部局 | (理)中村新太郎、(医)金關丈夫 | |
| | 学外 | 小野鐵二 | |
| 昭和 8 年 | 文学部 | [国史]喜田貞吉、[東洋史]宮崎市定 | 一覧 |
| (1933) | 他部局 | (理)中村新太郎、(理)松下　進*、(理)槇山次郎*、(医)金關丈夫 | *史林 |
| | 学外 | 小野鐵二 | |
| 昭和 9 年 | 文学部 | [国史]喜田貞吉、[東洋史]宮崎市定 | 一覧 |
| (1934) | 他部局 | (理)中村新太郎、(医)金關丈夫# | #50 年史 |
| | 学外 | 小野鐵二、岡田武松、春本篤夫 | |
| 昭和 10 年 | 文学部 | [国史]喜田貞吉、[東洋史]宮崎市定(助教授) | 一覧 |
| (1935) | 他部局 | (理)中村新太郎、(医)清野謙次 | |
| | 学外 | 小野鐵二、春本篤夫 | |
| 昭和 11 年 | 文学部 | [国史]喜田貞吉 | 一覧 |
| (1936) | 他部局 | (理)中村新太郎 | |
| | 学外 | 小野鐵二、田中秀作 | |

| 年　度 | 所属 | 非常勤講師ならびに授業担当者 | 典拠資料 |
|---|---|---|---|
| 昭和 12 年 | 文学部 | [国史]喜田貞吉、[東洋史]森　鹿三*、[考古](医)清野謙次 | 一覧 |
| (1937) | 他部局 | (理)中村新太郎、 | *史林 |
| | 学外 | 小野鐵二、室賀信夫、池邊展生、金關丈夫* | |
| 昭和 13 年 | 文学部 | [国史]喜田貞吉、[考古](医)清野謙次 | 史林 |
| (1938) | 他部局 | (理)中村新太郎 | #50 年史 |
| | 学外 | 小野鐵二、室賀信夫、池邊展生、藤田元春# | |
| 昭和 14 年 | 文学部 | [国史]喜田貞吉 | 一覧 |
| (1939) | 他部局 | (理)野満隆治# | #50 年史 |
| | 学外 | 小野鐵二、室賀信夫、米倉二郎、金關丈夫 | |
| 昭和 15 年 | 文学部 | | 一覧 |
| (1940) | 他部局 | (理)野満隆治 | |
| | 学外 | 小野鐵二、室賀信夫、米倉二郎 | |
| 昭和 16 年 | 文学部 | | 一覧 |
| (1941) | 他部局 | (理)野満隆治 | |
| | 学外 | 小野鐵二、室賀信夫、野間三郎、金關丈夫 | |
| 昭和 17 年 | 文学部 | | 一覧 |
| (1942) | 他部局 | (理)野満隆治 | #50 年史 |
| | 学外 | 小野鐵二、室賀信夫、野間三郎、川上健三、松井武敏、金關丈夫# | |
| 昭和 18 年 | 文学部 | | 史林 |
| (1943) | 他部局 | (理)野満隆治# | #50 年史 |
| | 学外 | 小野鐵二#、室賀信夫、野間三郎、別技篤彦、金關丈夫# | |
| 昭和 19 年 | 文学部 | | 便覧 |
| (1944) | 他部局 | (理)野満隆治 | #50 年史 |
| | 学外 | 小野鐵二#、野間三郎 | |
| 昭和 20 年 | 文学部 | | 史林 |
| (1945) | 他部局 | (理)野満隆治 | #50 年史 |
| | 学外 | 小野鐵二#、野間三郎 | |
| 昭和 21 年 | 文学部 | [地理学]宮崎市定(教授)、[地理学]西田直二郎(教授)、[地理学]梅原末治(教授) | 50 年史 |
| (1946) | 他部局 | (理)野満隆治、(理)松下　進 | |
| | 学外 | 小野鐵二、帷子二郎、織田武雄 | |
| 昭和 22 年 | 文学部 | [地理学]宮崎市定(教授) | 50 年史 |
| (1947) | 他部局 | (理)松下　進 | ■職員録 |
| | 学外 | 小野鐵二、藤岡謙二郎■、帷子二郎 | |
| 昭和 23 年 | 文学部 | [地理学]宮崎市定(教授) | 50 年史 |
| (1948) | 他部局 | (理)松下　進、(人文)喜多村俊夫◎ | ☆文職員録 |
| | 学外 | 帷子二郎、藤岡謙二郎☆ | ◎文書館 |
| 昭和 24 年 | 文学部 | [地理学]宮崎市定(教授) | 便覧 |
| (1949) | 他部局 | (分)藤岡謙二郎、(理)松下　進 | |
| | 学外 | 帷子二郎、喜多村俊夫 | |
| 昭和 25 年 | 文学部 | [地理学]宮崎市定(教授)、[地理学]那波利貞(教授) | 便覧 |
| (1950) | 他部局 | (分)藤岡謙二郎、(理)松下　進 | |
| | 学外 | 帷子二郎、村松繁樹 | |
| 昭和 26 年 | 文学部 | [地理学]那波利貞(教授) | 便覧 |
| (1951) | 他部局 | (分)藤岡謙二郎、(理)松下　進 | |
| | 学外 | 帷子二郎、村松繁樹 | |
| 昭和 27 年 | 文学部 | [地理学]那波利貞(教授) | 便覧 |
| (1952) | 他部局 | (分)藤岡謙二郎、(理)松下　進 | |
| | 学外 | 帷子二郎、村松繁樹 | |

| 年　度 | 所属 | 非常勤講師ならびに授業担当者 | 典拠資料 |
|---|---|---|---|
| 昭和 28 年 | 文学部 | | 便覧 |
| (1953) | 他部局 | (分)藤岡謙二郎、(分)西村睦男、(人文)森　鹿三 | |
| | 学外 | 帷子二郎、村松繁樹 | |
| 昭和 29 年 | 文学部 | | 便覧 |
| (1954) | 他部局 | (養)藤岡謙二郎、(養)西村睦男、(人文)森　鹿三#、(人文)日比野丈夫 | #50 年史 |
| | 学外 | 帷子二郎、村松繁樹 | |
| 昭和 30 年 | 文学部 | | 50 年史 |
| (1955) | 他部局 | (養)藤岡謙二郎、(養)西村睦男、(人文)森　鹿三、(人文)日比野丈夫 | |
| | 学外 | 村松繁樹、山口平四郎 | |
| 昭和 31 年 | 文学部 | | 一覧 |
| (1956) | 他部局 | (養)藤岡謙二郎、(養)西村睦男、(人文)森　鹿三、(人文)日比野丈夫 | #50 年史 |
| | 学外 | 帷子二郎#、小野三正#、野間三郎# | |
| 昭和 32 年 | 文学部 | | 一覧 |
| (1957) | 他部局 | (養)藤岡謙二郎、(養)西村睦男、(人文)森　鹿三、(人文)日比野丈夫 | ○便覧 |
| | 学外 | 山口平四郎、松井武敏、小野三正、村松繁樹○ | |
| 昭和 33 年 | 文学部 | | 便覧 |
| (1958) | 他部局 | (養)西村　睦男、(人文)森　鹿三、(人文)日比野丈夫 | |
| | 学外 | 野間三郎、帷子二郎、小野三正、アンドレ・ブリュネ | |
| 昭和 34 年 | 文学部 | | 便覧 |
| (1959) | 他部局 | (養)藤岡謙二郎、(養)西村睦男、(人文)森　鹿三、(人文)日比野丈夫、(農)本岡　武 | |
| | 学外 | 山口平四郎、村松繁樹、小野三正 | |
| 昭和 35 年 | 文学部 | | 便覧 |
| (1960) | 他部局 | (養)藤岡謙二郎、(養)西村睦男、(人文)森　鹿三、(人文)日比野丈夫 | |
| | 学外 | 谷岡武雄、帷子二郎、小野三正 | |
| 昭和 36 年 | 文学部 | | 便覧 |
| (1961) | 他部局 | (養)藤岡謙二郎、(養)西村睦男、(人文)森　鹿三、(人文)日比野丈夫、(農)本岡　武 | |
| | 学外 | 末尾至行、石川榮吉、小野三正 | |
| 昭和 37 年 | 文学部 | [東洋史](人文)森　鹿三 | 一覧 |
| (1962) | 他部局 | (養)藤岡謙二郎、(養)西村睦男、(人文)日比野丈夫、(農)本岡　武 | |
| | 学外 | 末尾至行、別技篤彦、大島襄二、小野三正 | |
| 昭和 38 年 | 文学部 | | 便覧 |
| (1963) | 他部局 | (養)藤岡謙二郎、(養)西村睦男、(人文)森　鹿三、(人文)日比野丈夫、(農)本岡　武 | |
| | 学内 | 渡辺久雄、岩田慶治、末尾至行、小野三正 | |
| 昭和 39 年 | 文学部 | | 便覧 |
| (1964) | 他部局 | (養)藤岡謙二郎、(養)西村睦男、(人文)森　鹿三、(人文)日比野丈夫、(農)本岡　武 | |
| | 学内 | 松井武敏、藪内芳彦、末尾至行、鈴木　尚、小野三正 | |
| 昭和 40 年 | 文学部 | [東洋史](人文)森　鹿三、[地理] J. D. Eyre（交換教授）○ | 一覧 |
| (1965) | 他部局 | (養)藤岡謙二郎、(養)西村　睦男、(人文)日比野丈夫、(東南)本岡　武 | ○便覧 |
| | 学外 | 河野通博、末尾至行、小野三正、井関弘太郎 | |
| 昭和 41 年 | 文学部 | [地理] J. D. Eyre（交換教授） | 便覧 |
| (1966) | 他部局 | (養)藤岡謙二郎、(養)西村睦男、(人文)森　鹿三、(人文)日比野丈夫、(東南)本岡　武 | |
| | 学外 | 石田　寛、石川榮吉、末尾至行、矢守一彦、成田孝三、小野三正 | |

| 年　度 | 所属 | 非常勤講師ならびに授業担当者 | 典拠資料 |
|---|---|---|---|
| 昭和 42 年 (1967) | 文学部 | [東洋史](人文)森　鹿三 | 一覧 |
| | 他部局 | (養)藤岡謙二郎、(養)西村　睦男、(人文)日比野丈夫、(東南)本岡　武 | ○便覧 |
| | 学外 | 岩田慶治○、末尾至行、矢守一彦、高橋　正、春日茂男、小野三正 | |
| 昭和 43 年 (1968) | 文学部 | | 便覧 |
| | 他部局 | (養)藤岡謙二郎、(養)浮田典良、(人文)森　鹿三、(人文)日比野丈夫 | |
| | 学外 | 松田　信、小林　博、井関弘太郎、末尾至行、小野三正 | |
| 昭和 44 年 (1969) | 文学部 | | 便覧 |
| | 他部局 | (養)藤岡謙二郎、(養)浮田典良、(人文)日比野丈夫 | |
| | 学外 | 西村睦男、松田　信、水山高幸、武藤　直 | |
| 昭和 45 年 (1970) | 文学部 | | 一覧 |
| | 他部局 | (養)藤岡謙二郎、(養)浮田典良、(養)青木伸好、(人文)森　鹿三○、(人文)日比野丈夫、(人文)船越昭生 | ○便覧 |
| | 学外 | 西村睦男、笹田友三郎、前田　昇、武藤　直 | |
| 昭和 46 年 (1971) | 文学部 | | 便覧 |
| | 他部局 | (養)藤岡謙二郎、(養)浮田典良、(人文)日比野丈夫、(人文)船越昭生 | |
| | 学外 | 上野福男、春日茂男、山澄　元、武久義彦、高橋　正、青木伸好 | |
| 昭和 47 年 (1972) | 文学部 | | 一覧 |
| | 他部局 | (養)藤岡謙二郎、(養)浮田典良、(人文)日比野丈夫、(人文)船越昭生 | |
| | 学外 | 佐々木高明、水山高幸、矢守一彦、成田孝三、高橋　正、須原芙士雄 | |
| 昭和 48 年 (1973) | 文学部 | | 便覧 |
| | 他部局 | (養)藤岡謙二郎、(養)浮田典良、(人文)日比野丈夫 | |
| | 学外 | 谷岡武雄、佐々木高明、船越昭生、成田孝三、大島襄二、井関弘太郎 | |
| 昭和 49 年 (1974) | 文学部 | | 便覧 |
| | 他部局 | (養)藤岡謙二郎、(養)浮田典良、(人文)日比野丈夫 | |
| | 学外 | 西村睦男、浅井辰郎、末尾至行、山澄　元、成田孝三 | |
| 昭和 50 年 (1975) | 文学部 | | 便覧 |
| | 他部局 | (養)藤岡謙二郎、(養)浮田典良、(養)足利健亮、(人文)日比野丈夫 | |
| | 学外 | 小林　博、前田　昇、山名伸作、矢守一彦、船越昭生 | |
| 昭和 51 年 (1976) | 文学部 | | 便覧 |
| | 他部局 | (養)藤岡謙二郎、(養)浮田典良、(養)足利健亮、(人文)日比野丈夫 | |
| | 学外 | 川島哲郎、武久義彦、高橋　正、石原　潤、河野通博 | |
| 昭和 52 年 (1977) | 文学部 | | 便覧 |
| | 他部局 | (養)藤岡謙二郎、(養)浮田典良、(養)足利健亮、(東南)本岡　武 | |
| | 学外 | 春日茂男、末尾至行、島田正彦、内藤博夫、三上正利 | |
| 昭和 53 年 (1978) | 文学部 | | 便覧 |
| | 他部局 | (養)浮田典良、(養)足利健亮、(養)青木伸好、(東南)高谷好一 | |
| | 学外 | 谷岡武雄、水山高幸、船越昭生、服部昌之、成田孝三 | |
| 昭和 54 年 (1979) | 文学部 | | 便覧 |
| | 他部局 | (養)浮田典良、(養)足利健亮、(養)青木伸好、(東南)高谷好一 | |
| | 学外 | 河野通博、松田　信、前田　昇、小森星児、小林健太郎 | |
| 昭和 55 年 (1980) | 文学部 | | 便覧 |
| | 他部局 | (養)浮田典良、(養)足利健亮、(養)青木伸好、(東南)高谷好一 | |
| | 学外 | 川島哲郎、船越昭生、武久義彦、武藤　直、竹内啓一 | |
| 昭和 56 年 (1981) | 文学部 | | 便覧 |
| | 他部局 | (養)浮田典良、(養)足利健亮、(養)青木伸好、(東南)高谷好一 | |
| | 学外 | 春日茂男、矢守一彦、鈴木富志郎、内藤博夫、野澤秀樹 | |

| 年　度 | 所属 | 非常勤講師ならびに授業担当者 | 典拠資料 |
|---|---|---|---|
| 昭和 57 年 (1982) | 文学部 | | 便覧 |
| | 他部局 | (養)浮田典良、(養)足利健亮、(養)青木伸好、(東南)高谷好一 | |
| | 学外 | 水山高幸、高橋　正、坂本英夫、成田孝三、千田　稔 | |
| 昭和 58 年 (1983) | 文学部 | | 便覧 |
| | 他部局 | (養)浮田典良、(養)足利健亮、(養)青木伸好、(東南)高谷好一 | |
| | 学外 | 春日茂男、船越昭生、小森星児、日下雅義、小林健太郎 | |
| 昭和 59 年 (1984) | 文学部 | | 便覧 |
| | 他部局 | (養)足利健亮、(養)青木伸好、(東南)高谷好一 | |
| | 学外 | 末尾至行、武久義彦、石原　潤、金田章裕、森　三紀 | |
| 昭和 60 年 (1985) | 文学部 | | 便覧 |
| | 他部局 | (養)浮田典良、(養)足利健亮、(養)青木伸好、(東南)高谷好一 | |
| | 学外 | 松田　信、春日茂男、貝塚爽平○、成田孝三○、千田　稔、森　三紀 | |
| 昭和 61 年 (1986) | 文学部 | | 便覧 |
| | 他部局 | (養)浮田典良、(養)足利健亮、(養)青木伸好、(東南)高谷好一 | |
| | 学外 | 矢守一彦、小森星児、斎藤晨二、山田　誠、森　三紀 | |
| 昭和 62 年 (1987) | 文学部 | [現代史](人文)江田憲治 | 便覧 |
| | 他部局 | (養)浮田典良、(養)青木伸好、(東南)高谷好一 | |
| | 学外 | 日下雅義、成田孝三、小林健太郎、山田　誠、森　三紀 | |
| 昭和 63 年 (1988) | 文学部 | [現代史](人文)江田憲治 | 便覧 |
| | 他部局 | (養)足利健亮、(養)青木伸好、(養)山田　誠、(東南)高谷好一 | |
| | 学外 | 武久義彦、久武哲也、石川義孝、森川　洋、森　三紀 | |
| 平成 1 年 (1989) | 文学部 | [現代史](人文)狭間直樹 | 便覧 |
| | 他部局 | (養)足利健亮、(養)青木伸好、(養)山田　誠、(東南)高谷好一 | |
| | 学外 | 末尾至行、藤田佳久、千田　稔、鈴木秀夫、森　三紀 | |
| 平成 2 年 (1990) | 文学部 | [現代史](人文)狭間直樹 | 便覧 |
| | 他部局 | (養)足利健亮、(養)青木伸好、(養)山田　誠、(東南)高谷好一 | |
| | 学外 | 矢守一彦、成田孝三、須原芙士雄、岡田篤正、森　三紀 | |
| 平成 3 年 (1991) | 文学部 | [現代史](人文)石川禎浩 | 便覧 |
| | 他部局 | (養)足利健亮、(養)青木伸好、(養)山田　誠、(東南)高谷好一 | |
| | 学外 | 塚田秀雄、日下雅義、石川義孝、堀　信行、森　三紀 | |
| 平成 4 年 (1992) | 文学部 | [国史]和田　萃、[現代史](人文)石川禎浩 | 便覧 |
| | 他部局 | (養)足利健亮、(養)青木伸好、(養)山田　誠、(東南)高谷好一 | |
| | 学外 | 中村尚司、平野昌繁、斯波義信、松本博之、森　三紀 | |
| 平成 5 年 (1993) | 文学部 | [考古学](理)西村　進、[現代史](人文)石川禎浩 | 便覧 |
| | 他部局 | (人環)足利健亮、(人環)青木伸好、(総)山田　誠 | |
| | 学外 | 長谷川孝治、相馬秀廣、松井　健、高橋　正、森　三紀 | |
| 平成 6 年 (1994) | 文学部 | [国史]狩野　久、[現代史](人文)石川禎浩 | 便覧 |
| | 他部局 | (人環)足利健亮、(人環)青木伸好、(総)山田　誠、(人環)豊田哲也、(東南)應地利明、(理)岡田篤正 | |
| | 学外 | 山野正彦、安渓遊地、高橋　正、森　三紀、松田隆典 | |
| 平成 7 年 (1995) | 文学部 | [国史]大島真理夫、[現代史](人文)石川禎浩 | 便覧 |
| | 他部局 | (人環)足利健亮、(総)山田　誠、(人環)豊田哲也、(理)岡田篤正 | |
| | 学外 | 石原　潤、小長谷有紀、竹内淳彦、高橋　正、森　三紀 | |
| 平成 8 年 (1996) | 文学部 | [日本史]吉田伸之、[現代史](人文)石川禎浩 | 便覧 |
| | 他部局 | (人環)足利健亮、(総)山田　誠、(人環)金坂清則、(人環)豊田哲也、(理)岡田篤正 | |
| | 学外 | 松本博之、高橋誠一、高阪宏行、高橋　正、森　三紀 | |

| 年　度 | 所属 | 非常勤講師ならびに授業担当者 | 典拠資料 |
|---|---|---|---|
| 平成 9 年 (1997) | 文学部 | [現代文化学](人文)濱田麻矢 | 便覧 |
| | 他部局 | (人環)足利健亮、(総)山田　誠、(人環)金坂清則、(経研)藤田昌久、(理)岡田篤正 | |
| | 学外 | 藤井　正、水内俊雄、関　満博、橋本征治、森　三紀 | |
| 平成 10 年 (1998) | 文学部 | [日本史]水野章二、[現代文化学](人文)高嶋　航 | 便覧 |
| | 他部局 | (人環)足利健亮、(総)山田　誠、(人環)金坂清則、(経研)藤田昌久、(理)岡田篤正、(博)佐藤廉也 | |
| | 学外 | 小林　茂、山本健兒、矢野桂司、滝波章弘、森　三紀 | |
| 平成 11 年 (1999) | 文学部 | [地理] J.M.Powell（客員教授)、[現代文化学](人文)高嶋　航 | 便覧 |
| | 他部局 | (人環)足利健亮、(総)山田　誠、(人環)金坂清則、(経研)藤田昌久、(理)岡田篤正、(博)佐藤廉也 | |
| | 学外 | 伊東　理、杉浦芳夫、片平博文、小長谷一之、森　三紀 | |
| 平成 12 年 (2000) | 文学部 | [地理]久武哲也(客員教授)、[西洋史]柏倉康夫(教授)、[現代文化学](人文)高嶋　航 | 便覧 |
| | 他部局 | (総)山田　誠、(人環)金坂清則、(経研)藤田昌久、(理)岡田篤正、(博)佐藤廉也 | |
| | 学外 | 戸祭由美夫、川端基夫、岡橋秀典、西山　克、中谷友樹、森　三紀 | |
| 平成 13 年 (2001) | 文学部 | [地理] A.Fielding（客員教授)、[西洋史]小山　哲(助教授)、[現代文化学](人文)中西裕樹 | 便覧 |
| | 他部局 | (総)山田　誠、(人環)金坂清則、(人環)小方　登、(経研)藤田昌久、(理)岡田篤正、(博)山村亜希 | |
| | 学外 | 加藤恵正、野間晴雄、溝口常俊、藤井　正、中川聡史 | |
| 平成 14 年 (2002) | 文学部 | [西洋史]谷川　稔(教授)、[現代文化学](人文)村上　衛 | 便覧 |
| | 他部局 | (総)山田　誠、(人環)金坂清則、(人環)小方　登、(経研)藤田昌久、(理)岡田篤正、(博)山村亜希 | |
| | 学外 | 平野昌繁、藤巻正己、八木康幸、山崎　健、有園正一郎 | |
| 平成 15 年 (2003) | 文学部 | [地理] D.Rumley（客員教授)、[西洋史]小山　哲(助教授)、[現代文化学](人文)村上　衛 | 便覧 |
| | 他部局 | (人環)山田　誠、(人環)金坂清則、(人環)小方　登、(経研)藤田昌久、(理)岡田篤正、(博)山村亜希 | |
| | 学外 | 生田真人、高橋春成、岩鼻通明、松本博之、石崎研二 | |
| 平成 16 年 (2004) | 文学部 | [西洋史](人文)田中祐里子、[現代文化学](人文)村上　衛 | 便覧<br>▲以文 |
| | 他部局 | (総)山田　誠、(人環)金坂清則、(人環)小方　登、(経研)藤田昌久、(理)岡田篤正、(博)上杉和央▲ | |
| | 学外 | 田和正孝、箸本健二、山崎孝史、矢ヶ﨑典隆、磯田　弦 | |
| 平成 17 年 (2005) | 文学部 | [西洋史](人文)田中祐里子、[現代文化学](人文)中西裕樹 | 便覧 |
| | 他部局 | (総)山田　誠、(人環)金坂清則、(人環)小方　登、(経研)藤田昌久、(理)岡田篤正、(地球)水野　啓、(博)上杉和央 | |
| | 学外 | 高橋　学、松村嘉久、岡本耕平 | |
| 平成 18 年 (2006) | 文学部 | [西洋史](人文)田中祐里子、[現代文化学](人文)中西裕樹 | 便覧 |
| | 他部局 | (人環)山田　誠、(人環)金坂清則、(人環)小方　登、(経研)藤田昌久、(理)堤　浩之、(博)上杉和央 | |
| | 学外 | 松本博之、布野修司、山本健兒、中谷友樹、佐藤廉也 | |
| 平成 19 年 (2007) | 文学部 | [西洋史](人文)田中祐里子、[現代文化学](人文)中西裕樹 | 便覧 |
| | 他部局 | (人環)山田　誠、(人環)金坂清則、(人環)小方　登、(経研)森　知也、(理)堤　浩之、(地球)水野　啓、(博)上杉和央 | |
| | 学外 | 山野正彦、布野修司、川端基夫、小林　茂、安仁屋政武、宮口侗廸 | |
| 平成 20 年 (2008) | 文学部 | [西洋史](人文)田中祐里子、[現代文化学](人文)小野寺史郎 | 便覧 |
| | 他部局 | (人環)山田　誠、(人環)金坂清則、(人環)小方　登、(経研)森　知也、(理)堤　浩之 | |
| | 学外 | 伊東　理、高橋春成、藤田裕嗣、田林　明、荒井良雄、林　和生 | |

1) 資料の典拠および略号を下記に挙げる。各年次ごとに参照した資料を示す。二番目以降の資料は、補足的に用いたものである。それぞれの資料に欠落や誤りがあるため、相互に参照し、遺漏のないように努めた。複数の資料を参照した年次については、講師氏名の右肩の印（○、*、▽、#、▲、■、☆、◎）によって、依拠した資料を示しているが、当該資料に記載が限定されているわけではない。

一覧：『京都帝國大學一覧』および『京都大学一覧』（明治 40 年～昭和 32 年、昭和 36 年～ 47 年）
○便覧：『講義題目』および『学生便覧』（大正 13 年～昭和 21 年 9 月、昭和 24 年～平成 20 年の各版）（教務掛保管資料）
*史林：『史林』（第 2 ～ 33 巻）（大正 6 年～昭和 25 年）
▽藝文：『藝文』（第 2 ～ 21 年）（明治 44 年～昭和 5 年）
#50 年史：『京都大學文學部五十年史』（昭和 31 年）
▲以文：『以文』（第 5 ～ 50 号）（昭和 35 年～平成 19 年）
■職員録：『京大職員録　昭和 22 年』
☆文職員録：『文学部旧職員録』（昭和 23 年度）
◎文書館：京都大学大学文書館資料（法人文書）

2) 講師の所属先のうち、文学部の欄に掲げたのは、地理学専攻生向けの講義・講読等を担当した、地理学以外の講座・専修の専任教員、文学部客員教授および文学部非常勤講師等である。地理学を含めた複数の講座・専修・系の共通科目も含む。講師名の冒頭に付した［　］は、所属する講座あるいは主な対象分野を示す。文学部専任教員については、氏名の後に（役職）を付した。学内非常勤講師には、氏名の前に（）で所属を示した。また、表 1 に掲げた講師と重複するものもある。

学内所属部局の略号
（医）　…医科大学、医学部
（分）　…分校（昭和 24（1949）年 8 月～昭和 29（1954）年 2 月）
（養）　…教養部（昭和 29（1954）年 3 月分校改称、平成 5（1993）年 3 月廃止）
（人環）…大学院人間・環境学研究科
（総）　…総合人間学部
（理）　…理学部、大学院理学研究科
（農）　…農学部、大学院農学研究科
（地球）…地球環境学舎
（人文）…人文科学研究所
（東南）…東南アジア研究所（平成 15（2003）年度までは、東南アジア研究センター）
（経研）…経済研究所
（博）　…総合博物館

3) 学内の他部局の欄に掲げたのは、専任教員の他、当該部局での非常勤講師を含む。文学部への出講のほか、当該部局で開講されている講義等に、文学部学生・大学院生が出席するものがある。

4) 喜田貞吉講師（教授）は、国史学の講義の他、「國史地理」等、国史学および地理学に共通する講義も担当された。ただしすべての開講年次にわたり、開講されていたかどうかは確認し難い。表には、喜田講師（教授）の講義担当年次がたどれるものすべてを示している。

## 表3　学部卒業生ならびに修了生の氏名および卒業論文題目一覧(1910年～2008年)

| 1910（明治43）年　　　　卒業生氏名：卒業論文題目 | 典　拠 |
|---|---|
| 寺田　貞次：淀川 | 『藝文』(1-4) |
| 樋口　津彌太郎：琵琶湖と人生 | 『藝文』(1-4) |

| 1911（明治44）年　　　　卒業生氏名：卒業論文題目 | 典　拠 |
|---|---|
| 中野竹四郎：滿洲地理總論 | 『藝文』(2-6) |

| 1912（明治45）年　　　　卒業生及び修了生氏名：卒業論文題目 | 典　拠 |
|---|---|
| 楠田　鎮雄：山岳の研究 | 『藝文』(3-7) |
| 松岡　範二（選科）：交通地理及日本交通地理についての管見 | 『藝文』(3-7) |

| 1913（大正2）年　　　　卒業生氏名：卒業論文題目 | 典　拠 |
|---|---|
| 内田　寛一：秦嶺の研究 | 『藝文』(4-7) |

1914（大正3）年

| 1915（大正4）年　　　　卒業生氏名：卒業論文題目 | 典　拠 |
|---|---|
| 遠藤　金英：紀の川流域 | 『藝文』(6-6) |
| 田中　秀作：氷期の研究 | 『藝文』(6-6) |

1916（大正5）年

| 1917（大正6）年　　　　卒業生氏名：卒業論文題目 | 典　拠 |
|---|---|
| 下田　禮佐：近世西藏探險史 | 『史林』(2-3) |

| 1918（大正7）年　　　　卒業生氏名：卒業論文題目 | 典　拠 |
|---|---|
| 工藤曽一郎：山城盆地の地理的研究 | 『史林』(3-3) |
| 勝田　圭三：大阪湾及神戸港の「ヒンテルランド」の研究 | 『史林』(3-3) |

| 1919（大正8）年　　　　卒業生及び修了生氏名：卒業論文題目 | 典　拠 |
|---|---|
| 浅若　　晃：大和平野に於ける聚落の研究 | 『史林』(4-3) |
| 藤田　元春（選科）：黄河下流平原の變遷 | 『史林』(4-3) |

| 1920（大正9）年　　　　卒業生氏名：卒業論文題目 | 典　拠 |
|---|---|
| 伏見　義夫：大阪平野の變遷 | 『史林』(5-3) |
| 藤田　元春：(卒業論文題目は、1919（大正8）年の欄に記載) | |

1921（大正10）年

| 1922（大正11）年　　　　卒業生氏名：卒業論文題目 | 典　拠 |
|---|---|
| 小牧　實繁：日本海に於ける海岸進化の一型式 | 『史林』(7-2) |

| 1923（大正12）年　　　　卒業生氏名：卒業論文題目 | 典　拠 |
|---|---|
| 小野　鐵二：近畿地方ニ於ケル人口ノ分布 | 『史林』(8-2) |

1924（大正13）年

1925（大正 14）年

| 1926（大正 15）年　　卒業生及び修了生氏名：卒業論文題目 | 典　拠 |
|---|---|
| 宮脇　信雄：淡路の地理的考察 | 『史林』(11-3) |
| 塚本　常雄（選科）：京都市域の變遷と其の地理學的考察 | 『史林』(11-3) |

| 1927（昭和 2）年　　卒業生氏名：卒業論文題目 | 典　拠 |
|---|---|
| 廣瀬　浄慧：琵琶湖々域の變遷と湖岸住民の生活 | 『史林』(12-3) |

| 1928（昭和 3）年　　卒業生氏名：卒業論文題目 | 典　拠 |
|---|---|
| 入江　久夫：熊野洋沿岸の産業と村落 | 『史林』(13-3) |
| 岡本　重彦：丹波高原の地形と交通 | 『史林』(13-3) |
| 松本　　博：斐伊川東流以後の沖積作用 | 『史林』(13-3) |

| 1929（昭和 4）年　　卒業生氏名：卒業論文題目 | 典　拠 |
|---|---|
| 田中　　博：大阪市ノ地理的生成トソノ發達 | 『史林』(14-3) |
| 野中　健一：和泉山脈西北部ニ於ケル産業地理學的考察 | 『史林』(14-3) |
| 松下　清雄：印南野附近の人文地理 | 『史林』(14-3) |
| 宮川　善造：木曾山塊の交通地理 | 『史林』(14-3) |
| 村松　繁樹：伊賀に於ける聚落と人口の分布 | 『史林』(14-3) |

| 1930（昭和 5）年　　卒業生氏名：卒業論文題目 | 典　拠 |
|---|---|
| 岩根　保重：北伊勢の土地とその住民 | 『史林』(15-3) |
| 内田　　勣：琵琶湖湖北地方の交通地理 | 『史林』(15-3) |
| 太田喜久雄：舊薩藩領麓之研究（軍事的聚落としての麓） | 『史林』(15-3) |
| 神坂　　至：東播平野に於ける聚落の變遷 | 『史林』(15-3) |
| 島　　之夫：六甲山塊南北の比較 | 『史林』(15-3) |
| 瀧本　貞一：日本等温線及等偏差線に就きて | 『史林』(15-3) |
| 塚本　常雄：（卒業論文は、1926（大正 15）年の欄に記載） | |
| 古澤　三郎：東駿河の經濟地理學的考察 | 『史林』(15-3) |
| 増田　忠雄：文化圏の擴大と牧地との関係より見たる甲府盆地 | 『史林』(15-3) |

| 1931（昭和 6）年　　卒業生氏名：卒業論文題目 | 典　拠 |
|---|---|
| 朝井小太郎：千代川下流砂丘に就いて | 『史林』(16-3) |
| 長谷川寛治：岡山市の發達 | 『史林』(16-3) |
| 三友國五郎：若狭地方に於る地形の聚落に及せる其影響 | 『史林』(16-3) |
| 米倉　二郎：筑後川下流平野の開發―特に其溝渠を中心としての一考察― | 『史林』(16-3) |

| 1932（昭和 7）年　　卒業生氏名：卒業論文題目 | 典　拠 |
|---|---|
| 内田　秀雄：役牛移轉を中心として觀たる阿波に於ける農業地理の一特質に就いて | 『史林』(17-3) |
| 海老原治三郎：大阪灣沿岸に於ける人口増減の地理的考察 | 『史林』(17-3) |
| 織田　武雄：秋吉臺の Karst 景観（石灰岩地方の地誌的研究） | 『史林』(17-3) |
| 櫻井　孝矩：黒部扇状地の聚落に就て | 『史林』(17-3) |
| 武　　政治：大阪灣諸港變遷の地理學的研究 | 『史林』(17-3) |
| 別技　篤彦：西濃平野に於ける輪中の地理學的考察 | 『史林』(17-3) |
| 有川　秀則：越後の雪と住民 | 『史林』(17-3) |
| 渡邊　茂藏：岡山平野の開發（特に兒島灣を中心として） | 『史林』(17-3) |

| 1933（昭和 8）年　卒業生及び修了生氏名：卒業論文題目 | 典　拠 |
|---|---|
| 岩尾　常善：島原半島の地誌的研究 | 『史林』（18-2） |
| 川上　健三：印旛沼の地理學的考察 | 『史林』（18-2） |
| 野澤　　浩：廣島市の發達と其人文現象の地域的考察 | 『史林』（18-2） |
| 松井　武敏：生産現象を中心としたる紀北の經濟地理構成の一考察 | 『史林』（18-2） |
| 室賀　信夫：愛鷹南麓志 | 『史林』（18-2） |
| 辻田右左男（選科）*：（不明） | |

*『京都帝國大學一覧』によれば、昭和 5 年入學、昭和 8 年度まで在籍。

| 1934（昭和 9）年　卒業生氏名：卒業論文題目 | 典　拠 |
|---|---|
| 安藤　鏗一：人口を中心とせる佐渡島の地理學的考察 | 『史林』（19-2） |
| 今村新太郎：背域を中心として觀たる名古屋港の地理的一考察 | 『史林』（19-2） |
| 大橋　英男：能登半島の人口地理學的考察 | 『史林』（19-2） |
| 日下　卓造：富士山高距測定の測量史的研究 | 『史林』（19-2） |
| 國領武一郎：中國地方の人口分布に就いて | 『史林』（19-2） |
| 近藤　　忠：大野川流域の人口地理的研究 | 『史林』（19-2） |
| 朝永陽二郎：知多半島に於ける生産現象の地理的一考察 | 『史林』（19-2） |
| 村山　方治：越後北蒲原平野に於ける聚落の地理學的概説—特に立地を中心として | 『史林』（19-2） |
| 山口平四郎：清水港の交通地理的研究 | 『史林』（19-2） |
| 渡邊　久雄：臺灣に於ける灌漑排水施設の地理學的研究 | 『史林』（19-2） |

| 1935（昭和 10）年　卒業生氏名：卒業論文題目 | 典　拠 |
|---|---|
| 荒木　義信：奈良縣宇陀地方の地誌的研究 | 『史林』（20-2） |
| 兼子　俊一：薩隅の牧馬に就いて | 『史林』（20-2） |
| 小葉田　亮：本邦舊城下町の一考察—景觀を中心とせる— | 『史林』（20-2） |
| 谷淵　梅龜：散居村落に就いて | 博物館地理（蔵） |
| 土田　英夫：積雪地方（越後）の地理學的考察 | 『史林』（20-2） |
| 西川　榮一：隠岐列島に於ける人口現象の地理學的考察 | 『史林』（20-2） |
| 御子柴幸一：富士西南麓の地誌學的研究 | 『史林』（20-2） |
| 村本　達郎：矢作川下流平野の農業地理學的考察 | 『史林』（20-2） |
| 藪内　芳彦：紀州沿岸漁村に於ける水産地理學的研究 | 『史林』（20-2） |

| 1936（昭和 11）年　卒業生氏名：卒業論文題目 | 典　拠 |
|---|---|
| 浅井　得一：本邦都市の人口地理學的考察 | 『史林』（21-2） |
| 神尾　明正：京都附近の先史地誌 | 『史林』（21-2） |
| 長谷部　健史：大和十津川村の地誌的考察 | 『史林』（21-2） |
| 木村　憲治：伯耆大山山麓の土地利用に就いて | 『史林』（21-2） |
| 庄司　久孝：臺灣の人口地理學的考察 | 『史林』（21-2） |
| 須藤　　賢：新潟市の形態に就いて | 『史林』（21-2） |
| 西　　　豊：南北両地域別より見たる朝鮮の農業概論 | 『史林』（21-2） |
| 野間　三郎：オスカー・ペツシエル | 『史林』（21-2） |
| 村井　敏衛：富山平野に於ける賣薬生産地帯の概觀 | 『史林』（21-2） |
| 村上　次男：備後の因ノ島研究 | 『史林』（21-2） |
| 山崎　　修：土佐の水産業に關する地理學的考察 | 『史林』（21-2） |

| 1937（昭和 12）年　卒業生氏名：卒業論文題目 | 典　拠 |
|---|---|
| 衣川芳太郎：高距一千米以上に於ける日本アルプス地方の聚落に就いて | 『史林』（22-2） |
| 杉村正治郎：エラトステネスの地理學 | 『史林』（22-2） |
| 中江　　健：高知平野の地理的研究—特に人口を中心として— | 『史林』（22-2） |

| 1937（昭和 12）年（つづき）　卒業生氏名：卒業論文題目 | 典　拠 |
|---|---|
| 和田　俊二：生駒山脈西麓に於ける水車の地理學的研究 | 『史林』（22-2） |

| 1938（昭和 13）年　卒業生氏名：卒業論文題目 | 典　拠 |
|---|---|
| 伊藤　　博：天草諸島の人口―人口の地理學的意義についての一考察― | 『史林』（23-2） |
| 佐伯　英二：三島群島の人口に就いて | 『史林』（23-2） |
| 下村　數馬：臺灣北部の茶に就いて | 『史林』（23-2） |
| 中森　增三：北攝の經濟地理學的研究 | 『史林』（23-2） |
| 並河　由則：出雲海岸地帶の水産地理學的考察 | 『史林』（23-2） |
| 西村　睦男：臺北市の地理學的研究 | 『史林』（23-2） |

| 1939（昭和 14）年　卒業生氏名：卒業論文題目 | 典　拠 |
|---|---|
| 浅井　辰郎：北支那農業に於ける氣候的災害に就て | 『史林』（24-2） |
| 柴田　孝夫：武藏國見沼代用水の研究 | 『史林』（24-2） |
| 内藤　玄匡：十州鹽田稼業の地理學的考察―特に讃岐鹽業に就て― | 『史林』（24-2） |

| 1940（昭和 15）年　卒業生氏名：卒業論文題目 | 典　拠 |
|---|---|
| 川上　喜代四：航空輸送の地理學的研究 | 『史林』（25-2） |
| 都子屋（委託生）：南洋華僑に就いて | 文図書館（蔵） |
| 三上　正利：清時代の支那地圖―概觀並に諸問題― | 『史林』（25-2） |

| 1941（昭和 16）年　卒業生氏名：卒業論文題目 | 典　拠 |
|---|---|
| 岡本信太郎：猶太民族の一地理學的考察 | 『史林』（26-2） |
| 中田　榮一：日本沿岸に於ける社會の地縁（主として海村を中心として見たる） | 『史林』（26-2） |
| 西田　和夫：朝鮮米の地理學的研究 | 『史林』（26-2） |
| 林　　　宏：礪波平野の人文地理學的考察 | 『史林』（26-2） |
| 藤野　義明：泰國の交通構造（日本地政學の立場より） | 『史林』（26-2） |

| 1941（昭和 16）年 12 月　卒業生氏名：卒業論文題目 | 典　拠 |
|---|---|
| 阿部　正道：泰國林産資源の日本地政學的研究 | 『史林』（27-2） |
| 池田　光二：南米國境問題の研究 | 『史林』（27-2） |
| 植村　元覺：支那に於ける綿業の地理學的考察 | 『史林』（27-2） |
| 大田原　尚清：西太平洋に於ける軍事地理的研究 | 『史林』（27-2） |
| 河地　貫一：濠洲の地理學的考察―白濠主義を中心として― | 『史林』（27-2） |
| 河畑　文朗：鎌倉時代の歴史地理學的研究 | 『史林』（27-2） |
| 河野　通博：湖廣低地治水の意義―地政學的考察― | 『史林』（27-2） |
| 曾田紀一郎：滿洲國開拓民問題の研究 | 『史林』（27-2） |
| 戸川　俊正：比律賓群島の地政學的考察 | 『史林』（27-2） |
| 堀川　　侃：印度支那に於ける交通組織の新構成 | 『史林』（27-2） |

| 1942（昭和 17）年 9 月　卒業生氏名：卒業論文題目 | 典　拠 |
|---|---|
| 石田　　寛：蒙古―日本地政學的考察― | 『史林』（28-1） |
| 今井　次男：印度洋について | 『史林』（28-1） |

| 1943（昭和 18）年 9 月　卒業生氏名：卒業論文題目 | 典　拠 |
|---|---|
| 大島　襄二：アメリカ大陸問題の展開 | 『史林』（28-4） |
| 河合喜久男：日本地政學より見たる南米の性格―獨立問題を中心として― | 『史林』（28-4） |
| 川喜田二郎：東北亜細亜の地政學的考察 | 『史林』（28-4） |
| 小池　洋一：パレスチナ問題の地政學的考察 | 『史林』（28-4） |

| 1943（昭和18）年9月（つづき）　卒業生氏名：卒業論文題目 | 典　拠 |
|---|---|
| 齋藤　晃吉：インドネシア民族の生成 | 『史林』（28-4） |
| 三田　民夫：交通上より見たるイランの地位 | 『史林』（28-4） |
| 伴　　豊：大陸邊疆の民族政策 | 『史林』（28-4） |
| 船越　謙策：波斯灣の地政學的考察 | 『史林』（28-4） |

| 1944（昭和19）年9月　卒業生氏名：卒業論文題目 | 典　拠 |
|---|---|
| 小糸　伸一：アメリカ合衆國に於ける人種問題と國民の形成 | 『史林』（29-4） |
| 野澤　信韶：亜細亜的鐵鑛業の大東亜的編成 | 『史林』（29-4） |
| 今井　平八：（不明） | |
| 片倉　　勝：（不明） | |
| 土井　仙吉：（不明） | |
| 西山敬次郎：（不明） | |
| 野崎　文彦：（不明） | |
| 平松　健次：（不明） | |
| 松田　　信：（不明） | |

| 1945（昭和20）年9月　卒業生氏名：卒業論文題目 | 典　拠 |
|---|---|
| 海野　一隆：（不明） | |
| 楓　　泰昌：本邦に於ける砂鉄精錬業 | 文図書館（蔵） |
| 春日　茂男：（不明） | |
| 林　　正巳：南海ルート——その成立と展開 | 文図書館（蔵） |
| 水野　　元：大東亜海諸島の形成—その自然地理的、人種地理的基礎付け— | 文図書館（蔵） |

| 1946（昭和21）年9月　卒業生氏名：卒業論文題目 | 典　拠 |
|---|---|
| 岩田　慶治：（不明） | |
| 大西　青二：（不明） | |
| 水津　一朗：（不明） | |
| 仲　　直：（不明） | |
| 安藤秀四郎：（不明） | |
| 鳥谷　通宏：（不明） | |
| 濱谷　則次：ソヴィエト聯邦の鐵道—その地理學的考察— | 博物館地理（蔵） |
| 若山　豊次：武豊港 | 文図書館（蔵） |

| 1947（昭和22）年　卒業生氏名：卒業論文題目 | 典　拠 |
|---|---|
| 小島　泰三：本邦蠶絲業の國民経済的地位について | 博物館地理（蔵） |
| 星野　輝男：近畿地域の地理的考察 | 博物館地理（蔵） |

| 1947（昭和22）年9月　卒業生氏名：卒業論文題目 | 典　拠 |
|---|---|
| 石川　憲朗：西三河平野の農耕景觀 | 博物館地理（蔵） |
| 樫原　好忠：トルコに於ける農産物の地理的分布 | 博物館地理（蔵） |
| 當麻　成志：川崎市域の發展と其の地理學的研究 | 『新地理』（2-1） |
| 高村　正雄：湖南省に於ける米作の自然的條件と園藝式農耕に就いて | 博物館地理（蔵） |
| 細井　淳一：遠州灘西部海岸砂丘地域に於ける農業の地域性 | 博物館地理（蔵） |

| 1948（昭和23）年　卒業生・修了生氏名：卒業論文題目 | 典　拠 |
|---|---|
| 井関弘太郎：（不明） | |
| 田島　　渡（選科）：（不明） | |
| 宮畑巳年生：（不明） | |

| 1948（昭和23）年9月　卒業生氏名：卒業論文題目 | 典　拠 |
|---|---|
| 石川　榮吉：（不明） | |
| 今西　　毅：（不明） | |

| 1949（昭和24）年　卒業生氏名：卒業論文題目 | 典　拠 |
|---|---|
| 木村　　宏：琵琶湖津の發生ならびに變遷に關する交通地理學的研究 | 『史林』（33-1） |
| 木村洋之介：神戸港の貿易とその背域 | 『史林』（33-1） |
| 君塚　　進：印旛沼落堀筋考 | 『史林』（33-1） |
| 田邊賢一郎：近世相模野の開發─特に集落發生を中心として─ | 『史林』（33-1） |
| 中山　修一：最盛期に於ける丹後織物─主として丹後縮緬の地理學的研究─ | 『史林』（33-1） |
| 中島　義閑：石見半紙 | 『史林』（33-1） |

| 1949（昭和24）年9月　卒業生氏名：卒業論文題目 | 典　拠 |
|---|---|
| 木地　節郎：米國の鐵鋼業について─特にその立地要素の問題─ | 『史林』（33-1） |

| 1950（昭和25）年　卒業生氏名：卒業論文題目 | 典　拠 |
|---|---|
| 池浦　正春：徳川封建社會に於ける綿業の地理學的研究 | 『史林』（33-3） |
| 平川　高義：米國に於ける水力發電資源の地理的研究 | 『史林』（33-3） |

| 1951（昭和26）年　卒業生・修了生氏名：卒業論文題目 | 典　拠 |
|---|---|
| 岡橋圭四郎：“薄荷”に就いて─その生産と輸出─ | 博物館地理（蔵） |
| 松岡　直夫*（選科）：（卒業論文は、1953（昭和28）年の欄に記載） | |

*『史林』（33-4）に卒業予定の選科学生として挙がる。

| 1952（昭和27）年　卒業生氏名：卒業論文題目 | 典　拠 |
|---|---|
| 浮田　典良：滋賀県茶業の地理学的研究 | 『史林』（35-1） |
| 柿本　典昭：日本水産業の一性格 | 『史林』（35-1） |
| 勝目　　忍：大隅半島に於ける商品生産地域の展開 | 『史林』（35-1） |
| 末尾　至行：工業上よりみたる加古川中流々域の特殊性 | 『史林』（35-1） |
| 由比濱省吾：廣島縣の海外移民に関する二三の問題 | 博物館地理（蔵） |

| 1953（昭和28）年　卒業生氏名：卒業論文題目（*旧制の卒業生） | 典　拠 |
|---|---|
| 木下　　良*：アメリカ都市の発達 | 『史林』（36-1） |
| 矢守　一彦*：浜縮緬の発生と展開 | 『史林』（36-1） |
| 伊藤　伸之*：イネ（Oryza sativa Linné）の分布と品種改良 | 学籍簿 |
| 松岡　直夫*：土佐紙の歴史経済地理学的研究 | 学籍簿 |
| 立入　　哲：京阪神地方に於ける電力資源に就いて | 学籍簿 |
| 押野　昭生：阿蘇火口原の農村 | 学籍簿 |
| 水田　昭夫：大山原野の開拓に就いて | 学籍簿 |

| 1954（昭和29）年　卒業生氏名：卒業論文題目 | 典　拠 |
|---|---|
| 川副　昭人：吉野林業地域の地理的考察 | 学籍簿 |
| 窪田哲三郎：別子新居浜鉱工業地域の地理学的考察 | 学籍簿 |
| 島田　正彦：但馬の桟船底曳網漁業 | 学籍簿 |
| 藤村　重美：日本海西南水域の水産地理的考察<br>─京都府水産業の構造及諸問題を中心にして─ | 学籍簿 |
| 藤森　　勉：大阪市に於ける近代工業の発展 | 学籍簿 |

| 1955（昭和30）年　　卒業生氏名：卒業論文題目 | 典　拠 |
|---|---|
| 井上　一男：兵庫縣の農業地域区分 | 学籍簿 |
| 桜井　廉也：明治以後に於ける長岡市の発展形態―城下町の変貌について― | 学籍簿 |
| 高辻　幸一：簸川平野の散村について | 学籍簿 |
| 高本　　正：徳島市の発達について―その地理的考察― | 学籍簿 |
| 服部　昌之：古代四国の地誌的研究序説―主として文化の発達よりみた地域構造― | 学籍簿 |
| 氷見　方治：富山縣氷見市における漁業の一考察 | 学籍簿 |
| 山澄　　元：地方都市群とその周辺について―東武地域を例として― | 学籍簿 |
| 横田　　實：中國茶業の地理学的研究 | 学籍簿 |

| 1956（昭和31）年　　卒業生氏名：卒業論文題目 | 典　拠 |
|---|---|
| 高橋　　正：ストラボ研究序説 | 学籍簿 |

| 1957（昭和32）年　　卒業生氏名：卒業論文題目 | 典　拠 |
|---|---|
| 池上　一誠：北海道農業の人文地理学的一考察 | 学籍簿 |
| 井戸　庄三：滋賀縣西北部の交通路と集落の歴史地理的考察 | 学籍簿 |
| 大槻　　守：近世末期綾部藩における商業的農業の一考察 | 学籍簿 |
| 大脇　保彦：地方都市の歴史地理的研究 | 学籍簿 |
| 塚田　秀雄：近郊山村に於ける都市化傾向の経済地理学的研究 | 学籍簿 |
| 木村　辰男：大阪の周辺と通勤交通 | 学籍簿 |

| 1958（昭和33）年　　卒業生氏名：卒業論文題目 | 典　拠 |
|---|---|
| 梅宮もりよ：姫路近郊における皮革業について | 学籍簿 |
| 小野　菊雄：和歌山縣の棕梠産業に関する地理学的研究<br>―特に海草郡野上谷地方を中心として― | 学籍簿 |
| 坂本　英夫：弓ケ濱砂嘴の農業土地利用 | 学籍簿 |
| 成田　孝三：奈良盆地における非農村的地域の性格<br>―機能の分析と発展方向の展開― | 学籍簿 |
| 平松　弘之：都市生成因子としての鑛・工業―宇部と小野田の比較研究― | 学籍簿 |
| 藤沢　芙由子：茶業及その労働力を通してみた村落社會<br>―宇治田原をフィールドとして― | 学籍簿 |

| 1959（昭和34）年　　卒業生氏名：卒業論文題目 | 典　拠 |
|---|---|
| 相本　哲郎：双子町防府の成立と発展 | 学籍簿 |
| 足利　健亮：蝦夷地に於ける和夷接触に関する若干の考察 | 学籍簿 |
| 出原　遵乘：境界地域の地理的性格、田原盆地について | 学籍簿 |
| 岩瀬　和博：外房における花卉栽培地帯―特に安房郡江見町を中心として― | 学籍簿 |
| 上原　大輔：滋賀県東南部の交通地理学的研究 | 学籍簿 |
| 奥村治八郎：都市度に関する一試案―滋賀県下各市町村を例にして | 学籍簿 |
| 小森　星児：近郊住宅地の成立と性格―東京都下国立町の場合 | 学籍簿 |
| 斎藤　晨二：長江の汽船水運 | 学籍簿 |

| 1960（昭和35）年　　卒業生氏名：卒業論文題目 | 典　拠 |
|---|---|
| 應地　利明：四国吉野川流域平野の農業地理学的考察 | 学籍簿 |
| 大津　一郎：東海陶業地域における四日市万古陶磁器工業について | 学籍簿 |
| 酒井　敏明：探険の歴史からみたチベットの地理について | 学籍簿 |
| 中村　文雄：生駒山脈東西両面における農業 | 学籍簿 |
| 林　　俊正：専売制度実施以前の葉たばこ耕作 | 学籍簿 |
| 舟場　正富：紀北の織物工業についての一考察 | 学籍簿 |

| 1960（昭和35）年（つづき）　卒業生氏名：卒業論文題目 | 典　拠 |
|---|---|
| 前田　毅彦：我国塩業の地理学的研究 | 学籍簿 |

| 1961（昭和36）年　卒業生氏名：卒業論文題目 | 典　拠 |
|---|---|
| 岩下　芳秋：会津盆地の都市地理研究 | 学籍簿 |
| 小林健太郎：福井平野とその周辺における中世の城館 | 学籍簿 |
| 佐々木　裕：相模原市域における工場誘置に関する地理学的諸問題 | 学籍簿 |
| 野田　茂生：佐賀平野の開発過程と搦干拓 | 学籍簿 |

| 1962（昭和37）年　卒業生氏名：卒業論文題目 | 典　拠 |
|---|---|
| 飯田　　博：トンガの土地 | 学籍簿 |
| 石原　　潤：農村における地域的秩序の変遷――元京都府樫田村を中心に― | 学籍簿 |
| 朝倉　正寛：わが国の住居に関する統計的考察 | 学籍簿 |
| 武藤　　直：勝尾寺文書に見る歴史的地域像―地域構造の歴史的形成― | 学籍簿 |
| 森永　　進：衛星都市についての一考察<br>―大阪府寝屋川市の場合、その工業機能を中心に― | 学籍簿 |

| 1963（昭和38）年　卒業生氏名：卒業論文題目 | 典　拠 |
|---|---|
| 勝田　　均：丹後半島山村における農業経営とその変容過程<br>―旧世屋村字木子部落を中心に― | 学籍簿 |
| 川瀬　浩一：讃岐高松に於ける制紙業* | 学籍簿 |
| 鷺谷　克良：岐阜県陶磁器業における地域的分業 | 学籍簿 |
| 西山　育子：華北・沙井村の構造 | 学籍簿 |
| 須原芙士雄：村落地域の発展と交通路との関係―中淡鞍部地帯の場合― | 学籍簿 |
| 松田　常志：関西経済圏に関する地理学的考察 | 学籍簿 |

*学籍簿に記載のママ。

| 1964（昭和39）年　卒業生氏名：卒業論文題目 | 典　拠 |
|---|---|
| 須藤　仁一：神戸市の製造工業の地域構造と形成過程 | 学籍簿 |
| 寺阪　昭信：大都市における電気エネルギーの消費構造 | 学籍簿 |
| 野澤　秀樹：工業と都市及び周辺地域の関係 | 学籍簿 |
| 岩谷　照子：三重縣員弁川流域の灌漑と新田開発 | 学籍簿 |
| 山本　剛郎：今治地方におけるタオル工業について―泉南地方と*比較において― | 学籍簿 |

*学籍簿に記載のママ。

| 1965（昭和40）年　卒業生氏名：卒業論文題目 | 典　拠 |
|---|---|
| 青木　伸好：岐阜県西江村における土地所有の構造と形態 | 学籍簿 |
| 安宅　正光：都市規模と都市度 | 学籍簿 |
| 上杉　光彌：華北における棉作と近代紡績業 | 学籍簿 |
| 林　　典弘：清酒製造業の立地とその市場圏に関する考察 | 学籍簿 |
| 山口勝次郎：流動人口と都市の通勤圏 | 学籍簿 |
| 山田　正浩：町村境域並びに諸公共機関の管轄区域の考察 | 学籍簿 |
| 丸本　康子：山村経営形態からみた山村の性格 | 学籍簿 |

| 1966（昭和41）年　卒業生氏名：卒業論文題目 | 典　拠 |
|---|---|
| 楠原　　佑：新産業都市地域における農業 | 学籍簿 |
| 後藤　正尚：地域区分の指標としての近郊農業 | 学籍簿 |
| 駒井　正一：農村人民公社における経済区とその区画 | 学籍簿 |
| 重永　隆恭：地方都市の発展と変貌―特に宮崎市の場合― | 学籍簿 |

| 1966（昭和41）年（つづき）　卒業生氏名：卒業論文題目 | 典　拠 |
| --- | --- |
| 千田　　稔：先史集落と植生―奈良盆地弥生式遺跡における花粉分析学的考察― | 学籍簿 |
| 永田　陽子：農業協同組合と農業の近代化 | 学籍簿 |
| 端　　信行：東アフリカの農耕社会 | 学籍簿 |
| 浜谷　正人：大正初期に於ける我国の電化過程の地域的展開<br>―全国的展開過程に於ける東北地方の事例を中心にして― | 学籍簿 |
| 東　　洋子：自然保護について | 学籍簿 |

| 1967（昭和42）年　卒業生氏名：卒業論文題目 | 典　拠 |
| --- | --- |
| 安仁屋政武：集中豪雨による災害の地理学的研究―昭和13年住吉川流域について― | 学籍簿 |
| 太田　正孝：淀川右岸集落の交通的機能の衰退について<br>―高槻市三箇牧村唐崎― | 学籍簿 |
| 岡本　靖一：母権社会から父権社会への移行―場の確立へ― | 学籍簿 |
| 高橋美久二：古代播磨国山陽道 | 学籍簿 |
| 井上　淑子：都市地域構造について―姫路市の場合― | 学籍簿 |
| 横山　淳一：内陸地方都市の景観変遷―津山市を中心に― | 学籍簿 |

| 1968（昭和43）年　卒業生氏名：卒業論文題目 | 典　拠 |
| --- | --- |
| 水田　義一：山間河谷における中世城館と市場の地理学的研究―安芸国を例として― | 学籍簿 |
| 森田　　勝：紀泉間諸交通路の歴史地理学的考察 | 学籍簿 |
| 山田　　誠：北海道の中心集落について | 学籍簿 |
| 渡邊　光一：巡航船を主とする明治後期の都市交通―大阪市の場合― | 学籍簿 |

| 1969（昭和44）年　卒業生氏名：卒業論文題目 | 典　拠 |
| --- | --- |
| 赤阪　　賢：西スーダンの人文地理―マリ南部の一つの村の展開の事例を中心に― | 学籍簿 |
| 飯田耕二郎：火山斜面の開拓地―伯耆大山を事例として― | 学籍簿 |
| 上田　　穣：京都盆地の地形発達史 | 学籍簿 |
| 金田　章裕：砺波平野の開発に関する歴史地理学的考察 | 学籍簿 |
| 高橋　誠一：古代山城の歴史地理学的考察―主として北九州の場合― | 学籍簿 |
| 田原悠紀男：アメリカ合衆国の黒人の移動と分布にみる地域的特性について | 学籍簿 |
| 戸祭由美夫：古代出雲の歴史地理学的考察 | 学籍簿 |
| 中野　雅博：工業化に対応する農村地域の研究 | 学籍簿 |

| 1970（昭和45）年　卒業生氏名：卒業論文題目 | 典　拠 |
| --- | --- |
| 石角　　強：琵琶湖疎水計画の性格―運輸機能を中心として― | 学籍簿 |
| 緒方　宗秋：奈良盆地に於ける国名地名の分布<br>―歴史地理学研究への地名学的アプローチ― | 学籍簿 |
| 金坂　清則：都市発展の構造―和歌山市の場合― | 学籍簿 |
| 田辺　繁治：タイ族における歴史的地域の形成―チャオプラヤー河流域を中心にして― | 学籍簿 |
| 西尾　正隆：過疎地域に於ける交通問題と人々の動き―高知県幡多地方のバス交通 | 学籍簿 |
| 原　　　剛：農村に於ける観光集落化現象―長野県白馬村細野を例に― | 学籍簿 |
| 久武　哲也：Primate city typeにおける結節システムの変化―熊本県を事例として― | 学籍簿 |
| 児玉　憲子：沼島の人文 | 学籍簿 |

| 1971（昭和46）年　卒業生氏名：卒業論文題目 | 典　拠 |
| --- | --- |
| 秋山　元秀：古代東北の歴史地理学的考察 | 学籍簿 |
| 岩西　誠二：農村の変貌―吉野川流域藍作農村の場合― | 学籍簿 |
| 小林　　茂：ユーゴスラヴィアにおける移牧および山地放牧 | 学籍簿 |
| 長谷川孝治：隠岐島前における牧畑の変貌 | 学籍簿 |

| 1971（昭和46）年（つづき）　卒業生氏名：卒業論文題目 | 典　拠 |
|---|---|
| 長谷川博幸：鳥取県農業の地域性 | 学籍簿 |
| 福田　新一：「ひろがり」としてのむらに関する一、二の考察—旧薩藩領内の一事例— | 学籍簿 |
| 正木　久仁：大都市周辺に於ける都市化—池田市の場合— | 学籍簿 |

| 1972（昭和47）年　卒業生氏名：卒業論文題目 | 典　拠 |
|---|---|
| 今西　保雄：農業と地域の変貌 | 学籍簿 |
| 小坂　忠雄：周防大島の人口流出について | 学籍簿 |
| 加藤　博美：尾張における藩政村の地理学的考察 | 学籍簿 |
| 小林　致広：村落と生活様式—神石郡豊松村を中心に— | 学籍簿 |
| 宮内　　順：近世西摂に於ける都市の地理学的考察 | 学籍簿 |

| 1973（昭和48）年　卒業生氏名：卒業論文題目 | 典　拠 |
|---|---|
| 赤座眞智子：交通現象よりみた七尾 | 学籍簿 |
| 権藤　典明：小都市における都市化 | 学籍簿 |

| 1974（昭和49）年　卒業生氏名：卒業論文題目 | 典　拠 |
|---|---|
| 伊東　　理：就業構造の変化から見た地域の変貌—備後平野西部を事例として— | 学籍簿 |
| 飛田　雅孝：児島湾岸における新田村落の景観変遷 | 学籍簿 |
| 西澤　仁晴：むつ小川原開発予定区域における地域の変貌—六ヶ所村の一考察— | 学籍簿 |

| 1975（昭和50）年　卒業生氏名：卒業論文題目 | 典　拠 |
|---|---|
| 石川　義孝：南山城における農業の最近の動向—主成分分析法による検討— | 学籍簿 |
| 河合　保生：岡山県におけるぶどう栽培地域の地理学的研究 | 学籍簿 |
| 杉浦　和義：京都洛北における振売り | 学籍簿 |
| 南出　眞助：古代・中世における敦賀平野の開発 | 学籍簿 |
| 矢野　重文：香川県における貝類方言の分布についての一考察 | 学籍簿 |

| 1976（昭和51）年　卒業生氏名：卒業論文題目 | 典　拠 |
|---|---|
| 生田　博文：都心殷賑地区における大衆誘導施設の立地について | 学籍簿 |
| 出田　和久：北部九州における弥生時代の集落立地 | 学籍簿 |
| 岩鼻　通明：観光地化にともなう集落の変貌—宗教集落戸隠を事例として— | 学籍簿 |
| 海道　靜香：京都市における印刷業の地域的展開 | 学籍簿 |
| 林　　和生：都市発展にともなう近郊農業の変貌と実態 | 学籍簿 |

| 1977（昭和52）年　卒業生氏名：卒業論文題目 | 典　拠 |
|---|---|
| 加藤　正明：みかん園の分布と拡大について—山口県大島郡久賀町の場合— | 学籍簿 |
| 中筋　　護：南紀山村における離村の地理学的研究 | 学籍簿 |
| 野間　晴雄：野生ユリの栽培化をめぐる文化植物地理学的考察<br>—鹿児島県甑島・沖永良部島を事例として— | 学籍簿 |
| 長谷川正雄：古墳時代における領域設定に関する一試論 | 学籍簿 |
| 吉田　敏弘：中世後期“惣村”をめぐる歴史地理学的研究<br>—山門領近江国蒲生郡得珍保を事例として— | 学籍簿 |

| 1978（昭和53）年　卒業生氏名：卒業論文題目 | 典　拠 |
|---|---|
| 遠藤　正雄：京阪神交通圏のグラフ理論による分析 | 学籍簿 |

| 1979（昭和54）年　卒業生氏名：卒業論文題目 | 典　拠 |
|---|---|
| 詫間　洋二：高松市中心商店街の地理学的研究 | 学籍簿 |

| 1979（昭和 54）年（つづき）　卒業生氏名：卒業論文題目 | 典　拠 |
|---|---|
| 田中　和子：神戸市西南部における住宅地の形成について―傾向面分析を中心として― | 学籍簿 |
| 廣瀬　　伸：「里山」利用の変容―津山近辺の農地開発― | 学籍簿 |
| 藤井　　正：京阪神都市圏とその衛星都市 | 学籍簿 |
| 松尾　容孝：田植における共同作業の展開<br>―広島県神石郡豊松村及び山県郡大朝町新庄の田植儀礼との関連において― | 学籍簿 |

| 1980（昭和 55）年　卒業生氏名：卒業論文題目 | 典　拠 |
|---|---|
| 青山　宏夫：認知距離の地理学的考察 | 学籍簿 |
| 鎌尾　利博：京都市の小売商店街―昭和 35 年～ 50 年の変化過程― | 学籍簿 |
| 小方　　登：都市内公共輸送ネットワークのグラフ理論による考察 | 学籍簿 |
| 藤田　裕嗣：安芸国沼田荘における市の分布と構造 | 学籍簿 |
| 山口　一郎：近江売薬業の研究 | 学籍簿 |

| 1981（昭和 56）年　卒業生氏名：卒業論文題目 | 典　拠 |
|---|---|
| 河口　隆洋：筑後地方南部における木蠟製造業の展開 | 学籍簿 |
| 貴志　謙介：都市と「まつり」 | 学籍簿 |
| 利光　有紀：現代モンゴル遊牧社会 | 学籍簿 |
| 坂本　　勉：八ヶ岳西麓における戦後開拓集落の形成と変遷 | 学籍簿 |
| 杉村　和彦：港湾とその後背地の動態的研究―高知県幡多地方下田港の事例― | 学籍簿 |
| 正木真理子：五島列島における和牛飼養の展開 | 学籍簿 |
| 吉田　　睦：19 世紀後期におけるロシアの極東進出と開拓政策 | 学籍簿 |

| 1982（昭和 57）年　卒業生氏名：卒業論文題目 | 典　拠 |
|---|---|
| 國友　伸彦：伊勢櫛田川中・下流域における条里をめぐる歴史地理学的考察 | 学籍簿 |
| 松田　隆典：大都市圏縁辺部における中心地と中心地機能の階層構成<br>―滋賀県近江八幡市を事例として― | 学籍簿 |
| 水内　俊雄：近代化過程における大都市内居住地区の再編―大阪の分析を通じて― | 学籍簿 |
| 山下　和久：久留米市中心商店街の変遷 | 学籍簿 |
| 山田　　潔：播磨内陸部における中国自動車道路の影響 | 学籍簿 |
| 由里　宗之：乙訓 3 市町の地誌学的研究―向日・長岡・大山崎― | 学籍簿 |

| 1983（昭和 58）年　卒業生氏名：卒業論文題目 | 典　拠 |
|---|---|
| 小田　匡保：巡礼地の立地に関する一考察―小豆島八十八ケ所霊場の場合― | 学籍簿 |
| 川合　正展：宅地化とその規定要因について―滋賀県湖西地方を例として― | 学籍簿 |
| 黒田　晃弘：古代日本の原と野 | 学籍簿 |
| 酒井　高正：愛知県における人口移動について | 学籍簿 |
| 松本　弘史：沼島における漁村の慣習について | 学籍簿 |
| 山近　博義：神戸市における小売商業活動について | 学籍簿 |

| 1984（昭和 59）年　卒業生氏名：卒業論文題目 | 典　拠 |
|---|---|
| 市野　尚子：東アジアの豆腐づくり―豆の調理加工技術の体系化をめざして― | 学籍簿 |
| 内田　忠賢：古代日本の国見と景観 | 学籍簿 |
| 谷田　信生：十勝平野における防風林とその減少傾向の考察 | 学籍簿 |
| 本田　希子：京都市中央卸売市場における蔬菜集荷 | 学籍簿 |

| 1985（昭和 60）年　卒業生氏名：卒業論文題目 | 典　拠 |
|---|---|
| 柿澤　洋雄：市街地化過程における研究学園都市―筑波を事例として― | 学籍簿 |
| 小島　泰雄：藩政村とその内部構造 | 学籍簿 |

| 1985（昭和60）年（つづき）　卒業生氏名：卒業論文題目 | 典　拠 |
|---|---|
| 水谷　知生：北海道市街地における「条・丁目」 | 学籍簿 |
| 山崎　孝史：都市近郊レクリェーション地域の特性—滋賀県湖西地方を例として— | 学籍簿 |

| 1986（昭和61）年　卒業生氏名：卒業論文題目 | 典　拠 |
|---|---|
| 小林一太郎：天理教の聖域建設と住居移転 | 学籍簿 |
| 出口　　学：旧宿場町の近代における景観変化—三州街道根羽宿の事例— | 学籍簿 |
| 松浦　秀和：外国人観光客の動向—京都市を例として— | 学籍簿 |
| 松尾　俊明：市街地形成における外国人居留地の役割—長崎市の場合— | 学籍簿 |
| 三木　寛史：観光地開発にともなうペンション集落の形成—斑尾高原を事例として— | 学籍簿 |

| 1987（昭和62）年　卒業生氏名：卒業論文題目 | 典　拠 |
|---|---|
| 尼子　雅一：国境の政治地理 | 学籍簿 |
| 内山　隆之：作家と故郷とのかかわり—太宰治と津軽— | 学籍簿 |
| 岡本美津子：大都市居住と緑被環境 | 学籍簿 |
| 小長谷一之：時空因子生態分析からみた『都市の24時間』構造 | 学籍簿 |
| 新藤　浩子：京都市における遊休農地の現状 | 学籍簿 |
| 月原　敏博：ブータンヒマラヤにおける生業様式の垂直構造 | 学籍簿 |
| 豊田　哲也：中規模都市における小売商業の立地過程 | 学籍簿 |
| 堀　　　正：大都市近郊における農地維持と潰廃—京都市左京区大原地区を例として— | 学籍簿 |
| 松倉　信裕：大阪市東部工業地域の形成—明治末期から大正期にかけて— | 学籍簿 |
| 森木　隆浩：大都市都心周辺部におけるマンションの立地および利用<br>—大阪市東区を事例として— | 学籍簿 |

| 1988（昭和63）年　卒業生氏名：卒業論文題目 | 典　拠 |
|---|---|
| 加藤　典嗣：近代における旧宿場町の変貌 | 学籍簿 |
| 栗田　正和：大都市近郊における観光農業について | 学籍簿 |
| 坂根　伸治：過疎地域の農業と高齢化問題 | 学籍簿 |
| 指尾　喜伸：宮座の変貌—滋賀県甲賀郡信楽町を事例として— | 学籍簿 |
| 白石　秀俊：都市農業地域における農家の存在形態 | 学籍簿 |
| 鈴木　伸国：東海地震に関する住民の認知研究 | 学籍簿 |
| 中島　聡子：金沢、寺内町から城下町へ | 学籍簿 |
| 那須　久代：近世大阪における衛生処理システム | 学籍簿 |
| 坂田　香織：女性の生活行動研究<br>—京都市及びその周辺在住の保育園児をもつ主婦の場合— | 学籍簿 |
| 松井　芳和：小城下町の都市プラン—丹後田辺を事例として— | 学籍簿 |

| 1989（平成1）年　卒業生氏名：卒業論文題目 | 典　拠 |
|---|---|
| 荒賀　紀子：近江八幡市八幡堀における景観保全 | 学籍簿 |
| 犬塚　　泉：地域の観光に与える「ブーム」の影響 | 学籍簿 |
| 江口　貴之：海外旅行パンフレットにおける場所イメージ | 学籍簿 |
| 北内　陽子：豪雪山村の生活と生態系の伝統的利用 | 学籍簿 |
| 黒田　　真：相模大山信仰と信仰圏 | 学籍簿 |
| 林　　克子：幕末の防長両国における穀物消費について | 学籍簿 |
| 林　　直子：京都市における宿泊施設の分布とその変化 | 学籍簿 |
| 藤本　　至：変則的境界の成立と現状—大阪市と松原市の市境を例に— | 学籍簿 |
| 山下　　良：日本の庭園における「うみ」について | 学籍簿 |

| 1990（平成2）年　卒業生氏名：卒業論文題目 | 典　拠 |
|---|---|
| 亀岡　岳志：大井川上流山村井川の変容―主にダム建設を契機に― | 学籍簿 |
| 北口　卓美：大都市におけるマンションの立地とその居住者 | 学籍簿 |
| 児玉高太朗：農業を主体とした農村振興の可能性～大分県日田郡大山町を事例に | 学籍簿 |
| 新谷　泰久：京都市におけるコンビニエンスストアの展開 | 学籍簿 |
| 津賀　健司：近代日本における競馬の地理学的研究 | 学籍簿 |
| 塚本　　誠：古代シュメールの農耕技術に関する一考察 | 学籍簿 |
| 柳下　信宏：石垣島・白保の「ハマ」における行動 | 学籍簿 |

| 1991（平成3）年　卒業生氏名：卒業論文題目 | 典　拠 |
|---|---|
| 青木　秀和：古代美濃国の官道 | 学籍簿 |
| 市川　　丈：大和売薬における行商権と行商圏 | 学籍簿 |
| 岩部　敏夫：流通構造の変化と卸売業 | 学籍簿 |
| 興津　俊之：眺望景観の研究 | 学籍簿 |
| 小口　　稔：'90年代の市町村合併 | 学籍簿 |
| 坂部　誠治：鴨川改修計画について | 学籍簿 |
| 人見　峯世：日本に於ける「他者」観についての考察―「回教圏」認識をめぐって― | 学籍簿 |
| 佐藤　廉也：インドネシアにおけるジャワと外島<br>―ドーブによる提起の検討を手がかりに― | 学籍簿 |
| 瀬戸　恒宏：戦後における京都市営バスの路線網の変遷 | 学籍簿 |
| 谷口美都子：欧米都市のエスニックセグリゲーション研究 | 学籍簿 |
| 藤田　　昭：コミュニティ道路の概念と現状 | 学籍簿 |
| 山中　一高：地方都市における余暇活動空間の展開 | 学籍簿 |

| 1992（平成4）年　卒業生氏名：卒業論文題目 | 典　拠 |
|---|---|
| 石村　裕輔：日本酒醸造業について | 学籍簿 |
| 浦田　和明：大都市外縁部集落の内部構造と人口流入の影響 | 学籍簿 |
| 江崎　健治：漁村の生態学的研究 | 学籍簿 |
| 大島　健司：空間と言語―京都市方言における敬語行動を例にして― | 学籍簿 |
| 大野　　宏：プロ野球球団の本拠地の研究 | 学籍簿 |
| 澁谷　良治：老朽化を迎えた住宅団地の地理学的研究 | 学籍簿 |
| 中藤　容子：福井県、三国町黒目集落における景観の変遷と「集落領域」の変遷 | 学籍簿 |
| 山本　輝志：大都市圏の郊外における機能集積 | 学籍簿 |
| 横田　晶彦：小売商業と大規模店舗の立地動向 | 学籍簿 |

| 1993（平成5）年　卒業生氏名：卒業論文題目 | 典　拠 |
|---|---|
| 足立　郁子：19世紀以降における敦賀の港湾 | 学籍簿 |
| 糸原　　健：夜間旅客輸送の地理学的研究 | 学籍簿 |
| 大平　晃久：民間集合住宅の名称における地名の利用 | 学籍簿 |
| 米家　泰作：吉野山村における近世前期の土地利用 | 学籍簿 |
| 神力　弘幸：都市生活における「快適さ」の評価 | 学籍簿 |
| 中山　耕至：自然の継続的利用の崩壊 | 学籍簿 |
| 堀　　健彦：伊勢神郡における官衙集中地区 | 学籍簿 |
| 御手洗央治：北海道におけるライダーのツーリング・パターン | 学籍簿 |
| 六嶋美也子：ハンガリーのフォークロアについて | 学籍簿 |

| 1994（平成6）年　卒業生氏名：卒業論文題目 | 典　拠 |
|---|---|
| 合屋　有希：長崎家船の生活空間について | 学籍簿 |
| 近田　知子：焼畑と森林の共生 | 学籍簿 |

| 1994（平成 6）年（つづき）　　卒業生氏名：卒業論文題目 | 典　拠 |
|---|---|
| 水野　真彦：中小工業団地の性格の変化 | 学籍簿 |
| 宮原　耕一：広島沖の近世新開事業 | 学籍簿 |
| 森口　弘美：京都市における高齢者福祉施策の地理的展開 | 学籍簿 |
| 山口　岳夫：京都市中心部における元学区の現状と展望 | 学籍簿 |

| 1995（平成 7）年　　卒業生氏名：卒業論文題目 | 典　拠 |
|---|---|
| 足利亮太郎：滋賀県における機械糸工業の発展 | 学籍簿 |
| 林　　美歩：農業水利の変化と水に対する意識 | 学籍簿 |
| 板倉小太郎：京都市における駐車場併設店舗の立地 | 学籍簿 |
| 大山　晃司：山村集落の空間構造と環境認識 | 学籍簿 |
| 門井　直哉：古代長門関とその周辺についての歴史地理学的考察 | 学籍簿 |
| 川添　和明：京都府における郵便局の立地及び民間金融機関との関係について | 学籍簿 |
| 祖田　亮次：輪島市海士町の漁民集団 | 学籍簿 |
| 西山　隆彦：京都市内における遊戯娯楽場の立地 | 学籍簿 |
| 吉野　修司：京都市におけるコンビニエンス・チェーンの立地展開と今後の展望 | 学籍簿 |

| 1996（平成 8）年　　卒業生氏名：卒業論文題目 | 典　拠 |
|---|---|
| 足立　　理：枚方市における公共図書館の立地について | 学籍簿 |
| 岩田　憲司：観光地認知の地理学的考察 | 学籍簿 |
| 遠藤　　元：東京郊外の独立商圏における小売業の動向—船橋商圏を事例として— | 学籍簿 |
| 柴田　聖子：都心機能から見た大阪近郊都市の構造—枚方市と高槻市の比較を通して— | 学籍簿 |
| 島崎　郁司：日本の航空旅客輸送 | 学籍簿 |
| 曽田菜穂美：アメリカ大陸におけるフロンティアの意味 | 学籍簿 |
| 松島　文子：企業の労務管理・住宅政策からみた社宅の居住者の変貌 | 学籍簿 |
| 津田　朋一：奈良市における公共交通のネットワーク分析 | 学籍簿 |
| 平井　素子：白山麓吉野谷村における自然利用と自然観 | 学籍簿 |
| 山村　亜希：中世鎌倉研究の再検討 | 学籍簿 |
| 渡邉　　純：農村生活と大型野性獣 | 学籍簿 |

| 1997（平成 9）年　　卒業生氏名：卒業論文題目 | 典　拠 |
|---|---|
| 浅井　俊昭：千里ニュータウンの「存在意識」について | 学籍簿 |
| 金崎　亨子：京都市内における氏子組織の地域比較 | 学籍簿 |
| 安福　伸光：衛星都市宇治市における小売業の展開と立地 | 学籍簿 |
| 石原　大嗣：岐阜県における過疎化の地域的差異 | 学籍簿 |
| 太田　隆文：「大豆」地名について | 学籍簿 |
| 嶋野浩一朗：茨木市におけるスポーツ振興の地域性 | 学籍簿 |
| 中鉢奈津子：京都市における高齢者の外出活動—他世代との比較— | 学籍簿 |
| 江下以知子：都市づくりにおける公民パートナーシップ | 学籍簿 |
| 中川　訓範：大正中期の繭の流通について | 学籍簿 |
| 禾　　佳典：労働力市場における男女不平等の地域差 | 学籍簿 |
| 野村　　創：信楽陶器産地の現状と展望 | 学籍簿 |
| 原　　　潤：施設園芸の立地移動—福岡県八女郡広川町をの苺生産事例として*— | 学籍簿 |
| 松枝　法道：日中間における越境酸性雨問題とその解決への視点 | 学籍簿 |
| 山口　秀樹：神奈川県中央部における大規模小売店舗の立地 | 学籍簿 |
| 山田　潤哉：大阪府の居住実態の変遷と今後の住宅問題への取組み | 学籍簿 |

*学籍簿に記載のママ。

| 1998（平成10）年　　卒業生氏名：卒業論文題目 | 典　拠 |
| --- | --- |
| 赤松　範明：スーパーマーケットチェーンの営業展開―株式会社平和堂を事例として― | 談話会 |
| 朝山　博之：国際博覧会における環境の意味―2005年愛知万博に向けて― | 談話会 |
| 泉谷　洋平：'96衆院選の棄権率とその規定要因―地方選の棄権率との関係を中心に― | 談話会 |
| 伊藤　休一：大都市近郊農業における農地保全と営業活動<br>―京都府精華町を事例として― | 談話会 |
| 井上　喜徳：大規模テーマパークが地域に与える影響について<br>～志摩スペイン村を事例として～ | 談話会 |
| 上村　謙介：神戸市における地域情報化政策の展開 | 談話会 |
| 叶谷　房子：高齢化社会における福祉の地域展開 | 談話会 |
| 川合　大地：“まちづくり”における公・私の協力関係―ならまちを事例として― | 談話会 |
| 河野　良平：大手総合通販業者の流通システム―地理学的考察に向けて― | 談話会 |
| 清水　究吾：観光地の交通渋滞対策について | 談話会 |
| 平井　博之：東西アクセント境界の変動と通勤・通学―岐阜県垂井町を中心に― | 談話会 |
| 藤川こず恵：山村の観光開発と地域振興―福岡県田川郡添田町の事例― | 談話会 |
| 古野　美穂：情報サービス業の立地について | 談話会 |
| 山神　達也：九州地方における都市化の分析 | 談話会 |
| 横山ともみ：在日日系ブラジル人の居住環境―愛知県刈谷市を事例として― | 談話会 |

| 1999（平成11）年　　卒業生氏名：卒業論文題目 | 典　拠 |
| --- | --- |
| 岩﨑しのぶ：西大寺荘園絵図群と相論―文脈論的アプローチを用いて― | 談話会 |
| 上杉　和央：古代寺院の立地に関する一考察―空間的要因の検討― | 談話会 |
| 北野　剛寛：路面電車復権へ―わが国におけるLRT実現の可能性― | 談話会 |
| 谷　　明人：東京都における公立小学校の統廃合と地域社会の動向 | 談話会 |
| 南部　一寿：福井市中心商店街再活性化への一考察 | 談話会 |
| 前田　奈実：都市の公共空間に対する意識とその利用<br>―日本の公共空間のあり方を探る― | 談話会 |

| 2000（平成12）年　　卒業生氏名：卒業論文題目 | 典　拠 |
| --- | --- |
| 小野　雄彦：近世城下町の構造と港湾機能 | 談話会 |
| 小野寺伴彦：滋賀県朽木村の地域振興策 | 談話会 |
| 酒匂　幸樹：大手コンビニエンスストア・チェーンの空間構造と商品供給体制 | 談話会 |
| 中辻　　享：大都市周縁山村における旧入会林野の管理・経営状況<br>～京都府南部の山村、宇治田原町および和束町を事例として～ | 談話会 |
| 中村　尚弘：北方領土返還運動―わが国における国民国家の動揺― | 談話会 |
| 村田　陽平：男性を疎外する場所　35歳以上のシングル男性を事例に | 談話会 |
| 山田　浩子：行政中心都市における旧城下町の発展と変遷 | 談話会 |

| 2001（平成13）年　　卒業生氏名：卒業論文題目 | 典　拠 |
| --- | --- |
| 井上　悠輔：明治期都市計画に与えた伝染病流行の影響性 | 談話会 |
| 岩間　伸一：葬祭ホールの現状と課題 | 談話会 |
| 氏家真紀子：淀川左岸の水防組合とコミュニティー | 談話会 |
| 北川　哲也：地域性からみたわが国の自殺行為傾向 | 談話会 |
| 郡田　　篤：道路交通網の変遷を用いた地域分析 | 談話会 |
| 福本　　拓：在日外国人の日常生活空間と都市構造 | 談話会 |
| 松井　　威：事業所サービス業の発展と企業立地の環境変化 | 談話会 |

| 2002（平成14）年　　卒業生氏名：卒業論文題目 | 典　拠 |
| --- | --- |
| 朝見　優子：知的障害者福祉の空間構造―京都府を事例に― | 談話会 |

| 2002（平成 14）年（つづき）　　卒業生氏名：卒業論文題目 | 典　拠 |
|---|---|
| 石田　陽介：東京ディズニーランドの場所性 | 談話会 |
| 北原　弘嗣：滋賀県における乳児死亡率 | 談話会 |
| 木下　芳大：出荷・流通経路から見た大都市圏野菜産地の構造分析<br>―京阪神圏最大級のナス産地京田辺市を事例に― | 談話会 |
| 木村　理恵：先住民族の権利回復運動―アイヌ文化振興法を中心として― | 談話会 |
| 小林　理子：都道府県別にみた大学進学行動の分析 | 談話会 |
| 吉村　健志：公共施設の最適立地―京都市における区役所の立地とその評価― | 談話会 |

| 2003（平成 15）年　　卒業生氏名：卒業論文題目 | 典　拠 |
|---|---|
| 川平　夏也：奥三河山村地域における信仰空間の形成―豊根村三沢地区を事例に― | 談話会 |
| 久保　智祥：楽園を求めて―日本人国際引退移動の意思決定過程と移動形態― | 談話会 |
| 原　　健太：日本の石炭産業の盛衰とその最終局面における釧路炭鉱 | 談話会 |
| 福井　綾子：日本における中国人留学生―就職とネットワーク― | 談話会 |
| 室野　　拓：鉄道利用通勤におけるパークアンドライド（Park and Ride）の<br>地域差に関する一考察―京阪神地区を対象として― | 談話会 |
| 保江　志帆：小浜「お水送り」の観光化過程からみた場所イメージの生産と拡がり<br>―祭事をめぐる人々の相互関係を中心として― | 談話会 |
| 吉岡　朝日：「まちづくり」と地域整備計画<br>―「吉野区ビジョン検討部会」から見えてくるもの― | 談話会 |

| 2004（平成 16）年　　卒業生氏名：卒業論文題目 | 典　拠 |
|---|---|
| 片寄　弘也：変わりゆく故郷の場所イメージ―中国大連を事例に― | 談話会 |
| 鈴木　地平：近世京都刊行図にみる洛外の「名所」 | 談話会 |
| 山岡　　暁：日本大正村の成立過程に見る住民組織主導の観光地創出 | 談話会 |
| 山本　浩介：「バックパッカー」のツーリスト経験からみる現代観光の一側面<br>～バンコク・カオサン地区を事例に～ | 談話会 |
| 渡邉　克己：林業への新規就業者と地域社会―和歌山県「緑の雇用事業」を事例に― | 談話会 |

| 2005（平成 17）年　　卒業生氏名：卒業論文題目 | 典　拠 |
|---|---|
| 安形俊太郎：渥美半島における電照ギクの産地維持体制 | 談話会 |
| 網島　　聖：信州松本の地誌と地域認識―『松本繁昌記』の系譜― | 談話会 |
| 井上　安里：奈良県磯城郡川西町における貝ボタン製造業の特性 | 談話会 |
| 林　久美子：地域の中の児童館―地域の子育て支援センターとしての児童館の現状<br>および役割と今後の発展に向けての考察― | 談話会 |
| 星田　侑久：階層分析法を用いた産業廃棄物最終処分場の立地環境評価 | 談話会 |
| 村岡　広紀：日系ブラジル人によるエスニックビジネスの展開 | 談話会 |
| 柳原　友子：京都大原八か町の年中行事 | 談話会 |
| 山口　　滋：福岡市における IT 産業の集積<br>―デジタルコンテンツ関連産業の立地に関する考察― | 談話会 |
| 山名　康晴：大峯南奥駈道の再興 | 談話会 |
| 横山　真也：近年の京都市中心部におけるコンビニエンスストアの出店動向 | 談話会 |
| 渡邉　陽子：伏見清酒業にみる産地イメージ | 談話会 |
| 宮澤　博久：大分県姫島の沿岸漁業における共同体基盤型管理<br>―沖建網漁業の漁場規制を事例として― | 談話会 |
| 尾崎　真弘：地上波テレビ局における「ローカル性」の現状<br>―岡山県・香川県の事例― | 談話会 |

| 2006（平成 18）年　卒業生氏名：卒業論文題目 | 典　拠 |
|---|---|
| 岡　理恵子：ボストンの地域イメージ | 談話会 |
| 岡本　憲幸：郷土玩具における伝統と地域意識 | 談話会 |
| 東海林　薫：休日、高校生はどこへ | 談話会 |
| 橋爪　拓也：都市空間における公園イメージの数量分析 | 談話会 |
| 広木　拓：在日韓国・朝鮮人が支える京都の伝統繊維産業 | 談話会 |
| 村角　浩明：中心市街地の再生と経営的視点―長浜市黒壁スクエアを事例に― | 談話会 |
| 林原　久俊：産地のイメージとブランドをめぐる地理学的考察 | 談話会 |
| 石橋　弘嗣：国立公園の管理とパークボランティア制度について―上高地を中心として― | 談話会 |
| 古川　昇平：自治体の取りくむ地域産品のブランド化 | 談話会 |
| 守道　三恵：地域の認識と空間表象―屋久島の中学生の手がき地図から― | 談話会 |

| 2007（平成 19）年　卒業生氏名：卒業論文題目 | 典　拠 |
|---|---|
| 大塚　俊介：地方都市における公共空間―中心商店街の位置付けを軸に― | 談話会 |
| 勝部　泰行：海外長期旅行者の目から見た日本 | 談話会 |
| 木野　俊輔：京都市都心地域における自治会の役割 | 談話会 |
| 桑名　光紀：京阪神地区と四国地方を結ぶ公共交通アクセス | 談話会 |
| 煙山　哲史：保健の不平等～「医師の偏在」に着目して～ | 談話会 |
| 本多真太郎：原発と共生する地域社会～おらが町にある以上しかたねぇ～ | 談話会 |
| 南都奈緒子：自治体史誌が地域においてもちうる意味―山梨県内各地域史誌における県有林の来歴表象を事例に― | 談話会 |

| 2008（平成 20）年　卒業生氏名：卒業論文題目 | 典　拠 |
|---|---|
| 松本　貴裕：平成の大合併と自治体公共交通―滋賀県南部地域のコミュニティバスサービスを事例として― | 談話会 |
| 廣本　幸子：狭山池灌漑絵図類と水掛かり村落の動向 | 談話会 |
| 平川　生在：葉タバコ栽培の経営規模に関する一考察―京都府京丹後市の事例― | 談話会 |
| 西田　幸世：信州・鬼無里の屋台 | 談話会 |
| 中山　理沙：京都市における高齢者複合施設の立地動向と世代間交流 | 談話会 |
| 齋藤　圭：ガイドブックから見る大阪・キタのイメージ | 談話会 |
| 熊田　安美：小離島の商品流通 | 談話会 |
| 木村　善則：「屋外広告の景観」～京都市新景観政策を事例として～ | 談話会 |
| 堅田　啓介：ニュータウンの時代性と地域性―多機能複合都市への経緯とその課題― | 談話会 |
| 香川　絵里：市民による里地里山保全とその持続性 | 談話会 |

1）旧制の年次別の卒業者・修了者氏名は，教務掛保管の学籍簿カードに依拠した。卒業・修了時の氏名を示す。
2）新制の年次別の卒業者氏名は，教務掛保管の学籍簿に依拠した。卒業時の氏名を示す。
3）氏名のみ表記したものは文学部卒業生，氏名（選科）と表記したものは選科修了生，氏名（委託生）と表記したものは委託生として在籍し卒業した学生。選科修了の後，文学部学生として卒業の場合は，改めて記載した。上記 1）および 2）の教務掛資料の他，『京都帝國大學文學部卒業生名簿　昭和 15 年 12 月現在』による。
4）卒業論文の題目のうち，（不明）は，資料・現物等によって確認できなかったもの。ただし，第二次世界大戦末期～戦後直後の時期（1944（昭和 19）年～ 1948（昭和 23）年頃）の卒業論文題目（不明）については，記録や保管の問題以外に，戦争の影響も考えられる。
題目の典拠は以下のいずれかを示す。

『藝文』（年号）：『藝文』に記載された地理学専攻学生の卒業論文題目により確認。

『史林』（巻号）：『史林』に記載された地理学専攻学生の卒業論文題目により確認。

『新地理』（巻号）：『新地理』（帝国書院）に記載された地理学専攻学生の卒業論文題目により確認。

博物館地理（蔵）：総合博物館地理作業室に所蔵された卒業論文により確認。

文図書館（蔵）：文学部図書館に収蔵された卒業論文により確認。

学籍簿：文学部教務掛保管の学籍簿により確認。

談話会：春の卒論・修論発表会資料により確認。

## 表4　修士課程修了者の氏名ならびに修士論文題目一覧（1955年～2008年）

| 1955（昭和30）年　修了者氏名：修士論文題目 | 典　拠 |
|---|---|
| 佐々木高明：南米土着農耕文化の地理的研究 | 学籍簿 |

| 1956（昭和31）年　修了者氏名：修士論文題目 | 典　拠 |
|---|---|
| 押野　昭生：「麓」集落の地理的意義 | 学籍簿 |
| 島田　正彦：漁港の形成過程* | 文図書館目録 |
| ：沖合漁業の発達と漁村の変貌 | 学籍簿 |
| 藤森　　勉：濃尾織物業* | 文図書館目録 |
| ：濃尾平野に於ける織物業地域の経済地理的研究 | 学籍簿 |

*文学部図書館所蔵の原本にタイトル頁なし。

| 1957（昭和32）年　修了者氏名：修士論文題目 | 典　拠 |
|---|---|
| 井上　一男：都市域農業における専・兼業の地域的分化について―京都市の場合― | 文図書館目録 |
| 服部　昌之：古代行政区画の地理的意義 | 文図書館目録 |
| 山澄　　元：「地域」概念について | 文図書館目録 |

| 1958（昭和33）年　修了者氏名：修士論文題目 | 典　拠 |
|---|---|
| 高橋　　正：Al-Khuārızmī 図の復原と比定 | 文図書館目録 |

| 1959（昭和34）年　修了者氏名：修士論文題目 | 典　拠 |
|---|---|
| 木村　辰男：湖東平野中部における町の地域的性格* | 文図書館目録 |

*学籍簿では、末尾の語が、意義。

| 1960（昭和35）年　修了者氏名：修士論文題目 | 典　拠 |
|---|---|
| 井戸　庄三：明治前期町村制度の地理学的研究―とくに滋賀県の場合― | 学籍簿 |
| 大脇　保彦：近世初期における村落の復原 | 学籍簿 |
| 塚田　秀雄：長野県における労働力需給の地理学的考察 | 文図書館目録 |
| 小野　菊雄：地動説を中心とした天文地理学* | 文図書館目録 |
| ：地動地球説よりみた近世日本地理学の意義<br>―山片蟠桃・司馬江漢を中心として― | 学籍簿 |
| 坂本　英夫：水田単作地帯における砂丘地の農業―越後平野海岸砂丘地の場合― | 文図書館目録 |
| 成田　孝三：地方町の経済機能と政治機能 | 文図書館目録 |

*文学部図書館所蔵の原本にタイトル頁なし。

| 1961（昭和36）年　修了者氏名：修士論文題目 | 典　拠 |
|---|---|
| 足利　健亮：律令時代及び大化前の倉敷地* | 文図書館目録 |
| ：古代“倉所”の地理的位置に就いて | 学籍簿 |
| 小森　星児：都市の規模・機能・成長と産業構造―日本都市の統計的分析― | 学籍簿 |
| 斎藤　晨二：中国における民族政策論* | 文図書館目録 |
| ：中国における少数民族区域自治について―ソ連民族政策との比較― | 学籍簿 |

*文学部図書館所蔵の原本にタイトル頁なし。

| 1962（昭和37）年　修了者氏名：修士論文題目 | 典　拠 |
|---|---|
| 應地　利明：明治以降における米作農業の地域的展開―主産地の形成過程をめぐって― | 学籍簿 |
| 永井　洋子：中小漁業に於ける産業資本の形成と流通<br>―特に茨城県那珂湊、平磯について― | 学籍簿 |
| 舟場　正富：村の変化と水田耕作―河内六萬寺の番水制より― | 学籍簿 |
| 酒井　敏明：中央アジア交通路の研究―主としてパミールの峠越えについて― | 学籍簿 |

| 1963（昭和 38）年 修了者氏名：修士論文題目 | 典　拠 |
|---|---|
| 小林　健太郎：地域中心形成の歴史地理学的研究―封建制確立期の尾張平野について― | 文図書館目録 |

| 1964（昭和 39）年 修了者氏名：修士論文題目 | 典　拠 |
|---|---|
| 石原　　潤：集落形態と村落共同体<br>―讃岐の農村を例にとり、特に共同体の外枠について― | 学籍簿 |
| 武藤　　直：幕末－明治初年における商品流通<br>―地域生産力、生産者及市場の地理的側面に関して― | 学籍簿 |

| 1965（昭和 40）年 修了者氏名：修士論文題目 | 典　拠 |
|---|---|
| 川瀬　浩一：村落社会と宗教に関する地理学的一考察 | 文図書館目録 |

| 1966（昭和 41）年 修了者氏名：修士論文題目 | 典　拠 |
|---|---|
| 須原美士雄：中心集落の小売商圏に関する研究 | 文図書館目録 |
| 寺阪　昭信：都市の階層と影響圏 | 文図書館目録 |
| 野澤　秀樹：フランス地理学派における都市・農村関係、都市網の研究について<br>―生活様式論から経済社会構造論へ― | 文図書館（蔵） |

| 1967（昭和 42）年 修了者氏名：修士論文題目 | 典　拠 |
|---|---|
| 青木　伸好：農村地域に対する都市の影響 | 文図書館目録 |
| 須藤　仁一：大都市圏における中心地階層について | 文図書館目録 |
| 丸本　康子：村落内部の諸集団の性格<br>―京都府北桑田郡美山町の二部落における比較研究― | 文図書館目録 |

| 1968（昭和 43）年 修了者氏名：修士論文題目 | 典　拠 |
|---|---|
| 山田　正浩：明治前期の学区―その領域統一の過程及び旧村、行政町村との関係、<br>奈良県下の事例を中心に― | 文図書館目録 |
| 駒井　正一：中国農村における経済地域―専区級および人民公社級地域について― | 文図書館目録 |
| 千田　　稔：古代港津について―主として瀬戸内における事例研究― | 文図書館目録 |
| 端　　信行：西アフリカにおける焼畑農業の性格―ナイジェリアの事例を中心として― | 文図書館目録 |
| 濱谷　正人：小村の地域論的考察―生駒山地・旧北倭村を事例として― | 文図書館目録 |
| 陳　　芳恵：台湾における埔里盆地の開拓と集落 | 文図書館目録 |

| 1969（昭和 44）年 修了者氏名：修士論文題目 | 典　拠 |
|---|---|
| 横山　淳一：大都市地域と都市の産業構造 | 文図書館目録 |

| 1970（昭和 45）年 修了者氏名：修士論文題目 | 典　拠 |
|---|---|
| 水田　義一：中世村落の地理学的考察―絵図・坪付資料等による検討― | 文図書館目録 |
| 山田　　誠：地域の形成と中心集落―北海道・十勝地域を事例として― | 文図書館目録 |

| 1971（昭和 46）年 修了者氏名：修士論文題目 | 典　拠 |
|---|---|
| 上田　　穣：沖積平野と河川の作用―淀川水系を事例として― | 文図書館目録 |
| 金田　章裕：奈良・平安期の村落形態について | 文図書館目録 |
| 高橋　誠一：古代手工業の歴史地理学的研究―窯業を中心として― | 文図書館目録 |
| 戸祭由美夫：古代日本の村・里・郷―その歴史地理学的研究― | 文図書館目録 |
| 中野　雅博：岡山県南部における工業地域の研究 | 文図書館目録 |
| 渡辺　光一：交通機能と都市構造 | 文図書館目録 |

| 1972（昭和 47）年　　修了者氏名：修士論文題目 | 典　拠 |
|---|---|
| 飯田耕二郎：開拓地における集落形態と社会組織 | 文図書館目録 |
| 金坂　清則：中小都市の経済基盤とその変容 | 文図書館目録 |
| 田辺　繁治：タイにおける国家領域の成立過程 | 文図書館目録 |

| 1973（昭和 48）年　　修了者氏名：修士論文題目 | 典　拠 |
|---|---|
| 赤阪　　賢：19 世紀西スーダンの国家に関する一考察<br>―Fulani 帝国、Tukulor 帝国、Mandinka 帝国の比較の試み― | 文図書館目録 |
| 久武　哲也：アメリカ南西部 Pueblo 集落構造の変質<br>―特にスペイン統治期 Rio Grande Pueblos を中心にして― | 文図書館目録 |
| 秋山　元秀：中世濃尾平野における地域と交通 | 文図書館目録 |
| 小林　　茂：東南ヨーロッパの牧畜組織 | 文図書館目録 |

| 1974（昭和 49）年　　修了者氏名：修士論文題目 | 典　拠 |
|---|---|
| 岩西　誠二：近世日本の都市と商品流通―その地理学的諸問題― | 文図書館目録 |
| 正木　久仁：大都市地域における中心性の階層秩序 | 文図書館目録 |
| 小林　致広：Nueva España の発見と植民 | 文図書館目録 |

| 1975（昭和 50）年　　修了者氏名：修士論文題目 | 典　拠 |
|---|---|
| 長谷川孝治：17 世紀イングランドにおける干拓地の形成<br>―フェンランドの排水を中心に― | 文図書館目録 |
| 今西　保雄：大都市地域の居住構造―大阪市の場合― | 文図書館目録 |

1976（昭和 51）年

| 1977（昭和 52）年　　修了者氏名：修士論文題目 | 典　拠 |
|---|---|
| 権藤　典明：近世における尾張平野の地域構造 | 文図書館目録 |
| 伊東　　理：大型小売商業施設の地域的展開―京阪神大都市圏を事例として― | 文図書館目録 |
| 石川　義孝：戦後における国内人口移動<br>―マルコフ連鎖モデル・重回帰モデルによる分析― | 文図書館目録 |
| 南出　眞助：中世東海道における荘園と港津 | 文図書館目録 |

1978（昭和 53）年

| 1979（昭和 54）年　　修了者氏名：修士論文題目 | 典　拠 |
|---|---|
| 出田　和久：古代西海道の歴史地誌的研究 | 文図書館目録 |
| 林　　和生：清・民国時代における廣東の市場 | 文図書館目録 |
| 野間　晴雄：低湿地における生態システムと稲作農業 | 文図書館目録 |

| 1980（昭和 55）年　　修了者氏名：修士論文題目 | 典　拠 |
|---|---|
| 吉田　敏弘：中世日本農村における村落領域の構造とその展開過程 | 文図書館目録 |

| 1981（昭和 56）年　　修了者氏名：修士論文題目 | 典　拠 |
|---|---|
| 岩鼻　通明：出羽三山信仰の地域的展開 | 文図書館目録 |
| 田中　和子：大阪市における都市活動の空間的パターン<br>―空間的自己相関による検出と統合の試み― | 文図書館目録 |

| 1982（昭和57）年　修了者氏名：修士論文題目 | 典　拠 |
|---|---|
| 藤井　　正：京阪神大都市圏における小売商業機能の立地変動<br>—大都市圏における構造変化の一局面— | 文図書館目録 |
| 松尾　容孝：農山村の編成についての研究—奈良県吉野郡天川村— | 文図書館目録 |
| 小方　　登：都市における人口流動パターンの分析<br>—姫路市を例とする時刻別・地区別滞留人口の考察— | 文図書館目録 |

| 1983（昭和58）年　修了者氏名：修士論文題目 | 典　拠 |
|---|---|
| 青山　宏夫：日本中世の絵地図における空間表現 | 文図書館目録 |
| 藤田　裕嗣：日本中世の流通システムと市町 | 文図書館目録 |
| 利光　有紀：内陸アジアにおける在来牧法の変容—比較牧法の試み— | 文図書館目録 |

| 1984（昭和59）年　修了者氏名：修士論文題目 | 典　拠 |
|---|---|
| 水内　俊雄：明治期における都市空間—その認識、施策の検討を通じて— | 文図書館目録 |

| 1985（昭和60）年　修了者氏名：修士論文題目 | 典　拠 |
|---|---|
| 坂本　　勉：湖東山地における谷地田の土地利用 | 文図書館目録 |

| 1986（昭和61）年　修了者氏名：修士論文題目 | 典　拠 |
|---|---|
| 内田　忠賢：奈良時代における村呼称の研究 | 文図書館目録 |
| 松田　隆典：日常的生活行動からみた中心地体系<br>—島根県斐川町—主婦の購買地選択を中心にして | 文図書館目録 |
| 小田　匡保：大峰における聖域の地理学的構造 | 文図書館目録 |
| 酒井　高正：日本の国内人口移動の動向について—最近の鎮静化局面の分析— | 文図書館目録 |

| 1987（昭和62）年　修了者氏名：修士論文題目 | 典　拠 |
|---|---|
| 山近　博義：盛り場の形成と機能について—京都を事例として— | 文図書館目録 |
| 小島　泰雄：民国代江南農村の生活空間 | 文図書館目録 |

1988（昭和63）年

| 1989（平成1）年　修了者氏名：修士論文題目 | 典　拠 |
|---|---|
| 山崎　孝史：戦後町村合併の計画策定・実施過程にみる地域編成 | 文図書館目録 |
| 小長谷一之：都市空間における住民の移動・活動パターン | 文図書館目録 |

1990（平成2）年

| 1991（平成3）年　修了者氏名：修士論文題目 | 典　拠 |
|---|---|
| 豊田　哲也：都市小売システムと大型店の立地展開 | 文図書館目録 |
| 月原　敏博：チベット文化地域における生業空間編成 | 文図書館目録 |

| 1992（平成4）年　修了者氏名：修士論文題目 | 典　拠 |
|---|---|
| 北内　陽子：焼畑の維持システムと社会的基盤 | 文図書館目録 |

| 1993（平成5）年　修了者氏名：修士論文題目 | 典　拠 |
|---|---|
| 滝波　章弘：ツーリズム空間の表現と行動の説明 | 文図書館目録 |
| 渡辺　浩平：地方自治体におけるリサイクルの普及に関する考察 | 文図書館目録 |

| 1994（平成 6）年　修了者氏名：修士論文題目 | 典　拠 |
|---|---|
| 谷口美都子：カントリータウンを中心とする空間 | 文図書館目録 |
| AVILA-TAPIES, Rosalia：日本の国内人口移動研究 | 文図書館目録 |

| 1995（平成 7）年　修了者氏名：修士論文題目 | 典　拠 |
|---|---|
| 亀岡　岳志：伝承のなかの環境と生活 | 文図書館目録 |
| 佐藤　廉也：エチオピア西南部におけるスルマ系住民マジャンギルの焼畑農耕システム | 文図書館目録 |
| 米家　泰作：中世の山地と領域 | 文図書館目録 |

| 1996（平成 8）年　修了者氏名：修士論文題目 | 典　拠 |
|---|---|
| 中藤　容子：日本における地域住民組織とその領域 | 文図書館目録 |
| 堀　　健彦：10 ～ 13 世紀の土地文書にみる空間表現 | 文図書館目録 |
| 水野　真彦：競争戦略と空間組織―日本の自動車産業を事例として― | 文図書館目録 |

| 1997（平成 9）年　修了者氏名：修士論文題目 | 典　拠 |
|---|---|
| 門井　直哉：評の領域についての歴史地理学的考察 | 文図書館目録 |
| 祖田　亮次：イバン社会の変容とロングハウス | 文図書館目録 |

| 1998（平成 10）年　修了者氏名：修士論文題目 | 典　拠 |
|---|---|
| 足利亮太郎：都市工業の再編成過程 | 談話会 |
| 足立　　理：情報ネットワーク化の地域格差 | 談話会 |
| 有留　順子：我が国におけるテレワークの普及に関する地理学的研究 | 談話会 |
| 今里　悟之：村落空間の社会記号論―玄界灘馬渡島を事例とした試み― | 談話会 |
| 島崎　郁司：我が国の国際航空旅客の地理学的分析 | 談話会 |
| 山村　亜希：中世守護所・守護城下町の形態と構造 | 談話会 |

1999（平成 11）年

| 2000（平成 12）年　修了者氏名：修士論文題目 | 典　拠 |
|---|---|
| 泉谷　洋平：行為・時空・疎外―ポリティカル・ジオグラフィーとその（不）可能性― | 談話会 |
| 河野　良平：量販店の出店競争と地域小売商業システムの変化―滋賀県中部地域の事例― | 談話会 |
| 横山ともみ：エスニックビジネスの成立と展開―静岡県浜松市を事例として― | 談話会 |

| 2001（平成 13）年　修了者氏名：修士論文題目 | 典　拠 |
|---|---|
| 岩崎しのぶ：中世差図・土帳類の歴史地理学的研究 | 談話会 |
| 上杉　和央：推定・考証図と歴史的空間認識の歴史地理学研究 | 談話会 |
| 奥野　　守：世帯の多様性と都市内居住分化 | 談話会 |
| 山神　達也：わが国の大都市圏における人口分布に関する地理学的研究 | 談話会 |

| 2002（平成 14）年　修了者氏名：修士論文題目 | 典　拠 |
|---|---|
| 中村　尚弘：現在のアイヌ研究の意義と課題 | 談話会 |
| 村田　陽平：男性ジェンダーと空間に関する地理学研究 | 談話会 |

| 2003（平成 15）年　修了者氏名：修士論文題目 | 典　拠 |
|---|---|
| 中辻　　享：ラオス焼畑農村における土地利用について―特にカジノキ栽培に注目して― | 談話会 |
| 福本　　拓：戦前および占領期の大阪市における在日朝鮮人に関する地理学的研究 ―集住地と政策の変遷を中心に― | 談話会 |

| 2004（平成16）年　　修了者氏名：修士論文題目 | 典　拠 |
|---|---|
| 埴淵　知哉：非営利・非政府組織の空間編成 | 談話会 |

| 2005（平成17）年　　修了者氏名：修士論文題目 | 典　拠 |
|---|---|
| 室野　　拓：旅行速度に基づく混雑指標を用いた交通ネットワークの分析 | 談話会 |
| 高山　圭介：日系多国籍企業における国際人口移動―製造業A社の事例― | 談話会 |
| 岩間　伸一：葬祭会館の立地動向とその意味―東京23区を事例として― | 談話会 |

| 2006（平成18）年　　修了者氏名：修士論文題目 | 典　拠 |
|---|---|
| 柴田　陽一：小牧実繁の「日本地政学」とその実践 | 談話会 |
| | 談話会 |
| 2007（平成19）年　　修了者氏名：修士論文題目 | 談話会 |
| 木村　理恵：先住民族の権利回復運動―アイヌ民族の音楽活動を中心に― | 談話会 |
| 星田　侑久：地理加重回帰法を援用した可変的なバンド幅の探索 | 談話会 |
| 堀川　彰子：那覇を描いた古絵図群の研究 | 談話会 |

| 2008（平成20）年　　修了者氏名：修士論文題目 | 典　拠 |
|---|---|
| 宮澤　博久：インドにおける水産資源利用形態と漁業活動の社会経済構造<br>―漁船機械化が進展したMaharashtra州Thane地区内の漁村を対象として― | 談話会 |
| 岡本　憲幸：地域文化の展開と空間的文脈―用瀬の流しびなを事例に― | 談話会 |

1）年次別・修了者の氏名は、教務掛保管の修士修了者学籍簿に依拠した。
2）修士論文の題目の典拠は以下のいずれかを示す。
　学籍簿：文学部教務掛保管の修士修了者学籍簿により確認。
　文図書館目録：文学部図書館に収蔵された修士論文の目録、『修士論文①　昭和30年度～62年度』、『修士論文②　昭和63年度～平成9年度』、『修士論文③　平成10年度～18年度』により確認。
　文図書館（蔵）：文学部図書館に収蔵された修士論文の原本により確認。
　談話会：春の卒論・修論発表会資料により確認。
3）文学部図書館の目録と修士修了者学籍簿の論文題目が大幅に異なるものについては、両者を上段と下段に併記した。
4）明らかな誤植・誤字は訂正した。

## 表5　博士学位論文題目一覧（1937年～2007年）

【旧制】

| 学位記番号 | 授与年月日 | 氏　名 | 論　　題 |
|---|---|---|---|
| 48 | 1937.8.5 | 小牧　實繁 | 先史地理学研究 |
| 83 | 1947.1.31 | 藤田　元春 | 日支交通の研究 |
| 120 | 1954.1.13 | 飯塚　浩二 | 人文地理学説史―方法論のための学説史的反省― |
| 122 | 1954.5.7 | 吉田　敬市 | 朝鮮水産業開発過程の地理学的研究 |
| 149 | 1961.1.19 | 織田　武雄 | 古代地理学史の研究―ギリシア時代― |
| 158 | 1961.9.19 | 藤岡　謙二郎 | わが国律令時代における地方都市及び交通路の歴史地理学的研究 |
| 168 | 1961.12.7 | 室賀　信夫 | 佛教系世界図の地図学史的研究 |
| 171 | 1962.2.1 | 別技　篤彦 | 東南アジア諸島の住居と開発史―その地理学的考察― |
| 199 | 1962.3.27 | 日比野　丈夫 | 漢代歴史地理研究 |
| 206 | 1962.3.27 | 野間　三郎 | 近代地理学の潮流―19世紀地理学史研究― |
| 213 | 1962.3.27 | 米倉　二郎 | 東亜の集落 |
| 232 | 1962.3.31 | 山口　平四郎 | 交通地理の研究 |
| 244 | 1962.3.31 | 三上　正利 | 西シベリア開拓の歴史地理学的研究 |
| 247 | 1962.3.31 | 河野　通博 | 漁場用益形態の研究 |
| 260 | 1962.3.31 | 藪内　芳彦 | 漁村の生態 |
| 263 | 1962.3.31 | 石田　寛 | 日本の牧畜および放牧地域の地理学的研究 |
| 271 | 1962.3.31 | 村松　繁樹 | 日本村落の形態的研究 |

【新制・論文博士】

| 学位記番号 | 授与年月日 | 氏　名 | 論　　題 |
|---|---|---|---|
| 論4 | 1964.3.23 | 齋藤　晃吉 | 本邦湖沼干拓の地理学的研究 |
| 論8 | 1964.6.23 | 近藤　忠 | 紀州における藩政時代の行政区と村の集落構成に対する地理学的考察 |
| 論18 | 1965.12.14 | 渡邊　茂蔵 | 東北日本における開拓地の地理学的研究 |
| 論27 | 1967.11.24 | 川上　健三 | 竹島の歴史地理学的研究 |
| 論44 | 1969.5.23 | 河地　貫一 | 離島地理学 |
| 論55 | 1970.5.23 | 渡邊　久雄 | 条里制の研究―歴史地理学的考察― |
| 論57 | 1970.7.23 | 佐々木　高明 | 焼畑農業の比較地理学的研究 |
| 論59 | 1971.1.23 | 石川　榮吉 | 原始共同体の研究 |
| 論62 | 1971.3.23 | 水津　一朗 | 社会集団の生活空間―その社会地理学的研究― |
| 論63 | 1971.5.24 | 末尾　至行 | 水力開発=利用に関する歴史地理学的研究 |
| 論64 | 1971.5.24 | 矢守　一彦 | 都市プランの歴史地理 |
| 論69 | 1971.5.24 | 大島　襄二 | 水産養殖業の地理学的研究 |
| 論71 | 1971.5.24 | 浮田　典良 | 北西ドイツ農村の歴史地理学的研究 |
| 論139 | 1980.3.24 | 坂本　英夫 | 輸送園芸の地理学的研究 |
| 論157 | 1983.3.23 | 春日　茂男 | 立地の理論―地理的空間モデルの学説史的研究― |
| 論163 | 1984.3.23 | 服部　昌之 | 律令国家の歴史地理学的研究―古代の空間構成― |
| 論167 | 1985.1.23 | 船越　昭生 | 鎖国日本にきた『康熙図』の地理学史的研究 |
| 論177 | 1985.7.23 | 足利　健亮 | 日本古代地理研究<br>―畿内とその周辺における土地計画の復原と考察― |
| 論179 | 1985.11.25 | 青木　伸好 | 都市・農村関係の地理学的研究 |
| 論182 | 1986.1.23 | 成田　孝三 | 大都市における衰退地区の生成と再生の方向<br>―その都市地理学的研究― |
| 論184 | 1986.3.24 | 小林　健太郎 | 戦国期城下市町の歴史地理学的研究 |
| 論187 | 1986.3.24 | 應地　利明 | 南西アジアにおける農業的土地利用の地理学的比較研究 |
| 論237 | 1992.7.23 | 千田　稔 | 古代日本の歴史地理学的研究 |

【新制・論文博士】（つづき）

| 学位記番号 | 授与年月日 | 氏　名 | 論　　題 |
|---|---|---|---|
| 論 254 | 1993.5.24 | 金田　章裕 | 日本古代中世景観の歴史地理学的研究 |
| 論 268 | 1994.5.23 | 石川　義孝 | わが国における人口移動の計量地理学的研究 |
| 論 341 | 1998.3.23 | 野澤　秀樹 | フランス地理学史研究 |
| 論 367 | 1999.3.23 | 杉浦　和子 | 都市空間分析序論 |
| 論 402 | 2001.1.23 | 高橋　美久二 | 古代交通遺跡の研究 |
| 論 408 | 2001.3.23 | 久武　哲也 | 文化地理学の系譜 |
| 論 423 | 2001.9.25 | 溝口　常俊 | 日本近世の畑作地域史論 |
| 論 441 | 2003.1.23 | 小林　　茂 | 琉球列島における人間 - 環境関係とその変動<br>―農耕・災害・疾病の分析を通じて― |
| 論 445 | 2003.3.24 | 岩鼻　通明 | 出羽三山信仰圏研究 |
| 論 506 | 2006.3.23 | 青山　宏夫 | 前近代地図の空間構成と地理的知識 |
| 論 527 | 2007.3.23 | 佐野　静代 | 水辺環境と村落景観の歴史地理学的研究 |

【新制・課程博士】

| 学位記番号 | 授与年月日 | 氏　名 | 論　　題 |
|---|---|---|---|
| 62 | 1996.3.23 | 滝波　章弘 | ツーリズムの空間表現<br>―日本とフランスにみる空間の分解と体系化― |
| 93 | 1998.3.23 | 米家　泰作 | 日本・中近世山村の歴史地理学的研究 |
| 126 | 1999.3.23 | 堀　　健彦 | 古代・中世日本における領域形成の歴史地理学研究 |
| 132 | 1999.3.23 | 佐藤　廉也 | 北東アフリカにおける焼畑農耕社会とその変化に関する研究 |
| 156 | 2000.3.23 | AVILA-TAPIES, Rosalia | 近現代日本における人口移動の研究<br>―空間的社会的構造パターン― |
| 159 | 2000.3.23 | 門井　直哉 | 古代日本の政治領域に関する歴史地理学研究 |
| 171 | 2001.3.23 | 祖田　亮次 | サラワク・イバン人社会における人口流動と都市<br>―農村関係の動態 |
| 184 | 2001.3.23 | 山村　亜希 | 日本中世都市の空間構造に関する歴史地理学的研究 |
| 186 | 2001.3.23 | 水野　真彦 | 企業間ネットワークの地理学的研究 |
| 206 | 2002.3.25 | 今里　悟之 | 村落空間の文化・社会地理学的研究 |
| 221 | 2002.3.25 | 李　　禧淑 | 近現代におけるコリアンの移住と新たな社会空間 |
| 268 | 2004.3.23 | 山神　達也 | 都市圏の人口動態に関する地理学的研究 |
| 270 | 2004.3.23 | 上杉　和央 | 江戸時代における地理的知識の形成に関する歴史地理学研究 |
| 311 | 2005.3.23 | 村田　陽平 | ジェンダー地理学の再構築―空間と男性研究の可能性― |
| 348 | 2006.3.23 | Realyn Lolohea 'Esau | トンガ人の国際人口移動とホスト国における経験<br>―ニュージーランド・フィジー・日本の事例― |
| 394 | 2007.3.23 | 埴淵　知哉 | 非営利・非政府組織と都市システムに関する地理学研究 |

資料）文学部図書館に所蔵されている博士学位論文、ならびに、『博士学位論文　内容の要旨および審査の結果の要旨』（第 6 集（昭和 38 年度）～第 49 集（平成 18 年度））、「博士論文論題一覧」（文学部図書館資料）を参照した。

表6　博士課程単位修得者および学修者の一覧

（1958年～2008年）

| 学修・修了年 | 氏名 |
|---|---|
| 1958（昭和33）年 | 佐々木 高明 |
| 1959（昭和34）年 | 押野 昭生 |
| 1960（昭和35）年 | 山澄　元 |
| 1961（昭和36）年 | 高橋　正 |
| 1962（昭和37）年 | － |
| 1963（昭和38）年 | 坂本 英夫、成田 孝三 |
| 1964（昭和39）年 | 小森 星児 |
| 1965（昭和40）年 | － |
| 1966（昭和41）年 | 小林 健太郎 |
| 1967（昭和42）年 | － |
| 1968（昭和43）年 | － |
| 1969（昭和44）年 | 須原 芙士雄 |
| 1970（昭和45）年 | － |
| 1971（昭和46）年 | 駒井 正一 |
| 1972（昭和47）年 | － |
| 1973（昭和48）年 | － |
| 1974（昭和49）年 | 金田 章裕 |
| 1975（昭和50）年 | 金坂 清則 |
| 1976（昭和51）年 | 久武 哲也 |
| 1977（昭和52）年 | － |
| 1978（昭和53）年 | 長谷川 孝治 |
| 1979（昭和54）年 | 小林 致広、樋口 忠成 |
| 1980（昭和55）年 | － |
| 1981（昭和56）年 | － |
| 1982（昭和57）年 | － |
| 1983（昭和58）年 | － |
| 1984（昭和59）年 | － |
| 1985（昭和60）年 | － |
| 1986（昭和61）年 | 利光 有紀 |
| 1987（昭和62）年 | 松尾 容孝 |
| 1988（昭和63）年 | 坂本　勉、尹　正淑 |
| 1989（平成 1）年 | 小田 匡保 |
| 1990（平成 2）年 | － |
| 1991（平成 3）年 | － |
| 1992（平成 4）年 | 山近 博義 |
| 1993（平成 5）年 | － |
| 1994（平成 6）年 | － |
| 1995（平成 7）年 | － |
| 1996（平成 8）年 | 滝波 章弘 |
| 1997（平成 9）年 | － |
| 1998（平成10）年 | 北内 陽子、亀岡 岳志、米家 泰作 |
| 1999（平成11）年 | 堀　健彦、佐藤 廉也（特別研修コース） |
| 2000（平成12）年 | AVILA-TAPIES, Rosalia、門井 直哉、祖田 亮次 |
| 2001（平成13）年 | 山村 亜希、李　禧淑、水野 真彦（特別研修コース） |
| 2002（平成14）年 | 今里 悟之（特別研修コース） |
| 2003（平成15）年 | 泉谷 洋平 |
| 2004（平成16）年 | 上杉 和央、山神 達也 |
| 2005（平成17）年 | 村田 陽平 |
| 2006（平成18）年 | Realyn Lolohea 'Esau |
| 2007（平成19）年 | 福本　拓、埴淵 知哉 |
| 2008（平成20）年 | － |

注）各年次の単位修得者および学修者の氏名は、教務掛保管の『博士単位修得者学籍簿』ならびに『博士学修者学籍簿』により確認した。学修・修了時の氏名を示す。

なお、単位修得時あるいは学修時に、博士学位論文を提出し、博士の称号を取得した者も含まれる（表5）。

付表1　京都帝國大學文學部地理學教室『地理學談話會　會報』(1936年〜1938年)掲載の記事一覧

| 号(刊行年) | 内　容 | 頁 |
|---|---|---|
| 第3冊 | 《石橋博士還暦記念特輯》 | |
| (1936.2) | 口絵写真（3葉） | |
| 全88頁 | 教室回顧三十年 ……石橋五郎 | 1 |
| | 石橋博士論著目録 | 13 |
| | 石橋先生の還暦に因みて | 18 |
| | 石橋先生に關する感想 ……中野竹四郎（1911年卒） | |
| | 神戸淩霜會主催石橋先生座談會の概況 ……田中秀作（1915年卒） | |
| | 人情味豊かな石橋先生 ……勝田圭通（1918年卒） | |
| | 調和景觀のために ……小牧實繁（1922年卒） | |
| | 一番感銘した御敎訓 ……小野鐵二（1923年卒） | |
| | 石橋先生の還暦を祝いて ……宮川善造（1929年卒） | |
| | 石橋先生の御高德の一斑 ……村松繁樹（1929年卒） | |
| | 卒業後の感想 ……島　之夫（1930年卒） | |
| | 石橋先生のプロフイル ……瀧本貞一（1930年卒） | |
| | 輓近地理學界の動向と石橋先生 ……米倉二郎（1931年卒） | |
| | 我が師を誇る ……辻田右左男（1933年選修） | |
| | 思ひ出 ……野澤　浩（1933年卒） | |
| | 頌壽 ……室賀信夫（1933年卒） | |
| | 石橋先生と私 ……日下卓造（1934年卒） | |
| | 消息にかへて──一つの心 ……谷淵梅龜（1935年卒） | |
| | 石橋博士還暦記念事業經過 | 57 |
| | 肖像畫並に記念品贈呈式次第 | 57 |
| | 研究の一端 | 61 |
| | 臺灣の高地生活 ……内田　勣（1930年卒） | |
| | 別府溫泉發達の原因 ……兼子俊一（1935年卒） | |
| | 談話會報告要旨 | 71 |
| | 昭和10年9月26日第四回談話會 | |
| | 中之島の地理學的研究 ……和田俊二（1937年卒） | |
| | 京都衣笠扇狀地の先史地表 ……神尾明正（1936年卒） | |
| | 南洋土人の海圖 ……織田武雄（1932年卒） | |
| | 西濃春日谷の聚落に就て ……田中秀作（1915年卒） | |
| | 10月24日第五回談話會 | |
| | 十津川雜感 ……長谷部健史（1936年卒） | |
| | 新潟の景觀 ……須藤　賢（1936年卒） | |
| | 地名研究の諸問題 ……鈴木福一 | |
| | 10月25日第三回談話會大會 | |
| | 隠岐列島の水産製造業 ……安藤鏗一（1934年卒） | |
| | 奥州街道と白川町 ……室賀信夫（1933年卒） | |
| | 北海道の甜菜糖業 ……織田武雄（1932年卒） | |
| | ラテン・アメリカに於ける石油資源の地政學的意義 ……別技篤彦（1932年卒） | |
| | 中世村落の樣相 ……米倉二郎（1931年卒） | |
| | 屋根の傾斜と降水量との關係 ……島　之夫（1930年卒） | |
| | 西都原古墳群に就いて ……松本　博（1928年卒） | |
| | 氣山津の變遷 ……小牧實繁（1922年卒） | |
| | 日本最初の船法度について ……藤田元春（1920年卒） | |

| 号(刊行年) | 内　　容 | 頁 |
| --- | --- | --- |
| | 　伊吹山四近の積雪と人文との關係 ……………………………田中秀作（1915 年卒） | |
| | 　近世に於ける米作發達の一面 …………………………………内田寛一（1913 年卒） | |
| | 　挨拶 ……………………………………………………………石橋教授 | |
| | 教室雑記 | 83 |
| | 會員消息 | 86 |
| | 　會員からの便り—滿洲に住みて ………………………………増田忠雄（1930 年卒） | |
| | 後記 | 88 |
| 會報Ⅳ<br>(1937.6)<br>全 16 頁 | 一．談話會報告 | 1 |
| | 昭和 11 年 2 月 11 日 | |
| | 　朝鮮の火田に就て ……………………………………………西　　豊（1936 年卒） | |
| | 　越中の賣薬に就て ……………………………………………村井敏衛（1936 年卒） | |
| | 　因ノ島に就て …………………………………………………村上次男（1936 年卒） | |
| | 　伯耆大山に就て ………………………………………………木村憲治（1936 年卒） | |
| | 昭和 12 年 5 月 20 日 | |
| | 　見島雑觀 ……………………………………………………衣川芳太郎（1937 年卒） | |
| | 　地理學史鎖談 …………………………………………………室賀信夫（1933 年卒） | |
| | 　伊吹山の薬草に就て …………………………………………田中秀作（1915 年卒） | |
| | 6 月 27 日 | |
| | 　津山盆地の交通変遷 …………………………………………中江　健（1937 年卒） | |
| | 　本邦内地の石炭運輸の概觀 …………………………………山口平四郎（1934 年卒） | |
| | 　人口地圖に就いて ……………………………………………織田武雄（1932 年卒） | |
| | 11 月 23 日　第四回地理學談話會大會 | |
| | 　開會の辭 | |
| | 　廣島附近の動いた石器時代貝塚に就いて ……………………神尾明正（1936 年卒） | |
| | 　フムボルト—アメリカ旅行以前 ………………………………野間三郎（1936 年卒） | |
| | 　中部日本の焼畑に就いて ………………………………………木村憲治（1936 年卒） | |
| | 　九州諸港と對滿貿易 …………………………………………山口平四郎（1934 年卒） | |
| | 　人口地圖に就いて（第二報）…………………………………織田武雄（1932 年卒） | |
| | 　福州と琉球館 …………………………………………………米倉二郎（1931 年卒） | |
| | 　家屋の構造に及ぼす雪の影響 …………………………………島　之夫（1930 年卒） | |
| | 　古事記に現はれたる地理的名辞 ………………………………瀧本貞一（1930 年卒） | |
| | 　久美浜湾沿岸の古地理 …………………………………………小牧實繁（1922 年卒） | |
| | 　金島、銀島及びゴーレス地名の原流 …………………………藤田元春（1920 年卒） | |
| | 　江濃間の旧交通路と聚落の変遷 ………………………………田中秀作（1915 年卒） | |
| | 　上海港の今昔 …………………………………………………中野竹四郎（1911 年卒） | |
| | 　閉會の辭 | |
| | 12 月 19 日 | |
| | 　地理學論の諸要件 ……………………………………………杉村正治郎（1937 年卒） | |
| | 　京城の立地と風水説 …………………………………………木村憲治（1936 年卒） | |
| | 　再びチューネンの孤立国に就て ………………………………菊田太郎 | |
| | 昭和 12 年 1 月 29 日 | |
| | 　高知平野の人口地理學的研究 …………………………………中江　健（1937 年卒） | |
| | 　生駒山脈西斜面に於る水車の地理學的研究 …………………和田俊二（1937 年卒） | |
| | 　アメリカのパイロット・チャートに就きて …………………小野鐵二（1923 年卒） | |
| | 2 月 10 日 | |
| | 　水郷と江間 ……………………………………………………伊藤　博（1938 年卒） | |
| | 　日本アルプスの高地聚落 ………………………………………衣川芳太郎（1937 年卒） | |
| | 第四回地理學談話會大會 11 月 23 日（報告記事） | |

| 号(刊行年) | 内　　容 | 頁 |
|---|---|---|
| | 二. 教室行事 | 5 |
| | 　○昭和 11 年度講義題目 | |
| | 　○昭和 11 年度大學院入學者研究題目 | |
| | 　○卒業生論文題目 | |
| | 　○昭和 12 年度講義題目 | |
| | 　○新講師 | |
| | 昭和 11 年度 | |
| | 　二回生歓迎會（5 月 2 日） | |
| | 　春季二回生見學会（5 月 27 日～ 30 日）犬山～糸魚川 | |
| | 　秋季三回生見學会（10 月 4 日～）兵庫～新居浜 | |
| | 　卒業生豫餞會（昭和 12 年 2 月 10 日） | |
| | 　米倉助手送別會（昭和 12 年 3 月 12 日） | |
| | 昭和 12 年度 | |
| | 　日本地理學會（4 月 3、4 日　於工学部） | |
| | 　二回生歓迎會（4 月 26 日） | |
| | 三. 會員消息 | 12 |
| | 四. 雑報 | 14 |
| | 　○京都帝國大學文學部地理學研究報告第一冊 | |
| | 　○論叢第九輯豫告 | |
| | 　○談話會よりのお願ひ | |
| 會報Ⅴ<br>(1937.12)<br>全 10 頁 | 一. 談話會報告 | 1 |
| | ○昭和 12 年 6 月 19 日 | |
| | 　北攝山村の若干考察 ……中森増三（1938 年卒） | |
| | 　足利時代に於る遣明使の記録 ……藤田元春（1920 年卒） | |
| | ○昭和 12 年 9 月 2 日 | |
| | 　出雲の製鐵業 ……並河由則（1938 年卒） | |
| | 　等時刻線圖に就て ……今村新太郎（1934 年卒） | |
| | 第五回地理學談話會大會　昭和 12 年 11 月 23 日 | |
| | 　開會の辭 ……藤田講師（1920 年卒） | |
| | 　廣島附近の石器時代に對する先史地理學的疑問 ……神尾明正（1936 年卒） | |
| | 　大都市附近の交通に就て ……今村新太郎（1934 年卒） | |
| | 　地理學に於ける環境の意義 ……松井武敏（1933 年卒） | |
| | 　江南の地形と聚落 ……米倉二郎（1931 年卒） | |
| | 　奈良盆地の民屋─大和棟は大陸文化の遺物也─ ……島　之夫（1930 年卒） | |
| | 　冷水峠の交通地理 ……瀧本貞一（1930 年卒） | |
| | 　近江八幡町の古水道とその地理學的意義 ……吉田敬市 | |
| | 　黄河 ……藤田元春（1920 年卒） | |
| | 　盆地性より見たる近江の聚落 ……田中秀作（1915 年卒） | |
| | 　漫談 ……小川琢治 | |
| | 二. 教室通信 | 4 |
| | ○三回生卒業論文題目 | |
| | ○小野鐵二講師 | |
| | ○小野三正講師 | |
| | ○藤田元春講師 | |
| | ○室賀講師 | |
| | ○春季旅行　6 月 2 日～ 6 日　姫路～大山～蒜山 | |
| | ○地理學教室秋季旅行概要　10 月 12 日～ 16 日　中部地方横断 | |
| | 三. 會員消息 | 6 |

| 号(刊行年) | 内　　容 | 頁 |
|---|---|---|
| | 四.　會員論著目録　昭和12年1月～12月 | 7 |
| | 五.　談話會々計報告 | 10 |
| 會報Ⅵ | 一.　談話會報告 | 1 |
| (1938.12) | ○昭和12年12月18日 | |
| 全15頁 | 臺北盆地の開拓と都市的聚落の發生　……西村睦男（1938年卒） | |
| | フリードリツヒ・マルテ　……野間三郎（1936年卒） | |
| | ○昭和13年2月12日　（卒業論文報告） | |
| | 天草諸島の人口 | |
| | —人口の地理學的意義についての一考察—　……伊藤　博（1938年卒） | |
| | 北播の經濟地理學的研究　……中森増三（1938年卒） | |
| | 出雲海岸地帶の水産地理學的考察　……並河由則（1938年卒） | |
| | 臺北市の都市地理學的考察　……西村睦男（1938年卒） | |
| | 三島諸島の人口　……佐伯英二（1938年卒） | |
| | 臺灣北部の茶に就いて　……下村數馬（1938年卒） | |
| | ○卒業生豫餞會　同夜6時 | |
| | ○宮川善造、山口平四郎両氏送別會　3月5日 | |
| | ○小牧先生祝賀會　3月26日 | |
| | 學位及び教授昇進 | |
| | ○二回生歡迎會　4月30日 | |
| | ○昭和13年5月21日 | |
| | 春季旅行（九州）談　……三上正利・川上喜代四（1940年卒） | |
| | 乾燥景觀　……浅井辰郎（1939年卒） | |
| | 農業地域に就て　……朝永陽二郎（1934年卒） | |
| | ○昭和13年6月11日 | |
| | 濃・尾・三・地方に於ける古窯趾の分布　……柴田孝夫（1939年卒） | |
| | 人口圖の諸問題　……伊藤　博（1938年卒） | |
| | 都市計畫より見たる城下町の地割　……吉田敬市 | |
| | ○昭和13年6月23日 | |
| | 徐州會戰に從軍して　……岡本重彦（1928年卒） | |
| | ○昭和13年10月8日 | |
| | 内地の製鹽に就いて　……内藤玄匡（1939年卒） | |
| | 渡歐談　……小牧教授（1922年卒） | |
| | ○昭和13年11月5日 | |
| | 蒙疆旅行談　……浅井辰郎（1939年卒） | |
| | 江南旅行談　……瀧本貞一（1930年卒） | |
| | 第六回地理學談話會大會　昭和13年11月20日 | |
| | 開會之辭　……田中秀作（1915年卒） | |
| | 關東地方諸都市の人口増減について　……浅井得一（1936年卒） | |
| | 越前五箇の抄紙　……小葉田亮（1935年卒） | |
| | 市町村名構成文字に對する一考察　……近藤　忠（1934年卒） | |
| | 神崎川と尼崎（歴史地理的一考察）……渡邊久雄（1934年卒） | |
| | 地方區劃の政治地理的研究　……米倉二郎（1931年卒） | |
| | 都市の位置と港灣　……瀧本貞一（1930年卒） | |
| | 滿洲の東部國境に就いて　……増田忠雄（1930年卒） | |
| | 東夷と南蠻　……藤田元春（1920年卒） | |
| | 植民地理學方法論の一節　……田中秀作（1915年卒） | |
| | 閉會之辭　……小牧教授（1922年卒） | |

| 号(刊行年) | 内　　容 | 頁 |
|---|---|---|
| | ○昭和 13 年 12 月 12 日 | |
| | 漢口攻略從軍談 ……………………………………………………岡本重彦（1928 年卒） | |
| | ○地理學教室春季旅行記　5 月 7 日から約 1 週間　神戸～門司～國東半島 | |
| | ○秋期地理教室旅行　10 月 10 日より 5 日間　能登半島方面 | |
| | ○ 13 年度講義題目 | |
| | ○ 13 年度卒業論文題目 | |
| | 二．會員消息 | 11 |
| | 三．會員論著目録　昭和 12 年補追　昭和 13 年 1 月～ 12 月 | 12 |
| | ○會計の大概 | |

1）『地理談話會會報』第 3 冊およびⅥは京都大学総合博物館地理作業室所蔵のものを、同Ⅳと V は琵琶湖博物館所蔵「小牧家史料」に収蔵されているものを参照した。
2）執筆者の卒業年次を西暦で表示した。執筆当時、在学中の場合も含む。卒：学部卒業、選修：選科修了。
3）明らかな誤植のうち、他資料で事実確認できたものについては、訂正した。
4）全頁数は、頁番号の付された最終頁の数字を示す。
5）年月日の漢数字は、原則として算用数字で表記した。

## 付表2　京都大学文学部地理学教室『地理学談話会　会報』(1990年〜2008年)掲載の記事一覧

| 号(刊行年) | 内　容 | 頁 |
|---|---|---|
| 復刊第1号 | 復刊に際し　……応地利明（1960年卒） | 1 |
| (1990) | 追悼：小牧先生　……織田武雄（1932年卒） | 1 |
| 全5頁 | 《随想》　時に地理的発想を　……浅井辰郎（1939年卒） | 2 |
| | 《研究室のページ》(新専攻生自己紹介、卒業・修了者の進路、1990年度講義題目) | 3 |
| | 《関東支部便り》　関東支部の流れ―昭和10年代以降―（付、略史（戦後））　……浅井得一（1936年卒） | 4 |
| | 〈地理学談話会1989年度会計報告〉〈お知らせ〉 | 5 |
| 第2号 | 地理学回帰　……成田孝三（1958年卒） | 1 |
| (1991) | 「八洲会」のことども　……大島襄二（1943年卒） | 1 |
| 全5頁 | 《研究室のページ》(学部新専攻生自己紹介、修士課程入（進）学生自己紹介、卒業・修了者の進路、1991年度講義題目) | 2 |
| | 〈地理学談話会1990年度会計報告〉〈お知らせ〉 | 5 |
| 第3号 | 会社勤務30年　……前田毅彦（1960年卒） | 1 |
| (1992) | 《講演会報告》(1991年11月8日) | |
| 全7頁 | 石橋五郎先生の思い出　……織田武雄（1932年卒） | 2 |
| | 近世京都の寺社地に関する一考察　……山近博義（1983年卒） | 4 |
| | 《関東支部例会報告》……浅井得一（1936年卒） | 5 |
| | 《研究室のページ》(新専攻生自己紹介（学部・修士課程)、卒業・修了者の進路、1992年度講義題目) | 5 |
| | 《事務局から》〈地理学談話会1991年度会計報告〉〈お知らせ〉〈訃報〉 | 7 |
| 第4号 | 中都市に生きる　……由比濱省吾（1952年卒） | 1 |
| (1993) | 《講演会の報告》(1992年11月6日) | |
| 全7頁 | 長岡京研究の最近の成果　……中山修一（1949年卒） | 2 |
| | 家畜を通じたヒマラヤ高地の環境利用―ネパール・クンブ地方の現代と家畜種構成の変化―　…月原敏博（1987年卒） | 3 |
| | 《関東支部例会報告》　……浅井得一（1936年卒）・浅井辰郎（1939年卒） | 5 |
| | 《研究室のページ》(3回生・聴講生の自己紹介、学部卒業生・院生の進路、1993年度講義題目) | 5 |
| | 《事務局から》〈地理学談話会1992年度会計報告〉〈訃報〉〈お知らせ〉 | 7 |
| 第5号 | 「企業内生活三十余年」を送って　……松田常志（1963年卒） | 1 |
| (1994) | 《講演会の報告》(1993年11月12日) | |
| 全11頁 | 私のレキシコン―conceptsとterms―　……石田　寛（1942年卒） | 3 |
| | 明治期における中心集落の経済的基盤―福岡県町是の検討から―　……山崎孝史（1985年卒） | 5 |
| | 《研究室のページ》(3回生・聴講生・事務補佐員の自己紹介、学部卒業生・院生の進路、1994年度講義題目) | 7 |
| | 《事務局から》〈地理学談話会1993年度会計報告〉〈訃報〉〈お知らせ〉 | 9 |
| | 《教室からのお知らせ》－『近世の地図と測量術』『三都の古地図』頒布について | 10 |
| 第6号 | 《寄稿》 | |
| (1995) | がんばらなあかんで、院生！　……石川義孝（1975年卒） | 1 |
| 全10頁 | 《講演会の報告》(1994年11月11日) | |
| | 中国のエネルギー生産事情　……河野通博（1941年卒） | 3 |
| | 地代論の展開と都市の空間構造　……豊田哲也（1987年卒） | 5 |
| | 〈秋の談話会のご案内〉 | 6 |

| 号(刊行年) | 内　容 | 頁 |
|---|---|---|
| | 《研究室便り》(3 回生・研究生の自己紹介、 | 7 |
| | 学部卒業生・院生の進路、1995 年度講義題目) | |
| | 《事務局から》〈地理学談話会 1994 年度会計報告〉〈訃報〉〈お知らせ〉 | 9 |
| 第 7 号 | 《寄稿》 | |
| (1996) | 大学改革と地理学教室 ………………………………………………………石原　潤（1962 年卒） | 1 |
| 全 11 頁 | 《講演会の報告》(1995 年 11 月 10 日) | |
| | 歴史地理学の歴史と地理について …アラン・ベーカー博士（ケンブリッジ大学） | 2 |
| | ジャカルタ西郊都市タンゲランの地域構造と変容過程 …小長谷一之（1987 年卒） | 4 |
| | 《研究室便り》 | 6 |
| | 〈文学部の改組と地理学教室〉 …………………………………成田孝三（1958 年卒） | |
| | 〈教室の動静〉(3 回生・修士課程・事務補佐員の自己紹介、学部卒業生・ | |
| | 院生の進路、院生の研究状況の報告、1996 年度講義題目) | |
| | 《事務局から》 | 10 |
| | 〈地理学談話会 1995 年度会計報告〉 | |
| | 〈訃報〉(「水津一朗先生のご逝去」……成田孝三（1958 年卒))、他 | |
| | 〈お知らせ〉 | |
| 第 8 号 | 《創設 90 周年特別寄稿》 | |
| (1997) | 終戦時の地理学教室 ……………………………織田武雄（名誉教授）(1932 年卒) | 1 |
| 全 24 頁 | クラスメート―饕餮会〈とうてつかい〉の事ども― …………米倉二郎（1931 年卒） | 2 |
| | 地理学教室の追憶 ………………………………………………………河野通博（1941 年卒） | 3 |
| | 助手時代の思い出 ………………………………………………………末尾至行（1952 年卒） | 12 |
| | 《講演会の報告》(1996 年 11 月 15 日) | |
| | 剣阿と‘地理図’…………………………………………………………海野一隆（1945 年卒） | 14 |
| | 辺境の民族政治学： | |
| | エチオピア国家と焼畑農耕民マジャンギルの 30 年 ……佐藤廉也（1991 年卒） | 16 |
| | 《研究室便り》 | 19 |
| | 〈京都大学総合博物館と地理学教室〉 …………………………金田章裕（1969 年卒） | |
| | 〈教室の動静（3 回生・事務補佐員の自己紹介)〉 | |
| | 〈学部卒業生・院生の進路〉〈院生の研究状況の報告〉〈1997 年度講義題目〉 | |
| | 《事務局から》〈地理学談話会 1996 年度会計報告〉〈訃報〉〈お知らせ〉 | 23 |
| 第 9 号 | 《寄稿》 | |
| (1998) | カンカン帽時代 ………………………………………………………西村睦男（1938 年卒） | 1 |
| 全 20 頁 | コピー機以前―教養部助手を勤めていたころ― ……………浮田典良（1952 年卒） | 2 |
| | 《講演会の報告》(1997 年 11 月 14 日) | |
| | 漁撈文化の地理学 ………………………………………………………大島襄二（1943 年卒） | 6 |
| | 近世日本における山村概念の登場とその意義について ……米家泰作（1993 年卒） | 9 |
| | 《研究室便り》 | 12 |
| | 〈二度目の研究室移転〉…………………………………………………成田孝三（1958 年卒） | |
| | 〈教室の動静（3 回生の自己紹介)〉〈学部卒業生・院生の進路〉 | |
| | 〈院生の研究状況の報告〉〈1998 年度講義題目〉 | |
| | 《事務局から》〈地理学談話会 1997 年度会計報告〉〈受贈〉〈寄付〉〈訃報〉 | 18 |
| | 〈お知らせ〉〈1998 年度地理学談話会講演会・懇親会のお知らせ〉 | |
| 第 10 号 | 《寄稿》 | |
| (1999) | 大学院生のころ―博士課程第一号の回想― ………………佐々木高明（1955 年修） | 1 |
| 全 16 頁 | 《講演会の報告》(1998 年 10 月 31 日) | |
| | 東西日本の間（あいだ）地帯 ……………………………………井関弘太郎（1948 年卒） | 5 |
| | 北米先住民地図研究の最近の動向 ………………………………久武哲也（1970 年卒） | 6 |

| 号(刊行年) | 内　　容 | 頁 |
|---|---|---|
| | 兵庫周辺の船による15世紀中葉の海上輸送―摂津国の船との対比― | |
| | ……………………藤田裕嗣（1980年卒） | 8 |
| | 《研究室便り》 | 9 |
| | 〈成田孝三先生の御退官について〉 | |
| | 〈博士の学位について〉　……………………………………………石原　潤（1962年卒） | |
| | 〈教室の動静（3回生の自己紹介）〉〈学部卒業生・院生の進路〉 | |
| | 〈院生の研究状況の報告〉〈1999年度講義題目〉 | |
| | 《事務局から》〈地理学談話会1998年度会計報告〉〈受贈〉〈訃報〉〈お知らせ〉 | 14 |
| | 〈1999年度地理学談話会講演会・懇親会のお知らせ〉 | |
| 第11号 | 《寄稿》 | |
| (2000) | 阪神大震災から5年　……………………………………………久武哲也（1970年卒） | 1 |
| 全17頁 | 《講演会の報告》(1999年10月30日) | |
| | 環境・文化・近代歴史地理学―英語圏における近年の成果― | 3 |
| | ………J. M. パウエル博士（モナーシュ大学） | |
| | 住居移動の時間的空間的軌跡と都市構造　………………………田中和子（1979年卒） | 5 |
| | 奈良・平安期の牓示と土地管理　…………………………………堀　健彦（1993年卒） | 8 |
| | 《研究室便り》 | 10 |
| | 〈足利健亮先生のご逝去について〉〈応地利明先生のご退官について〉 | |
| | 〈客員教授久武哲也先生のご着任について〉〈国際交流について〉 | |
| | 〈教室の動静（3回生の自己紹介）〉〈昨年度の実習旅行〉 | |
| | 〈学部卒業生・院生の進路〉〈院生の研究状況の報告〉〈2000年度講義題目〉 | |
| | 《事務局から》〈地理学談話会1999年度会計報告〉〈訃報〉〈お知らせ〉 | 16 |
| | 〈2000年度地理学談話会講演会・懇親会のお知らせ〉 | |
| 第12号 | 《寄稿》 | |
| (2001) | 元気で逞しく！　…………………………………………………田中和子（1979年卒） | 1 |
| 全14頁 | 《講演会の報告》(2000年10月28日) | |
| | 古代道路研究の現況　……………………………………………木下　良（1953年卒） | 3 |
| | （人文）地理学の生き残り戦略　………………………………水内俊雄（1982年卒） | 4 |
| | 大阪における中小企業ネットワークとイノベーション　……水野真彦（1994年卒） | 5 |
| | 《研究室便り》 | 6 |
| | 〈GISシステムの導入〉　………………………………………石川義孝（1975年卒） | |
| | 〈『京都大学所蔵古地図目録』の刊行について〉〈国際交流について〉 | |
| | 〈教室の動静〉〈研究室の新メンバー〉〈昨年度の実習旅行〉 | |
| | 〈学部卒業生・院生の進路〉〈院生の研究状況の報告〉〈学位の取得〉 | |
| | 〈2001年度講義題目〉 | |
| | 《事務局から》〈地理学談話会2000年度会計報告〉〈訃報〉〈お知らせ〉 | 12 |
| | 〈企画展「近世の京都図と世界図」のお知らせ〉 | |
| | 〈2001年度地理学談話会講演会・懇親会のお知らせ〉 | |
| 第13号 | 《寄稿》 | |
| (2002) | 地域を変える者と観察する眼　…………………………………広瀬　伸（1979年卒） | 1 |
| 全15頁 | 離島への眼差し　…………………………………………………犬塚　泉（1989年卒） | 3 |
| | 《研究紹介》 | 4 |
| | 情報化時代における起業―工業資本主義における職人の伝統の超克と日本の将来― | |
| | ………青山裕子（クラーク大学） | |
| | 《講演会の報告》(2001年10月27日) | |
| | 移住と職業モビリティ | |
| | ―移住により豊かになるか：イングランド・ウェールズにおける長期的な研究による証明―　………A. J. フィールディング博士（サセックス大学） | 6 |

| 号(刊行年) | 内　容 | 頁 |
|---|---|---|
| | 衛星写真で見る西アジアの都城遺跡 ……………………………小方　登（1980 年卒） | 7 |
| | 日本中世都市の形態・機能と空間認識 ………………………山村亜希（1996 年卒） | 8 |
| | 《研究室便り》 | 10 |
| | 〈オープンキャンパスについて〉〈国際交流について〉〈教室の動静〉 | |
| | 〈研究室の新メンバー〉〈昨年度の実習旅行〉〈学部卒業生・院生の進路〉 | |
| | 〈院生の研究状況の報告〉〈学位の取得〉〈2002 年度講義題目〉 | |
| | 《事務局から》〈地理学談話会 2001 年度会計報告〉〈訃報〉〈お知らせ〉 | 13 |
| | 〈京都大学文学研究科フォーラムのご案内〉〈『史学』公開シンポジウムのご案内〉 | |
| | 〈2002 年度地理学談話会講演会・懇親会のお知らせ〉 | |
| 第 14 号 | 《寄稿》 | |
| (2003) | 退官に際して思うこと ……………………………………………石原　潤（1962 年卒） | 1 |
| 全 17 頁 | 高校教師 28 年を振り返って …………………………………河合保生（1975 年卒） | 2 |
| | ただ今アナウンサー 5 年生 ……………………………………北野剛寛（1999 年卒） | 5 |
| | 《講演会の報告》(2002 年 10 月 26 日) | |
| | 日本とニュージーランドのダム・水力発電の比較 ………由比濱省吾（1952 年卒） | 6 |
| | 名所図会に描かれた風景 ………………………………………山近博義（1983 年卒） | 7 |
| | 在米外邦図の所蔵状況の一端について ………………………今里悟之（1998 年修） | 9 |
| | 《研究室便り》 | 10 |
| | 〈石原潤先生の御退官について〉〈退官記念事業の会計報告〉 | |
| | 〈国際交流について〉〈教室の動静〉〈3 回生と新院生の自己紹介〉 | |
| | 〈昨年度の実習旅行〉〈学部卒業生・院生の進路〉〈院生の研究状況の報告〉 | |
| | 〈学位の取得〉〈2003 年度講義題目〉 | |
| | 《事務局から》〈地理学談話会 2002 年度会計報告〉〈訃報〉〈お知らせ〉 | 15 |
| | 〈オープンキャンパス：2002 年度の報告と 2003 年度のお知らせ〉 | |
| | 〈2003 年度地理学談話会講演会・懇親会のお知らせ〉 | |
| 第 15 号 | 《寄稿》 | |
| (2004) | 友人について ………………………………………………………藤田　昭（1991 年卒） | 1 |
| 全 20 頁 | 地理学の暖簾を再びくぐって …………………………………米家泰作（1993 年卒） | 2 |
| | 《講演会の報告》(2003 年 11 月 1 日) | |
| | ニューカレドニアにおけるフランスの地政学的プロジェクト | |
| | ………D. ラムリー博士（西オーストラリア大学） | 4 |
| | 分子疫学と人文地理学： | |
| | ネパールにおけるマラリアに対する適応の研究から …小林　茂（1971 年卒） | 6 |
| | 都市圏内市町村における人口と住民構成の変化 ……………山神達也（1998 年卒） | 8 |
| | 《研究室便り》 | 10 |
| | 〈新しい時代をむかえて〉 ………………………………………石川義孝（1975 年卒） | |
| | 〈国際交流について〉〈談話会会員による出版物（2003 年発行のもの）〉 | |
| | 〈教室の動静〉〈3 回生と新院生の自己紹介〉〈昨年度の実習旅行〉 | |
| | 〈学部卒業生・院生の進路〉〈院生の研究状況の報告〉〈学位の取得〉 | |
| | 〈2004 年度講義題目〉 | |
| | 《事務局から》〈地理学談話会 2003 年度会計報告〉〈訃報〉〈お知らせ〉 | 17 |
| | 〈オープンキャンパス：2003 年度の報告と 2004 年度のお知らせ〉 | |
| | 〈2004 年度地理学談話会講演会・懇親会のお知らせ〉 | |
| 第 16 号 | 《寄稿》 | |
| (2005) | 伝えたいこと ……………………………………………………佐々木育子（1963 年卒） | 1 |
| 全 22 頁 | 文章表現から画像表現へ～高校地理の現場から～ …………出口　学（1986 年卒） | 4 |
| | 近況報告 ……………………………………………………………奥野　守（2001 年修） | 6 |

| 号(刊行年) | 内　容 | 頁 |
|---|---|---|
| | 《講演会の報告》(2004 年 11 月 6 日) | |
| | 日本における近代・専門地理学形成期における巨人　中目覺 | |
| | …………石田　寛（1942 年卒） | 8 |
| | 近江・越前間における古代北陸道の変遷　……………………門井直哉（1995 年卒） | 9 |
| | 映像にみる都市とジェンダー：“Sex and the City”の世界…村田陽平（2000 年卒） | 11 |
| | 《研究室便り》 | 13 |
| | 〈外国人研究者～滞在された方と滞在予定の方～〉 | |
| | 〈地理学教室への寄贈図書～ 2004 年度～〉〈教室の動静〉 | |
| | 〈3 回生と新院生と三上さんの自己紹介〉〈昨年度の実習旅行〉 | |
| | 〈学部卒業生・院生の進路〉〈院生の研究状況の報告〉〈学位の取得〉 | |
| | 〈2005 年度講義題目〉 | |
| | 《事務局から》〈地理学談話会 2004 年度会計報告〉〈訃報〉〈お知らせ〉 | 19 |
| | 〈オープンキャンパス：2004 年度の報告と 2005 年度のお知らせ〉 | |
| | 〈2005 年度地理学談話会講演会・懇親会のお知らせ〉 | |
| 第 17 号 | 《寄稿》 | |
| (2006) | 道元の時間　………………………………………………………岩田慶治（1946 年卒） | 1 |
| 全 26 頁 | 震災復興から田舎暮らしへ　……………………………………小森星児（1959 年卒） | 4 |
| | 雑感　…………………………………………………………………海道靜香（1976 年卒） | 7 |
| | 博物館学芸員としての大きな志　………………………………中藤容子（1992 年卒） | 8 |
| | 《講演会の報告》(2005 年 11 月 5 日) | |
| | エルゼ・ルクリュ―その地理学とアナーキズムの思想―　…野澤秀樹（1964 年卒） | 11 |
| | 都市圏構造に関する国際比較研究 | |
| | ―アトランタとメルボルンの比較を中心に―　…………藤井　正（1979 年卒） | 13 |
| | ニュージーランドにおけるトンガ移動者の | |
| | トランスナショナルな移動経験　…………レイリン・L・エサウ（2006 年博） | 15 |
| | 《研究室便り》 | 16 |
| | 〈外国人研究者～滞在された方と滞在予定の方～〉 | |
| | 〈地理学教室への寄贈図書～ 2005 年度～〉〈教室の動静〉 | |
| | 〈3 回生と新院生の自己紹介〉〈昨年度の実習旅行〉 | |
| | 〈学部卒業生・院生の進路〉〈院生の研究状況の報告〉〈学位の取得〉 | |
| | 〈2006 年度講義題目〉 | |
| | 《事務局から》〈地理学談話会 2005 年度会計報告〉〈訃報〉〈お知らせ〉 | 23 |
| | 〈オープンキャンパス：2005 年度の報告と 2006 年度のお知らせ〉 | |
| | 〈2006 年度地理学談話会講演会・懇親会のお知らせ〉 | |
| | 〈地理学談話会名簿改訂のお知らせとお願い〉 | |
| 第 18 号 | 《寄稿》 | |
| (2007) | 遠いところまで歩いて　………………………………………瀧端真理子（1981 年卒） | 1 |
| 全 19 頁 | 教員になって初めて活きる院生の頃　…………………………今里悟之（1998 年修） | 2 |
| | 《講演会の報告》(2006 年 11 月 18 日) | |
| | チベット問題の生態学　…………………………………………月原敏博（1987 年卒） | 4 |
| | 「格差社会」におけるソーシャルキャピタル論の可能性　…埴淵知哉（2004 年修） | 7 |
| | 《研究室便り》 | 9 |
| | 〈外国人研究者～滞在された方と滞在予定の方～〉 | |
| | 〈地理学教室への寄贈図書～ 2006 年度～〉〈教室の動静〉 | |
| | 〈3 回生と新院生の自己紹介〉〈昨年度の実習旅行〉 | |
| | 〈学部卒業生・院生の進路〉〈院生の研究状況の報告〉〈学位の取得〉 | |
| | 〈2007 年度講義題目〉 | |
| | 《事務局から》〈地理学談話会 2006 年度会計報告〉〈訃報〉〈お知らせ〉 | 15 |

| 号(刊行年) | 内　容 | 頁 |
|---|---|---|
| | 〈オープンキャンパス：2006年度の報告と2007年度のお知らせ〉<br>〈2007年度地理学談話会OB交流会・講演会・懇親会のお知らせ〉<br>〈地理学教室百周年記念事業のお知らせ〉 | |
| 第19号<br>(2008)<br>全21頁 | 《寄稿》<br>“不肖の弟子”の記 ……………………………………………氷見方治（1955年卒）<br>地域で町史をつくる ……………………………………………大槻　守（1957年卒）<br>大学卒業後の私 ……………………………………………………山田照子（1964年卒）<br>《秋季談話会の報告～地理学教室百周年記念大会～》(2007年12月2日)<br>〈第1部〉　OB交流会　……講師：星田侑久（2005年卒）・林原久俊（2006年卒）<br>〈第2部〉　講演会<br>日本古代の天皇をめぐる歴史地理学的視点 …千田　稔（1966年卒）<br>〈第3部〉　懇親会と座談会―教室の思い出を語る～織田先生を偲ぶ―<br>《研究室便り》<br>〈金田章裕教授の退職について〉〈上杉和央助教の転出について〉<br>〈総合博物館における地図資料等の利用について〉〈博士の学位について〉<br>〈夏期大学院入試の実施について〉〈外国人研究者～滞在された方～〉<br>〈地理学教室への寄贈図書～2007年度～〉〈教室の動静〉<br>〈3回生と研究生の自己紹介〉〈2007年度の実習旅行〉<br>〈学部卒業生・院生の進路〉〈院生の研究状況の報告〉〈2008年度講義題目〉<br>《事務局から》<br>〈地理学談話会2007年度会計報告〉〈訃報〉〈住所不明者についてお願い〉<br>〈オープンキャンパス：2007年度の報告と2008年度のお知らせ〉<br>〈2008年度地理学談話会OB交流会・講演会・懇親会のお知らせ〉<br>〈『地理学教室百年史』刊行のご案内〉 | <br>1<br>2<br>4<br>8<br><br><br><br><br>10<br><br><br><br><br><br><br>19 |

1）復刊後の『談話会　会報』は、地理学教室所蔵のものを参照した。
2）執筆者の卒業年次を西暦で表示した。執筆当時、在学中の場合も含む。卒：学部卒業、修：修士課程修了、博：博士後期課程修了。
3）明らかな誤植のうち、他資料で事実確認できたものについては訂正した。
4）全頁数は、頁番号の付された最終頁の数字を示す。
5）年月日の漢数字は、原則として算用数字で表記した。

# 正誤表――『京都大学文学部地理学教室百年史』ならびに『地理学　京都の百年』

## 正誤表の作成にあたって

とくに第二章（1～5節）および第四章（1～5節）について、正誤表の作成方針をお断りしておく。

これらはいずれも原著論文からの転載であることをふまえ、誤記の他、原テキストの脱落部分、原テキストに加えた部分、および漢字をひらがなに変えた箇所、書誌情報などの表記を変更した箇所など中心に、極力、原テキストに忠実な形で訂正を行った。本来は、全文を原テキストに用いられている文字（旧字体、かな等）と表記法によって示すべきであるが、右記の訂正項目を含む箇所のみという最低限度の修正に止まったことをお断りしておく。原著者が付していない地名のフリガナや挿入語句などはすべて削除したが、原著論文には示されていないふりがなをすべて削除できているわけではない。

なお、原テキスト中には誤植と推測される箇所も含まれるが、それらも含めて、原テキストの正確な提示に努めた。

第二章第1、2、4、5節および第四章第2、3、5節に付した校注は不十分であり、正確さを欠く書誌情報も含まれるため、削除する。さらに、第四章第4節の2つの図（表）および注は、原著論文の図と【註】に差し替える。

各頁ごとの訂正箇所を示す行数は、当該頁の文字行（表題や節番号を含む）を通して数えたものである。

目次

| 頁 | 行 | 誤 | 正 |
|---|---|---|---|
| viii | 7 | 7　地域地理学講座の増設とその前後<br>（訂正シール未貼付の場合） | 7　地域環境学講座の増設とその前後 |

## 第一章　京大地理学教室百年の歩み

### 1　近代日本と地理学

| 頁 | 行 | 誤 | 正 |
|---|---|---|---|
| 5 | 2 | 『日本地文学』（丸善商社、一八九〇年） | 『日本地文学』（丸善商社、一八八九年） |
| 5 | 3 | 小藤文資郎 | 小藤文次郎 |
| 5 | 7-8 | 福沢諭吉の『西洋事情』（一八六六年〜一八七〇年） | 福沢諭吉の『西洋事情』（一八六八年） |
| 5 | 8 | 内田正雄の『輿地誌略』（一八七〇年） | 内田正雄の『輿地誌略』（一八七四年〜七五年） |
| 5 | 19 | アーノルド・ギョー | アーノルド・ギヨー |
| 6 | 11 | 使用していること、 | 引用していること、 |
| 6 | 17 | 小藤文治郎等によって | 小藤文次郎等によって |
| 7 | 4 | 入会金を納人した | 入会金を納入した |

### 2　地理学教室の創設

| 頁 | 行 | 誤 | 正 |
|---|---|---|---|
| 8 | 9 | （『京都大学文学部五十年史』京都大学大学部、 | （『京都大学文学部五十年史』京都大学文学部、 |

| 頁 | 行 | 誤 | 正 |
|---|---|---|---|
| 10 | 5 | 「科学としての地理学」[1]（『地球』五（一・二）、一九二六年。第二章に収録）題する論文を公にし、 | 「科学としての地理学」[1]（『地球』五（一・二）、一九二六年。第二章に収録）と題する論文を公にし、 |
| 10 | 9 | （『人文地理研究』一一一～一一三頁）。 | （『人文地理学研究』一一一～一一三頁）。 |
| 11 | 11-12 | 『支那歴史地理研究　編集』（同、一九二九年） | 『支那歴史地理研究　続集』（同、一九二九年） |
| 12 | 8 | 一九〇〇（明治四三）年に小川教授の発起で | 一九一〇（明治四三）年に小川教授の発起で |
| 13 | 1 | 計五七名に達した。 | およそ五七名に達した。 |
| 13 | 7 | （1）『人文地理研究』 | （1）『人文地理学研究』 |
| 13 | 9 | （2）C. Vallau, *Les Seiences géographiques*, 1925. | （2）C. Vallaux, *Les sceiences géographiques*, Félix Alcan, 1925. |

## 3　地政学への傾斜と教室再興

| 頁 | 行 | 誤 | 正 |
|---|---|---|---|
| 15 | 1-2 | 卒業生は六一名に達したが、 | 卒業生は六〇名を超えたが、 |
| 16 | 11 | 『大都市近郊の変貌』（柳原書店、一九七五年） | 『大都市近郊の変貌』（柳原書店、一九六五年） |
| 17 | 1 | 『日本古地図大成　日本図編』 | 『日本古地図大成　本編』 |

## 6　藤岡謙二郎と教養部

| 頁 | 行 | 誤 | 正 |
|---|---|---|---|
| 28 | 表1 | （昭和）52年度担当　学部演習「地誌および地域計画の諸題」（足利健亮と分担） | （昭和）52年度担当　学部演習「地誌および地域計画の諸問題」（足利健亮と分担） |

## 7　地域環境学講座の増設とその前後

| 頁 | 行 | 誤 | 正 |
|---|---|---|---|
| 31 | 1 | 7　地域地理学講座の増設とその前後（訂正シール未貼付の場合） | 7　地域環境学講座の増設とその前後 |
| 31 | 柱 | 7　地域地理学講座の増設とその前後（訂正シール未貼付の場合） | 7　地域環境学講座の増設とその前後 |
| 31 | 6 | その翌年からは、 | その翌々年からは、 |
| 31 | 10 | 『地域の論理―世界と国家と地方』（古今書院、一九七四年） | 『地域の論理―世界と国家と地方』（古今書院、一九七二年） |
| 32 | 5-6 | 一九八三年一一月～八六年一〇月）、 | 一九八四年一一月～八六年一〇月）、 |
| 32 | 7 | 国際地理学会地理思想史部会の京都会催を主催し、 | 国際地理学会地理思想史部会の京都会を主催し、 |
| 32 | 8-9 | 七二人に及ぶ教室卒業生が | 七二人に及ぶ教室卒業生等が |
| 32 | 13 | 末尾至行奈良女子大学教授 | 末尾至行奈良女子大学助教授 |
| 32 | 16 | 民俗資料室 | 民族資料室 |
| 33 | 柱 | 7　地域地理学講座の増設とその前後（訂正シール未貼付の場合） | 7　地域環境学講座の増設とその前後 |
| 33 | 3 | 民俗資料収蔵展示室 | 民族資料収蔵展示室 |
| 33 | 13 | 文部省の在学研究 | 文部省の在外研究 |
| 33 | 14 | 行動論的アプローチと | 行動論的アプローチを |
| 34 | 4 | 地理学講座教授着任以後には、 | 地理学講座教授着任以前には、 |
| 34 | 6 | 『都市圏多様化の展開』（東京大学出版会、一九八六年） | 『都市圏多核化の展開』（東京大学出版会、一九八六年） |

## 8　「大学院重点化」と地理学の大講座化

| 頁 | 行 | 誤 | 正 |
|---|---|---|---|
| 36 | 7 | （旧文学化中心、 | （旧文学科中心、 |

## 9 地図コレクションと大学博物館

| 頁 | 行 | 誤 | 正 |
|---|---|---|---|
| 41 | 13 | 『三都の古地図―京・江戸・大阪』と題して | 『三都の古地図―京・江戸・大坂』と題して |
| 41 | 14 | 京都の復原図と考証図 | 京師の復原図と考証図 |
| 41 | 15 | 江戸図掩乱 | 江戸図撩乱 |
| 41 | 15-16 | 京都版大阪図の刊行、大阪版大阪図の展開 | 京都版大坂図の刊行、大坂版大坂図の展開 |
| 41 | 16 | 浪速の偽原図と考証図 | 浪速の復原図と考証図 |
| 41 | 17 | 『三都の古地図―京・江戸・大阪―』一九八九年）。 | 『三都の古地図―京・江戸・大坂―』一九九四年）。 |

# 第二章　歴代教授の地理学観

## 1 小川琢治

| 頁 | 行 | 誤 | 正 |
|---|---|---|---|
| 48 | 5 | 「科学としての地理学」 | 「科學としての地理學」 |
| 48 | 6 | 理科大学に移籍し、 | 理学部に移籍し、 |
| 48 | 8 | 「科学としての地理学」 | 「科学としての地理學」 |
| 48 | 12 | 傾向において免れない所 | 傾向に於て免れない所 |
| 48 | 12 | たとえかくの如き | 假令此の如き |
| 48 | 13 | 樹木の陰に生えた一草のみが | 樹木の蔭に生へた一草のみが |

| 頁 | 行 | 誤 | 正 |
|---|---|---|---|
| 48 | 15 | かくの如き見方から進んで、 | 此の如き見方から進んで、 |
| 48 | 15-16 | 一つの枠の内に収めて | 一つの枠の内に收めて |
| 49 | 1-2 | ここに在る如く人文科学的即ち歴史的研究においても同様である。 | 此に在る如く人文科學的卽ち歴史的研究に於ても同様である。 |
| 49 | 3 | これを取扱う | 之を取り扱ふ |
| 49 | 7 | またこの空間を基礎とする点が | 又た此の空間を基礎とする點が |
| 49 | 9 | かくの如く観来れば | 此の如く觀來れば |
| 49 | 10 | かくの如く概括して | 此の如く概括して |
| 49 | 13 | ここに第一に | 茲に第一に |
| 49 | 18 | 第一九世紀以後に | 第十九世紀以後に |
| 49 | 19 | これらの科学の成立は | 此等の科學の成立は |
| 50 | 2 | これらの自然科学の独立は | これ等の自然科學の獨立は |
| 50 | 2 | これに必要な機械もこれに伴い進歩した結果、 | 之に必要な機械も之に伴ひ進歩した結果、 |
| 50 | 4 | かくの如くして | 此の如くして |
| 50 | 4 | 彼らの手にて | 彼等の手にて |
| 50 | 6 | 地理学の範囲の狭隘《きょうあい》を余儀なくする訳ではなく、またその科学としての価値が新しい分科の | 地理學の範圍の狭隘を餘義なくする譯でなく、又たその科學としての價値が新らしい分科の |
| 50 | 8-9 | 彼らは先人の未到または稀到の地方に | 彼等は先人の未到又は稀到の地方に |
| 50 | 11 | 他の科学におけるよりも | 他の科學に於けるよりも |
| 50 | 13-14 | 狭隘な欧洲において | 狭隘な歐洲に於て |
| 50 | 15 | 地理学よりも | 地理學自身よりも |
| 50 | 17 | かくの如くして | 此の如くして |

| 頁 | 行 | 誤 | 正 |
|---|---|---|---|
| 51 | 1 | 是《ここ》において | 是に於て |
| 51 | 1-2 | 地理学において取扱う問題が種類において減少し性質において変化すべきか否か | 地理學に於て取扱ふ問題が種類に於て減少し性質に於て變化すべきか否か |
| 51 | 2 | この疑問に対する答は然りと否と両様ある。 | 此の疑問に對する答は然りと否と兩様ある。 |
| 51 | 3 | これを採用して | 之を採用して |
| 51 | 5 | かくの如き方法は | 此の如き方法は |
| 51 | 7 | かくの如き地形図に | 此の如き地形圖に |
| 51 | 8 | 結局新らしい方面が加わり、 | 結局新らしい問題が加はり、 |
| 51 | 10 | かくの如き場合は大日本地誌提要(i)に | 此の如き場合は大日本地誌提要に |
| 51 | 13-14 | 科学として進歩し来った経路は | 科學として進歩し來つた徑路は |
| 51 | 14 | これを察し得ると | 之を察し得ると |
| 51 | 15 | プトレメウスらの | プトレメウス等の |
| 51 | 16 | 彼らの手によって地点の定位法と | 彼等の手によつて地點の定位法と |
| 51 | 20 | Chorographia | Chorographia |
| 52 | 1 | ストラボーらが | ストラボー等が |
| 52 | 1 | ストラボーの地理書一七篇は | ストラボーの地理書十七篇は |
| 52 | 2 | 斯学の紀年物として | 斯學の紀念物として |
| 52 | 3 | しかしてまたこの両書は | 而して又た此の兩書は |
| 52 | 4 | エラトステネスらの | エラトステネス等の |
| 52 | 5 | これに対峙して | 之に對峙して |
| 52 | 7 | この両方面に分岐して発達した | 此の兩方面に分岐して發達した |

| 頁 | 行 | 誤 | 正 |
| --- | --- | --- | --- |
| 52 | 7-8 | カント E. Kant らが | カント E. Kant 等が |
| 52 | 9 | アムステルダム | アムステダルム |
| 52 | 9-10 | *Geographia generalis,*[ii] *in qua affectiones generales telluris explicantur* | Geographia generalits,in qua affectiones generales telluris explicantur |
| 52 | 10-11 | この方面即ち | 此の方面卽ち |
| 52 | 12 | 精緻になって | 精微になつて |
| 52 | 13 | イブン・バッタ―らの | イブン・バッタ―等の |
| 52 | 17 | 地文学におけるフムボルト | 地文學に於けるフムボルト |
| 52 | 17 | 人文地理学における代表者はリッテル | 人文地理學に於ける代表者はリッテル |
| 52 | 17-18 | この方面もまた第一九世紀以後 | この方面も亦た第十九世紀以後 |
| 53 | 2 | かくの如く | 此の如く |
| 53 | 2-3 | これを疑うものはこれを知らざるものに過ぎぬ | 之を疑ふものは之を知らざるものに過ぎぬ |
| 53 | 3-4 | 今もなお続いてデーヴィス一派の | 今も尙ほ續いてデーブヰス一派の |
| 53 | 6 | この両者の間の溝渠はかなり深くかつ広く、 | 此の兩者の間の溝渠は可なり深く且つ廣く、 |
| 53 | 9 | 今ここに | 今茲に |
| 53 | 10-11 | *Sciences géographiques*（巴里《パリ》一九二五年）[iii] | Sciences géographiques（巴里一九二五年） |
| 53 | 15 | *Le sol et l'état*（一九一一）[iv] の序文において | Le sol et l'état（1911）の序文に於て |
| 53 | 15-16 | ラッツェルの政治地理学と方法及び意気込みが根本的に異っている、 | ラツツエルの政治地理學と方法及び意氣込みが根本的に異つてる、 |
| 53 | 16 | 十分客観的ではなくてかつ | 十分客觀的でなくて且つ |
| 53 | 17 | 明らかである。彼はまた | 明かである。彼は又た |

| 頁 | 行 | 誤 | 正 |
|---|---|---|---|
| 53 | 18 | これを補綴《ほてい》しても、 | 之を補綴しても、 |
| 53 | 19 | これを批判的に論究すれば | 之を批判的に論究すれば |
| 54 | 1 | 第一章においてこの研究法から | 第一章に於て此の研究法から |
| 54 | 4 | 第二章において彼はライプニッツの | 第二章に於て彼はライブニッツの |
| 54 | 5 | ジウスらの | ジウス等の |
| 54 | 8 | 彼はまた | 彼は又た |
| 54 | 9 | これに反映するものとし、 | 之に反映するものとし、 |
| 54 | 10 | 相互の関係と錯綜に冠する概念は | 相互の關係と錯綜に關する觀念は |
| 54 | 11 | これは詩人の万有生命 | 此は詩人の萬有生命 |
| 54 | 11 | 地理学者間に今なお | 地理學者間に今尚ほ |
| 54 | 13 | その三圏の接触帯における現象 | その三圏の接觸帯に於ける現象 |
| 54 | 14 | この二章で | 此の二章で |
| 54 | 16 | 機能が知れた如く | 機能等が知れた如く |
| 54 | 18 | まず集合 Groupement と | 先づ集合 Groupement と |
| 54 | 18 | しかして上に述べた如く | 而して上に述べた如く |
| 55 | 1 | この研究法はこれを平易に解釈すれば | 此の研究法は之を平易に解釋すれば |
| 55 | 3 | ここに在る。 | 此に在る。 |
| 55 | 4 | 次号になお少しく | 次號に尚ほ少しく |
| 55 | 7-8 | これを具象的に言えば | 之を具象的に言へば |
| 55 | 8 | これを廻わすものから | 之を廻はすものから |
| 55 | 8-9 | これらはすべて | 此等はすべて |

| 頁 | 行 | 誤 | 正 |
| --- | --- | --- | --- |
| 55 | 10 | これを担当している訳である。 | 之を擔當してゐる譯である。 |
| 55 | 16 | 研究においてはかくの如き | 研究に於ては此の如き |
| 55–56 | 19–1 | これを直観 Direct Vision の範囲に限られたる | 之を直觀 Direct vision の範圍に限られたる |
| 56 | 1–2 | 全景の理想観 tour d'horizon idéal | 全景の理想觀 t. d'h. idéal |
| 56 | 3 | この方法たるや | 此の方法たるや |
| 56 | 4 | これを試みて差支ない。 | 之を試みて差支ない。 |
| 56 | 5–6 | 一の全景観に収め得ない。 | 一の全景觀に收め得ない。 |
| 56 | 6 | かくの如く異った地域は | 此の如く異つた地域は |
| 56 | 7 | ある土地の上に | 或る土地の上に |
| 56 | 8 | これを換言すれば | 之を換言すれば |
| 56 | 8 | またこれを兼ねたるとに | 又た之を兼ねたるとに |
| 56 | 10 | 然れどもこの直観法のみで | 然れども此の直觀法のみで |
| 56 | 11 | 機会もまた限られているから、 | 機會も亦た限られてゐるから、 |
| 56 | 12 | 観察において明瞭に理会（ママ）さるると | 觀察に於て明瞭に理會さるゝと |
| 56 | 14 | これを無視すれば恰《あたか》も | 之を無視すれば恰かも |
| 56 | 18 | ブルターニュの海岸において | ブルターニユの海岸に於て |
| 57 | 1 | エルロン Elron 河の岸 | エロルン Elorn 河の岸 |
| 57 | 2 | かなり遠い処まで | 可なり遠い處まで |
| 57 | 3 | 殆ど気のつかぬ | 殆んど氣のつかぬ |
| 57 | 3 | この処を選んで | 此の處を選んで |

| 頁 | 行 | 誤 | 正 |
|---|---|---|---|
| 57 | 4 | しかしこの樹木が | 然かしこの樹木が |
| 57 | 5 | 北緯四八度 | 北緯四十八度 |
| 57 | 8 | 南方的四　粁《キロメートル》まで届く処から | 南方約四粁東西の方各約三粁まで届く處から |
| 57 | 9 | かつ前景を成した障碍物 | 且つ前景を成した障礙物 |
| 57 | 9 | 約一五〇度 | 約百五十度 |
| 57 | 10 | かくの如く狭い範囲では | 此の如く狭い範圍では |
| 57 | 12 | これを見るに、この線は | 之を見るに、此の線は |
| 57 | 13 | それがここでは | それが此處では |
| 57 | 15 | かつ何れも自然または人工による植物に | 且つ何れも自然又は人工による植物に |
| 57 | 15 | あちこちに | 彼處此處に |
| 57 | 16 | これらの巉岩《ざんがん》は | これ等の巉岩は |
| 57 | 16-17 | 自分のいる処からこれを望めば | 自分のゐる處から之を望めば |
| 57 | 17 | 鋭い鋏の如く | 鋭い鋏みの如く |
| 57 | 17-18 | これはブルターニュ地盤の最も硬い岩層のあるものが削られてなお頑強で、これを囲むものの | 是れはブルターニユ地盤の最も硬い岩層の或るものが削られて尙ほ頑強で、之を圍むものゝ |
| 57 | 18-19 | 腐れ石 Pourris | 腐れ石 Pourris |
| 57 | 19 | 黴爛《ばいらん》した表土に | 霉爛した表土に |
| 57 | 19 | この表土は | 此の表土は |
| 57 | 20 | この対照は顕著でかつ | 此の對照は顯著で且つ |
| 57 | 20 | 何となればここに | 何となれば此處に |
| 57 | 21-22 | 一層誇張されているからである。 | 一層誇張されてるからである。 |

| 頁 | 行 | 誤 | 正 |
|---|---|---|---|
| 57 | 22 | 他の文字で掩蔽されていぬ（ママ）、なお文字の若干は | 他の文字で掩蔽されてゐぬ、尚ほ文字の若干は |
| 57 | 24 | しかし次に | 然かし次に |
| 58 | 1 | これを透して見える。 | 之を透して見える。 |
| 58 | 4 | 水蒸気となり | 水蒸汽となり |
| 58 | 6 | かくの如く | 此の如く |
| 58 | 6-7 | この地方全体は直ぐ近い海の影響の下にあり、ある意味において | 此の地方全體は直く近い海の影響の下にあり、或る意味に於て |
| 58 | 8-9 | これを充たしてる。この小さい河は | 之を充たしてる。此の小さい河は |
| 58 | 9-10 | 両側から注ぐ細流もまた | 兩側から注ぐ細流も亦た |
| 58 | 11 | この静かな水面が | 此の静かな水面が |
| 58 | 11-12 | この入江には二重の興味がある。この入江の出来方から考うれば | 此の入江に二重の興味がある。此の入江の出來方から考ふれば |
| 58 | 12 | この土地の西端を成した | 此の土地の西端を成した |
| 58 | 13 | またケルウォンの入江の現状は | 又たケルウオンの入江の現状は |
| 58 | 14 | この水は潮汐と共に | 此の水は潮汐と共に |
| 58 | 14 | これを堰き止めて | 之を堰き止めて |
| 58 | 15 | この堤防は | 此堤防は |
| 58 | 16 | 今なお堰堤は | 今尚ほ堰堤は |
| 58 | 16-17 | この入江の水位は | 此の入江の水位は |
| 58 | 17 | この入江の小さな水面に | 此の入江の小さな水面に |
| 58 | 19 | これを繞り自分の望中に集る土地もまた | 之を繞り自分の望中に集る土地も亦た |

| 頁 | 行 | 誤 | 正 |
| --- | --- | --- | --- |
| 58 | 22 | 築地《ツイヂ》Fosséss という、 | 築地《ツイヂ》Fossés といふ、 |
| 58 | 22 | 灌木などを栽えた | 灌木などを其上に栽えた |
| 58 | 23 | かくの如く細分されてるのは | 此の如く細分されてるのは |
| 59 | 1 | この土地に適するのは | 此の土地に適するのは |
| 59 | 2 | これに伴い集約的生産に進んでいる。 | 之に伴ひ集約的生産に進んでゐる。 |
| 59 | 3-4 | しかしてこれと共に両岸の中腹までかなり樹木の植栽を見るのは、 | 而して之と共に両岸の中腹まで可なり樹木の植栽を見るのは、 |
| 59 | 4 | 殆ど幽邃《ゆうすい》な | 殆んど幽邃な |
| 59 | 6-7 | その職業別もまた繁多で、 | その職業別も亦た繁多で、 |
| 59 | 9 | 非常に拡張されのが | 非常に擴張されたのが |
| 59 | 10 | これに続いたバラック造りの | 之に續いたバラツク造りの |
| 59 | 11-12 | かくの如き土地にかくの如き集合を観るのは | 此の如き土地に此の如き集合を觀るのは |
| 59 | 12 | どこと限ぎって成立する筈がなさそうである。 | 何處と限きつて成立する筈がなさゝうである。 |
| 59 | 13 | しかしこれ決して真に然りといえぬ、 | 然かし是れ決して眞に然りといへぬ、 |
| 59 | 13 | 火薬の製造場 | 火藥の製造場 |
| 59 | 14-15 | ここは一方はエロルン河の曲った処で | 此處は一方はエロルン河の曲つた處で |
| 59 | 16 | この工場はその宿命によってここに | 此の工場はその宿命によつて此處に |
| 59 | 17 | なおこの他 | 尚ほ此の他 |
| 59 | 17 | これを省きここまで列挙した所を | 之を省き此處まで列擧した所を |
| 59 | 18 | 叙述的綜括 Synthése descriptive de groupement | 叙述的綜括 Synthèse descriptive de groupement |
| 59 | 19-20 | 観察の範囲において | 観察の範圍に於て |

| 頁 | 行 | 誤 | 正 |
|---|---|---|---|
| 59 | 21 | どこでもここと同じ様に | 何處でも此處と同じ様に |
| 59 | 21 | かくの如く狭隘な直観の範囲でも | 此の如く狭隘な直觀の範圍でも |
| 59 | 24 | ここに風景（仏語ペーサージュ Paysage）という語を用いたが、 | 茲に風景（佛語ペーザーヂユ Paysage）といふ語を用ゐたが、 |
| 59 | 24 | この仏語ではかくの如く広い風景を | この佛語では此の如く廣い風景を |
| 60 | 1 | ヴィダル・ブラーシュはこれを認めて Scénerie として仏語化して見たが、 | ブヰダル・ブラーシユは之を認めて Scénerie として佛語化して見たが、 |
| 60 | 2 | ペーサージュなる語を用いこれに | ペーザーヂユなる語を用ゐ之に |
| 60 | 4 | 具象的概念を纏める方法は | 具象的概念を纒める方法は |
| 60 | 5 | かくの如き叙述の形式で実現される。 | 此の如き敍述の形式で實現される。 |
| 60 | 6 | しかして是は | 而して是は |
| 60 | 6 | ある点までは説明の範囲に入ってる | 或る點までは説明の範圍に入つてる |
| 60 | 7 | この方法が実証的研究法の真諦に近い | 此の方法が實證的研究法の眞諦に近い |
| 60 | 9 | これを補う為めには | 之を補ふ爲めには |
| 60 | 11 | これを一言すれば、 | 之を一言すれば、 |
| 60 | 13 | これらの自然力が | 此等の自然力が |
| 60 | 13 | これと反対に | 之と反對に |
| 60 | 18 | 自然界における | 自然界に於ける |
| 61 | 1 | これを述べる積《つもり》であるから、 | 之を述べる積であるから、 |
| 61 | 校注 | （i）〜（iv） | 削除 |

| 頁 | 行 | 誤 | 正 |
| --- | --- | --- | --- |
| 62 | 6 | 一九二二年に小川が理学部に転出した | 一九二一年に小川が理学部に転出した |
| 62 | 11 | 「発刊の辞にかへて」 | 「發刊の辭にかへて」 |
| 63 | 5 | 「我が地理学観」 | 「我が地理學觀」 |
| 63 | 8 | 地理学は世界において最も古き学にして、また最も新しき学である。 | 地理學は世界に於て最も古き學にして、又最も新しき學である。 |
| 63 | 8-9 | 西洋においてはギリシア時代より、支那においては周代の昔より | 西洋に於てはギリシア時代より、支那に於ては周代の昔より |
| 63 | 9 | 現代において | 現代に於て |
| 64 | 3 | この二大潮流は 各《おのおの》 或はそれ自らの内において、或は両者間において | この二大潮流は各或はそれ自らの内に於て、或は兩者間に於て |
| 64 | 6 | ここにおいて | こゝに於て |
| 64 | 7-8 | ストラボ Starbo | ストラボ Strabo |
| 64 | 9-10 | 近世において | 近世に於て |
| 64 | 10 | Alx. v. Humboldt において、 | Alx. v. Humboldt に於て、 |
| 64 | 11 | しかし地理学の両分性なるものは | 併し地理學の兩分性なるものは |
| 64 | 12 | 少なくとも地理学が | 少くとも地理學が |
| 64 | 12 | なお許さるべき形であろうか。 | 尙ほ許さるべき形であらうか。 |
| 64 | 13 | 昔時《せきじ》世界における諸学が | 昔時世界に於ける諸學が |
| 64 | 14 | 時代においては、 | 時代に於ては、 |
| 64 | 15 | しかしながら | 併しながら |
| 64 | 15-16 | 第一六世紀より | 第十六世紀より |

| 頁 | 行 | 誤 | 正 |
| --- | --- | --- | --- |
| 64 | 16 | 第一九世紀に入るに及んでは、今まで広範なる一つの学に | 第十九世紀に入るに及んでは、今迄廣汎なる一つの學に |
| 64 | 17 | それぞれ別個の科学として | 夫々別個の科學として |
| 64 | 18–19 | 自然地理学においては、 | 自然地理學に於ては、 |
| 64 | 20 | 自然地理の広野は殆ど | 自然地理の廣野は殆んど |
| 65 | 1 | 何ら独自の領域を有するものがない。 | 何等獨自の領域を有するものがない。 |
| 65 | 1 | これら分立せる諸科学を | 此等分立せる諸科學を |
| 65 | 2 | これら諸学科の通俗化、 | これ等諸學科の通俗化、 |
| 65 | 3 | 認められるべき資格がない。それにも拘わらず第一九世紀以後 | 認めらるべき資格がない。夫にも拘はらず第十九世紀以後 |
| 65 | 4–5 | また行われつつあることは寧《むし》ろ怪しむべきことである。 | 又行はれつゝあることは寧ろ怪しむべきことである。 |
| 65 | 5 | 第一九世紀の半の | 第十九世紀の半の |
| 65 | 7 | その著名なる教本においてまたこの形態を | その著名なる教本に於て亦この形態を |
| 65 | 9 | 今なお完全なる一科学 | 今尚ほ完全なる一科學 |
| 65 | 9 | 過去における | 過去に於ける |
| 65 | 12–13 | *Die Geographie und ihre Probleme*(一)の序文における | Die Geographie und ihre Probleme. の序文に於ける |
| 65 | 14 | 地表における分布事象の描写 | 地表に於ける分布事象の描寫 |
| 65 | 15 | また現在でも地理学の実用的価値がそこに存することにも | 又現在でも地理學の實用的價値が其處に存することにも |
| 65 | 16 | 殆ど凡てが地誌に属する。 | 殆んど凡てが地誌に屬する。 |
| 65 | 17 | 系統的にはまたこの亜流である。 | 系統的には亦この亞流である。 |

| 頁 | 行 | 誤 | 正 |
| --- | --- | --- | --- |
| 65 | 18 | しかしながら地理学が地表上における分布事象の客観的描写だけに止るならば、 | 併しながら地理學が地表上に於ける分布事象の客觀的描寫丈に止るならば、 |
| 65 | 19 | ここにおいて | 茲に於て |
| 66 | 1-2 | それがたとえ今日から見れば誤った見解であったとしてもこれら事項の因果関係を攻究せんとしたことは | 夫が假令今日から見れば誤つた見解であつたとしてもこれ等事項の因果關係を攻究せんとしたことは |
| 66 | 2 | しかしてこの因果関係の | 而してこの因果關係の |
| 66 | 3 | 少なくとも一つの統一せる学としての | 少くとも一つの統一せる學としての |
| 66 | 3-4 | リッテルがその著『世界地理』[ii]を | リツテルがその著『世界地理』を |
| 66 | 6 | フムボルトのコスモスもまた | フムボルトのコスモスも亦 |
| 66 | 7 | 傾倒づけたのである。 | 系統つけたのである。 |
| 66 | 8 | リッテル以後最近に至るまで | リツテル以後最近に至る迄 |
| 66 | 8-9 | 自然地理学界においては | 自然地理學界に於ては |
| 66 | 9 | デーヴィス Davis らがあり、人文地理学界においては | デーヴィス Davi 等があり、人文地理學界に於ては |
| 66 | 10 | ラッツェル F. Ratzel らが | ラッツェル F. Ratzel 等が |
| 66 | 12 | とにもかくにも | 兎にも角にも |
| 66 | 13 | そこに自然界に通ずる法則樹立も | 其所に自然界に通ずる法則樹立も |
| 66 | 13 | しかしながら | 併しながら |
| 66 | 14 | これに通ずる法則を | 之に通ずる法則を |
| 66 | 15 | よしこれを立てても | よし之を立てゝも |
| 66 | 16 | また翻って | 又飜つて |
| 66 | 17 | モンテスキュー Montesque や | モンテスキュー Montesquieu や |

| 頁 | 行 | 誤 | 正 |
|---|---|---|---|
| 66 | 18 | 目的論的《テレオロジカル》に傾き、 | 目的論的《テレヲロジカル》に傾き、 |
| 66 | 19 | ここにおいて最近の地理学者中には | 茲に於て最近の地理學者中には |
| 66–67 | 20–1 | この意味においてもまた動揺しつつありと云う事が出来る。 | この意味に於ても亦動搖しつゝありと云ふ事が出來る。 |
| 67 | 3 | 過去において余りに多くの矛盾があり、 | 過去に於て餘りに多くの矛盾があり、 |
| 67 | 4 | これらを脱却しかもこれらを整調して | 此等を脱却ししかも此等を整調して |
| 67 | 6 | これに対し | 之に對し |
| 67 | 7 | これが否定せられたことは | 之が否定せられたことは |
| 67 | 11 | 如何なる形において | 如何なる形に於て |
| 67 | 12 | 現在における学問的分野から云うても | 現在に於ける學問的分野から云うても |
| 67 | 12–13 | 古代から今日に至るまでたとえそれが記述的地誌であっても、 | 古代から今日に至る迄假令それが記述的地誌であつても、 |
| 67 | 14 | 人類となんらかの交渉を有する | 人類と何等かの交渉を有する |
| 67 | 15–16 | ここに住域と云うは | 茲に住域と云ふは |
| 67 | 17 | 人類との交渉を基調とすることにおいて、 | 人類との交渉を基調とすることに於て、 |
| 67 | 18 | 研究が進むに従って | 研究の進むに従つて |
| 67 | 19 | これを世界各地に求めて比較綜合の結果 | 之を世界各地に求めて比較綜合の結果 |
| 67 | 19 | 単純なる一自然科学として | 純なる一自然科學として |
| 68 | 1–2 | ここにおいて地理学の根本義は | 茲に於て地理學の根本義は |
| 68 | 3 | これに基くのである。 | 之に基くのである。 |
| 68 | 4 | かく地理学は | 斯く地理學は |
| 68 | 4 | これは必ずしも | 之は必ずしも |

| 頁 | 行 | 誤 | 正 |
|---|---|---|---|
| 68 | 6 | 古代におけるヒポクラテス以来の | 古代に於けるヒポクラテス以來の |
| 68 | 7-8 | 第一九世紀に至り | 第十九世紀に至り |
| 68 | 8 | 学術界においては | 學術界に於ては |
| 68 | 9 | これを強く主張するものがあった。 | 之を強く主張するものがあつた。 |
| 68 | 10 | Michelet: *Tableau de la France*(iii) において | Michelet, Tableau de la France に於て |
| 68 | 11 | 土地はまた人類行動の舞台とのみ見ること能わず、 | 土地は亦人類行動の舞臺とのみ見ること能はず、 |
| 68 | 13 | 『人類地理学《アントロポゲオグラフィ》』(iv) はこのミシュレーに後るること一三年、 | 『人類地理學《アントロボゲオグラフィ》』は此のミシュレーに後るゝこと十三年、 |
| 68 | 13 | しかしこれらの学者 | 併しこれ等の學者 |
| 68 | 14 | 当時の他の学界におけると同じく、 | 當時の他の學界に於けると同じく、 |
| 68 | 14 | 彼に先立つ三〇年の | 彼に先立つ三十年の |
| 68 | 16 | これが為めである。 | 之が爲めである。 |
| 68 | 17 | 偏断があり欠点を蔵する所以である。 | 偏斷があり缺點を藏する所以である、 |
| 68 | 17-18 | 人類に対する自然の影響のみを過大に考うる | 人類に對する自然の影響をのみ過大に考ふる |
| 68 | 18 | これと共に | 之と共に |
| 68 | 19 | この意味において | この意味に於て |
| 68 | 20 | また人類の呼びかける基礎的対象 | 又人類の呼びかける基礎的對象 |
| 69 | 1 | ただ地理学が自然科学と異る所以は | 唯地理學が自然科學と異る所以は |
| 69 | 3 | かくの如く | 斯くの如く |

| 頁 | 行 | 誤 | 正 |
|---|---|---|---|
| 69 | 3－5 | また普通環境論と同意義に考えられ来った人文地理学とも異なるのであって、そこに地理学の新使命が生れまた他の諸学に対し独自の一地歩をこれによって有せしめ得るのである。 | 又普通環境論と同意義に考へられ來つた人文地理學とも異るのであつて、其所に地理學の新使命が生れ又他の諸學に對し獨自の一地歩を之によつて有せしめ得るのである。 |
| 69 | 9 | 科学《ヴィッセンシャフト》となるか | 科學《ウィッセンシャフト》となるか |
| 69 | 9－10 | バンゼの地理学論においては、 | バンゼの地理學論に於ては、 |
| 69 | 10 | 討求《ウンタルズウフング》の両極端より考えて、 | 討求《ウンテルズウフング》の兩極端より考へて、 |
| 69 | 12 | 地理学をまず | 地理學を先づ |
| 69 | 12 | 「地上における | 「地上に於ける |
| 69 | 14－15 | リヒトホーヘン Richithofen に発し、リヒトホーヘンの『支那』(v) の如きはこれを代表するもの | リヒトホーヘン Richthofen に發し、リヒトホーヘンの『支那』の如きは之を代表するもの |
| 69 | 15 | しかしこの地誌的叙述は | 併しこの地誌的敍述は |
| 69 | 19 | しかしながらこれを一つの学として見る時、 | 併しながら之を一つの學として見る時、 |
| 70 | 2 | ただ地誌の無批判的描写を以て | 唯地誌の無批判的描寫を以て |
| 70 | 2－3 | 必ずこれに条件の附加せられるのを見る。 | 必ず之に條件の附加せられるのを見る。 |
| 70 | 3 | ある地域につき | 或る地域につき |
| 70 | 4 | 彼らはその対象中地理学叙述に有効なるものを選んでこれを命名し、 | 彼等はその對象中地理學叙述に有効なるものを選んで之を命名し、 |
| 70 | 4－5 | これが成立結果につき説明するのであって、これらの研究は該地域内における重要事象の相対的関係を叙述することを目的とする | 之が成立結果につき説明するのであつて、これ等の研究は該地域内に於ける重要事象の相對的關係を叙述することを目的とする |

| 頁 | 行 | 誤 | 正 |
|---|---|---|---|
| 70 | 6 | ヘットナー A. Hettner: *Die Geographie, ihre Geschichte* (vi) etc. もまた | ヘットナー A. Hettner: Die Geographie, ihre Geschichle etc. も亦 |
| 70 | 9–10 | ある一地域の主要事象を選出してこれを説明する外、これらを綜合してこれをこの地域全体の景観と名付けている。またバンゼの説く所によれば、 | 或る一地域の主要事象を選出して之を説明する外、これ等を綜合して之をこの地域全體の景觀と名付けてゐる。又バンゼの説く所によれば、 |
| 70 | 11–12 | 地理とはある地域につき地域全体の形象と感覚とを把握し、これを描写することなり | 地理とは或る地域につき地域全體の形象と感覺とを把握し、之を描寫することなり |
| 70 | 12 | 「自然の景観《ラントシャフト》」と「人文景観《フォオルクスツーム》」 | 「自然の景觀《ランドシャフト》」と「人文景觀《フォルクスツーム》」 |
| 70 | 12 | それらは凡て | それ等は凡て |
| 70 | 14 | それらが果して | それ等が果して |
| 70 | 15 | 地理学はただ地球上の | 地理學は唯地球上の |
| 70 | 15–16 | 地域の全体観、特殊観を得るだけにて | 地域の全體觀、特殊觀を得る丈にて |
| 70 | 16–17 | 芸術観論者はとにかく、 | 藝術觀論者は兎に角、 |
| 70 | 17 | ただ地誌を以て | 唯地誌を以て |
| 71 | 2 | また科学とすべきか、 | 又科學とすべきか、 |
| 71 | 3 | ある哲学者の一派の主張する如く、 | 或る哲學者の一派の主張する如く、 |
| 71 | 4 | しかして | 而して |
| 71 | 5–6 | そこに研究の普遍性を要求するのは当然であって、地理学における法則樹立の観念はこの立脚点から出発している。 | 其所に研究の普遍性を要求するのは當然であつて、地理學に於ける法則樹立の觀念はこの立脚點から出發してゐる。 |
| 71 | 6 | しかし地理学は | 併し地理學は |
| 71 | 6 | これらは場所的に | これ等は場所的に |

| 頁 | 行 | 誤 | 正 |
|---|---|---|---|
| 71 | 7 | また静的にも動的にも | 又静的にも動的にも |
| 71 | 7 | これらの事象の上に | これ等の事象の上に |
| 71 | 7-8 | これが一面から見れば | 之が一面から見れば |
| 71 | 8 | しかしこの事は | 併しこの事は |
| 71 | 10 | 従来地理学において | 從來地理學に於て |
| 71 | 11 | 所謂人文地理学において | 所謂人文地理學に於て |
| 71 | 12 | たとえラッツェルの如き | 假令ラッツェルの如き |
| 71 | 14-15 | ブリュンヌらによって唱道せられたる「地的渾一《ちてきこんいつ》」(vii) | ブリュンヌ等によつて唱道せられたる「地的渾一」 |
| 71 | 16 | 頭から法則を否定する論者は暫く措き、 | 頭から法則を否定する論者は暫く措き、 |
| 71 | 19-20 | これは地表上の種々の事物を | 之は地表上の種々の事物を |
| 72 | 1 | Spranger: *Der Bildungswert der Heimatkunde*(viii) | Spranger: Der Bildungswert der Heimatkunde. |
| 72 | 4 | しかして | 而して |
| 72 | 4 | これは明らかに | 之は明かに |
| 72 | 5 | そこに地理学上の法則が | 其處に地理學上の法則が |
| 72 | 6 | これに就いては | 之に就いては |
| 72 | 7 | これを要するに地理学における | 之を要するに地理學に於ける |
| 72 | 8 | また法則樹立をも認めざるを得ないのである。 | 又法則樹立をも認めざるを得ないのである、 |
| 72 | 8 | これを自明にして | 之を自明にして |
| 72 | 9 | 地理学を明らかに文化科学なりと | 地理學を明かに文化科學なりと |
| 72 | 10 | 自然科学のそれの如く | 自然科學の夫の如く |
| 72 | 11 | 例えばこれを同じく文化科学なる経済学を見るに、 | 例へば之を同じく文化科學なる經濟學に見るに、 |

| 頁 | 行 | 誤 | 正 |
| --- | --- | --- | --- |
| 72 | 13 | これは法則自身の | 之れは法則自身の |
| 72 | 14 | 例外多しと難ずるものは | 例外多しと難んずるものは |
| 72 | 16－17 | ギリシア自身のみに止まるものに非ず。 | ギリシア自身のみに止るものに非ず。 |
| 72 | 17 | しかして四周の地理的関係は | 而して四周の地理的關係は |
| 72 | 18 | 古今同じからず。 | 古今相同じからず。 |
| 73 | 2 | フェブル Febvre の如きはこれである。 | フエブル Febvre の如きは是である。 |
| 73 | 2－3 | *A Geographical Introduction to History*(ix) において | A geographical Introduction to History に於て |
| 73 | 5 | しかしてこの可能性的法則なるものは | 而してこの可能性的法則なるものは |
| 73 | 8 | 法則の形において現わしたもの | 法則の形に於て現はしたもの |
| 73 | 9 | ただ地理学の法則が | 唯地理學の法則が |
| 73 | 10 | たとえ法則と云うもこれは解り切った自明のもので、 | 假令法則と云ふも之は解り切つた自明のもので、 |
| 73 | 11－12 | これもある点にては事実である。しかしながら抑《そもそ》も法則なるものは | 之も或る點にては事實である。併し乍ら抑も法則なるものは |
| 73 | 12－13 | 普遍性その物の属性ではないか。これは自然科学においても云い得ると思う。 | 普遍性其物の屬性ではないか。之は自然科學に於ても云ひ得ると思ふ。 |
| 73 | 13 | これが他の法則と | 之が他の法則と |
| 73 | 14 | 稍々《やや》これに類し、 | 稍々之に類し、 |
| 73 | 16 | 発達の道程にあるものにおいては | 發達の道程にあるものに於ては |
| 73 | 17 | これは将来 | 之は將來 |
| 74 | 2 | その主要なるものを枚挙しこれを評論した | その主要なるものを枚擧し之を評論した |
| 74 | 3 | 翻ってこれら欧米諸学者の | 飜つて此等歐米諸學者の |

| 頁 | 行 | 誤 | 正 |
|---|---|---|---|
| 74 | 6 | これらの諸種の言説の上に立って、 | これ等の諸種の言説の上に立つて、 |
| 74 | 6–7 | また諸節紛々なるだけそれだけ単一無二の地理学観を立てることは極めて困難である。しかし試みに | 又諸説紛々なる丈け夫丈け單一無二の地理學觀を立てることは極めて困難である。併し試みに |
| 74 | 9 | 地理学の両分性については | 地理學の兩分性に就いては |
| 74 | 11 | これが地理学の根本義を決する第二の命題 | 之が地理學の根本義を決する第二の命題 |
| 74 | 14 | まずこの現象を | 先づこの現象を |
| 74 | 15 | まず直接に | 先づ直接に |
| 74 | 16 | ある地積を有する | 或る地積を有する |
| 74 | 17 | 例えばここに人口現象を考えるに、 | 例へば茲に人口現象を考へるに、 |
| 74–75 | 20–1 | 研究の限度を定むることが出来また斯学を組織附ける | 研究の限度を定むることが出來又斯學を組織附ける |
| 75 | 4 | たとえその歴史より云えば | 假令その歴史より云へば |
| 75 | 5–6 | ある地域をただ描写する地誌が | 或る地域を唯描寫する地誌が |
| 75 | 6 | これを以て地理学とすることは出来ぬ。 | 之を以て地理學とする事は出來ぬ、 |
| 75 | 7 | それ自身として | 其自身として |
| 75 | 9 | 学としての地理学は須《すべから》くこれを目的として | 學としての地理學は須く之を目的として |
| 75 | 10 | 極めて少数にしてかつ不完全なることを | 極めて少數にして且つ不完全なることを |
| 75 | 10–11 | しかしこれは地理学がなお発達の途上に在る | 併し之は地理學が尚發達の途上に在る |
| 75 | 11 | もし世界における地誌的労作が | 若し世界に於ける地誌的勞作が |
| 75 | 11 | 世界における地理的現象の | 世界に於ける地理的現象の |
| 75 | 12 | そこに多くのまた確固たる法則の | 其所に多くの又確固たる法則の |
| 75 | 12–13 | 法則定立よりも見た今日の地理学の弱点は | 法則定立より見た今日の地理學の弱點は |

| 頁 | 行 | 誤 | 正 |
| --- | --- | --- | --- |
| 75 | 14 | 例外多くまたその永続性なきを | 例外多く又その永續性なきを |
| 75 | 15 | 文化科学においては | 文化科學に於ては |
| 75 | 16 | また永続性あらざるは | 亦永續性あらざるは |
| 75 | 18 | 人間の打立てた限りにおいて、 | 人間の打立てた限りに於て、 |
| 75 | 19 | 文化科学の法則においてをやである。 | 文化科學の法則に於てをやである。 |
| 75 | 20 | 地誌論者のある者は | 地誌論者の或者は |
| 76 | 2 | そこにその地方特色 | 其所にその地方特色 |
| 76 | 3-4 | しかし吾人を以てこれを観ればもしかくして作らるる各地方の景観が充填せられて | 併し吾人を以て之を觀れば若し此くして作らるゝ各地方の景觀が擴充せられて |
| 76 | 4 | しかして地表全体の描写が | 而して地表全體の描寫が |
| 76 | 5 | 地表全体に通ずる事相が系統的に現わるるであろう。 | 地表全體に通ずる事相が系統的に現はるゝであらう、 |
| 76 | 6 | 普遍的法則ではなかろうか。即ち地誌学もこれを拡充すれば | 普遍的法則ではなからうか、即ち地誌學も之を擴充すれば |
| 76 | 7 | 地理学も法則樹立も | 地誌學も法則樹立も |
| 76 | 7 | 所謂盾の両面に過ぎなくなるものである。 | 所謂楯の両面に過ぎなくなるものである。 |
| 76 | 8 | しかし現在の地理学より云えば | 併し現在の地理學より云へば |
| 76 | 9 | 地誌的描写において | 地誌的描寫に於て |
| 76 | 9-10 | その与えられたる範囲内において、 | その與へられたる範圍内に於て、 |
| 76 | 10 | 漸を追うてこれを完成せしめんと | 漸を追うて之を完成せしめんと |
| 76 | 10 | かくの如く | 此の如く |
| 76 | 11-12 | 地理学の現状においてはこれを提唱しても | 地理學の現狀に於ては之を提唱しても |
| 76 | 13 | 現在における地理学の研究は | 現在に於ける地理學の研究は |

| 頁 | 行 | 誤 | 正 |
|---|---|---|---|
| 76 | 13-14 | 未だ準備時代を脱する事が出来ない。 | 未だ準備時代を脱する事が出來ない、 |
| 76 | 14 | 地理学術作の多くが | 地理學述作の多くが |
| 76 | 14 | ただ地理学の性質が | 唯地理學の性質が |
| 76 | 15-16 | 地形或は景観の研究に当ってもよくこれを体得せねばならぬ。 | 地形或は景觀の研究に當つてもよく之を體得せねばならぬ。 |
| 76 | 16-17 | ある地域の描写はただ自然景観の客観的描写であっても已む得ないが今日ではこれを許さない。 | 或る地域の描寫は唯自然景觀の客觀的描寫であつても已むを得ないが今日では之を許さない。 |
| 76 | 18 | その命数極めて短きも、 | 其の命數極めて短きも、 |
| 76 | 20 | これをその人文事象と地との関係を考うるに当っては | 之れその人文事象と地との關係を考ふるに當つては |
| 77 | 1 | 内外における大都市発達の説明の如きは | 内外に於ける大都市發達の説明の如きは |
| 77 | 4 | 既にこれを認めず、 | 既に之を認めず、 |
| 77 | 6 | もし地理学の本質を専ら哲学的見地に立ちて | 若し地理學の本質を専ら哲學的見地に立ちて |
| 77 | 7 | しかしながら | 併しながら |
| 77 | 8 | 地理学そのものの発展に何らの貢献をも齎《もたら》さぬ | 地理學そのものの發展に何等の貢獻をも齎さぬ |
| 77-78 | 校注 | （i）～（ix） | 削除 |

### 3 小牧實繁

| 頁 | 行 | 誤 | 正 |
|---|---|---|---|
| 80 | 8 | 『地理論叢』一一巻（一九四〇年） | 『地理論叢』一一輯（一九四〇年） |
| 80 | 8 | 「日本地政学の主張」 | 「日本地政學の主張」 |

| 頁 | 行 | 誤 | 正 |
| --- | --- | --- | --- |
| 80 | 12 | 「日本地政学の主張」 | 「日本地政學の主張」 |
| 80 | 15 | 自然の可能性ないしは潜勢力とも称すべきもの、 | 自然の可能性乃至は潜勢力とも稱すべきもの、 |
| 80 | 17 | 人間は自然の被造物ではあるが、 | 人間は自然の被造者ではあるが、 |
| 80 | 17 | 人間生活における主体意志活動 | 人間生活に於ける主體的意志活動 |
| 81 | 1 | まず前提として要請せられる。 | 先づ前提として要請せられる。 |
| 81 | 1-2 | しかしながら、人間はまた自らの意志を | 併しながら、人間は又自らの意志を |
| 81 | 5 | しかも歴史と人事との根柢をなすものは | 而も歴史と人事との根柢をなすものは |
| 81 | 5 | 地理を明らかにすることなくして | 地理を明かにすることなくして |
| 81 | 9 | しかしまた、已むを得ず | 併し又、已むを得ず |
| 81 | 13-14 | ただ、正しからざる人間行動が | 唯、正しからざる人間活動が |
| 81 | 16 | また正しい人間創造の意志を | 又正しい人間創造の意志を |
| 81 | 18-19 | しかも過去の歴史なくして人間自体はあり得ないのであり、また未来の歴史もあり得ないのである。 | 而も過去の歴史なくして人間自體はあり得ないのであり、又未來の歴史もあり得ないのである。 |
| 81 | 20 | 地理を緯としつつもしかも歴史を経として生起するのである。 | 地理を緯としつつも而も歴史を經として生起するのである。 |
| 82 | 2 | 世界新秩序の大業は、 | 世界新秩序建設の大業は、 |
| 82 | 4 | これら両者一如の研究の上にこそ | 此等兩者一如の研究の上にこそ |
| 82 | 4-5 | かかる本然真正の姿の実現こそがすなわち皇道の開顕に外ならないのである。皇道の開顕はすなわち日本の理想であり、 | かかる本然眞正の姿の實現こそが卽ち皇道の開顯に外ならないのである。皇道の開顯は卽ち日本の理想であり、 |
| 82 | 6 | これを過去に観、 | 之を過去に觀、 |
| 82 | 6 | これを内外一如世界の一体に察する地理の学と、 | 之を内外一如世界の一體に察する地理の學と、 |

| 頁 | 行 | 誤 | 正 |
|---|---|---|---|
| 82 | 8 | すなわち吾々の切なる願いであり、吾々はこの新しい学をここに日本地政学と呼ぶのである。 | 即ち吾々の切なる願ひであり、吾々は斯の新らしい學を茲に日本地政學と呼ぶのである。 |
| 82 | 9 | これを日本地政学と呼ぶ以上、これは固より政策の学たるに異論はない。しかも日本の政治は | 之を日本地政學と呼ぶ以上、それは固より政策の學たるに異論はない。而も日本の政治は |
| 82 | 10 | 否皇道においては | 否皇道に於いては |
| 82 | 11 | 従来の意味における | 從來の意味に於ける |
| 82 | 12 | 実践的価値の高さ故に、 | 實踐的價値の高さの故に、 |
| 82 | 13 | ここにおいては学問と政策とは一如の形においてあるのであり、 | 茲に於いては學問と政策とは一如の形に於いてあるのであり、 |
| 82 | 14 | かの独逸《ドイツ》的地政学の亜流たる如きもの | かの獨逸的地政學の亞流たる如きもの |
| 82 | 14-15 | また英国的謀略地政学の如きものでも勿論なく、 | 又英國的謀略地政學の如きものでも勿論なく、 |
| 82 | 15 | また旧き支那的地政学の如きものでもなく、 | 又舊き支那的地政學の如きものでもなく、 |
| 82 | 16 | しかして今後皇道の開顕と共に、これら凡ての | 而して今後皇道の開顯と共に、此等凡ての |
| 82 | 17 | 無始無終の皇道を現実不断に実践し来給いしは《（ママ）》　天皇にまします。皇道実践の中心は実に《（ママ）》　天皇にまします。 | 無始無終の皇道を現實不斷に實踐し來給ひしは　天皇にまします。皇道實踐の中心は實に　天皇にまします。 |
| 82 | 18 | 五穀豊穣 | 五穀豊饒 |
| 82 | 18 | まさに建設せらるべき | 將に建設せらるべき |
| 82 | 19 | ここに生を享《う》けこの盛時に際会して | 此處に生を享け此の盛時に際會して |
| 82 | 20 | わが皇道とは、究極において、 | 吾が皇道とは、究極に於いて、 |
| 83 | 1 | これが開顕の輔翼の重任を負う日本地政学の使命はまた | これが開顯に輔翼の重任を負ふ日本地政學の使命は又 |

| 頁 | 行 | 誤 | 正 |
| --- | --- | --- | --- |
| 83 | 2 | これが真に日本地政学の名に | (この前に一文を補う)皇道に卽し、皇道開顯の天業恢弘に翼賛し奉る日本地政學はそれ故眞に正しき地政學でなくてはならない。これが眞に日本地政學の名に |
| 83 | 4 | しかしてそれが永久に正しく、 | 而してそれが永久に正しく、 |
| 83 | 6 | 日本地政学はまた永久に | 日本地政學は又永久に |
| 83 | 6 | しかして吾が肇国の歴史地理観が | 而して吾が肇國の歴史地理観が |
| 83 | 9 | また極めて当然とすべく、 | 又極めて當然とすべく、 |
| 83 | 10 | 先ず銘記しなければならない。 | 先づ銘記しなければならない。(昭和十五年二月五日) |

## 4　織田武雄

| 頁 | 行 | 誤 | 正 |
| --- | --- | --- | --- |
| 85 | 15 | 日本地理学会創立五〇周年 | 日本地理学会創立五十周年 |
| 85 | 16 | 来年刊行の予定となっているので、ⓘ | 来年刊行の予定となっているので、 |
| 86 | 4–5 | "*Γεωγραφιχὴ ὑφηγησιζ*"(地理学教本) | "*Γεωγραφικὴ ὑφήγησις*"(地理学教本) |
| 86 | 9 | 二つの円錐図法が、第八巻には | 二つの円錐図法が第八巻には |
| 86 | 19–20 | (L. Bagrow: The Origin of Ptolemy's Geographia, *Geografiska Annaler* 27, 1945, pp.318-387) | (L. Bagrow: *The Origin of Ptolemy's Geographia*, Geografiska Annaler 27, 1945, pp.318~387) |
| 88 | 12 | Jan Raedemaecker | Jan Raedemaeker |
| 89 | 7 | (Nostri saeculi Ptolemaeus) | (*Nostri saeculi Ptolemaeus*) |

| 頁 | 行 | 誤 | 正 |
|---|---|---|---|
| 89 | 7－8 | (L. Bagrow: Ortelii Catalogus Cartographorum, Vol.1, *Petermanns Mitt. Ergänzungsheft*, Nr. 209, 1928, S.23) | (L. Bagrow: *Ortelii Catalogus Cartographorum*, Vol.1, Petermanns Mitt. Ergänzungsheft, Nr. 209. 1928, S.23) |
| 89 | 12 | さらに第三部は | さらに第二部は |
| 89 | 14 | (De Mundi Creatione) | (*De Mundi Creatione*) |
| 89 | 15 | (*Tabulae geographicae CI. Ptolemaei*) および第三部 | (*Tabulae geographicae CI. Ptolemaei*)、および第二部 |
| 90 | 3 | Rumond Mercator | Rumold Mercator |
| 90 | 6 | *Encyclopedia Britannica* | *Encycropedia Britanica* |
| 90 | 9 | 戦って敗れたためアトラスは | 戦って敗れたために、アトラスは |
| 90 | 10 | (Hesiod, *Theogonia*, 517) | (Hesiod, Theog. 517) |
| 90 | 15 | メルカトルの Atlas | メルカトルの *Atlas* |
| 90 | 16 | (Praefatio in Atllantem) | (*Praefatio in Atlantem*) |
| 91 | 1 | (Herodotus, 4. 184) | (Herodot. 4. 184) |
| 91 | 2 | (Herodotus, 1 . 202) | (Herodot. 1. 202) |
| 91 | 5－6 | (Diodorus Siculus, 3 . 60. 2) | (Diod. Sic. 3. 60. 2) |
| 91 | 12 | アトラスの各国幅は、 | アトラスの各図幅は、 |
| 92 | 4 | 一六〇二年にようやく | それに一六〇二年にようやく |

| 頁 | 行 | 誤 | 正 |
|---|---|---|---|
| 92 | 7–8 | This wide and universal Theater　この、限りなく広い世界という舞台<br>All the world's a stage　世界はすべてお芝居だ<br>（阿部知二氏訳による） | 'This wide and universall Theater'<br>…………………………<br>'All the world's a stage'<br>「この、限りなく広い世界という舞台」<br>…………………………<br>「世界はすべてお芝居だ」<br>（阿部知二氏訳による） |
| 92 | 11 | 各国幅に詳細な解説を | 各図幅に詳細な解説を |
| 93 | 2 | 全部で一二巻に及ぶ庭大な | 全部で一二巻に及ぶ厖大な |
| 93 | 16 | 経度で四二に | 経度で四二度に |
| 94 | 4 | 地図としての科学性を示している。また一八世紀から一九世紀にかけて、 | 地図としての科学性を示している。（段落改行）<br>また一八世紀から一九世紀にかけて、 |
| 94 | 7 | *Stielers Handatlas* | Stielers Handatlas |
| 94 | 8 | *Times Atlas* | Times Atlas |
| 95 | 12 | 大きな要因をなしているものと思われ、 | 大きな要因をなしているものと思われ、 |
| 95 | 14–15 | 全国が完了すれば | 全図が完了すれば |
| 95 | 17–18 | W. Horn（1951）：Die Geschichte des Altas-Titels, *Petermanns Mitteilungen*, Nr. 2, 137–142によるところが多い。[ii] | W. Horn（1951）：Die Geschichte des Altas-Titels, Peterm. Mitt., Nr.2, 137～142によるところが多い。 |
| 96 | 校注 | （i）～（ii） | 削除 |

## 5 水津一朗

| 頁 | 行 | 誤 | 正 |
|---|---|---|---|
| 97 | 2-3 | この年に始まった戦争のため、 | この前年に始まった戦争のため、 |
| 99 | 18 | ハプスブルグ | ハブスブルグ |
| 100 | 15 | 長い迂路を | 長い迂路を |
| 101 | 7-8 | 一二 - 一三世紀ころの | 一二―三世紀ころの |
| 102 | 15 | 近刊の予定である。(i) | 近刊の予定である。 |
| 104 | 14 | 相互に結ぼれている、 | 相互に結ばれている、 |
| 106 | 11 | いう以上に、 | という以上に、 |
| 107 | 7-8 | というこの二〇世紀初頭の思考方向は、 | という二〇世紀初頭の思考方向は、 |
| 109 | 14-15 | 経済を中心としてルーズな国家連合ですが、 | 経済を中心としたルーズな国家連合ですが、 |
| 110 | 校注 | (i) | 削除 |

# 第三章　地理学研究の展開と京大地理学教室

## 1 歴史地理学

| 頁 | 行 | 誤 | 正 |
|---|---|---|---|
| 112 | 9-10 | 『平安京変遷史』(スズカケ出版部、一九二七年) | 『平安京変遷史』(スズカケ出版部、一九三〇年) |
| 113 | 14 | 『景観地理学講話』(築地書館、一九三七年) | 『景観地理学講話』(地人書館、一九三七年) |
| 114 | 14 | 相前後する時期の歴史地理学には、 | 相前後する時期の歴史地理学者には、 |
| 114 | 14 | 辻田右左男(一九三三年卒) | 辻田右左男(一九三三年選科修了) |
| 115 | 2-3 | 藤岡謙二郎(一九三五年、考古学卒) | 藤岡謙二郎(一九三八年、考古学卒) |

| 頁 | 行 | 誤 | 正 |
|---|---|---|---|
| 116 | 7 | 『日本歴史地理序説』（塙書房、一九六三年） | 『日本歴史地理序説』（塙書房、一九六二年） |
| 116 | 18 | 中田英一 | 中田榮一 |
| 117 | 8-9 | やはり後に学位論文となる『水力開発利用の歴史地理』（大明堂、一九八〇年）において、 | やはり学位論文（後に『水力開発＝利用の歴史地理』（大明堂、一九八〇年））において、 |
| 117 | 14-15 | その会長を努めることとなる。 | その会長を務めることとなる。 |
| 118 | 17-18 | 遺稿集『近世村落の歴史地理』（柳原書店、一九八三年） | 遺稿集『近世村落の歴史地理』（柳原書店、一九八二年） |
| 119 | 4 | 『古代歴史地理研究』（大明堂、一九八五年） | 『日本古代地理研究』（大明堂、一九八五年） |
| 120 | 5-6 | 『条里と村藩の歴史地理学研究』（大明堂、一九八五年） | 『条里と村落の歴史地理学研究』（大明堂、一九八五年） |
| 120 | 12 | 古代・中世・近世に字点があり、 | 古代・中世・近世に重点があり、 |

## 2　地図史研究

| 頁 | 行 | 誤 | 正 |
|---|---|---|---|
| 122 | 3 | 国立大学で地理学と名付けた最初の本講座が | 国立大学で単独で地理学と名乗った最初の本講座が |
| 122 | 7-8 | 『台湾諸島誌』（東京地学協会、一八九八年） | 『台湾諸島誌』（東京地学協会、一八九六年） |
| 124 | 13-14 | （古代地理学の研究—ギリシャ時代—』柳原書店、一九五九年） | （『古代地理学史の研究—ギリシア時代—』柳原書店、一九五九年） |
| 127 | 12 | （臨川書店、一九九七年） | （『「坤輿萬國全圖」別冊解説』臨川書店、一九九七年） |
| 127 | 17 | 歴史地理学年報、二、一九七八年）。 | 『歴史学・地理学年報』、二、一九七八年）。 |
| 128 | 18 | （『都市図の歴史　世界篇』講談社、一九七〇年）。 | （『都市図の歴史　世界篇』講談社、一九七五年）。 |
| 129 | 3 | （『バリーハウス展図録』西武百貨店、一九八九年） | （『バリーハウス展図録』西武百貨店、一九八七年） |
| 129 | 16-17 | （『探訪大航海時代の日本5』小学館、一九七八年） | （『探訪大航海時代の日本　第五巻』小学館、一九七八年） |

| 頁 | 行 | 誤 | 正 |
|---|---|---|---|
| 130 | 15–16 | （『都市図の歴史　日本篇』講談社、一九七〇年）。 | （『都市図の歴史　日本篇』講談社、一九七四年）。 |
| 132 | 1 | 『東西地図交流史研究』（清文堂、二〇〇三年） | 『東西地図文化交渉史研究』（清文堂、二〇〇三年） |

## 3　地理学思想史研究

| 頁 | 行 | 誤 | 正 |
|---|---|---|---|
| 133 | 7 | 『支那歴史地理研究』（弘文堂出版、一九二八年） | 『支那歴史地理研究』（弘文堂書房、一九二八年） |
| 134 | 8 | 『地理学講座』（一九三一〜三二年、 | 『地理学講座』（一九三〇〜三三年、 |
| 134 | 13 | アメリカ地理学、ドイツ地理学の現況を東大の渡辺 光、辻村太郎が、 | アメリカ地理学（会）の現況を東大出の渡辺光が、ドイツ地理学（会）の現況を辻村太郎と綿貫勇彦が、 |
| 134 | 17–18 | 『地理学本質論』（辻村太郎編、一九五六年） | 『地理学本質論』（辻村太郎編、一九五五年） |
| 135 | 8 | 『地理学の歴史と方法』（一九七〇年） | 『地理学の歴史と方法』（初版一九五九年、新訂版一九七〇年） |
| 135 | 8–9 | 三人の著者のほか近代以前の西洋篇を高橋 正が分担している。 | 三人の著者のほか高橋 正が西洋篇の執筆に協力している。 |
| 140 | 10 | 昭和三六（一九六一）年 | 昭和三七（一九六二）年 |

## 4　村落地理学

| 頁 | 行 | 誤 | 正 |
|---|---|---|---|
| 145 | 3 | 村松茂樹 | 村松繁樹 |
| 146 | 16–17 | 『イベリア半島の民家』（同） | 『イベリア半島の民家』（自費出版、一九七四年） |
| 147 | 4 | 『社会集団の基本問題』 | 『社会地理学の基本問題』 |

| 頁 | 行 | 誤 | 正 |
|---|---|---|---|
| 147 | 17 | 『日本の農村漁村とその変容』 | 『日本の農山漁村とその変容』 |
| 148 | 17-18 | 『地域の秩序』 | 『地域の論理』 |
| 149 | 11 | 『山村の生活』(一九五六年) | 『山村の生活』(一九五五年) |
| 154 | 1 | トーレス海峡地域の共同調査結果を | トレス海峡地域の共同調査結果を |
| 154 | 1 | 『トーレス海峡の人々』 | 『トレス海峡の人々』 |
| 154 | 10 | 『インドの農民生活』(古今書院、一九七〇年) | 『インドの農民生活』(古今書院、一九六九年) |

## 5 都市地理学

| 頁 | 行 | 誤 | 正 |
|---|---|---|---|
| 160 | 18 | 『地理学講座　地理学詳論二二』 | 『地理学講座　第五回　地理学詳論〔二二〕』 |
| 161 | 7 | 『都市地理研究』万江書院、一九二九年) | 『都市地理研究』刀江書院、一九二九年) |
| 162 | 2 | (『地理論叢』一一、一九三五年) | (『地理論叢』七、一九三五年) |
| 163 | 2 | 都市地理理分野の | 都市地理分野の |
| 164 | 表2 | 第8週 | 第8集 |
| 164 | 表2 | 第7集と第8集の間の枠線(一部欠落) | 第7集と第8集の間の枠線(補完) |
| 169 | 18 | 九〇年に没した氏の研究はほぼ | 九四年に没した氏の主な研究は |
| 172 | 4 | 『城下町とその変貌』(柳原書店、一九五三年) | 『城下町とその変貌』(柳原書店、一九八三年) |

## 第四章　地理学教室創設期の人々

| 頁 | 行 | 誤 | 正 |
|---|---|---|---|
| 176 | 3 | 毎年卒業するようになった(付表3参照)。 | 毎年卒業するようになった。 |

| 頁 | 行 | 誤 | 正 |
|---|---|---|---|
| 177 | 6 | 助手在任中の一九二五年、 | 助手在任中の一九一四年末から翌一五年にかけて、 |
| 178 | 7 | （『地理学評論』二四、一九五四年、三二〇〜三二四頁） | （『地理学評論』二七、一九五四年、三二〇〜三二四頁） |
| 178 | 16 | 明治一二年（一八七九年） | 明治一二年（一八七九） |
| 179 | 2 | 即ち東京地学協会は［学界としては］世界で三一番目、日本は［国としては］一七番目に登場 | 即ち東京地学協会は世界で三一番目、日本は一七番目に登場 |
| 179 | 7-8 | 天保元年（一八三〇年）にロンドンの地理学協会が生まれて居ります。 | 一八三〇年（天保元年）にロンドンの地理学協会が生れて居ります。 |
| 179 | 9-10 | 独立の旋風が吹きまくってましたし、 | 独立の旋風が吹きまくつていましたし、 |
| 179 | 10 | 多事であった時でもあります。 | 多事であつた時であります。 |
| 179 | 15 | サセックス公を仰いで | サセック公を仰いで |
| 179 | 19 | 深い関心を有《も》っていたかを思わせます。 | 深い関心を有つていたかを思わせます、 |
| 180 | 1 | *Geographical Journal* | Geographical Journal |
| 180 | 6 | 大いに与《あずか》って力があったことは隠れもない話であります。 | 大いに与つて力があつたことは隠れもない話であります。<br>（この後に、次の段落を補う）<br>仏の地理学協会も独の地学協会も、その目的も会員層もロンドンの協会によく似ていて、アフリカ分割についてもその国の活動の後楯となつたといわれます。仏独英ではその後だんだんに協会がふえて、仏では四、独では一八、英では本国で五、海外で五を加えました。 |
| 180 | 8-9 | レニングラード［現サンクトペテルブルク］のと、イスタンブールのとで、 | レニングラードのと、スタンブールのとで、 |

| 頁 | 行 | 誤 | 正 |
|---|---|---|---|
| 180 | 12 | 太平洋の進出について | 太平洋への進出について |
| 180 | 18 | パリのは *La Géographié* | パリのは La Géographie |
| 181 | 1 | *Zeitschrift für Erdkunde zu Berlin* | Zeitschrift fur Erdkunde zu Berlin |
| 181 | 1 | *Geographical Journal* | Geographical journal |
| 181 | 2 | 今日につづいていることは | 今日につずいていることは |
| 181 | 3 | *Scottish Geographical Magazine* | Scottish Geogr. Magazine |
| 181 | 3 | *Geographical Review*（名前は度々変わっている） | Geogr. Review（名前は度々変つている） |
| 181 | 4 | 国民地理学協会（National Geographical Society）の *National Geographic Magazine* | 国民地理学協会（N. Geogr. Society）の National Geogr. Magazine |
| 181 | 5 | Gotha の *Petermanns Mitteilungen* | Gotha の Petermanns Mitteilungen |
| 181 | 5-6 | *Annales de Géographié* | Annales de Geogr. |
| 181 | 6 | *Economic Geography* | Economic Geography |
| 181 | 8-9 | 或は探検隊を派遣したり、或は探検や出版についての表彰をしたり | 或は探検隊を派遣したり或は探検や出版についての表彰をしたり |
| 181 | 11 | 因みにロシヤでは | 因にロシヤでは |
| 182 | 5 | 少なかったからでありまして、日本の大学で初めて | 少かつたからでありまして、日本の大学で始めて |
| 182 | 6 | 地理学専攻のコースが初めて設けられたのは | 地理学専攻のコースが始めて設けられたのは |
| 182 | 11 | 一〇年後の明治一三年には | 一〇年後の明治一八年には |
| 182 | 15 | 史学科建設の任に当たられた久米邦武博士は | 史学科建設の住に当らたれ久米邦武博士は |
| 182 | 18-19 | 歴史地理学会［日本歴史地理学会］となり、 | 歴史地理学会となり、 |
| 182 | 19 | 発刊したのであります。 | 発刊したのでてります。 |

| 頁 | 行 | 誤 | 正 |
| --- | --- | --- | --- |
| 183 | 2–3 | 坪井九馬三先生が担当された時にはラッツェルの政治地理学なども | 坪井九馬三先生が担当され時にはラッツェルの政治地理学なども |
| 183 | 4–5 | 京大文学部［文科大学］史学科設置の時に、専攻学科としての地理学科［史学・地理学第二講座］が | 京大文学部史学科設置の時に、専攻学科としての地理学科が |
| 183 | 10 | 四〇年余を経て、 | 四〇余年を経て、 |
| 183 | 15 | かなりの才月を要しました。 | 可なりの才月を要しました。 |
| 183 | 15 | お願いしましたのは | お願しましたのは |
| 183 | 16 | 末席を汚していたころの | 未席を汚していたころの |
| 183 | 17 | 先生は会のことについては | 先生は会のこのとについては |
| 183–184 | 19–1 | 注意されたこともありました。 | 注意さ経ち、れたこともありました。 |
| 184 | 2 | その他全国的に | 其の他全国的に |
| 184 | 2 | また地球学団の噂も刺激となったのかも | また地球学団の噂も刺戟となつたのかも |
| 184 | 6 | 聞こえてから | 聞えてから |
| 184 | 9 | 「歴史及び地理」 | 「歴史及地理」 |
| 184 | 14 | 偶々長くつづいたものも | 偶ゝ長くつずいたものも |
| 184 | 18 | 国勢の進展と相俟ったことは欧米先進国と軌を一にしていますが、 | 国勢の進展と相待つたことは欧米先進国と揆を一にしていますが、 |
| 185 | 2 | 殆ど見られぬ有様でありました。もし朝野の認識がもっと深く、 | 殆んど見られぬ有様でありました。若し朝野の認識がもつと深く、 |
| 185 | 10 | 新たに出た | 新に出た |
| 185 | 12–13 | これら諸学会 | 是等諸学会 |

| 頁 | 行 | 誤 | 正 |
|---|---|---|---|
| 185 | 15–16 | この学を通じて日本再建に貢献し、国際親善に寄与できるようにありたいものと | 斯の学を通じて日本再建に貢献し、国際親善に寄与できるようありたいものと |
| 185 | 16 | これら諸学会 | これ等諸学会 |
| 185 | 20 | われと我が身に念願して | われとわが身に念願して |

## 2 村松繁樹

| 頁 | 行 | 誤 | 正 |
|---|---|---|---|
| 188 | 15 | 宣誓を行って、 | 宣誓を行なって、 |
| 188 | 15 | 大正一五年四月 | 大正十五年四月 |
| 188 | 15–16 | 入学式に行われる告辞は、 | 入学式に行なわれる告辞は、 |
| 189 | 1 | 『勧学譜(i)』と題する書物 | 『勧学譜』と題する書物 |
| 189 | 2 | 田中雄平・古沢清久たち | 田中雄平・古沢清久君たち |
| 189 | 10 | 肥後和雄 | 肥後和男 |
| 189 | 11 | 小葉田惇、柴田實、 | 小葉田淳、柴田実、 |
| 189 | 11–12 | 後に控えておられる前で、「村松読んでみい」 | 後に控えておられる前で「村松読んでみい」 |
| 190 | 4 | 濱田耕作先生 | 浜田耕作先生 |
| 190 | 9 | 区切られた中で孜々《しし》として | 仕切られた中で孜々として |
| 190 | 10 | 膨大な著書 | 厖大な著書 |
| 190 | 17–18 | 貪欲とでもいうような有様で、 | 貧欲とでもいうような有様で、 |
| 191 | 3 | 食べ終わられた先生は | 食べ終られた先生は |

| 頁 | 行 | 誤 | 正 |
|---|---|---|---|
| 191 | 9 | 実習を行った。 | 実習を行なった。 |
| 191 | 11 | 八月二二日から二七日に | 八月二十二日から二十七日に |
| 191 | 12 | 岩石で膨れ上った。 | 岩石で脹れ上った。 |
| 191 | 18 | 伊勢方面に行われたが、 | 伊勢方面に行なわれたが、 |
| 192 | 2 | 雑誌『地理』へ載せられた。(ii) | 雑誌『地理』へ載せられた。 |
| 192 | 3 | 小野鐵二 | 小野鉄二 |
| 192 | 7 | グロールのカルテンクンデ(iii)を | グロールのカルテンクンデを |
| 192 | 9 | 濱田先生とともに | 浜田先生とともに |
| 192 | 11-12 | 急遽それをまとめて | 急拠それをまとめて |
| 192 | 12 | 「太田川の沖積作用と集落の発達」と題して掲載された。(iv) | 「太田川の沖積作用と集落の発達」と題して掲載された。 |
| 192 | 13 | 『ドイツの村落』(*Das deutsche Dorf*)(v) を読むようにいわれたので、 | 『ドイツの村落』(*Das deutsche Dorf*) を読むようにといわれたので、 |
| 192 | 14 | 古澤三郎 | 古沢三郎 |
| 193 | 8 | 瀧本貞一 | 滝本貞一 |
| 193 | 10 | 『地理教育』誌上に載った。(vi) | 『地理教育』誌上に載った。 |
| 193 | 12 | テーマを選ぶならば | テーマを撰ぶならば |
| 193 | 17 | 『小川博士還暦祝賀記念論文集(vii)』 | 『小川博士還暦祝賀記念論文集』 |
| 194 | 1 | 地理学教室に残れと | 地理学研究室に残れと |
| 194 | 3 | 三月三一日付で | 三月三十一日付で |
| 194 | 9-10 | 六月二七日付になっている所以《ゆえん》である。 | 六月二十七日付になっている所以である。 |

| 頁 | 行 | 誤 | 正 |
|---|---|---|---|
| 194 | 15 | 御退官になる | 定年御退官になる |
| 194 | 15 | お手伝いする | お手伝する |
| 194 | 18 | 昭和五年五月一〇日 | 昭和五年五月十日 |
| 195 | 5 | 史学、地理学の | 史学・地理学の |
| 195 | 7 | 〈天馬空を行く〉の概（趣カ）があるとね、 | 〈天馬空を行く〉の概があるとね、 |
| 195 | 8 | 天才的なひらめき | 天才的ひらめき |
| 195 | 10 | 田中舘秀三先生 | 田中館秀三先生 |
| 195 | 11 | 教室に御来訪になった | 教室へ御来訪になった |
| 195 | 12 | 田中舘先生 | 田中館先生 |
| 195 | 13 | 田中舘先生 | 田中館先生 |
| 195 | 16 | 田中舘先生 | 田中館先生 |
| 195 | 19 | 『聚落地理学』として採録された。(viii) | 『集落地理学』として採録された。 |
| 195 | 20 | 昭和七年三月一九日 | 昭和七年三月十九日 |
| 195 | 20 | 龍谷大学 | 竜谷大学 |
| 196 | 5 | 卒業した最初のこと | 卒業した年の最初のこと |
| 196 | 7-8 | 下田禮佐 | 下田礼佐 |
| 196 | 8 | 大先輩と近づけた | 大先輩に近づけた |
| 196 | 9 | 『経済地理学文献総覧』(ix) | 『経済地理学文献総覧』 |
| 197 | 2 | 父君に伴われて、 | 父君に伴なわれて、 |
| 197 | 6 | ホテルであったこともあり、 | ホテルで会ったこともあり、 |
| 197 | 8 | 海老原治三郎君ら | 海老原治郎君ら |

| 頁 | 行 | 誤 | 正 |
|---|---|---|---|
| 197 | 9 | 小野鐵二先生 | 小野鉄二先生 |
| 197 | 11 | 岩尾常善君ら | 竹尾常善君ら |
| 197-198 | 校注 | (i)〜(ix) | 削除 |

## 3 米倉二郎

| 頁 | 行 | 誤 | 正 |
|---|---|---|---|
| 200 | 12 | 佐賀県三養基《みやき》郡上峯《かみみね》村八枚《はちまい》［現上峰町江迎］ | 佐賀県三養基郡上峯村八牧 |
| 201 | 9 | 今も忘れられない。 | 今も忘れない。 |
| 201 | 16 | 小牧實繁先生、小野鐵二先生 | 小牧実繁先生、小野鉄二先生 |
| 201 | 18-19 | 自然地理学研究は殆ど行われておらず、 | 自然地理的研究は殆んど行われておらず、 |
| 202 | 8 | そのお陰である。 | そのお蔭である。 |
| 202 | 12 | （一九三一〜一九三七） | （一九三一〜一九三七年） |
| 202 | 18 | 比較農学 | 比較農業 |
| 203 | 12 | （現栗東町） | （現在栗東町） |
| 203 | 13 | 批判が行われることになった。 | 批判が行なわれることになった。 |
| 203 | 16 | 「条里より見たる大津京」(i) | 「条理より見たる大津京」 |
| 203 | 17 | （『考古学』六（八）、一九三五年） | （考古学六の八、一九三五年） |
| 203 | 17-18 | 発掘が行われて、 | 発掘が行なわれて、 |
| 203 | 20 | （『歴史地理』六六（四）、一九三五年） | （歴史地理六六の四、一九三五年） |
| 203 | 20 | （『地理論叢』八、一九三六年） | （地理論叢第八輯、一九三六年） |

| 頁 | 行 | 誤 | 正 |
| --- | --- | --- | --- |
| 204 | 3 | 満州で行った。 | 満州で行なった。 |
| 204 | 8 | （『地球』二六の六、一九三六年） | （地球二六、六、一九三六年） |
| 204 | 8 | （『史林』二二（一）、一九三六年） | （史林二二、一、一九三七年） |
| 204 | 8-9 | （『地理教育』二六（一二）、一九三七年） | （地理教育二六、一二、一九三七年） |
| 204 | 11 | 小野鐵二先生 | 小野鉄二先生 |
| 204 | 15 | 失望させないように極力努めたが | 失望させないよう極力努めたが |
| 204 | 16 | （『地理教育』日本特輯、一九三七年） | （地理教育、日本特輯、一九三七年） |
| 205 | 1 | 「集落と農法」(ii) | 「集落と農法」 |
| 205 | 2 | 上梓したが、(iii) | 上梓したが、 |
| 205 | 4 | 石家荘《シーチアチョワン》 | 石家荘 |
| 205 | 5 | 山西省太原《タイユワン》 | 山西省太原 |
| 205 | 6 | 洵《まこと》に素晴らしいものであった。 | 洵に素晴しいものであった。 |
| 205 | 7 | 大同《タートン》 | 大同 |
| 205 | 7 | 蒙疆政府(iv) | 蒙疆政府 |
| 205 | 7 | （森先生の令息、現在佐賀県出納帳） | （森先生の令息、現在佐賀県出納長） |
| 205 | 9 | 作業が行われていた。 | 作業が行なわれていた。 |
| 205 | 10 | 後年、恩賜賞を受賞された業績はこのようにして生まれたものであった。 | 後年恩賜賞を授賞された業績はこのようにして生れたものであった。 |
| 205 | 11 | 厚和［現呼和浩特《フフホト》］ | 厚和 |
| 205 | 11 | （元岡山大学教授） | （元岡山大教授） |

| 頁 | 行 | 誤 | 正 |
|---|---|---|---|
| 205 | 11-12 | 包頭《(パオトウ)》に至り満鉄の安斉倉治氏に案内いただいた。 | 包頭に至り、満鉄の安斉倉治氏に案内をいただいた。 |
| 205 | 13 | 生まれて初めて | 生れて初めて |
| 205 | 14 | 済南《(チーナン)》 | 済南 |
| 205 | 15-16 | 城壁は洪水防護をも兼ねていることが | 城壁は洪水防護をも兼ねることが |
| 205 | 19 | 公主嶺《(コンチューリン)》近くで清朝時代に行われた | 公主嶺近くで清朝時代に行なわれた |
| 205-206 | 20-1 | (『東亜人文学報』一(三)、一九四一年) | (東亜人文学報一、三、一九四一) |
| 206 | 1 | 黒河《(ヘイホー)》 | 黒河 |
| 206 | 1 | プラゴベシチェンスク | ブラゴベチェンスク |
| 206 | 2 | 北鮮羅津〔現羅先《ラソン》〕 | 北鮮羅津 |
| 206 | 9-10 | (『東亜経済研究』二六(三)、一九四二年) | (東亜経済研究、二六、三、一九四二年) |
| 206 | 10 | 世界政治地理体系第二巻 | 世界地理政治大系第二巻 |
| 206 | 13 | 調査班が設けられて | 調査班が設けられ |
| 206 | 14 | ラツフルス図書館 | ラッフルス図書館 |
| 206 | 18 | ジャバ《(ジャワ)》への途次 | ジャバへの途次 |
| 207 | 1 | サイゴン〔現ホーチミン〕 | サイゴン |
| 207 | 2 | シンガポールに向かう途中 | シンガポールに向う途中 |
| 207 | 4 | 老開《(ラオカイ)》 | 老開 |
| 207 | 4 | ユエ《(フエ)》 | ユエ |
| 207 | 4 | サバナケット《(サヴァンナケット)》 | サバナケット |

| 頁 | 行 | 誤 | 正 |
|---|---|---|---|
| 207 | 9 | 仏印処理が行われ、 | 佛印処理が行なわれ、 |
| 207 | 13 | 大竹港［広島県大竹市］ | 大竹港 |
| 208 | 6 | 調査会を行う。 | 調査会を行なう。 |
| 208 | 7 | かなりの被害があった。 | かなりな被害があった。 |
| 208 | 8 | （『郷土研究』一、昭和二五年） | （郷土研究一、昭和二五年） |
| 208 | 15-16 | （現国土地理院） | （現在国土地理院） |
| 209 | 校注 | （i）～（iv） | 削除 |

## 4 松井武敏

| 頁 | 行 | 誤 | 正 |
|---|---|---|---|
| 211 | 7 | 「地理学の性質に関する抄論」 | 「地理學の性質に關する抄論」 |
| 211 | 11 | 地理学の性質に関する抄論 | 地理學の性質に關する抄論 |
| 212 | 8 | している。（1） | している。① |
| 212 | 15 | 恒藤教授の論文（2） | 恒藤教授の論文② |
| 212 | 15 | Schlüter、Feigin の反対（3） | Schlüter、Feigin の反対③ |
| 212 | 16 | Hettner の著作（4） | Hettner の著作④ |
| 213 | 11-12 | Unité terrestre (terrestrial whole)（5） | Unité terrestre (terrstrial whole)⑤ |
| 213 | 12 | 地理学の本質である。（6） | 地理学の本質である。⑥ |
| 214 | 1 | 意味をもつにとどまる。（7） | 意味をもつにとどまる。⑦ |
| 214 | 9-10 | 西南ドイツ学派の観点に立って（8）、 | 西南ドイツ学派の観点に立って⑧、 |

| 頁 | 行 | 誤 | 正 |
| --- | --- | --- | --- |
| 214 | | （表1） | 表1を次の図に替える |

**經驗科学**

| | 自然科學（沒價値的・普遍化的） | 文化科學（價値關係的・個性記述的） | |
| --- | --- | --- | --- |
| 現象論的科學 | 物理學，化學 | 心理學 | 抽象的科學（理論的意味の世界）（現象論的科學・組織論的科學） |
| 組織論的科學 | 鑛物學，岩石學，氣象學，海洋學，生物學，人類學 | 經濟學，法律學，社會學 | |
| 空間的科學 | （自然地理學） | 地理學 | 具体的科學（事實的意味の世界）（空間的科學・時間的科學） |
| 時間的科學 | （地史學） | 歷史學 | |

| 頁 | 行 | 誤 | 正 |
| --- | --- | --- | --- |
| 214 | 12-13 | 次のように表示して〔表1〕、 | 次のように表示して、 |
| 214 | 16 | 各科学の限界が鋭く区画されている | 各科学の限界が鋭く区劃されている |
| 215 | | （表2） | 表2を次の図に替える 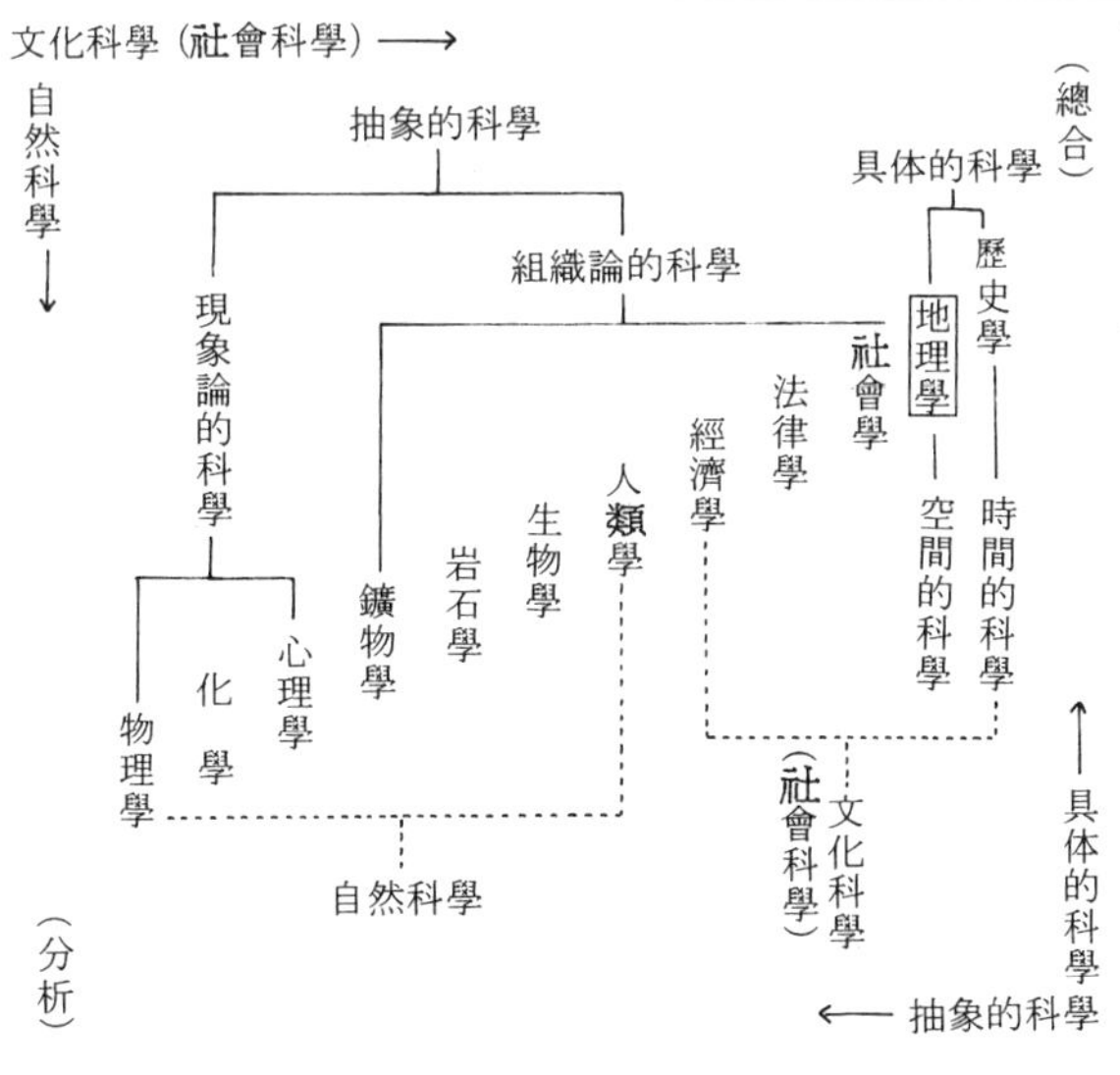 |
| 215 | 5-6 | 自然科学化の傾向を辿ってきている。 | 自然科学化の傾向を辿ってきている。 |
| 215 | 10-11 | 社会科学と自然科学との聞に、明確な一線を画すること は | 社会科学と自然科学との間に、明確な一線を劃すること は |

| 頁 | 行 | 誤 | 正 |
|---|---|---|---|
| 215 | 18 | 上の表［表1］に示したところから | 上の表に示したところから |
| 215 | 19–20 | Banse⑼にならって、 | Banse⑨にならって、 |
| 216 | 2 | 大要つぎ［表2］のようになるであろう。 | 大要つぎのようになるであろう。 |
| 216 | 4 | 科学の体系の中に位置づけただけでは、 | 科学の体系の中に位置ずけただけでは、 |
| 216 | 17 | 不足しているということであった⑽。 | 不足しているということであった⑩。 |
| 217 | 15 | 重要視したのも⑾、 | 重要視したのも⑪、 |
| 217 | 16 | 分布に関する学問であると⑿、 | 分布に関する学問であると⑫、 |
| 217 | 17 | 誤りであることは⒀ | 誤りであることは⑬ |
| 217 | 19–20 | 地理学の特色があるのであるが⒁、 | 地理学の特色があるのであるが⑭、 |
| 217 | 20 | 困難な状態に陥っている⒂。 | 困難な状態に陥っている⑮。 |
| 218 | 2 | 取りあげようとすることが | 取りあげるようにすることが |
| 218 | 3–4 | 異論が存する⒃ | 異論が存する⑯ |
| 218 | 5–6 | 少なくとも中心的な問題として | 少くとも中心的な問題として |
| 218 | 13–14 | 次の三つの点から生まれる理由によって | 次の三つの点から生れる理由によって |
| 218 | 17 | 変化ないし発展の過程にある | 変化ないしは発展の過程にある |
| 219 | 1 | *Anthoropogeographie* を読みさえすれば分かること | Anthropogeographie を読みさえすれば分ること |
| 219 | 2 | 地理学研究の充実されえないこと | 地理学研究の充実されないこと |
| 219 | 6 | 主張する人もあるが⒄、 | 主張する人もあるが⑰、 |
| 219 | 6 | 立場は異なるにしても、 | 立場は異るにしても、 |
| 219 | 7 | 地理学の研究を遂行しようとする傾向⒅が強い。 | 地理学の研究を遂行しようとする傾向⑱はが強い。 |

| 頁 | 行 | 誤 | 正 |
|---|---|---|---|
| 219 | 15–16 | 苦しい状態が続いている。 | 苦しい状態が続いている。⑲ |
| 219 | 16 | おそかった結果でもあるが(19)、 | おそかった結果でもあるが⑲、 |
| 219 | 18 | 今まで述べてきたところと関連して、 | 今迄述べてきたところと関連して、 |
| 219 | 18–19 | 今日の地理学を方向づけるために、 | 今日の地理学を方向ずけるために、 |
| 219 | 20 | 考えられている今日(20)、 | 考えられている今日⑳、 |
| 220 | 4 | 論じているにも似たもの | 論じているのにも似たもの |
| 220–221 | 原注 | （1）～（20） | **原注（1）～（20）を次の【註】①～⑳に替える**<br>① 小野鐵二：地理學の性質について　史林　第一二巻第三號<br>A. Leuteneggar: Begriff, Stellung und Einteilung der Geographie S.1<br>② 恒藤恭：文化現象の地理的認識―その一般的基礎について―經濟論叢　第二五巻第四巻　一三一―一五二頁<br>③ O. Schlüter: Die Ziele der Geographie des Menschen S. 14—16<br>S. S. Balzak, V. F. Vasyutin, Ya. G. Feigin: Economic Geography of the USSR P. XIiii<br>④ A. Hettner: Die Geographie, ihre Geschichte, ihr Wesen und ihre Methoden S. 110—132<br>⑤ P. Vidal de la Blache: Principes de Gèographie Humaine P. 5 |

| 頁 | 行 | 誤 | 正 |
| --- | --- | --- | --- |
| | | | (J. Brunhes: Human Geography P.13)<br>⑥ V. Kraft: Methodenlehre der Geographie S. 20<br>O. Schlüter: Die Stellung der Geographie des<br>Menschen in der Erdkundlichen Wissensnschaft S. 15<br>—17<br>⑦ 石橋五郎：我が地理學観　地理論叢　第一輯　二—<br>三頁<br>⑧ H. Rickert: Kulturwissenschaft und<br>Naturwissenschaft<br>⑨ E. Banse: Die Geographie und ihre Probleme<br>⑩ F. Ratzel: Anthropogeographie S. 9—26<br>⑪ F. Ratzel: Die Erde und das Leben Bd. I. Erst<br>Einteilung.<br>⑫ P. H. Schmidt: Wirtschaftsforschug und Geographie<br>S. 162—172<br>黑正巖：經濟地理學總論　二三頁<br>⑬ A. Hettner: Die Geographie, ihre Geschichte, ihr<br>Wesen und ihre Methoden S. 12—125<br>⑭ E. Banse: Lehrbuch der Organischen Geographie S. 3<br>H. J. Fleure: An Introduction to Geography P. 7<br>⑮ P. H. Schmidt: Philosophische Erdkunde S. 1<br>⑯ O. Schlüter: Die Ziele der Geographie des Menschen |

| 頁 | 行 | 誤 | 正 |
|---|---|---|---|
| | | | S. 10—12<br>⑰ O. Shlüter: Die Ziele der Geographie des Menschen S. 23—24<br>⑱ P. Vidal de la Blache: Principes de Géographie Humaine.<br>K. A. Wittfogel: Geopolitik, Geographischer Materialismus und Marxismus（Unter dem Banner des Marxismus Heft 3, Nr. 1. 4. 5）<br>S. S. Balzak, V. F. Vasyutin, Ya. G. Feigin: Economic Geography of the USSR Introduction.<br>⑲ P. H. Schmidt: Philosophische Erdkunde S. 1<br>⑳ Maurice Le Lannou: La Gèographie Humaine P. 19 |

## 5　山口平四郎

| 頁 | 行 | 誤 | 正 |
|---|---|---|---|
| 222 | 7-8 | 藤岡謙二郎（一九三五年考古学卒） | 藤岡謙二郎（一九三八年考古学卒） |
| 224 | 3 | 「エルクレーレンデ・ベシュライブンク(i)」 | 「エルクレーレンデ・ベシュライブンク」 |
| 224 | 8 | 自学自習を尊重する考え方によるものであろうか。 | 自学自習を尊重する考え方に、よるものであろうか。 |
| 224 | 12 | 私が復学後(ii)、 | 私が復学後、 |
| 225 | 2 | 筑豊の大辻炭坑で、 | 筑豊の大辻炭坑で、 |
| 225 | 3 | エレベーターで下がり、 | エレベーターで下だり、 |

| 頁 | 行 | 誤 | 正 |
|---|---|---|---|
| 225 | 10 | 一〇月も末のこと | 十月も末のこと |
| 226 | 9 | 奉天（いまの瀋陽《シュンヤン》）、撫順《フーシュン》、新京（いまの長春《チャンチュン》）を経て | 奉天（いまの瀋陽）、撫順、新京（いまの長春）を経て |
| 226 | 12 | 京城［現ソウル］ | 京城 |
| 226 | 12-13 | 出発後三三日目、肌寒い時雨のばらつく晩秋であった。 | 出発後三十三日目、肌寒い時雨のぱらつく晩秋であった。 |
| 228 | 2-3 | 曲がりなりにも立てられたのである。（ⅲ） | 曲がりなりにも立てられたのである。 |
| 228 | 5 | 著書を公けにしたかどで、 | 著書を公けにたしかどで、 |
| 228 | 10 | 全国約三〇の出身高校別に、 | 全国約三十の出身高校別に、 |
| 228 | 13 | 五月二六日 | 五月二十六日 |
| 228 | 19 | 五年前に脳溢血 | 五年前に脳溢血 |
| 228 | 20 | 二五日夜に再度の脳溢血 | 二十五日夜に再度の脳溢血 |
| 229 | 18-19 | 原稿用紙の桝目《ますめ》を | 原稿用紙の枡目《ますめ》を |
| 230 | 5 | 昭和一一年一月 | 昭和十一年一月 |
| 230 | 15 | 明治三四年 | 明治三十四年 |
| 230 | 20 | 明治三六年 | 明治三十六年 |
| 231 | 1 | 明治四〇年 | 明治四十年 |
| 231 | 3 | 大正一〇年 | 大正十年 |
| 231 | 5 | 以後一五年間教室を主宰された。その間、先生の許《もと》から | 以後十五年間教室を主宰された。その間、先生の許から |
| 231 | 9 | 「我が地理学観」（ⅳ） | 「我が地理学観」 |
| 232 | 12-13 | 私の処女論文になった。（ⅴ） | 私の処女論文になった。 |

| 頁 | 行 | 誤 | 正 |
| --- | --- | --- | --- |
| 232 | 14 | 理解されにくいふしがあるかと思う。(vi) | 理解されにくいふしがあるかと思う。 |
| 232 | 16 | 纏めて雑誌に投稿した。(vii) | 纏めて雑誌に投稿した。 |
| 233 | 3 | 鉄道とパスで | 鉄道とバスで |
| 233 | 3－4 | その取纏めが遅れたのは、 | その取り纏めが遅れたのは、 |
| 233 | 4－5 | 優先させたことにもよる。その一つは、石橋博士還暦紀念論文集への執筆である。 | 優先させたことにもよる。（段落改行）<br>その一つは、石橋博士還暦紀念論文集への執筆である。 |
| 233 | 7 | これに応ずることにきめた。(viii) | これに応ずることにきめた。 |
| 233 | 10 | 二港間の距離上の中間点を挟んで、 | 二港間の距離上の中間点を挟んで、 |
| 234 | 8 | ついに一つだけに終った。「石炭」を纏め上げた翌年には、 | ついに一つだけに終った。（段落改行）<br>「石炭」を纏め上げた翌年には、 |
| 234 | 9 | 昭和一一年夏 | 昭和十一年夏 |
| 234 | 13 | 昭和一一年秋 | 昭和十一年秋 |
| 234－235 | 20－1 | 昭和一二年三月 | 昭和十二年三月 |
| 235 | 6 | 昭和七年一一月五日 | 昭和七年十一月五日 |
| 235 | 10 | （いまの東京教育大学［現筑波大学］） | （いまの東京教育大学） |
| 235 | 12 | 昭和一八年の第一三輯 | 昭和十八年の第十三輯 |
| 235－236 | 校注 | （i）〜（viii） | 削除 |

## 第五章　卒業生から見た地理学教室（『京都大学文学部地理学教室百年史』のみ）

| 頁 | 行 | 誤 | 正 |
|---|---|---|---|
| 238 | 上11 | 熊本陸軍予備仕官学校 | 熊本陸軍予備士官学校 |
| 238 | 上17 | 陸軍予備仕官学校卒業後、 | 陸軍予備士官学校卒業後、 |
| 238 | 下15 | 任を免ぬれ帰ってみると、 | 任を免れ帰ってみると、 |
| 245 | 下16 | 機上要員としての生活があったかのだから | 機上要員としての生活があったのだから |
| 246 | 上12 | 回転しているだけじゃくて | 回転しているだけじゃなくて |
| 246 | 上19 | ちょっと驚いて話きき、 | ちょっと驚いて話をきき、 |
| 246 | 下6 | 最初は甲府へ云った。 | 最初は甲府へいった。 |
| 252 | 上5 | 昭和二四（一九四八）年 | 昭和二四（一九四九）年 |
| 266 | 下12 | あの分厚いの見ると | あの分厚いのを見ると |
| 271 | 上1 | 在学時を思いおこして | 在学時を思いおこして　―織田先生と水津先生― |
| 271 | 上16 | 当時の講義ノートや記憶 | 当時の講義ノートや学生便覧 |
| 271 | 下1 | 三回生の折の両先生の授業を中心に | 三回生の折の両先生による授業を中心に、 |
| 271 | 下3－4 | 三回生の折の織田先生の講義は、かつて共同調査をされた西アジアを対象とする「乾燥地域の農牧業」 | 織田先生の講義は、かつて共同調査をされた西アジア乾燥地域の農牧業に関する「人文地理学序説」 |
| 271 | 下5 | 「西欧地図学史」 | 「地図学史の研究」 |
| 271 | 下13－14 | 「ラインの地理」 | 「ライン流域の地理学」 |
| 271 | 下15－16 | J. Schmithüsen: “Was ist Landschaft” | J. Schmithüsen: Was ist eine Landschaft |

| 頁 | 行 | 誤 | 正 |
| --- | --- | --- | --- |
| 272 | 上1 | 「ああ、ほっとした」というご感想 | 「ああ、ほっとした」という意味のご感想 |
| 272 | 上4 | 今や少し分かる立場に近づいた。 | 今や少し分かる立場になった。 |

## あとがき

| 頁 | 行 | 誤 | 正 |
| --- | --- | --- | --- |
| 288 | 8 | 五四〇名の学部卒業生 | 五四〇名を超える学部卒業生・修了生 |

『京都大学文学部地理学教室百年史』／
『地理学　京都の百年』補遺

2008年12月1日　初版第1刷発行

編　者　京都大学文学部地理学教室

発行者　中西健夫

発行所　株式会社　ナカニシヤ出版

〒606-8161　京都市左京区一乗寺木ノ本町15番地
TEL (075)723-0111
FAX (075)723-0095
http://www.nakanishiya.co.jp



印刷・製本／ファインワークス